U0421463

清華簡文字聲系

（1~8）

徐在國 著

北京师范大学出版集团
BEIJING NORMAL UNIVERSITY PUBLISHING GROUP
安徽大学出版社

正編·職部

清華簡文字聲系
清華簡文字聲系
清華簡文字聲系
清華簡文字聲系

職　部

影紐啻聲

啻

清華一・祭公 14 至于萬啻(億)年

～,與(上博七・武 1)同,郭店・語叢三 64 作、上博五・鬼 4 作。《説文・言部》:"啻,快也。从言、从中。"

清華一・祭公 14"萬啻年",讀爲"萬億年"。見《書・洛誥》:"公其以予萬億年敬天之休。拜手稽首誨言。"

悥(意)

清華一・程寤 07 悥(億)亡勿甬(用)

～,从"心","啻"聲,"意"之異體。《説文・心部》:"意,志也。从心察言而知意也。从心、从音。"《説文》从"音",從楚文字看,應該是"啻"之省訛。

清華一・程寤 07"悥亡",讀爲"億亡",度其將亡。《論語・憲問》:"不逆詐,不億不信。"邢昺疏:"不可億度人之不信也。"《楚辭・天問》:"厥萌在初,何所億焉?"洪興祖《補注》:"億,度也。"或讀爲"抑"。(復旦讀書會)

瘖

清華六・太伯甲 12 則卑(譬)若疾之亡瘖(醫)

清華六・太伯乙 11 則卑(譬)若疾之亡瘖(醫)

~,从"疒","啻"聲。疑"醫"之異體。《莊子・駢拇》:"意仁義其非人情呼?"《釋文》:"意亦作醫。"《説文・酉部》:"醫,治病工也。殹,惡姿也;醫之性然。得酒而使,从酉。王育説。一曰殹,病聲。酒所以治病也。《周禮》有醫酒。古者巫彭初作醫。"

清華六・太伯甲 12、太伯乙 11"瘖",即"醫",治病的人。《禮記・曲禮下》:"醫不三世,不服其藥。"

影紐意聲歸啻聲

曉紐黑聲

黑

清華四・筮法 50 黑色也

《説文・黑部》:"黑,火所熏之色也。从炎,上出囪。囪,古窻字。"

清華四・筮法 50"黑",黑色。《管子・幼官》:"六行時節,君服黑色,味鹹味,聽徵聲,治陰氣,用六數,飲於黑后之井,以鱗獸之火爨。"

墨

清華二・繫年 077 亓(其)子墨(黑)要也或(又)室少盁(孟)

清華二・繫年 077 墨(黑)要也死

～,與(新蔡零 213、212)同。楚文字或作(上博六・用 3)。《説文・土部》:"墨,書墨也。从土,从黑,黑亦聲。"

清華二・繫年 077"墨要",讀爲"黑要",人名,見《左傳・成公二年》:"王以予連尹襄老。襄老死於邲,不獲其尸,其子黑要烝焉。"

謘

清華六・管仲 02 見善者謘(墨)女(焉)

～,从"言","墨"聲。

清華六・管仲 02"謘",讀爲"墨",效法。《太玄・盛》司馬光《集注》:"法也。""墨",有繩墨之義。"繩墨",喻法度、法律。《管子・法法》:"引之以繩墨,繩之以誅僇。"《後漢書・寇榮傳》:"尚書背繩墨,案空劾,不復質確其過。"李賢注:"繩墨,謂法律也。"《公羊傳序》:"故遂隱括使就繩墨焉。"或讀爲"侔"。(苦行僧)

見紐革聲

革

清華七・越公 50 凡金革之攻

～,與(上博三・周 30)同。《説文・革部》:"革,獸皮治去其毛,革更之。象古文革之形。,古文革。从三十,三十年爲一世,而道更也。臼聲。"

清華七・越公"金革",武器裝備。《禮記・中庸》:"衽金革,死而不厭。"孔穎達疏:"金革,謂軍戎器械也。"朱熹《集注》:"金,戈兵之屬;革,甲胄之屬。"簡文"金革之攻",指武器製作。

見紐戒聲

戒

清華一・程寤 04 可(何)戒非商

清華一・程寤 09 遂₌戒(後戒,後[戒])

清華三・説命中 02 聖(聽)戒朕言

清華三・芮良夫 11 㥂(謀)猷隹(惟)戒

清華三・芮良夫 17 卑坒(匡)以戒(誡)

清華四・筮法 56 爲備戒

清華五・封許 07 戒才(哉)

清華六・管仲 02 見不善者戒女(焉)

清華六・太伯甲 13 戒之㦲(哉)

清華六・子産 02 思(懼)遠(失)又(有)戒

　清華七・趙簡子04虘（吾）子𤖵（將）不可以不戒巳（已）

～，與（上博二・容37）、（上博三・彭2）、（上博七・武6）同。《説文・収部》："戒，警也。从廾持戈，以戒不虞。"徐灝《説文解字注箋》："持戈以警備，引申爲凡戒慎之偁。"

清華一・程寤04"可（何）敬（警）非朋，可（何）戒非商"，意云以朋比爲警，以殷商爲戒。參《書・吕刑》："何擇非人，何敬非刑，何度非及。"

清華一・程寤09"逡＝戒"，即"後戒後戒"，見《逸周書・小開》《文儆》。簡文"戒"後當漏書一重文符號。《寤敬》僅作"後戒"，《逸周書・大開》則爲"戒後"。

清華三・説命中02"聖（聽）戒朕言"之"戒"，《説文》："警也。"

清華三・芮良夫11"悬（謀）猷隹（惟）戒"之"戒"，《管子・幼官》："戒審四時以别息。"《集校》引丁士涵云："戒，慎也。"

清華三・芮良夫17"卑圭以戒"，讀爲"卑匡以誡"。《後漢書・五行志》："陰類專恣，將有分離之象，所以附郊城者，是上帝示象以誡陛下也。"

清華四・筮法56"備戒"，儆誡。《禮記・樂記》："夫《武》之備戒之已久，何也？"鄭玄注："備戒，擊鼓警衆。"《史記・樂書》："賓牟賈侍坐於孔子，孔子與之言，及樂，曰：'夫武之備戒之已久，何也？'"

清華五・封許07"戒才"，讀爲"戒哉"。《書・大禹謨》："益曰：'吁！戒哉！儆戒無虞，罔失法度。罔遊于逸，罔淫于樂。任賢勿貳，去邪勿疑。疑謀勿成，百志惟熙。罔違道以干百姓之譽，罔咈百姓以從己之欲。無怠無荒，四夷來王。'""戒"，《説文》："警也。"

清華六・管仲02"見不善者戒女（焉）"之"戒"，《説文》："警也。"《漢書・翟方進傳》："見有善於君者愛之，若孝子之養父母也；見不善者誅之，若鷹鸇之逐鳥爵也。"

清華六・太伯甲13"戒之𢦏"，讀爲"戒之哉"。《荀子・堯問》："戒之哉！女以魯國驕人，幾矣！"

清華六・子産02"又戒"，讀爲"有戒"，有戒備。《詩・大雅・抑》："用戒戎作，用逷蠻方。"鄭箋："當用此備兵事之起，用此治九州之外不服者。"朱熹《集傳》："戒，備。"《左傳・哀公元年》："基澆能戒之。"杜預注："戒，備也。"簡文

“懼失有戒”,如懼怕失民,則必有所戒備。

清華七·趙簡子 04“虐子牆不可以不戒巳”,讀爲“吾子將不可以不戒已”。參《左傳·昭公元年》:“有令名矣,而終之以恥,午也是懼。吾子其不可以不戒!”

惑

清華四·别卦 06 惑(革)

～,从“心”,“戒”聲,“悈”字異體。《説文·心部》:“悈,飾也。从心,戒聲。《司馬法》曰:‘有虞氏悈於中國。’”

清華四·别卦 06“惑”,讀爲“革”,卦名。《周易》第四十九卦,離下兑上。《彖》曰:“《革》,水火相息,二女同居,其志不相得,曰革。”《象》曰:“澤中有火,《革》;君子以治厤明時。”“惑”,馬國翰輯本《歸藏》、上博簡本和今本《周易》作“革”。

見紐亟聲

亟

清華五·命訓 02 則厇(度)[至于]亟(極)

清華五·命訓 02 則厇(度)至于亟(極)

清華五·命訓 04 則厇(度)至于亟(極)

清華五·命訓 04 則厇(度)至于亟(極)

清華五·命訓 05 則厇(度)至于亟(極)

清華五・命訓 05 六亟(極)既達

清華五・命訓 05 正人莫女(如)又(有)亟(極)

清華五・命訓 05 道天莫女(如)亡(無)亟(極)

清華五・命訓 05 道天又(有)亟(極)則不𩰫(威)

清華五・命訓 06 正人亡(無)亟(極)則不㖊(信)

清華五・命訓 06 則厇(度)至于亟(極)

清華五・命訓 08 亓(其)亟(極)鼠(一)

清華五・命訓 08 亟(極)命則民陵(墮)乏

清華五・命訓 08 亟(極)福則民录(禄)

清華五・命訓 08 亟(極)禍(禍)[則]民𩰫(畏)

清華五・命訓 09 亟(極)佴(恥)則民孑

清華五・命訓 09 亟(極)賞則民賈亓(其)上

清華五・命訓 09 亟(極)罰則民多虞(詐)

清華五・湯丘 18 遠又(有)所亟

清華五・湯丘 18 遠民皆亟(極)

清華五・啻門 14 悳(德)㝈(變)亟埶譌以亡成

清華三・芮良夫 04 此心目亡(無)亟(極)

清華五・命訓 03 則厇(度)至于亟(極)

～,从"攴",或省"又"从"卜"。《説文・二部》:"亟,敏疾也。从人、从口、从又、从二。二,天地也。"

清華五・命訓 02、03、04、05、06"則厇(度)至于亟(極)",今本《逸周書・命訓》作"則度至于極"。《逸周書・度訓》:"天生民而制其度,度小大以正,權輕重以極,明本末以立中。"

清華五・命訓 05"六亟(極)既達",今本《逸周書・命訓》作"六極既通"。"六極",即上文所説的六種"度至于極"的情形。

清華五・命訓 05"正人莫女(如)又(有)亟(極)",今本《逸周書・命訓》作"正人莫如有極"。

清華五・命訓 05"道天莫女(如)亡(無)亟(極)",今本《逸周書・命訓》作"道天莫如無極"。

清華五・命訓 05"道天又(有)亟(極)則不㮣(威)",今本《逸周書・命訓》作"道天有極則不威"。潘振云:"威、畏通。言天有極,人得而測之,故不畏而道不明;正人無極,人得而畔之,故不信而度不行。"

清華五・命訓 06"正人亡(無)亟(極)則不㕯(信)",今本《逸周書・命訓》

作“正人無極則不信”。

清華五・命訓 08“亓(其)亟(極)鼠一(一)”,今本《逸周書・命訓》作“其極一也”。潘振云:“方,比也。述,稱也。合而比之則六,别而稱之則三。天有極,人無極,道皆至善,故曰其極一也。”

清華五・命訓 08“亟(極)命則民陵(墮)乏”,今本《逸周書・命訓》作“極命則民墮”。孔晁云:“此下六極謂行之極,其道殆近。”唐大沛云:“此‘極’字與上文‘極’字不同,竟也,窮也……此下數節皆言過中之害。”

清華五・命訓 08、09“亟”,讀爲“極”,程度副詞,猶甚,最,很,狠。《史記・高祖本紀》:“高祖曰:‘豐吾所生長,極不忘耳!’”

清華五・湯丘 18“亟”,《方言》:“愛也。”

清華五・湯丘 18“亟”,讀爲“極”。《詩・大雅・崧高》“崧高維嶽,駿于極天”,毛傳:“極,至也。”

清華五・啻門 14“亟”,急躁。《左傳・襄公二十四年》:“皆笑曰:‘公孫之亟也。’”杜預注:“亟,急也。”

清華三・芮良夫 04“亟”,讀爲“極”,極限。《左傳・昭公十三年》:“貢獻無極,亡可待也。”孔穎達疏:“極,謂限極。”

𨒳

清華三・赤鵠 09 不可𨒳(極)于笫(席)

～,从“止”,“亟”聲。與(上博三・亙 12)同。

清華三・赤鵠 09“𨒳”,讀爲“極”。《詩・小雅・菀柳》:“俾予靖之,後予極焉。”毛傳:“至也。”簡文“不可極于席”,意云不能安卧於席。

𣹧

清華一・金縢 11 王捕(把)箸(書)以𣹧(泣)

～,从“水”,“𨒳”聲。不見於後世字書。

清華一・金縢 11“𣹧”,讀爲“泣”,無聲流泪或低聲而哭。《易・中孚》:“得敵,或鼓或罷,或泣或歌。”

緪

清華六・管仲 27 或緩或緪(急)

～,从"糸","亟"聲。不見於後世字書。

清華六・管仲 27"緪",讀爲"急",與"緩"相對。"緩急",寬舒和急迫,慢和快。《管子・五行》:"昔者黄帝以其緩急作五聲,以政五鍾。"尹知章注:"謂政治之緩急作五聲也。"《荀子・非相》:"善者於是間也,亦必遠舉而不繆,近世而不傭,與時遷徙,與世偃仰,緩急嬴絀,府然若渠匽隱栝之於己也,曲得所謂焉,然而不折傷。"

惡

清華八・邦道 25 腈(靖)惡(殛)以智(知)之于百眚(姓)

～,與(歷博・燕 119)同,楚文字或作(上博三・亙 12)。《說文・心部》:"慨,疾也。从心,亟聲。一曰:謹重皃。"

清華八・邦道 25"惡",讀爲"殛",懲罰。《書・康誥》:"爽惟天其罰殛我,我其不怨。"楊筠如曰:"罰、殛連文,殛亦猶罰也。"(《尚書覈詁》,陝西人民出版社,一九五九年,第一八二頁)

溪紐克聲

克

清華一・尹誥 02 我克䜌(協)我吝(友)

清華一・耆夜 04 穆=(穆穆)克邦

清華一・耆夜 05 克燮(變)戡(仇)戳(讎)

清華一・金縢 01 武王既克鼉(殷)三年

清華一・皇門 03 句(苟)克又(有)欿(諒)

清華一・皇門 04 用克和又(有)成

清華一・皇門 09 亓(其)由(猶)克又(有)腹(獲)

清華一・祭公 06 克夾卲(紹)城(成)康

清華一・祭公 19 型(刑)四方克审(中)尔(爾)罰

清華二・繫年 002 以克反商邑

清華二・繫年 013 周武王既克鼉(殷)

清華二・繫年 028 克之

清華二・繫年 032 亓(其)夫₌(大夫)里之克乃殺緐(奚)資(齊)

清華二·繫年 033 里之克或(又)殺悼子

清華二·繫年 066 公命郇(駒)之克先聘于齊

清華二·繫年 67 郇(駒)之克

清華二·繫年 68 郇(駒)之克墜(降)堂而折(誓)曰

清華二·繫年 70 郇(駒)之克

清華二·繫年 071 郇(駒)之克衒(率)𠂤(師)栽(救)魯

清華二·繫年 072 郇(駒)之克走敪(援)齊侯之緣(帶)

清華二·繫年 098 克灘(賴)、邾(朱)邡(方)

清華二·繫年 106 玄(焉)克韍(胡)、回(圍)郗(蔡)

清華二·繫年 110 戉(越)公句戔(踐)克吳

清華二·繫年 133 克之

清華三·說命下 04 余克亯(享)于朕辟

清華三·説命中 05 女(汝)克䚕(覰)視四方

清華三·説命下 05 亓(其)又廼司四方民不(丕)克明

清華三·説命下 05 女(汝)亦隹(惟)克㬎(顯)天

清華三·説命下 08 克㴉(漸)五祀

清華三·説命下 08 余不克辟萬民

清華三·琴舞 06 才(在)言隹(惟)克

清華三·琴舞 10 隹(惟)克少(小)心

清華三·琴舞 11 弋(式)克亓(其)又(有)辟

清華三·琴舞 15 罔克甬(用)之

清華五·厚父 08 隹(惟)寺(時)余經念乃高且(祖)克害(憲)皇天之政工(功)

清華五·厚父 09 民弋(式)克共(恭)心芍(敬)愄(畏)

清華五・厚父 11 亦鮮克以誨(謀)

清華五・厚父 12 民弋(式)克芍(敬)悳(德)

清華六・太伯甲 06 克鄶蠆₌

清華六・太伯乙 05 克鄶蠆₌

清華七・晉文公 07 元年克䓯(原)

清華七・晉文公 07 克曹

清華七・越公 11 昔虐(吾)先王盍膚(盧)所以克内(入)郢邦

清華七・越公 13 虐(吾)先王用克内(入)于郢

清華七・越公 19 今厽(三)年亡(無)克又(有)奠(定)

清華八・攝命 20 乃克甬(用)之彝

清華八・攝命 24 乃克悉甬(用)朕命

清華八・攝命 25 王子則克悉甬(用)王教王學

 清華八・攝命 27 所弗克戠(職)甬(用)朕命朕教

，與(上博四・曹 14)、(上博四・曹 14)同。或作，省"又"。《説文・克部》:"克，肩也。象屋下刻木之形。，古文克。，亦古文克。"

清華一・尹誥 02"我克䜌我叴"，讀爲"我克協我友"。參《三國志・魏書・文帝紀》:"皇靈降瑞，人神告徵，誕惟亮采，師錫朕命，僉曰爾度克協于虞舜，用率我唐典，敬遜爾位。"

清華一・耆夜 04"克邦"，指勝任國事，用法與"克家"同。《易・蒙》:"子克家。"

清華一・金縢 01"武王既克𣪘三年"，即"武王既克殷三年"。今本《書・金縢》作"既克商二年"，《史記・魯世家》亦云"克殷二年"。

清華一・皇門 03"句(苟)克又(有)款(諒)"，今本《逸周書・皇門》作"苟克有常"。

清華一・皇門 04"用克和又(有)成"，今本《逸周書・皇門》作"用克和有成"。唐大沛注:"謂能和衷以相與有成也。""克"，能。"和"，和合，和諧。《書・君奭》:"惟文王尚克修和我有夏。"

清華一・皇門 09"亓(其)由(猶)克又(有)䕶(獲)"，今本《逸周書・皇門》作"其猶不克有獲"。

清華一・祭公 06"克夾卲(紹)城(成)康"，今本《逸周書・祭公》作"周克龕紹成康之業"。

清華一・祭公 19"克审(中)尔(爾)罰"之"克"，能。

清華二・繫年 013"周武王既克𣪘(殷)"，參上。

清華二・繫年 028、098、106、110、133，清華七・晉文公 07"克之"，戰勝，攻取。《易・既濟》:"高宗伐鬼方，三年克之。"《吕氏春秋・愛士》:"(繆公)遂大克晉，反獲惠公以歸。"高誘注:"克，勝也。"

清華二・繫年 032、033"里之克"，即晉大夫里克。

清華二・繫年 066、67、68、70、071"郇之克"，讀爲"駒之克"，即郤克、郤獻子。《左傳・宣公十七年》:"十七年春，晉侯使郤克徵會于齊。"

清華三・説命下 04"余克亯(享)于朕辟"，《書・咸有一德》:"惟尹躬暨湯，咸有一德，克享天心，受天明命，以有九有之師，爰革夏正。"

清華三・琴舞 06“才(在)言隹(惟)克”之“克”,成也。《春秋・宣公八年》:“雨,不克葬。庚寅,日中而克葬。”杜預注:“克,成也。”

清華三・琴舞 10“隹克少心”,讀爲“惟克小心”。《書・立政》:“文王惟克厥宅心,乃克立兹常事司牧人,以克俊有德。”

清華三・琴舞 11“弋(式)克亓(其)又(有)辟”之“克”,肩任。簡文與㺇尊(《集成》06014)“克仇文王”、牆盤(《集成》10175)“仇匹厥辟”等義近。

清華三・琴舞 15“罔克甬之”,讀爲“罔克用之”。《書・太甲上》:“其後嗣王罔克有終,相亦罔終,嗣王戒哉!”“罔克”,不能。

清華五・厚父 09“民弋克共心𢼸愄”,讀爲“民式克恭心敬畏”。《書・君奭》:“在我後嗣子孫,大弗克恭上下。”

清華五・厚父 11“亦鮮克以誨”,讀爲“亦鮮克以謀”。《詩・大雅・蕩》:“靡不有初,鮮克有終。”

清華五・厚父 12“民弋克𢼸悳”,讀爲“民式克敬德”。《書・君奭》:“其汝克敬德,明我俊民在讓,後人于丕時。”

清華六・太伯甲 06、太伯乙 05“克鄶”,而《韓非子・内儲説下》以爲鄭桓公取鄶,古本《竹書紀年》亦云晉文侯二年,桓公“伐鄶,克之”。

清華七・越公 19“今厽年亡克又奠”,讀爲“今三年無克有定”。《詩・大雅・蕩》:“靡不有初,鮮克有終。”鄭箋:“克,能也。”《詩・小雅・正月》:“既克有定,靡人弗勝。”

清華八・攝命 20“克甬”,讀爲“克用”。《書・酒誥》:“邦君、御事、小子尚克用文王教。”

清華八・攝命 27“弗克”,《書・多方》:“今至于爾辟,弗克以爾多方,享天之命。”

清華“克”,能够。《書・舜典》:“慎徽五典,五典克從。”孔傳:“五教能從,無違命。”《詩・齊風・南山》:“析薪如之何?匪斧不克。”毛傳:“克,能也。”

端紐㝵聲

㝵

清華一・保訓 06 𡈼(舜)既㝵(得)中

清華一・金縢 08 禑(禍)人乃斯㝵(得)

清華一・金縢 10 王㝵(得)周公之所自以爲社(功)以弋(代)武王之敚(説)

清華三・説命上 02 隹(惟)弜(弼)人㝵(得)敚(説)于尃(傅)厰(巖)

清華三・芮良夫 23 而莫㝵(得)亓(其)朿(次)

清華三・赤鵠 15 亓(其)一白兔不㝵(得)

清華一・楚居 02 爰㝵(得)妣𠭰

清華二・繫年 046 我既㝵(得)奠(鄭)之門筦(管)巳(已)

清華二・繫年 075 㝵(得)𠂤(師)以巠(來)

清華五・湯丘 06 能亓(其)事而㝵(得)亓(其)飤(食)

清華五・湯丘 07 未能亓(其)事而㝵(得)其飤(食)

清華五・湯丘 10 此言弗或(又)可㝵(得)而䎽(聞)也

清華五・湯丘 13 虽(夏)王不旻(得)亓(其)煮(圖)

清華五・啻門 05 人可(何)旻(得)以生

清華六・管仲 03 丌(其)從人之道可旻(得)餌(聞)虎(乎)

清華六・管仲 13 旻(得)以時厇(度)

清華六・管仲 15 能旻(得)僕四人同心

清華六・管仲 15 能旻(得)僕三人同心

清華六・管仲 16 能旻(得)僕二人同心

清華六・管仲 24 今夫年(佞)者之利燹(氣)亦可旻(得)而餌(聞)虎(乎)

清華六・管仲 26 既旻(得)亓(其)利

清華六・孺子 02 既旻(得)圖(圖)乃爲之毀

清華六・孺子 02 不相旻(得)惡(惡)

清華六・孺子 08 乳＝(孺子)亓(其)童(重)㝵(得)良臣

清華六・孺子 09 思群臣㝵(得)執女(焉)

清華四・筮法 02 妻夫同人,乃㝵(得)

清華四・筮法 04 參(三)左同右,乃㝵(得)

清華四・筮法 06 參(三)右同左,乃㝵(得)

清華四・筮法 08 參(三)男同女,乃㝵(得)

清華四・筮法 10 參(三)女同男,乃㝵(得)

清華四・筮法 12 見丁譽(數),乃亦㝵(得)

清華四・筮法 15 内(入)於侌(陰),亦㝵(得)

清華四・筮法 17 萅(春)見八,乃亦㝵(得)

清華四・筮法 19 顕(夏)見五,乃亦㝵(得)

清華四・筮法 21 秌(秋)見九,乃亦㝵(得)

清華四・筮法 23 冬見四,乃亦㝵(得)

清華四・筮法 24 凸(凡)少(小)㝵(得)

清華四・筮法 25 乃㝵(得)之

清華四・筮法 26 凸(凡)少(小)㝵(得)

清華四・筮法 27 乃㝵(得)之

清華四・筮法 29 乃㝵(得)之

清華四・筮法 62 曰㝵(得)

清華六・子産 09 㝵(得)立(位)命固

清華六・子産 10 㝵(得)民天央(殃)不至

清華六・子産 13 又(有)以㝵(得)臤(賢)

清華六・子産 15 不以㝃(逸)求㝵(得)

清華七・子犯 05 幸㝵(得)又(有)利不忻蜀(獨)

清華七・晉文公 02 以孤之舊(久)不旻(得)繇(由)式(二)厽(三)夫₌(大夫)以攸(修)晉邦之政

清華七・晉文公 02 以孤之舊(久)不旻(得)繇(由)式(二)厽(三)夫₌(大夫)以攸(修)晉邦之祀

清華七・晉文公 08 九年大旻(得)河東之者(諸)侯

清華七・趙簡子 05 陳是(氏)旻(得)之

清華七・趙簡子 05 陳是(氏)旻(得)之

清華七・趙簡子 06 臣不旻(得)聑(聞)亓(其)所繇(由)

清華七・趙簡子 06 陳是(氏)旻(得)之

清華七・趙簡子 06 臣亦不旻(得)聑(聞)亓(其)所繇(由)

清華七・趙簡子 06 归(抑)昔之旻(得)之與遊(失)之

清華七・趙簡子 08 肰(然)則旻(得)補(輔)相周室

清華七・趙簡子 09 肰(然)則旻(得)補(輔)相周室

清華七・越公 10 君臣父子亓(其)未相𡕒(得)

清華七・越公 13 豈(豈)甬(庸)可智(知)自𡕒(得)

清華七・越公 16 孤所𡕒(得)辠(罪)

清華七・越公 28 蓐(農)工𡕒(得)寺(時)

清華七・越公 70 𡕒(得)辠(罪)於雩

清華八・邦政 12 而邦豙(家)𡕒(得)長

清華八・邦政 12 𠜴(始)记(起)𡕒(得)曲

清華八・邦政 12 𠜴(始)记(起)𡕒(得)植(直)

清華八・處位 08 史(使)人未智(知)𡕒(得)庋(度)之𨂝(踐)

清華八・邦道 04 古(故)昔之明者𡕒(得)之

清華八・邦道 12 亓(其)𡕒(得)而備(服)之

清華八・天下 02 女(如)不𡕒(得)亓(其)民之情爲(僞)、眚

(性)教

清華八·天下 03 女(如)不㝵(得)□□之青(情)

清華八·天下 07 女(如)不㝵(得)用之

～,與(上博一·孔 26)、(上博六·競 12)同,从“手”持“貝”,會意,“得”字初文。所从“貝”多訛省爲“目”。《説文·又部》:“得,行有所得也。从彳,㝵聲。,古文省彳。”

清華一·保訓 06“𡕥既㝵中”,讀爲“舜既得中”,舜已經求得中道。

清華一·金縢 08“禍(禍)人乃斯㝵(得)”,今本《書·金縢》作“則罪人斯得”。“得”,捕獲。《書·金縢》:“周公居東二年,則罪人斯得。”孔穎達疏:“謂獲三叔及諸叛逆者。”

清華一·金縢 10“王㝵(得)周公之所自以爲社(功)以弋(代)武王之敓(説)”,今本《書·金縢》作“乃得周公所自以爲功代武王之説”。

清華三·説命上 02“隹弜人㝵敓于尃厰”,讀爲“惟弼人得説于傅巖”。《書·説命上》:“高宗夢得説,使百工營求諸野,得諸傅巖,作《説命》三篇。”

清華三·芮良夫 23“㝵亓朿”,讀爲“得其次”,義類“得其所”。《韓非子·主道》:“寂乎其無位而處,漻乎莫得其所。”

清華五·湯丘 10“可㝵而䎽也”,讀爲“可得而聞也”。《禮記·禮運》:“言偃復問曰:‘夫子之極言禮也,可得而聞與?’”

清華六·管仲 03、24“可㝵䎽虎”,讀爲“可得聞乎”,參上。

清華五·湯丘 13“虽王不㝵亓煮”,讀爲“夏王不得其圖”。《管子·明法解》:“平吏之治官也,行法而無私,則姦臣不得其利焉。”

清華五·啻門 05“可㝵”,讀爲“何得”,怎能,怎會。嵇康《答難養生論》:“在上何得不驕?持滿何得不溢?”

清華六·孺子 02“㝵(得)”,訓“獲”。簡文“不相得惡”,意云不相互怨恨。

清華六·子産 09“㝵立”,讀爲“得位”。或讀爲“德位”。(王瑜楨)

清華六·子産 10“㝵民”,即“得民”,謂得民心。《易·屯》:“以貴下賤,大得民也。”孔穎達疏:“屯難之世,民思其主之時,既能以貴下賤,所以大得民心也。”《國語·周語中》:“罪不由晉,晉得其民。”韋昭注:“得民,得民心也。”

清華六·子産 13“旻臤”,讀爲“得賢”。《吕氏春秋·本味》:“功名之立,由事之本也,得賢之化也。非賢,其孰知乎事化?故曰其本在得賢。”

清華七·子犯 05“幸旻又利不忻蜀”,讀爲“幸得有利不忻獨”,有幸得利,不樂於自己獨享,希望大家都有。

清華七·晉文公 08“九年大旻河東之者侯”,讀爲“九年大得河東之諸侯”。《國語·周語中》:“王叔子譽温季,以爲必相晉國,相晉國,必大得諸侯,勸二三君子必先導焉,可以樹。”

清華七·趙簡子 05、06“陳是旻之”,讀爲“陳氏得之”,即田氏得政。

清華七·趙簡子 06“旻”,即“得”,與“失”相對。

清華七·趙簡子 08、09“旻補相周室”,讀爲“得輔相周室”,能够輔佐周王室。

清華七·越公 10“相旻”,即“相得”,彼此投合。《史記·魏其武安侯列傳》:“相得驩甚,無厭,恨相知晚也。”

清華七·越公 13“旻”,即“得”,得勝。《戰國策·西周策》:“今秦攻周而得之。”鮑彪注:“得,猶勝。”銀雀山漢墓竹簡《孫臏兵法·威王問》:“以輕卒嘗之,賤而勇者將之,期於北,毋期於得。”

清華七·越公 16“旻辠”,即“得罪”,冒犯。《國語·吴語》:“昔者越國見禍,得罪於天王。”《孟子·離婁上》:“爲政不難,不得罪於巨室。”

清華七·越公 28“旻寺”,讀爲“得時”,得到耕作的時間。《國語·越語下》:“得時不成,反受其殃。”

清華七·越公 70“旻(得)辠(罪)於雩”,《國語·吴語》作“今孤不道,得罪於君王,君王以親辱於弊邑”。

清華八·邦政 12“旻長”,讀爲“得長”,能够長久。

清華八·邦政 12“訂(始)记(起)旻(得)曲”之“得曲”,指不公正。

清華八·邦政 12“訂(始)记(起)旻(得)植(直)”之“得直”,指公正。《論語·爲政》:“哀公問曰:‘何爲則民服?’孔子對曰:‘舉直錯諸枉,則民服;舉枉錯諸直,則民不服。’”

清華八·邦道 04“明者旻(得)之”,與下文“愚者失之”相對。“得”,獲得,得到。《詩·周南·關雎》:“求之不得,寤寐思服。”

清華七·晉文公 02,清華七·趙簡子 06,清華八·天下 02、03、07“不旻”,即“不得”,不能,不可。《穀梁傳·襄公二十九年》:“閽,門者也,寺人也,不稱名姓。閽不得齊於人。”

端紐戠聲

戠

清華三・説命下 07 女(汝)母(毋)非貨女(如)戠(埴)石

清華六・子儀 01 古(故)戠(職)欲

清華八・攝命 26 不則戠(職)智(知)之螽(聞)之言

清華八・攝命 27 所弗克戠(職)甬(用)朕命朕教

～,楚文字或作(郭店・尊德 18),是一個从"戈"从"橵"的象形初文得聲的形聲字。"杙""橵"音義皆近,當是一語之分化。《説文・戈部》:"戠,闕。从戈、从音。"

清華三・説命下 07"戠",讀爲"埴",或作"埴"。《淮南子・齊俗》注:"泥也。"

清華六・子儀 01"戠欲",讀爲"職欲"或"持欲",猶儒家"養欲"。《荀子・禮論》:"禮起於何也? 曰:人生而有欲,欲而不得,則不能無求。求而無度量分界,則不能不爭;爭則亂,亂則窮。先王惡其亂也,故制禮義以分之,以養人之欲,給人之求。使欲必不窮乎物,物必不屈於欲。兩者相持而長,是禮之所以起也。"一説當从"戠"字斷開,"職",《周禮・大司馬》注:"謂賦稅也。""迻(移)易古(故)戠(職)"句意爲改滅民衆的賦稅負擔。

清華八・攝命 26、27"戠",讀爲"職"。

嘗

清華二・繫年 020 嘗(戴)公𠙽(卒)

～,从“首”,“戠”聲,疑“戴”之異體。上博二・容 9“履地戴天”之“戴”作[image]。

清華二・繫年 020“𧶠公”,讀爲“戴公”。《史記・衛世家》:“自懿公父惠公朔之讒殺太子伋代立至於懿公,常欲敗之,卒滅惠公之後而更立黔牟之弟昭伯頑之子申爲君,是爲戴公。”

纖

清華六・子儀 10 纖紝之不成

清華六・子儀 14 級(給)纖不能官尻

《説文・糸部》:“纖,作布帛之總名也。从糸,戠聲。”

清華六・子儀 10“纖紝”,指纖作布帛之事。《墨子・非攻下》:“農夫不暇稼穡,婦人不暇紡績纖紝。”《禮記・内則》:“執麻枲,治絲繭,纖紝組紃,學女事,以共衣服。”孔穎達疏:“紝爲繒帛。”

清華六・子儀 14“級纖”,讀爲“給纖”,供應絲纖品。“纖”,用染絲纖成的絲纖品。《禮記・玉藻》:“士不衣纖。”鄭玄注:“纖,染絲纖之,士衣染繒也。”

端紐陟聲

陟

清華二・繫年 013 武王陟

清華三・良臣 02 又(有)伊陟

清華七・越公 22 陟柹(棲)於會旨(稽)

《説文・𨸏部》：“陟，登也。从𨸏从步。𨻵，古文陟。”

清華二・繫年 013“武王陟”，《韓昌黎集・黄陵廟碑》：“《竹書紀年》帝王之没皆曰陟。”

清華三・良臣 02“伊陟”，人名。《書・君奭》：“在太戊，時則有若伊陟、臣扈，格于上帝。”

清華七・越公 22“陟”，《説文》：“登也。”

透紐敕聲

整

 清華七・越公 53 王乃整（敕）民

 清華七・越公 59 民乃整（敕）齊

～，从“止”，“敕”聲。或釋爲“整”。（王挺斌）

清華七・越公 53“整”，讀爲“敕”，整治。《漢書・息夫躬傳》：“可遣大將軍行邊兵，敕武備。”顔師古注：“敕，整也。”

清華七・越公 59“民乃整（敕）齊”，意思即“民乃整齊”。《商君書・賞刑》：“當此時也，禄賞不行，而民整齊。”

定紐食聲

食

 清華七・越公 37 雩（越）邦備（服）蓐（農）多食

《説文・食部》：“食，一米也。从皀，亼聲。或説亼皀也。”

清華七・越公 37“備蓐多食”，讀爲“服農多食”，意思是從事農業活動，糧食豐收。“食”，糧食。《論語・顔淵》：“足食足兵，民信之矣。”

飤

清華二・繫年 102 飤(食)人

清華三・赤鵠 06 衆鶩(烏)牆(將)飤(食)之

清華三・赤鵠 06 不可飤(食)也

清華三・赤鵠 06 于飤(食)亓(其)祭

清華五・厚父 13 曰酉(酒)非飤(食)

清華五・湯丘 01 善爲飤(食)

清華五・湯丘 01 又(有)鄩(莘)之女飤(食)之

清華五・湯丘 02 湯亦飤(食)之

清華五・湯丘 06 能亓(其)事而旻(得)亓(其)飤(食)

清華五・湯丘 07 未能亓(其)事而旻(得)亓(其)飤(食)

清華五・湯丘 07 必思(使)事與飤(食)相尚(當)

 清華五・湯丘 15 飤(食)時不旨(嗜)饍(饕)

 清華五・湯丘 18 餡(飢)又(有)所飤(食)

 清華五・三壽 08 亞(惡)非(必)亡(無)飤

 清華五・三壽 08 殜＝(世世)至於遂(後)飤(嗣)

 清華六・子儀 01 非(靡)土不飤(飭)

 清華六・子産 23 好畬(飲)飤(食)酖(䣜)醴

 清華七・趙簡子 09 不飤(食)濡肉

 清華七・趙簡子 10 孚(飽)亓(其)畬(飲)飤(食)

 清華七・越公 17 肰(然)爲豻(豺)狼飤(食)於山林菡芒

 清華七・越公 31 乃以管(熟)飤(食)䐗(脂)醢(醢)(脯)肬多從

 清華七・越公 32 王必畬(飲)飤(食)之

 清華七・越公 33 王亦畬(飲)飤(食)之

清華七・越公 33 王必與之𡉈(坐)飤(食)

清華七・越公 36 雩(越)邦乃大多飤(食)

清華七・越公 46 則必酓(飲)飤(食)賜�(予)之

清華七・越公 46 弗余(予)酓(飲)飤(食)

清華七・越公 49 四方之民乃皆䎽(聞)雩(越)墬(地)之多飤(食)

清華七・越公 58 少(小)逵(失)酓(飲)飤(食)

清華八・邦道 04 不汲(及)高立(位)厚飤(食)

清華八・邦道 13 飤(食)母(毋)𥨊(慎)甚𣬈

清華八・邦道 18 君以亓(其)所能衣飤(食)

清華八・天下 01 萫亓(其)飤(食)

清華八・八氣 05 旬(玄)榠(冥)衒(率)水以飤(食)於行

清華八・八氣 05 祝䗍(融)衙(率)火以飤(食)於𥧾(竈)

清華八・八氣 05 句余亡(芒)衙(率)木以飤(食)於户

清華八・八氣 05 司兵之子衙(率)金以飤(食)於門

清華八・八氣 06 句(后)土衙(率)土以飤(食)於室中

～,與(上博三・周 45)、(上博五・競 6)、(上博五・鮑 6)、(上博八・子 3)同,或將"食"旁省爲"皀"。《説文・食部》:"飤,糧也。从人、食。"

清華二・繫年 102"飤人",讀爲"食人",吃人。

清華五・厚父 13"曰酉(酒)非飤(食)"之"飤",讀爲"食",飯菜,肴饌。《易・需》:"需于酒食。"《周禮・天官・膳夫》:"掌王之食飲膳羞。"鄭玄注:"食,飯也。"

清華五・湯丘 01"善爲飤",讀爲"善爲食",擅長做飯。

清華五・湯丘 01、02"飤",讀爲"食"。

清華五・湯丘 06、07"能亓(其)事而𡧧(得)亓(其)飤(食)""未能亓(其)事而𡧧(得)亓(其)飤(食)"之"飤",讀爲"食"。《周禮・醫師》注:"禄也。"

清華三・赤鵠 06、清華五・湯丘 15、清華七・越公 17"飤",讀爲"食",吃飯,進餐。《書・無逸》:"自朝至于日中昃,不遑暇食。"

清華五・湯丘 18"饀又所飤",讀爲"飢有所食"。《孟子・梁惠王下》:"飢者弗食,勞者弗息。"

清華五・三壽 08"亞(惡)非(必)亡(無)飤"之"飤",《説文》:"飤,糧也。"段注:"飤,以食食人物。其字本作食,俗作飤,或作飼。"

清華五・三壽 08"逡飤",讀爲"後嗣",後代,子孫。《書・伊訓》:"敷求哲人,俾輔于爾後嗣。"

清華六・子儀 01"飤",讀爲"飭"。《吕氏春秋・孟春》:"田事既飭。"高誘

注:“飭,讀作勅。”一説“塼”,讀爲“賦”,“食”,猶“禄也”,句云三帥封邑賦税全歸爲其禄。

清華七·趙簡子 09“不飤濡肉”,讀爲“不食濡肉”,不吃鳥獸的肉。《禮記·曲禮上》:“父母有疾……食肉不至變味,飲酒不至變貌。”

清華六·子産 23,清華七·趙簡子 10,越公 46、58“畬飤”,讀爲“飲食”,吃喝。《書·酒誥》:“爾乃飲食醉飽。”

清華七·越公 31“篙飤”,讀爲“熟食”。《禮記·曲禮上》:“獻米者操量鼓,獻孰食者操醬齊。”

清華七·越公 32、33“畬飤之”,讀爲“飲食之”。《左傳·昭公二十九年》:“昔有飂叔安,有裔子曰董父,實甚好龍,能求其耆欲以飲食之。”

清華七·越公 33“卫飤”,讀爲“坐食”,坐着吃饭。

清華八·邦道 04“不返(及)高立(位)厚飤(食)”之“飤”,讀爲“食”,俸禄。《周禮·醫師》:“歲終則稽其醫事,以制其食。”鄭玄注:“食,禄也。”

清華八·邦道 13“飤(食)母(毋)慦(慎)甚毳”,上博二·容 21“飤不童香”,讀爲“食不重味”,見《史記·吴太伯世家》:“食不重味,衣不重采。”

清華八·邦道 18“衣飤”,讀爲“衣食”,衣服和食物。《左傳·莊公十年》:“衣食所安,弗敢專也,必以分人。”

清華八·天下 01“萻亓飤”,讀爲“享其食”或“芳其食”。

清華八·八氣 05、06“飤”,讀爲“食”,謂祭祀時配享。《左傳·襄公九年》:“古之火正,或食於心,或食於味。”杜預注:“謂火正之官,配食於火星。”

⿱聿食

清華八·攝命 03 絺(肆)余⿱聿食猷卜乃身休

～,與(安大一 047)、(安大一 047)同。从“聿”,“食”聲,讀爲“載”。或疑爲“飢”之異體。

清華八·攝命 03“⿱聿食”,讀爲“載”,訓“重”。《吕氏春秋·異寶》:“五員載拜受賜曰:‘知所之矣。’”陳奇猷《校釋》:“載、再通。”《詩經·秦風·小戎》:“言念君子,載寢載興。”《韓詩》“載”作“再”。簡文“⿱聿食猷卜”,讀爲“载繇卜”與占卜中常見“習卜”有關。(王磊、馮聰)

定紐直聲

直

清華六·子産 15 不以利行直(德)

清華六·子産 27 以勮(助)政直(德)之固

～,與(上博六·天乙 4)同。《説文·乚部》:"直,正見也。从乚、从十、从目。,古文直。"

清華六·子産 15"行直",讀爲"行德",實行德政。《吕氏春秋·愛士》:"人主其胡可以無務行德愛人乎?"《史記·殷本紀》:"武丁修政行德,天下咸驩,殷道復興。"

清華六·子産 27"政直",讀爲"政德",政事和德行。《左傳·昭公四年》:"恃此三者,而不脩政德,亡於不暇。"

臿

清華八·邦道 25 市多臿(臺)

～,从"臣","直"聲。

清華八·邦道 25"臿",讀爲"臺",指身份低賤的奴隸。或特指古代一種地位很低下的奴隸。《左傳·昭公七年》:"天有十日,人有十等。下所以事上,上所以共神也。故王臣公,公臣大夫,大夫臣士,士臣皁,皁臣輿,輿臣隸,隸臣僚,僚臣僕,僕臣臺。"孔穎達疏引服虔曰:"臺,給臺下,微名也。"

悳

清華一·尹至 02 隹(惟)胾(滋)盧(虐)悳(德)瀑(暴)𤼌

清華一·尹至 05 執悳(德)不僭(僭)

清華一·尹誥 01 咸又(有)一悳(德)

清華一·保訓 07 甬(用)乍(作)三隆(降)之悳(德)

清華一·耆夜 07 褒(裕)悳(德)乃救(求)

清華一·金縢 12 以章公悳(德)

清華一·皇門 02 隹(惟)莫覓(開)余嘉悳(德)之兑(説)

清華一·皇門 02 楙(懋)昜(揚)嘉悳(德)

清華一·皇門 08 隹(維)俞(媮)悳(德)用

清華一·皇門 09 斯乃非休悳(德)以膺(應)

清華一·皇門 12 夫明尒(爾)悳(德)

清華一·皇門 13 既告女(汝)忨(元)悳(德)之行

清華一·祭公 02 公亓(其)告我歸(懿)悳(德)

清華一·祭公 05 卿(享)亓(其)明悳(德)

清華一·祭公 06 孳(兹)由(迪)遜(襲)斈(學)于文武之曼悳(德)

清華一·祭公 07 公爯(稱)不(丕)顯悳(德)

清華一·祭公 18 尃(敷)求先王之共(恭)明悳(德)

清華二·繫年 020 立悳(戴)公申

清華二·繫年 042 晉文公囟(思)齊及宋之悳(德)

清華三·説命中 06 甬(用)隹(惟)多悳(德)

清華三·説命下 02 經悳(德)配天

清華三·説命下 08 天章之甬(用)九悳(德)

清華三·説命下 09 弋(式)隹(惟)参(三)悳(德)賜我

清華三·琴舞 03 貽(示)告舍(余)㬎(顯)悳(德)之行

清華三·琴舞 05 悳(德)元隹(惟)可(何)

清華三・琴舞 06 非天諡(厥)惪(德)

清華三・琴舞 09 天隆(降)惪(德)

清華三・琴舞 14 介(匄)睪(澤)寺(恃)惪(德)

清華三・琴舞 14 良惪(德)亓(其)女(如)紿(台)

清華三・琴舞 15 弼(弼)敢巟(荒)惪=(德,德)非墮(惰)帀

清華三・芮良夫 07 此惪(德)型(刑)不齊

清華三・芮良夫 10 各堂(當)尔(爾)惪(德)

清華三・芮良夫 14 甬(用)又(有)聖政惪(德)

清華三・芮良夫 16 不秉純惪(德)

清華三・芮良夫 18 和惪(德)定型(刑)

清華三・芮良夫 19 惪(德)型(刑)態(怠)絉(惰)

清華三・芮良夫 21 政命惪(德)型(刑)各又(有)祟(常)朿(次)

清華三・芮良夫 22 亓(其)悳(德)型(刑)義(宜)利

清華五・厚父 02 帝亦弗孯(鞏)啓(啓)之經悳(德)

清華五・厚父 06 真(顛)復(覆)氒(厥)悳(德)

清華五・厚父 07 廼弗忎(慎)氒(厥)悳(德)

清華五・厚父 09 玆少(小)人之悳(德)

清華五・厚父 09 㑒(保)教明悳(德)

清華五・厚父 13 民弋(式)克苟(敬)悳(德)

清華五・封許 02 向(尚)脣(純)氒(厥)悳(德)

清華五・命訓 02 夫司悳(德)司義

清華六・子產 27 以成政悳(德)之炁(愛)

清華五・厚父 01 𦖞(問)前文人之龏(恭)明悳(德)

清華五・厚父 08 廼虔秉氒(厥)悳(德)

清華五・厚父 11 今民莫不曰余媬(保)孥(教)明悳(德)

清華五・命訓 01 命司悳(德)

清華五・湯丘 12 又(有)顕(夏)之悳(德)可(何)若才(哉)

清華五・湯丘 12 又(有)顕(夏)之悳(德)

清華五・啻門 04 悳(德)以光之

清華五・啻門 11 悳(德)、事、退(役)、正(政)、型(刑)

清華五・啻門 12 媺(美)悳(德)奚(奚)若

清華五・啻門 12 亞(惡)悳(德)奚(奚)若

清華五・啻門 13 悳(德)濬明執訐(信)以義成

清華五・啻門 14 此胃(謂)岪(美)悳(德)

清華五・啻門 14 悳(德)变(變)亟執譌以亡成

清華五・三壽 17 寺(是)名曰悳(德)

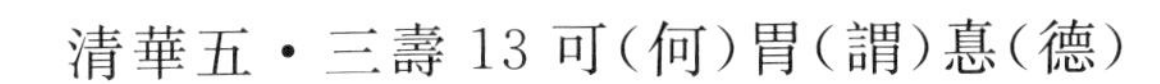

清華五・三壽 13 可(何)胃(謂)悳(德)

清華五・啻門 14 此胃(謂)亞(惡)悳(德)

清華六・管仲 11 執悳(德)女(如)縣

清華六・管仲 18 和民以悳(德)

清華六・管仲 21 好宜(義)秉悳(德)

清華六・管仲 27 是胃(謂)學(幽)悳(德)

清華七・子犯 11 以悳(德)和民

清華八・攝命 10 女(汝)亦母(毋)不夙(夙)夕巠(經)悳(德)

清華八・攝命 16 勿教人悳(德)我

清華八・攝命 23 廼隹(唯)悳(德)亯(享)

清華八・攝命 24 女(汝)亦引母(毋)好₌(好好)、宏₌(宏宏)、龏悳(德)

 清華八・攝命 29 余亦隹(唯)肇(肇)㪯(者)女(汝)悳(德)行

清華八・邦政 11 上下₌㡭(絶)悳(德)

清華八・邦政 12 悳(直)者虘(皆)曲

清華八・邦政 12 曲者虘(皆)悳(直)

 清華八・邦道 04 正(政)悳(德)之𣅀(晦)明

 清華八・邦道 15 以章(彰)亓(其)悳(德)

～,與(上博一・緇 3)、(上博八・顔 10)同。《説文・心部》:"悳,外得於人,内得於己也。从直、从心。,古文。"

清華一・尹至 02"隹葳虐悳",讀爲"惟滋虐德",夏桀更加殘害道德。(《讀本一》第 11 頁)

清華一・尹至 05"埶悳",或讀爲"執德",與"秉德"義同。(《讀本一》第 18 頁)

清華一・尹誥 01"咸又一悳",讀爲"咸有一德"。《書・咸有一德》:"伊尹作《咸有一德》。"孔穎達疏:"太甲既歸於亳,伊尹致仕而退,恐太甲德不純一,故作此篇以戒之。經稱尹躬及湯咸有一德,言己君臣皆有純一之德,戒太甲使君臣亦然。"《禮記・緇衣》鄭玄注:"咸,皆也。君臣皆有壹德不貳,則無疑惑也。"《書・咸有一德》孔傳:"言君臣皆有純一之德。"

清華一・保訓 07"三隆之悳",讀爲"三降之德",傳世文獻多云"三德",如《書・洪範》:"三德,一曰正直,二曰剛克,三曰柔克。"

清華一・耆夜 07"褎悳乃救",讀爲"裕德乃求",參《管子・勢》:"裕德無求。"

清華一・金縢 12"以章公悳(德)",今本《書・金縢》作"以彰周公之德"。

《孟子・告子下》:“尊賢育才,以彰有德。”

清華八・邦道 15“以章(彰)亓(其)悳(德)”,參上。

清華一・皇門 02“嘉悳”,即“嘉德”,美善之德。《左傳・桓公六年》:“奉酒醴以告曰,‘嘉栗旨酒’,謂其上下皆有嘉德而無違心也。”

清華一・皇門 02“楙(懋)昜(揚)嘉悳(德)”,今本《逸周書・皇門》作“内不茂揚肅德”。

清華一・皇門 08“隹(維)俞(媮)悳(德)用”,今本《逸周書・皇門》作“維德是用”。

清華一・皇門 09“斯乃非休悳(德)以譍(應)”,今本《逸周書・皇門》作“人斯乃非維直以應”“休德”,美德。《管子・小匡》:“休德維順,端慤以待時使。”

清華一・皇門 12“夫明尔(爾)悳(德)”,今本《逸周書・皇門》作“夫明爾德以助予一人憂”。

清華一・皇門 13“忈悳”,讀爲“元德”,善德。今本《逸周書・皇門》作“資告予元”,係“既告汝元德之行”之訛脱。

清華一・祭公 02“公亓告我歺悳”,讀爲“公其告我懿德。”“懿德”,美德。《詩・大雅・烝民》:“天生烝民,有物有則。民之秉彝,好是懿德。”

清華一・祭公 06“孳(兹)由(迪)遜(襲)孿(學)于文武之曼悳(德)”,今本《逸周書・祭公》作“兹申予小子追學於文、武之蔑”。

清華一・祭公 07“公爯不顯悳”,讀爲“公稱丕顯德”。《詩・周頌・烈文》:“不顯維德,百辟其刑之。”

清華一・祭公 05、18,清華五・厚父 01、09、11“明悳”,讀爲“明德”,光明之德,美德。《逸周書・本典》:“今朕不知明德所則,政教所行,字民之道,禮樂所生,非不念而知,故問伯父。”《史記・五帝本紀》:“天下明德皆自虞帝始。”

清華二・繫年 020“悳公申”,讀爲“戴公申”。《史記・衛康叔世家》:“卒滅惠公之後而更立黔牟之弟昭伯頑之子申爲君,是爲戴公。戴公申元年卒。”

清華二・繫年 042“晉文公囟(思)齊及宋之悳(德)”,《史記・晉世家》:“文公欲救則攻楚,爲楚嘗有德,不欲伐也;欲釋宋,宋又嘗有德於晉,患之。”

清華三・説命下 08“九悳”,讀爲“九德”,見《書・皋陶謨》“亦行有九德”“九德咸事”,即皋陶所云:“寬而栗,柔而立,愿而恭,亂而敬,擾而毅,直而温,簡而廉,剛而塞,彊而義,彰厥有常,吉哉。”《逸周書・常訓》《文政》《寶典》及《國語・周語下》都有“九德”。

清華三・説命下 09“參悳”，讀爲“三德”，見《書・皋陶謨》《洪範》《吕刑》。

清華三・琴舞 03“㬎悳”，讀爲“顯德”，謂顯明的美德。《書・文侯之命》：“簡恤爾都，用成爾顯德。”毛公鼎(《集成》02841)“告余先王若德”，句意與簡文“示告余顯德之行”相類。

清華三・琴舞 06“諗悳”，讀爲“廞德”，興德。

清華三・琴舞 09“天隆悳”，讀爲“天多降德”，牆盤(《集成》10175)：“上帝降懿德。”《禮記・内則》：“后王命冢宰，降德于衆兆民。”

清華三・琴舞 14“介睪寺悳”，讀爲“匄澤恃德”，祈求上天之恩澤依憑有德。

清華三・琴舞 14“良悳”，讀爲“良德”，善德。

清華三・琴舞 15“巟悳”，讀爲“荒德”，廢德。《書・盤庚中》：“明聽朕言，無荒失朕命。”孔傳：“荒，廢。”

清華三・芮良夫 14“聖政悳”，讀爲“聖政德”，猶言聖政聖德。

清華三・芮良夫 16“不秉純悳(德)”，中山王譻壺(《集成》09735)：“寔有純德遺訓。”《詩・周頌・維天之命》：“文王之德之純。”毛傳：“純，大。”“純德”，即大德。

清華三・芮良夫 18“和悳定型”，讀爲“和德定刑”，和以德、定以刑。

清華三・芮良夫 07、19、21“悳型”，讀爲“德刑”，恩澤與刑罰。《左傳・宣公十二年》：“叛而伐之，服而舍之，德、刑成矣。伐叛，刑也；柔服，德也。二者立矣。”《國語・晉語六》：“德刑不立，姦宄竝至。”

清華三・説命下 02、清華五・厚父 02、清華八・攝命 10“經悳”，讀爲“經德”，常德。《書・酒誥》：“經德秉哲。”劉逢禄《今古文尚書集解》：“經，常也。”《孟子・盡心下》：“經德不回。”朱熹《集注》：“經，常也。”齊陳曼簠(《集成》04596)：“肇勤經德。”

清華五・厚父 06“真僁氒悳”，讀爲“顛覆厥德”。見《詩・大雅・抑》：“顛覆厥德，荒湛于酒。”

清華五・厚父 07“愻氒悳”，讀爲“慎厥德”。《書・五子之歌》：“弗慎厥德，雖悔可追？”《墨子・非命下》：“不慎厥德，天命焉葆？”

清華五・厚父 09“兹少人之悳”，讀爲“兹小人之德”。《孟子・滕文公上》：“君子之德，風也；小人之德，草也。”

清華五・厚父 13“民弋克芍悳”，讀爲“民式克敬德”。《書・君奭》：“其汝克敬德，明我俊民在讓，後人于丕時。”

清華五・封許 02“向曆氒悳”，讀爲“尚純厥德”，參上“純德”。

清華五・命訓 01、02“夫司悳(德)司義”,今本作“夫司德司義,而賜之福禄”,與簡文相比,多一“禄”字。對比後文的“夫或司不義,而降之禍”句,可知今本此處的“禄”字確爲衍文。潘振云:“此司德指人君。”

清華五・厚父 08“廼虔秉氒(厥)悳(德)”、清華六・管仲 21“好宜(義)秉悳(德)”之“秉德”,保持美德。《書・君奭》:“百姓王人,罔不秉德明慎。”《書・君奭》:“亦惟純佑秉德,迪知天威,乃惟時昭文王。”《楚辭・九章・橘頌》:“秉德無私,參天地兮。”

清華五・啻門 11“悳(德)、事、设(役)、正(政)、型(刑)”之“德”,五種輔助之一。

清華五・啻門 12、14“娓悳”“完悳”,均讀爲“美德”,高尚的品德。《荀子・堯問》:“周公謂伯禽之傅曰:‘女將行,盍志而子美德乎!’”《史記・禮書》:“洋洋美德乎! 宰制萬物,役使群衆,豈人力也哉!”

清華五・啻門 12“亞悳”,讀爲“惡德”,不良的品德。亦指有不良品德的人。《書・説命中》:“爵罔及惡德,惟其賢。”

清華六・管仲 11“執悳”,讀爲“執德”,守德。

清華六・管仲 27“學悳”,讀爲“幽德”。《逸周書・謚法》:“壅遏不通曰幽。”

清華六・管仲 18“和民以悳(德)”、清華七・子犯 11“以悳(德)和民”,以德和民,見於《左傳・隱公四年》:“臣聞以德和民,不聞以亂。”

清華八・攝命 16“悳我”,讀爲“德我”。《國語・晉語三》:“殺其弟而立其兄,兄德我而忘其親,不可謂仁。”

清華八・攝命 29“悳行”,即“德行”。《周禮・地官・師氏》:“以三德教國子:一曰至德,以爲道本;二曰敏德,以爲行本;三曰孝德,以知逆惡。教三行:一曰孝行,以親父母;二曰友行,以尊賢良;三曰順行,以事師長。”鄭玄注:“德行,内外之稱。在心爲德,施之爲行。”《禮記・表記》:“君子恥服其服而無其容,恥有其容而無其辭,恥有其辭而無其德,恥有其德而無其行。”孔穎達疏:“德在於内,形接於外。內既有德,當須以德行之於外,以接於人民。”

清華八・邦政 11“上下₌𢇍悳”,讀爲“上下絶德”,上下背離道德。

清華八・邦政 12“悳”,讀爲“直”,與“曲”相對,不彎曲。《詩・小雅・大東》:“周道如砥,其直如矢。”

清華八・邦道 04“正悳之晦明”,讀爲“政德之晦明”,謂政事之治亂。“政德”,政事和德行。《左傳・昭公四年》:“恃此三者,而不脩政德,亡於不暇。”

⿺辶悳

清華八・攝命 17 鮮隹(唯)楚(胥)學于威義(儀)⿺辶悳(德)

清華八・攝命 18 余厭既異氒(厥)心氒(厥)⿺辶悳(德)

～,从“辵”,“悳”聲。

清華八・攝命 17“⿺辶悳”,讀爲“德”。

清華八・攝命 18“氒心氒⿺辶悳”,讀爲“厥心厥德”,可參“同心同德”。《書・泰誓中》:“予有亂臣十人,同心同德。”

⿱竹悳

清華三・芮良夫 15 邦甬(用)昌⿱竹悳(熾)

～,从“竹”,“悳”聲。

清華三・芮良夫 15“⿱竹悳”,讀爲“熾”。《説文・火部》:“熾,盛也。”

⿰禾悳

清華五・啻門 19 以⿰禾悳(植)五穀(穀)

～,从“禾”,“悳”聲。

清華五・啻門 19“⿰禾悳”,讀爲“植”,種植。《淮南子・主術》:“五穀蕃植。”

植

清華八・邦政 05 亓(其)[民]志⿰亻㒸(遂)而植(直)

清華八・邦政 12 訂(始)记(起)旻(得)植(直)

～,與(上博一·緇 2)、(上博五·弟 20)同。《説文·木部》:"植,户植也。从木,直聲。,或从置。"

清華八·邦政 05"植",讀爲"直"。《論語·季氏》:"友直友諒友多聞。"邢昺疏:"謂正直。"《荀子·修身》:"是謂是,非謂非,曰直。"

清華八·邦政 12"紿记旻植",讀爲"始起得直"。《論語·爲政》:"哀公問曰:'何爲則民服?'孔子對曰:'舉直錯諸枉,則民服;舉枉錯諸直,則民不服。'"

定紐弋聲

弋

清華一·金縢 06 周公乃内(納)亓(其)所爲社(功)自以弋(代)王之敚(説)于金紒(縢)之匱

清華一·金縢 10 王旻(得)周公之所自以爲社(功)以弋(代)武王之敚(説)

清華一·金縢 14(背)周公所自以弋(代)王之志

清華一·祭公 11 康受亦弋(式)甬(用)休

清華三·説命下 09 弋(式)隹(惟)参(三)悳(德)賜我

清華三·琴舞 11 弋(式)克亓(其)又(有)辟

清華五·命訓 08 乃宔(曠)命以弋(代)亓(其)上

清華五・三壽 23 弋(代)傑(桀)尃(敷)又(佑)下方

清華六・子儀 15 支(辨)官相弋(代)

清華六・子産 18 下能弋(式)上

清華五・厚父 09 民弋(式)克共(恭)心苟(敬)愄(畏)

清華五・厚父 12 民弋(式)克苟(敬)悳(德)

清華八・處位 03 子立弋(代)父

清華八・邦道 23 弋(弍)淦(陰)弋(弍)昜(陽)

清華八・邦道 23 弋(弍)淦(陰)弋(弍)昜(陽)

清華八・邦道 24 古(故)祟(常)正(政)亡(無)弋(忒)

清華八・虞夏 01 殷人弋(代)之以晶(三)

清華八・虞夏 02 周人弋(代)之用兩

～，與(上博一・緇 3)、(上博四・曹 64)、(上博六・用 4)同。《説文・厂部》："弋，橜也。象折木衺鋭著形。从厂，象物挂之也。"

清華一・金縢 06、10、14(背)"弋"，讀爲"代"。《書・金縢》孔穎達疏"武王有疾，周公作策書告神，請代武王死”。

清華一·祭公 11、清華三·琴舞 11“弋”，讀爲“式”，句首語氣詞。《詩·邶風·式微》鄭箋：“式，發聲也。”

清華五·厚父 09、12“弋”，讀爲“式”，用在動詞前，表示希冀、盼望的語氣。

清華三·説命下 09“弋”，讀爲“式”，訓“乃”，見《古書虚字集釋》第八〇〇頁。

清華五·命訓 08“乃室（曠）命以弋（代）亓（其）上”，今本《逸周書·命訓》作“曠命以誡其上”。簡文“弋”，今本作“誡”，簡本爲優。“弋”，讀爲“代”。《左傳·昭公十二年》杜預注：“更也。”

清華六·子産 18“下能弋上”，讀爲“下能式上”，即取法於上。“式”，《説文》：“法也。”

清華八·處位 03“子立弋父”，讀爲“子立代父”。

清華八·邦道 23“弋淦弋昜”，讀爲“式陰式陽”，即“一陰一陽”。《易·繫辭上》：“一陰一陽之謂道，繼之者善也，成之者性也。”

清華八·邦道 24“亡弋”，讀爲“無忒”。《廣雅·釋詁》：“忒，差也。”《詩·大雅·抑》：“取譬不遠，昊天不忒。”鄭箋：“不差忒也”。

清華五·三壽 23，清華六·子儀 15，清華八·虞夏 01、02“弋”，讀爲“代”，代替。

試

清華四·筮法 63 封（卦）乃不試（忒）

清華七·子犯 08 凡民秉厇（度）諯（端）正譖（僭）試（忒）

～，从“言”，“弋”聲。

清華四·筮法 63“試”，讀爲“忒”。《詩·大雅·瞻卬》：“鞫人忮忒。”毛傳：“忒，變也。”

清華七·子犯 08“譖試”，讀爲“僭忒”，也作“僭差”，謂越禮逾制，心懷疑貳。《書·洪範》：“臣之有作福作威玉食，其害于而家，凶于而國，人用側頗僻，民用僭忒。”孔傳：“在位不敦平，則下民僭差。”

代

 清華四・筮法 49 代(食)日

~,从"亻","弋"聲。

清華四・筮法"代",或讀爲"食"。簡文"食日",日中前的時段,曾見於殷墟卜辭。"代",从弋聲,喻母職部,與食音近。或隸作"饣",讀爲"旰"。(駱珍伊)

骮

 清華三・祝辭 05 童(同)以骮

~,从"骨","弋"聲。"肻"字異體。《玉篇》:"肻,缺盆骨。"

清華三・祝辭 05"骮",即"肻"。《廣雅・釋親》:"缺盆,肻也。"王念孫《疏證》引《素問・氣府論》王冰注:"缺盆,穴名也,在肩上横骨陷者中。"

貣

 清華二・繫年 120 齊侯貣(貸)

 清華二・繫年 124 齊侯貣(貸)

 清華五・湯丘 12 民人諏(趣)貣(忒)

 清華五・三壽 11 龜簪(筮)孚貣(忒)

 清華七・晉文公 04 命竊(蒐)攸(修)先君之䡕(乘)貣(式)車甝(甲)

清華七・越公 28 不再(稱)貣(貸)没(役)湽塗泃(溝)壆(塘)之𡉘(功)

～,从"貝","弋"聲。《説文・貝部》:"貣,从人求物也。从貝,弋聲。"

清華二・繫年 120、124"齊侯貣",讀爲"齊侯貸",即齊康公貸。《史記・齊世家》:"宣公五十一年卒,子康公貸立。"

清華五・湯丘 12"貣",讀爲"忒",疑惑。《詩・曹風・鳲鳩》:"淑人君子,其儀不忒。"毛傳:"忒,疑也。"孔穎達疏:"執義如一,無疑貳之心。"簡文"民人趣忒",意云民人疑惑不知所從。

清華五・三壽 11"貣",讀爲"忒",疑惑。《詩・曹風・鳲鳩》毛傳:"忒,疑也。"簡文"龜筮孚忒",卜筮信疑混亂。

清華七・晉文公 04"貣",讀爲"飾"或"飭",整治、整頓義。《戰國策・趙策二》:"繕甲厲兵,飾車騎,習馳射。"《漢書・枚乘傳》"梁王飭車騎。"《詩・小雅・六月》:"六月棲棲,戎車既飭。"毛傳:"飭,正也。"陳奂《傳疏》:"'正'同'整'。《常武篇》'整我六師,以修我戎'是其義也。"或釋爲"賦"。(魏宜輝)

清華七・越公 28"再貣",讀爲"稱貸",舉債,向人告貸。《孟子・滕文公上》:"又稱貸而益之,使老稚轉乎溝壑,惡在其爲民父母也。"《管子・輕重丁》:"令衡籍吾國之富商、蓄賈、稱貸家,以利吾貧萌。"或將"貣没",讀爲"力役"。(單育辰)

衼

清華七・越公 55 備(服)衼(飾)

～,从"衣","弋"聲。

清華七・越公 55"備衼",讀爲"服飾"。《周禮・春官・典瑞》:"辨其名物與其用事,設其服飾。"鄭玄注:"服飾,服玉之飾,謂繅藉。"

犾

清華七・越公 59 王乃犾(試)民

～,从“犬”,“弋”聲。

清華七·越公59“犮”,讀爲“試”,試探。《吕氏春秋·用民篇》:“句踐試其民於寑宫,民爭入水火。”

玳

清華一·耆夜05 蹬(輶)乘既玳(飭)

～,與(上博二·容38)、(上博三·周30)同,从“玉”,“弋”聲。

清華一·耆夜05“玳”,讀爲“飭”,整治。簡文“輶乘既飭”與《詩·小雅·六月》“戎車既飭”句式相同。

𢧵

清華一·皇門05 先(先人)神示(祇)逿(復)𢧵(式)用休

清華六·子儀09 余愳(畏)亓(其)𢧵(式)而不訐(信)

清華三·赤鵠13 𢧵陛(地)斬莰(陵)

清華三·赤鵠14 乃𢧵陛(地)

～,从“土”,“弋”聲。,與(上博一·緇8)構形同。,與郭店·語四10“”所从同。“”,劉樂賢釋爲“蔵”。所從“弋”左右各加一飾筆。

清華一·皇門05“𢧵”,讀爲“式”,語助。《詩·邶風·式微》:“式微式微,胡不歸”,鄭箋:“式,發聲也。”《逸周書·祭公》“康受乂之,式用休”,潘振《周書解義》:“式,語辭……文王安受方國而治之,移風易俗,治用休美。”參看《書·多方》:“天惟式教我用休。”

清華三・赤鵠13、14“戜陛”，讀爲“弋地”，以弋掘地。裘錫圭説：“甲骨文‘叔’字或於‘弋’下加‘土’，以弋掘地之意更爲明顯。”（《釋弋》，《古文字論集》第三〇頁，中華書局，一九九二年）

清華六・子儀09“戜”，讀爲“式”，效法。《詩・大雅・下武》：“成王之孚，下土之式。”毛傳：“式，法也。”

定紐異聲

異

清華二・繫年105秦異公命子甫（蒲）、子虎衍（率）自（師）栽（救）楚

清華五・三壽27則隹（唯）小心異＝（翼翼）

清華八・攝命17余厭既異氒（厥）心氒（厥）悳（德）

清華八・處位08亓（其）愚（遇）於異律（進）

～，與（上博四・曹7）、（新蔡甲三272）同。，上部作“日”形。《説文・異部》：“異，分也。从廾，从畀。畀，予也。”

清華二・繫年105“秦異公”，即秦哀公。《左傳・定公四年》：“申包胥如秦乞師……秦哀公爲之賦《無衣》。九頓首而坐。秦師乃出。”《史記・秦本紀》亦作“哀公”，《索隱》云“《始皇本紀》作‘畢公’”。今本《始皇本紀》作“畢公”。簡文作“異公”。《左傳・定公五年》：“申包胥以秦師至。秦子蒲、子虎帥車五百乘以救楚。”

清華五・三壽27“小心異＝”，讀爲“小心翼翼”，恭敬謹慎貌。《詩・大雅・大明》：“維此文王，小心翼翼。”鄭箋：“小心翼翼，恭慎貌。”《漢書・禮樂志》：“王侯秉德，其鄰翼翼。”顔師古注：“翼翼，恭敬也。”

清華八・攝命 17、處位 08“異”,不同。《禮記・曲禮上》:“别同異,明是非也。”

䢃

清華八・攝命 09 䢃＝(翼翼)鬼(畏)少(小)心

《説文・飛部》:“䢃,翄也。从飛,異聲。,篆文䢃从羽。”

清華八・攝命 09“䢃＝”,讀爲“翼翼”。簡文“翼翼畏小心”,參上“小心翼翼”。

翼

清華一・保訓 07 翼＝(翼翼)不解(懈)

～,从“羽”,“異”聲,“䢃”之異體。

清華一・保訓 07“翼＝不解”,讀爲“翼翼不懈”。《爾雅・釋訓》:“翼翼,恭也。”《詩・大雅・大明》:“維此文王,小心翼翼。”《管子・弟子職》:“小心翼翼,一此不解。”

泥紐匿聲

匿

清華五・厚父 05 之匿(慝)王廼渴(竭)澫(失)其命

清華五・封許 06 匿(柅)

清華八・邦道 01 乃剌(斷)迂(奸)閉(杜)匿(慝)

～,與(上博一・緇 17)、(上博六・競 6)、(上博六・天甲 10)同。

《説文・匸部》:“匿,亡也。从匸,若聲。讀如羊騶箠。”

清華五·厚父 05“匿”,讀爲“慝”,邪惡。《廣韻》:“慝,惡也。”《書·大禹謨》:“(舜)負罪引慝,祇載見瞽瞍。”孔傳:“慝,惡。”孔穎達疏:“自負其罪,自引其惡。”《國語·魯語上》:“且夫君也者,將牧民而正其邪者也,若君縱私回而棄民事,民旁有慝,無由省之,益邪多矣。”韋昭注:“慝,惡也。”

清華五·封許 06“匿”,讀爲“柅”。《説文》“暱”字或作“昵”。《易·姤卦》:“繫于金柅。”孔穎達疏:“馬云:柅者,在車之下,所以止輪令不動者也。”

清華八·邦道 01“閟匿”,讀爲“杜慝”,斷絶,制止邪惡。《左傳·成公二年》:“所以敬親暱,禁淫慝也。”

慝

清華三·芮良夫 08 佳(兄)俤(弟)慝(鬩)矣

～,與(上博六·用 1)同,从“心”,“匿”聲。

清華三·芮良夫 08“慝”,讀爲“鬩”。《詩·小雅·常棣》:“兄弟鬩于牆,外禦其務。”毛傳:“鬩,很也。”孔穎達疏:“很者,忿爭之名。”《國語·周語中》:“古人有言曰:‘兄弟讒鬩,侮人百里。’周文公之詩曰:‘兄弟鬩於牆,外禦其侮。’若是則鬩乃内侮,而雖鬩不敗親也。”“兄弟慝(鬩)矣”,即兄弟之間産生紛爭。(馮勝君)

來紐力聲

力

清華一·程寤 09 可(何)炁(愛)非身,可(何)力非人

清華一·金縢 06 臺(就)逡(後)武王力(陟)

清華二·繫年 039 穆(勠)力同心

清華二・繫年 073 老夫之力也

清華三・説命上 02 縢隆(躬)埊(庸)力

清華三・説命中 03 隹(惟)庶棍(相)之力尭(勝)

清華三・芮良夫 11 聖智恿(用)力

清華三・芮良夫 13 恧(恆)静(爭)獻亓(其)力

清華三・芮良夫 14 以力及复(作)

清華四・筮法 63 乃力(扐)占之

清華四・筮法 63 占之必力(扐)

清華五・命訓 10 天古(故)卲(昭)命以命力〈之〉曰

清華五・啻門 09 是亓(其)爲力

清華五・三壽 16 不力

清華五・三壽 16 同民之力

清華六·孺子 07 勤力訣(价)馯(馭)

清華六·管仲 22 莫忢(愛)袭(勞)力於亓(其)王

清華六·太伯甲 06 亦虐(吾)先君之力也

清華六·太伯乙 06 亦虐(吾)先君之力也

清華六·子儀 04 君及不敎(穀)剸(專)心穆(勠)力以左右者(諸)侯

清華六·子産 15 不以虐(虐)出民力

清華七·越公 03 戟(敦)力鈠鎗

清華七·越公 24 齊執同力

清華八·邦道 12 厇(度)丌(其)力以史(使)之

清華八·邦道 14 至(致)力不孛(勉)

清華八·邦道 20 忎(懋)於亓(其)力

～,與(上博一·緇 10)、(上博五·鬼 4)、(上博六·用 2)、(上博

八・有 5)同。《説文・力部》:“力,筋也。象人筋之形。治功曰力,能圉大災。”

清華一・程寤 09“可悉非身,可力非人”,讀爲“何愛非身,何力非人”。“身”與“人”對舉。“人”即民,《荀子・富國》:“守時力民。”楊倞注:“力民,使之疾力。”

清華一・金縢 06“臺遂武王力”,讀爲“就後武王陟”。《書・康王之誥》稱成王“新陟王”。《韓昌黎集・黄帝廟碑》:“《竹書紀年》帝王之没皆曰陟。”

清華二・繫年 039“穆力同心”,讀爲“勠力同心”,勉力同心。《左傳・成公十三年》:“昔逮我獻公及穆公相好,勠力同心,申之以盟誓,重之以昏姻。”孔穎達疏:“勠力,猶言勉力、努力耳。”《書・湯誥》:“聿求元聖,與之戮力,以與爾有衆請命。”孔穎達疏:“勠力,猶勉力也。”

清華二・繫年 073“老夫之力也”,《論語・憲問》:“子曰:‘桓公九合諸侯,不以兵車,管仲之力也。如其仁! 如其仁!’”

清華三・説命上 02“縢隆重力”,讀爲“縢躬庸力”。《墨子・尚賢下》:“昔者傅説居北海之洲,圜土之上,衣褐帶索,庸築於傅巖之城,武丁得而舉之,立爲三公。”《左傳・昭公二十五年》:“爲政事、庸力、行務,以從四時;爲刑罰、威獄,使民畏忌,以類其震曜殺戮;爲温慈、惠和,以效天之生殖長育。”或讀爲“陟”。(張富海)

清華三・説命中 03“力”,《國語・晉語二》韋昭注:“功也。”

清華四・筮法 63“力”,讀爲“扐”,古代筮法,數蓍草卜吉凶,稱每次將數剩零餘的蓍草夾在手指間爲扐。亦用以指手指之間。《易・繫辭上》:“歸奇於扐以象閏,五歲再閏,故再扐而後掛。”陸德明《釋文》引馬融曰:“扐,指間也。”朱熹《本義》:“扐,勒於左手中三指之兩間也。”

清華五・命訓 10“力”,讀爲“之”。或疑爲“之”字之誤。

清華五・啻門 09“力”,力氣,這裏指有力氣。《詩・邶風・簡兮》:“有力如虎。”

清華五・三壽 16“不力”,不盡力,不用力。《後漢書・楊終傳》:“漢興,諸侯王不力教誨,多觸禁忌,故有亡國之禍。”

清華六・孺子 07“勤力”,有功勞。“力”,《國語・晉語》韋昭注:“功也。”

清華六・管仲 22“裳力”,讀爲“勞力”,從事體力勞動。《左傳・襄公九年》:“君子勞心,小人勞力。”《史記・扁鵲倉公列傳》:“臣意謂之:‘慎毋爲勞力事,爲勞力事則必嘔血死。’”

清華六・太伯甲 06、太伯乙 06“亦虐先君之力也”,讀爲“亦吾先君之力也”。《左傳・昭公二十三年》:“君其勉之！先君之力可濟也。”

清華六・子儀04“剸心穆力”,讀爲“專心勠力”,參上“勠力同心”。

清華六・子産15“民力”,《左傳・昭公八年》:“今宫室崇侈,民力彫盡,怨讟並作,莫保其性。”

清華七・越公03“戮力”,即“敦力”,致力。或讀爲“敦勒”,治理、整飭。(滕勝霖)

清華七・越公24“齊執同力”,八號簡有“齊膝同心”,意爲同心協力。

清華八・邦道14“至力”,讀爲“致力”,盡力,竭力。《禮記・祭義》:“朔月月半,君巡牲,所以致力,孝之至也。”

清華“力”,多指力量,力氣。《詩・邶風・簡兮》:“有力如虎,執轡如組。”

㩳

清華三・芮良夫11 母(毋)又(有)相㩳(負)

～,與(郭店・緇1)、(上博三・中13)同,从“攴”,“力”聲。

清華三・芮良夫11“㩳”,讀爲“負”。郭店・緇1、上博三・中13“㩳”,讀爲“服”。《周禮・考工記・車人》:“牝服二柯有參分柯之二。”鄭玄注:“鄭司農云:‘服讀爲負。’”王筠《説文句讀》:“背德曰負。”

砅

清華三・琴舞02 砅(陟)隆(降)亓(其)事

～,从“石”,“力”聲。

清華三・琴舞02“砅”,讀爲“陟”。簡文“陟降其事”,即《詩・周頌・敬之》“陟降厥士”。瘐鐘(《集成》00247):“大神其陟降。”

豥

清華五・封許06 馬亖(四)匹,攸豥(勒)

～,从“豕”,“劦”聲。

清華五・封許 06“攸象”,讀爲“攸勒”,典籍作“鞗革”。《詩・大雅・韓奕》:“王錫韓侯,淑旂綏章,簟茀錯衡,玄衮赤舄,鉤膺鏤鍚,鞹鞃淺幭,鞗革金厄。”鄭箋:“鞗革,謂轡也,以金爲小環,往往纏搤之。”西周金文多作“攸勒”。

精紐則聲

則

清華一・耆夜 11 則終以康

清華一・耆夜 12 則終以叓(祚)

清華一・耆夜 14 則終以愳(懼)

清華一・金縢 05 我則𧊒(瘗)璧與珪

清華一・金縢 14 䆋(秋)則大刈

清華一・皇門 02 則不共(恭)于卹

清華一・祭公 14 不(丕)則亡遺逡(後)

清華一・祭公 15 不(丕)則䨱(寅)言孳(哉)

清華三・芮良夫 10 則畏(威)盧(虐)之

清華三・芮良夫 24 則女(如)禾之又(有)秜(稺)

清華三・芮良夫 25 則畏天之發幾(機)

清華三・芮良夫 25 則㥶(逸)者不媺(美)

清華五・封許 02 則隹(惟)女(汝)吕丁

清華五・命訓 01 少(小)命日成

清華五・命訓 01 又(有)尚(常)則室(廣)

清華五・命訓 01 則厇(度)[至于]亟(極)

清華五・命訓 02 則厇(度)至于亟(極)

清華五・命訓 03 則厇(度)至于亟(極)

清華五・命訓 03 則厇(度)至于亟(極)

清華五・命訓 04 則厇(度)至于亟(極)

清華五・命訓 05 則厇(度)至于亟(極)

 清華五・命訓 05 道天又(有)亟(極)則不𢼛(威)

 清華五・命訓 06 則不卲(昭)

 清華五・命訓 06 正人亡(無)亟(極)則不㕛(信)

 清華五・命訓 06 不㕛(信)則不行

 清華五・命訓 06 則厇(度)至于亟(極)

 清華五・命訓 08 弗智(知)則不行

 清華五・命訓 08 亟(極)命則民陵(墮)乏

 清華五・命訓 08 亟(極)福則民录(禄)

 清華五・命訓 08 迂(干)善韋(違)則不行

 清華五・命訓 09 民𢼛(畏)則逕(淫)祭

 清華五・命訓 09 逕(淫)祭皮(罷)豙(家)

 清華五・命訓 09 亟(極)佴(恥)則民孓(叛)

清華五・命訓 09 民孑(叛)則瘍(傷)人

清華五・命訓 09 瘍(傷)人則不羿(義)

清華五・命訓 09 亟(極)賞則民賈亓(其)上

清華五・命訓 09 賈亓(其)上則亡(無)壤(讓)

清華五・命訓 09 亡(無)壤(讓)則不川(順)

清華五・命訓 09 亟(極)罰則民多虞(詐)

清華五・命訓 09 多虞(詐)則不忠

清華五・命訓 10 不忠則亡(無)遉(復)

清華五・命訓 14 哀至則貴(匱)

清華五・命訓 14 樂繡(伸)則亡(荒)

清華五・命訓 14 豊(禮)[亡(無)旹(時)]則不貴

清華五・命訓 14 埶(藝)逕(淫)則割(害)於材(才)

 清華五・命訓 14 正(政)成則不長

 清華五・命訓 14 事褶(震)則不攻(功)

 清華五・命訓 15 以中從忠則尚(賞)

 清華五・命訓 15 以峕(權)從𧇍(法)則不行

 清華五・湯丘 12 萅(春)秌(秋)改則

 清華五・啻門 02 則可(何)以成人

 清華五・啻門 21 則可(何)以改之

 清華五・三壽 09 則若尖=(小人)之瘬(寵)㾿(狂)而不沓(友)

 清華五・三壽 10 八紀(紀)則緍(紊)

 清華五・三壽 10 四晦(海)之𡰥(夷)則复(作)

 清華五・三壽 15 遻(邇)則文之惪(化)

 清華五・三壽 19 譴(讒)繇(謏)則敝(屏)

 清華五・三壽 24 昜(揚)則旮(悍)逵(佚)亡(無)祟(常)

 清華五・三壽 24 晉(晦)則

 清華五・三壽 27 則隹(唯)小心異=(翼翼)

 清華六・管仲 03 止(趾)則心之本

 清華六・管仲 04 手則心之枳(枝)

 清華六・管仲 04 目、耳則心之末

 清華六・管仲 04 口則心之窔(竅)

 清華六・管仲 04 止(趾)不正則心卓(逴)

 清華六・管仲 04 心不情(靜)則手斆(躁)

 清華六・管仲 04 心亡(無)煮(圖)則目、耳豫(野)

 清華六・管仲 05 心煮(圖)亡(無)獸(守)則言不道

 清華六・管仲 05 言則行之首

清華六·管仲 05 行之首則事之本也

清華六·管仲 08 亓(其)侌(陰)則晶(三)

清華六·管仲 08 亓(其)昜(陽)則五

清華六·管仲 08 是則事首

清華六·管仲 27 然則或弛(弛)或張

清華六·管仲 30 則爲君裳(勞)才(哉)

清華六·太伯甲 12 則卑(譬)若疾之亡瘡(醫)

清華六·太伯甲 13 則亦亡(無)餌(聞)也

清華六·太伯甲 13 則亦亡(無)内(入)也

清華六·太伯乙 11 則卑(譬)若疾之亡瘡(醫)

清華六·太伯乙 11 則亦亡(無)餌(聞)也

清華六·太伯乙 11 則亦亡(無)内(入)也

清華六·子儀 04 則可(何)爲而不可

清華六·子儀 11 心則不戠(察)

清華六·子産 17 悟(更)則任之

清華六·子産 17 善則爲人

清華五·厚父 04 天則弗臭(斁)

清華七·子犯 14 則大甲與盤庚

清華七·子犯 15 則㩉(桀)及受(紂)

清華七·趙簡子 01 則非子之咎

清華七·趙簡子 02 則非子之咎

清華七·趙簡子 03 則非人之辠(罪)

清華七·趙簡子 03 則善人至

清華七·趙簡子 03 則不善人至

清華七・趙簡子 08 肰(然)則旻(得)補(輔)相周室

清華七・趙簡子 09 肰(然)則旻(得)補(輔)相周室

清華七・趙簡子 11 肰(然)則�(失)故(霸)者(諸)侯

清華七・越公 34 水則爲稻

清華七・越公 37 謒(佯)緰(媮)諒人則㓝(刑)也

清華七・越公 38 則劼(詰)燭(誅)之

清華七・越公 38 則劼(詰)燭(誅)之

清華七・越公 40 亓(其)才(在)邑司事及官市(師)之人則發(廢)也

清華七・越公 43 雩(越)則亡(無)訙(獄)

清華七・越公 43 王則閑=(閒閒)

清華七・越公 44 王則䁹(比視)

 清華七・越公 45 王見亓（其）埶事人則訇（怡）悆（豫）憙（憙）也

 清華七・越公 46 則必酓（飲）飤（食）賜娄（予）之

 清華七・越公 46 則顯（蠶）慼（蹙）不悆（豫）

 清華七・越公 47 善人則由

 清華七・越公 47 簪（譖）民則伓（背）

 清華七・越公 48 王則隹（唯）訇（訇）、茖（落）是徹（趣）

 清華七・越公 51 王則䚕₌（比視）

 清華七・越公 53 則賞穀（穀）之

 清華七・越公 54 則殄（戮）殺之

 清華七・越公 57 王則自罰

 清華七・越公 58 雩（越）邦庶民則皆譽（震）僮（動）

 清華八・攝命 06 則由讓（勸）女（汝）訓言之譔

 清華八・攝命 11 亦則乃身亡能謒甬(用)非頌(庸)女(汝)正命

 清華八・攝命 12 則或即命朕

 清華八・攝命 14 亦則匄(遏)逆于朕

 清華八・攝命 14 是女(汝)則隹(唯)肈悽(咨)弜羕

 清華八・攝命 15 女(汝)則亦隹(唯)肈不(丕)子不學

 清華八・攝命 18 不逆(之)則寍(俾)于余

 清華八・攝命 23 女(汝)則亦受幣(幣)

 清華八・攝命 25 王子則克悉甬(用)王教王學

 清華八・攝命 26 不則戠(職)智(知)之螽(聞)之言

 清華八・攝命 27 不則高譸(奉)乃身

 清華八・攝命 27 民寍(朋)亦則興妄(仇)肙(怨)女(汝)

 清華八・攝命 28 亦則隹(唯)肈(肇)不謜(咨)逆所(許)朕命

清華八·邦政 06 則視亓(其)民必女(如)腸(傷)矣

清華八·邦政 10 則視亓(其)民女(如)茻(草)萮(芥)矣

清華八·邦政 12 新則剬(制)

清華八·邦政 12 者(故)則榑(傅)

清華八·邦政 13 亓(其)則無燹(滅)無瑋(彰)

清華八·邦道 03 貴之則貴

清華八·邦道 03 俴(賤)之則俴(賤)

清華八·邦道 03 則或(又)恥自縈(營)寵[illegible]

清華八·邦道 05 則或[illegible]於弗智(知)

清華八·邦道 05 則可(何)或(有)森(益)

清華八·邦道 06 則茻(草)木以返(及)百穀(穀)曼(慢)生

清華八·邦道 06 則茻(草)木以返(及)百穀(穀)茅(茂)長緐實

清華八・邦道 08 則民攺(改)

清華八・邦道 09 則百官敬

清華八・邦道 09 則巻(患)不至

清華八・邦道 09 則□□□母(毋)從(縱)欲以弫(枉)亓(其)道

清華八・邦道 10 則身(信)長

清華八・邦道 10 則下不敢悥上

清華八・邦道 10 則怹(過)誁(蔽)

清華八・邦道 11 則請(情)可智(知)

清華八・邦道 11 則衆不戔(賤)

清華八・邦道 11 則亡(無)悁(怨)

清華八・邦道 12 鼠一(一)之則亡(無)弍(二)心

清華八・邦道 18 則可以智(知)之

 清華八·邦道 18 則亡(無)

 清華八·邦道 19 則亦母(毋)彁(弼)女(焉)

 清華八·邦道 19 則弗敢言

 清華八·邦道 20 則民允

 清華八·邦道 20 則民衆

 清華八·邦道 20 則贎(貨)逯(歸)

 清華八·邦道 21 則民厚

 清華八·邦道 21 則多穫(穫)

 清華八·邦道 21 則事害(靖)

 清華八·邦道 21 悉(愛)民則民考(孝)

 清華八·邦道 21 智(知)臤(賢)則民懽(勸)

 清華八·邦道 21 倀(長)乳則[畜]蕃

 清華八・邦道 22 則遠(遠)人至

 清華八・邦道 26 則償(價)賁(賈)亓(其)臣僕(僕)

 清華八・邦道 27 則亡(無)命大於此

 清華八・心中 03 女(如)悬(謀)而不厇(度)則亡(無)以智(知)耑(短)長

～,楚文字或作(上博一・緇 13)、(上博一・孔 9)、(上博四・曹 33)、(上博六・競 7)、(上博六・用 4),本从"刀",从"鼎",後"鼎"訛爲"貝"。《説文・刀部》:"則,等畫物也。从刀,从貝。貝,古之物貨也。,古文則。,亦古文則。,籀文則从鼎。"

清華一・耆夜 11、12、14"則",副詞,猶乃,才。《詩・小雅・出車》:"既見君子,我心則降。"《孟子・梁惠王下》:"齊人將築薛,吾甚恐,如之何則可?"

清華一・金縢 05"我則晉(瘞)璧與珪",今本《書・金縢》作"我乃屏璧與珪"。"則",訓"乃"。

清華一・金縢 14"蘇(秋)則大刈",今本《書・金縢》作"秋,大熟,未獲"。

清華一・皇門 02"則不共(恭)于卹",今本《逸周書・皇門》作"我聞在昔有國誓王之不綏于卹"。

清華一・祭公 14"不(丕)則亡遺遂(後)",今本《逸周書・祭公》作"丕則無遺後難"。

清華一・祭公 15"不(丕)則黿(寅)言孳(哉)",今本《逸周書・祭公》作"我不則寅哉寅哉"。

清華五・命訓 01"日成則敬",今本《逸周書・命訓》作"成則敬"。《禮記・經解》:"故以奉宗廟則敬。"

清華五・命訓 01"又(有)尚(常)則室(廣)",今本《逸周書・命訓》作"有

常則廣”。

清華五・命訓 01、02、03、04、05、06“則宅(度)[至于]亟(極)”,今本《逸周書・命訓》作“則度至于極”。

清華五・命訓 05“道天又(有)亟(極)則不褱(威)”,今本《逸周書・命訓》作“道天有極則不威”。

清華五・命訓 06“則不卲(昭)”,今本《逸周書・命訓》作“不威則不昭”。

清華五・命訓 06“正人亡(無)亟(極)則不㝵(信)”,今本《逸周書・命訓》作“正人無極則不信”。

清華五・命訓 06“不㝵(信)則不行”,今本《逸周書・命訓》作“不信則不行”。

清華五・命訓 08“弗智(知)則不行”,今本《逸周書・命訓》作“不知則不存”。

清華五・命訓 08“亟(極)命則民陵(墮)乏”,今本《逸周書・命訓》作“極命則民墮”。

清華五・命訓 08“亟(極)福則民录(禄)”,今本《逸周書・命訓》作“極福則民禄”。

清華五・命訓 08“迂(干)善韋(違)則不行”,今本《逸周書・命訓》作“干善則不行”。

清華五・命訓 09“民褱(畏)則遥(淫)祭”,今本《逸周書・命訓》作“民鬼則淫祭”。

清華五・命訓 09“遥(淫)祭皮(罷)豙(家)”,今本《逸周書・命訓》作“淫祭則罷家”。

清華五・命訓 09“亟(極)佴(恥)則民孓(叛)”,今本《逸周書・命訓》作“極醜則民叛”。

清華五・命訓 09“民孓(叛)則瘍(傷)人”,今本《逸周書・命訓》作“民叛則傷人”。

清華五・命訓 09“瘍(傷)人則不羿(義),亟(極)賞則民賈亓(其)上”,今本《逸周書・命訓》作“傷人則不義,極賞則民賈其上”。

清華五・命訓 09“賈亓(其)上則亡(無)壤(讓)”,今本《逸周書・命訓》作“賈其上則民無讓”。

清華五・命訓 09“亡(無)壤(讓)則不川(順)”,今本《逸周書・命訓》作“無讓則不順”。

清華五・命訓 09“亟(極)罰則民多虘(詐)”,今本《逸周書・命訓》作“極罰則民多詐”。

清華五・命訓 09“多虡(詐)則不忠”,今本《逸周書・命訓》作“多詐則不忠”。

清華五・命訓 10“不忠則亡(無)�(復)”,今本《逸周書・命訓》作“不忠則無報”。

清華五・命訓 14“哀至則貴(匱)”,今本《逸周書・命訓》作“哀至則匱”。

清華五・命訓 14“樂繡(伸)則亡(荒)”,今本《逸周書・命訓》作“樂滿則荒”。

清華五・命訓 14“豊(禮)[亡(無)旹(時)]則不貴”,今本《逸周書・命訓》作“禮無時則不貴”。

清華五・命訓 14“埶(藝)逕(淫)則割(害)於材(才)”,今本《逸周書・命訓》作“藝淫則害于才”。

清華五・命訓 14“正(政)成則不長”,今本《逸周書・命訓》作“政成則不長”。

清華五・命訓 14“事䨓(震)則不攻(功)”,今本《逸周書・命訓》作“事震則寡功”。潘振云:“事騷動,故少功。”

清華五・命訓 15“以中從忠則尚(賞)”,今本《逸周書・命訓》作“以法從中則賞”。

清華五・命訓 15“以耑(權)從㴲(法)則不行”,今本《逸周書・命訓》作“以權從法則行”。

清華五・湯丘 12“萅秌改則”,讀爲“春秋改則”,意云隨時變改。“則”,規章,法度。《書・五子之歌》:“有典有則,貽厥子孫。”《周禮・天官・大宰》:“以八則治都鄙。”鄭玄注:“則,亦法也。典、法、則所用異,異其名也。”

清華五・啻門 02、21“則可以”,讀爲“則何以”。《公羊傳・文公九年》:“始有大夫,則何以不氏?”

清華六・管仲 03、04、05“止(趾)則心之本”之“則”,副詞,猶乃,就是。加强肯定語氣。《左傳・哀公十五年》:“雖隕于深淵,則天命也。”

清華六・管仲 27,清華七・趙簡子 08、09、10“肰則”,讀爲“然則”,連詞。連接句子,表示連貫關係。猶言“如此,那麼”或“那麼”。《詩・周南・關雎序》:“是謂四始,詩之至也。然則《關雎》《麟趾》之化,王者之風,故繫之周公。”

清華八・心中 03“女(如)悬(謀)而不厇(度)則亡(無)以智(知)耑(短)長”,“如……則……”,表示假設和結果的關係。

清華七・子犯 14、15“則”,效法。《孟子・滕文公上》:“惟堯則之。”朱熹《集注》:“則,法也。”

清華八・邦政 10“則視亓民女茻蓟矣”,讀爲“則視其民如草芥矣”。《孟子・離婁下》:“君之視臣如土芥,則臣視君如寇讎。”

清華八・邦道 03“貴之則貴，僟之則僟”，讀爲“貴之則貴，賤之則賤”。《管子・國蓄》：“夫物多則賤，寡則貴，散則輕，聚則重。”

清華八・邦道 03“則或（又）恥自縈（營）”之“則”，猶“而”也，見《經傳釋詞》卷八。

惻

清華一・皇門 09 是人斯廼訡（讒）惻（賊）□□

清華三・芮良夫 10 不遠亓（其）惻（則）

清華三・芮良夫 26 莫之能惻（測）

清華八・邦道 15 鰥（懷）惻聖君

清華八・邦道 24 䠷（盜）惻（賊）不爾（彌）

～，與（上博三・彭 7）、（郭店・語叢二 27）同。《説文・心部》：“恻，痛也。从心，則聲。”

清華一・皇門 09“訡惻”，讀爲“讒賊”，誹謗中傷，殘害良善。《詩・陳風・防有鵲巢序》：“《防有鵲巢》，憂讒賊也。”孔穎達疏：“憂讒賊者，謂作者憂讒人，謂爲讒以賊害於人也。”董仲舒《春秋繁露》：“無怨望忿怒之患，强弱之難，無讒賊妬疾之人。”

清華三・芮良夫 10“不遠亓惻”，讀爲“不遠其則”。參《詩・豳風・伐柯》：“伐柯伐柯，其則不遠。”“不遠其則”即“其則不遠”的倒裝，是爲了適應押韻的需要。

清華三・芮良夫 26“莫之能惻”，讀爲“莫之能測”。《荀子・禮論》：“天下從之者治，不從者亂；從之者安，不從者危；從之者存，不從者亡。小人不能測也。”

清華八・邦道 15“惻”，憂傷，悲痛。《易・井》：“井渫不食，爲我心惻。”孔穎達疏:"井渫而不見食,猶人脩己全潔而不見用,使我心中惻愴。"

清華八・邦道 24"䚕惻",讀爲"盜賊",劫奪和偷竊財物的人。《周禮・天官・小宰》:"五曰刑職,以詰邦國,以糾萬民,以除盜賊。"《荀子・君道》:"禁盜賊,除姦邪。"楊倞注:"盜賊通名,分而言之,則私竊謂之盜,劫殺謂之賊。"

測

清華一・保訓 05 測侌(陰)昜(陽)之勿(物)

清華五・厚父 09 斯民心難測

～,與 (上博七・凡甲 20)同。《説文・水部》:"測,深所至也。从水,則聲。"

清華一・保訓 05"測",量度,測量。《周禮・地官・大司徒》:"以土圭之灋測土深。"鄭玄注:"測,猶度也。"《易・繫辭上》:"陰陽不測之謂神。"

清華五・厚父 09"難測",《吕氏春秋・恃君覽》:"人之心隱匿難見,淵深難測。故聖人於事志焉。"

精紐夨聲

昃

清華八・處位 01 䢜(傾)昃(側)亓(其)天命

清華八・處位 07 亓(其)諻(徵)而不䢜(傾)昃(惻)

清華八・邦道 24 讙(讒)人才(在)昃(側)弗智(知)

清華四・筮法 49 昃

 清華七・越公 13 天命反昃(側)

~,與𢒈(上博二・昔 1)、𢒈(上博六・用 9)同。《説文・日部》:"昃,日在西方時。側也。从日,仄聲。《易》曰:'日厢之離。'"

清華八・處位 01"𨑛昃",即"傾側",義爲傾斜、不正。《荀子・成相》:"讒人罔極,險陂傾側此之疑。"《漢書・蕭望之傳》:"恭、顯又時傾仄見詘。"顏師古注:"言其不能持正,故議論大事見詘於天子也。仄,古側字。"

清華八・邦道 24"昃",讀爲"側",旁邊。《墨子・親士》:"諂諛在側,善議障塞,則國危矣。"

清華七・越公 13"反昃",讀爲"反側"。《楚辭・天問》:"天命反側,何罰何佑?"朱熹《集注》:"反側,言無常也。"

精紐稷聲

禝(稷)

 清華一・程寤 03 幣告宗方(祊)杢(社)禝(稷)

 清華三・芮良夫 15 戔(衛)想(相)社禝(稷)

 清華五・湯丘 08 以長奉社禝(稷)

 清華六・孺子 11 以定奠(鄭)邦之社禝(稷)

 清華八・邦道 23 古(故)墜(墜)達(失)社禝(稷)

 清華一・祭公 13 不(丕)隹(惟)句(后)禝(稷)之受命是羕(永)

𥒗(厚)

,从“示”从“田”“人”“止”;或作,“止”形上移,遂與“女”形近而訛,“稷”字異體。楚文字或作(上博二・容 2)、(上博七・吴 5)、(新蔡甲三 341)、(新蔡零 338)。

清華一・祭公 13“句禝”,讀爲“后稷”。周之先祖。虞舜命爲农官,教民耕稼,稱爲“后稷”。《詩・大雅・生民》:“厥初生民,時維姜嫄……載生載育,時維后稷。”《韓詩外傳》卷二:“夫闢土殖穀者后稷也,決江疏河者禹也,聽獄執中者皋陶也。”

清華一・程寤 03“杢禝”、清華三・芮良夫 15、清華五・湯丘 08、清華六・孺子 11、清華八・邦道 23“社禝”,讀爲“社稷”,古代帝王、諸侯所祭的土神和穀神。“社”,土神;“稷”,穀神。亦爲國家的代稱。《書・太甲上》:“先王顧諟天之明命,以承上下神祇,社稷宗廟,罔不祗肅。”《孟子・盡心下》:“民爲貴,社稷次之,君爲輕。”《禮記・檀弓下》:“能執干戈以衛社稷。”《墨子・天志下》:“使之父子離散,國家滅亡,抎失社稷,憂以及其身。”

稷

清華二・繫年 121 戉(越)公與齊侯貣(貸)、魯侯侃(衍)明(盟)于魯稷門之外

清華六・子儀 10 虐(吾)可(何)以祭稷

清華七・晉文公 03 具畬(黍)稷醴₌(醴酒)以祀

～,與(上博二・子 13)同。《説文・禾部》:“稷,齋也。五穀之長。从禾,畟聲。,古文稷省。”《説文・夊部》:“畟,治稼畟畟進也。从田、人,从夊。《詩》曰:‘畟畟良耜。’”

清華二・繫年 121“魯稷門”,《左傳・定公五年》:“己丑,盟桓子于稷門之内。”杜預注：“魯南城門。”

清華六・子儀 10“祭稷”，祭祀穀神。

清華七・晉文公 03“黍稷”，黍和稷。爲古代主要農作物。亦泛指五穀。《書・君陳》：“黍稷非馨，明德惟馨。”葛洪《抱朴子・明本》：“珍黍稷之收，而不覺秀之者豐壤也。”

心紐𡫳聲

䆮（𡫳）

清華五・命訓 05 九迂（奸）具（俱）䆮（息）

～，从“廾”从“工”，“𡫳”字異體。與“賽”作（清華二・繫年 027），或作（上博七・吴 6）同。《説文・𢏚部》：“𡫳，窒也。从𢏚、从廾，窒宀中。𢏚，猶齊也。”段注：“凡填塞字皆當作𡫳。自塞行而𡫳𥻫皆廢矣。”“𡫳”象雙手塞物於室中，乃“塞”的表意本字。

清華五・命訓 05“九迂具䆮”，讀爲“九奸俱息”。今本《逸周書・命訓》作“六間具塞”。或疑“九迂”，當從今本作“六間”。孔晁云：“六中之道通，則六間塞矣。”唐大沛云：“此總上文，言六極之道既貫通而無不至，則六者之間隙無不塞矣。”

賽

清華二・繫年 023 賽（息）侯亦取妻於陳

清華二・繫年 023 是賽（息）爲（嬀）

清華二・繫年 023 牆（將）歸于賽（息）

清華二·繫年 024 賽(息)爲(嬀)乃内(入)于郗(蔡)

清華二·繫年 024 賽(息)侯弗訓(順)

清華二·繫年 025 文王记(起)𠂤(師)伐賽(息)

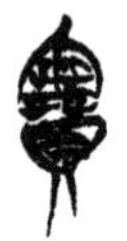
清華二·繫年 026 郗(蔡)哀侯衒(率)帀(師)以救(救)賽(息)

清華二·繫年 026 文王爲客於賽(息)

清華二·繫年 026 賽(息)侯以文王猷＝(猷酒)

清華二·繫年 027 郗(蔡)侯智(知)賽(息)侯之誘吕(己)也

清華二·繫年 027 賽(息)侯之妻甚娀(美)

清華二·繫年 028 賽(息)侯訇(辭)

清華二·繫年 028 起𠂤(師)伐賽(息)

清華二·繫年 028 殺賽(息)侯

清華二·繫年 029 取賽(息)爲(嬀)以歸

～,楚文字或作(上博二・容 29)、(上博七・吴 6)、(郭店・老子甲 27)、(郭店・老子乙 13)、(郭店・語叢四 17)。《説文・貝部》:"賽,報也。从貝,塞省聲。"

清華二・繫年"賽",讀爲"息",春秋時諸侯國名。一作鄎。姬姓,後滅於楚。故城在今河南省息縣北。《左傳・隱公十一年》:"鄭息有違言,息侯伐鄭。"杜預注:"息國,汝南新息縣。""賽侯",讀爲"息侯"。《左傳・莊公十年》:"蔡哀侯娶于陳,息侯亦娶焉。"《史記・管蔡世家》:"哀侯十一年,初,哀侯娶陳,息侯亦娶陳。"

清華二・繫年 029"賽爲",讀爲"息嬀",息侯夫人,嬀姓陳國女子。

心紐嗇聲歸來聲

心紐色聲

色

清華四・筮法 42 白色

清華四・筮法 51 赤色也

清華四・筮法 51 黑色也

清華四・筮法 60 青色

清華六・孺子 07 娓(媚)妬之臣躳(躬)共(恭)亓(其)雇(顔)色

清華六・太伯甲 10 色〈孚〉淫柔(媱)于庚(康)

 清華六・管仲 10 彣(文)之以色

 清華五・三壽 11 五寶皃(變)色

 清華五・三壽 21 音色柔丂(巧)而贎(叡)武不罔

 清華七・越公 32 麎(顔)色訓(順)必(比)而晒(將)劫(耕)者

 清華八・邦道 09 母(毋)咸(感)於窒(令)色以還心

[字形],與[字形](上博五・鬼 8)、[字形](上博六・用 16)、[字形](信陽簡 1－01)同,从“爪”从“卩”。[字形],與[字形](上博一・孔 10)、[字形](上博四・柬 16)、[字形](上博八・志 2)同,所从“[字形]”,即“卩”的簡寫。《説文・色部》:“色,顔气也。从人、从卩。[字形],古文。”

清華四・筮法 42“白色”,白的顔色。《管子・幼官》:“九和時節,君服白色。”

清華四・筮法 51“赤色”,紅色。《管子・幼官》:“君服赤色。”

清華四・筮法 51“黑色”,黑的顔色。《管子・幼官圖》:“六行時節,君服黑色。”

清華四・筮法 60“青色”,東方之色,象征春天。《管子・幼官》:“君服青色,味酸味,聽角聲。”《淮南子・時則》:“東宫御女青色,衣青采,鼓琴瑟。”

清華六・太伯甲 10“色〈孚〉淫条(媱)于庚(康)”,“色”,乙本作“孚”,訓爲信。甲本疑因下淫媱等語誤作“色”。

清華六・管仲 10“彣之以色”,讀爲“文之以色”,用色文飾之。

清華五・三壽 11“五寶皃(變)色”,即五星變色,參《開元占經》卷十八:“《荆州占》曰:五星者,五行之精也,五帝之子,天之使者……人君無德,信姦

佞,退忠良,遠君子,近小人,則五星逆行變色,出入不時。”

清華五・三壽 21“色”,指顔色,人的面色,即儒家禮節中的色容。《論語・季氏》:“色思温。”劉寶楠《正義》:“色,謂顔色。”《禮記・玉藻》:“色容顛顛。”孔穎達疏:“顔色憂思,顛顛然不舒暢也。”

清華六・孺子 07、清華七・越公 32“扂色”,即“顔色”,面容、面色。《禮記・玉藻》:“凡祭,容貌顔色如見所祭者。”

清華八・邦道 09“窒色”,讀爲“令色”。《詩・大雅・蒸民》:“令儀令色。”鄭箋:“令,善也。”上博五・弟附簡“考言窒色”,讀爲“巧言令色”,指用花言巧語和媚態僞情來迷惑、取悦他人。《論語・學而》:“巧言令色,鮮矣仁。”何晏《集解》引包咸曰:“巧言,好其言語;令色,善其顔色。皆欲令人説之。”

心紐息聲

息

清華一・祭公 16 女(汝)母(毋)以俾(嬖)御(御)息(疾)尔(爾)𦡱(莊)句(后)

清華一・祭公 16 女(汝)母(毋)以俾(嬖)士息(疾)夫₌(大夫)卿孷(士)

清華三・琴舞 12 七攺(啓)曰:思又(有)息

~,與(上博五・鮑 5)同。《説文・心部》:“息,喘也。从心、从自,自亦聲。”

清華一・祭公 16“息”,讀爲“疾”。息从“自(鼻)”聲,“自”是“鼻”的象形初文,“疾”是從紐質部字,“鼻”是並紐質部字,音近可通。簡文“食、色、疾”與《郭店・語叢一》簡 110“食與色與疾”同。

清華三・琴舞 12“息”,《廣雅・釋詁》:“安也。”

幫紐北聲

北

 清華一・楚居 10 遷(徙)居同宮之北

清華二・繫年 029 文王以北啓出方成(城)

 清華二・繫年 045 奠(鄭)人敳(屬)北門之筦(管)於秦之戍人

 清華二・繫年 052 乃虘(皆)北(背)之曰

 清華二・繫年 063 減(莊)王述(遂)北

 清華二・繫年 112 自南山逗(屬)之北海(海)

 清華二・繫年 122 齊自(師)北

 清華三・說命上 06 才(在)北晦(海)之州

 清華四・筮法 49 北方也

 清華六・太伯甲 07 北遠(就)郕(鄔)、鄙(劉)

清華六·太伯甲 08 北鹹(城)鄎(温)、原

清華六·太伯乙 06 北𩫨(就)𨛜(鄔)、鄹(劉)

清華六·太伯乙 07 北鹹(城)鄎(温)、原

清華六·子儀 20 君不尚芒鄗王之北叟(没)

清華七·越公 10 虘(且)皮(彼)既大北於坪(平)备(邍)

清華七·越公 63 軍於江北

清華七·越公 68 吴帀(師)乃大北

清華七·越公 68 疋戰(戰)疋北

清華八·攝命 32 北卿(鄉)

清華八·八氣 03 或六旬日北〈南〉至

～,像二人相背,是違背、背離之"背"的初文。《説文·北部》:"北,乖也。从二人相背。"

清華二·繫年 045"北門之筦",即"北門之管",北門的管籥。《左傳·僖公三十二年》:"杞子自鄭使告于秦,曰:'鄭人使我掌其北門之管,若潛師以來,國可得也。'"

清華二・繫年052“北”,讀爲“背”,違背,違反。《書・太甲中》:“既往背師保之訓。”《史記・項羽本紀》:“請往謂項伯,言沛公不敢背項王也。”

清華二・繫年063“減(莊)王述(遂)北”、清華二・繫年122“齊自(師)北”之“北”,敗,敗逃。《左傳・宣公十二年》:“楚子北,師次於郔。”《左傳・桓公九年》:“鬬廉衡陳其師於巴師之中,以戰,而北。”《史記・廉頗藺相如列傳》:“匈奴小入,詳北不勝,以數千人委之。”

清華二・繫年112“北海”,即“北海”,今之渤海。《莊子・秋水》:“(河伯)順流而東行,至於北海,東面而視,不見水端。”濟水走嚮是自南山起,經歷下(今濟南市)往東,到北海。

幫紐皕聲

𦶡

清華八・邦道07 亡(無)𦶡(衋)以管(熟)

~,从“聿”,“皕”聲,“衋”字省體,西周金文作(多友鼎,《集成》02835),上博一・緇12作。《説文・血部》:“衋,傷痛也。从血、聿,皕聲。《周書》曰:民罔不衋傷心。”《説文・皕部》:“皕,二百也。凡皕之屬皆从皕。讀若祕。”

清華八・邦道07“亡𦶡”,讀爲“無衋”或“無疢”。“衋”,《説文》:“傷痛也。”

奭

清華三・良臣04 武王又(有)君奭

~,从“大”从“皕”,“皕”亦聲。楚文字或作(上博一・緇18)、(郭店・成之聞之22)、(郭店・成之聞之29)、(郭店・緇衣36)。《説文・皕部》:“奭,盛也。从大从皕,皕亦聲。此燕召公名。讀若郝。《史篇》名醜。奭,古文奭。”

清華三・良臣04“君奭”,《書》篇名。《書・君奭》:“召公爲保,周公爲師,相成王爲左右。召公不説,周公作《君奭》。"

並紐葡聲

備

清華一・保訓 06 身兹備

清華一・保訓 09 咠(祇)備(服)不解(懈)

清華一・保訓 10 今女(汝)咠(祇)備(服)毋(毋)解

清華一・耆夜 05 人備(服)余不韋(胄)

清華一・耆夜 06 贔＝戎備(服)

清華一・金縢 03 尔(爾)母(毋)乃又(有)備子之責才(在)上

清華一・皇門 05 卑(俾)備(服)才(在)氒(厥)豪(家)

清華一・皇門 10 曰余蜀(獨)備(服)才(在)寢

清華三・説命中 06 心毀隹(惟)備

清華三・説命下 02 少(小)臣罔夋(俊)才(在)朕備(服)

清華三・説命下 03 罳(既)亦䁖(詣)乃備(服)

清華三・説命下 06 女(汝)亦隹(惟)又(有)萬福𦍒₌(業業)才(在)乃備(服)

清華三・琴舞 10 備(服)才(在)清宙(廟)

清華四・筮法 56 爲備戒

清華五・命訓 15 以[罰從]備₌(服,服)而不䤿

清華五・湯丘 16 不備(服)佌(過)彣(文)

清華五・啻門 09 㷡(氣)䴻(融)交以備

清華五・啻門 15 民備不俑(庸)

清華五・三壽 18 衣備(服)耑(端)而好訐(信)

清華六・子儀 02 自蠶月垔₌(至于)秌(秋)𥧉備𡚱(焉)

清華七・子犯 15 亦備才(在)公子之心巳(已)

清華七・越公 06 男女備(服)

清華七・越公 25 男女備(服)

清華七・越公 37 雩(越)邦備(服)蓐(農)多食

清華七・越公 44 雩(越)邦備(服)訐(信)

清華七・越公 50 雩(越)邦皆備(服)陞(徵)人

清華七・越公 55 備(服)衩(飾)

清華七・越公 62 王翠(卒)既備

清華七・越公 71 男女備(服)

清華八・處位 02 御必审(中)亓(其)備(服)

清華八・處位 11 既備内(納)隢(貢)

清華八・邦道 12 亓(其)旻(得)而備(服)之

清華八・邦道 13 備(服)母(毋)謟(慎)甚敚(美)

清華八・虞夏 01 首備(服)收

清華八・虞夏 02 首備(服)乍(作)孠(辠)

清華八・虞夏 02 首備(服)乍(作)曼(冕)

～,與(上博二・民 6)、(上博四・昭 1)同,所从的"葡",上部訛爲"羊"頭,下部訛爲"人"形,在"人"形的兩側各加兩撇形的飾筆。或作,右下訛爲"糸"。《説文・人部》:"備,慎也。从人,葡聲。,古文備。"

清華一・保訓 06"備",《説文》:"慎也。"或讀爲"服"。(李零)

清華一・保訓 09、10"嵩備",讀爲"祗服",敬慎。《書・康誥》:"子弗祗服厥父事,大傷厥考心。"

清華一・耆夜 05、06"備",讀爲"服"。

清華一・金縢 03"尔(爾)母(毋)乃又(有)備子之責才(在)上"之"備",今本《書・金縢》作"是有丕子之責于天",孔傳:"大子之責,謂疾不可救於天。"《史記・魯周公世家》作"若爾三王是有負子之責於天"。"負子",謂背棄子民。《公羊傳・桓公十六年》"屬負兹舍,不即罪爾",何休注:"天子有疾稱不豫,諸侯稱負兹。"徐彦疏:"諸侯言負兹者,謂負事繁多,故致疾。"

清華一・皇門 05"卑(俾)備(服)才(在)氒(厥)豪(家)",今本《逸周書・皇門》作"俾嗣在厥家",陳逢衡注:"嗣在厥家,子孫繩繩萬年靡不承也。""備",讀爲"服"。《説文》:"服,用也。"《廣雅・釋詁》:"服,任也。"

清華一・皇門 10"曰余蜀(獨)備(服)才(在)寢",今本《逸周書・皇門》作"曰予獨服在寢"。丁宗洛《逸周書管箋》:"獨服在寢,言專妬也。"

清華三・説命中 06"心毁隹(惟)備"之"毁",《説文》:"缺也。""備",《國語・周語下》注:"具也。""毁""備"相對。或讀爲"服"。(白於藍)

清華三・説命下 02"朕備",讀爲"朕服",指王朝職事。《書・文侯之命》:"罔或耆壽俊在厥服。"

清華三・説命下 03、06"乃備",讀爲"乃服"。《書・康誥》:"汝惟小子,乃服惟弘王應保殷民,亦惟助王宅天命,作新民。"

清華三・琴舞10"備",讀爲"服",從事,致力。《詩・周頌・噫嘻》:"亦服爾耕,十千維耦。"鄭箋:"服,事也。"

清華四・筮法56"備戒",即"戒備",警戒準備,警戒防備。《國語・晉語三》:"内謀外度,考省不倦,日考而習,戒備畢矣。"

清華五・湯丘16"不備伳爻",讀爲"不服過文",服飾不過分華美。《左傳・哀公元年》:"昔闔廬食不二味,居不重席,室不崇壇,器不彤鏤,宫室不觀,舟車不飾,衣服財用,擇不取費。"

清華八・邦道13"備母慙甚敚",讀爲"服毋慎甚美"。《晏子春秋・内篇諫下》:"夫冠足以修敬,不務其飾;衣足以掩形禦寒,不務其美。衣無隅肶之削,冠無觚羸之理,身服不雜彩,首服不鏤刻。"

清華五・啻門09"備",周遍。《晏子春秋・内篇雜下》:"桓公義高諸侯,德備百姓。"

清華五・啻門15"民備",指民力。《左傳・昭公十三年》:"吾未撫民人,未事鬼神,未脩守備,未定國家,而用民力,敗不可悔。"或説"備",都、盡。(張飛)

清華五・三壽18"衣備",讀爲"衣服",衣裳,服飾。《詩・小雅・大東》:"西人之子,粲粲衣服。"

清華六・子儀02"備",《禮記・月令》:"農事備收。"鄭玄注:"備,猶盡也。"

清華七・子犯15"備",副詞,盡也。《儀禮・特牲饋食禮》:"尸備荅拜焉。"鄭玄注:"備,猶盡也。"《詩・大雅・旱麓》:"清酒既載,騂牡既備。"朱熹《集傳》:"全具也。"

清華七・越公06、25、71"備",讀爲"服",順從,降服。《書・舜典》:"(舜)流共工于幽州,放驩兜于崇山,竄三苗于三危,殛鯀于羽山,四罪而天下咸服。"孔穎達疏:"天下皆服從之。"

清華七・越公37"備蓐",讀爲"服農",猶服田。《書・盤庚上》:"若農服田力穡,乃亦有秋。"

清華七・越公44"備訐",讀爲"服信",信服。《管子・正》:"致政,其民服信以聽。"

清華七・越公50"備",讀爲"服",實行。《逸周書・武穆》:"明義倡爾衆,教之以服。"盧文弨引趙曦明云:"服,行也。"

清華七・越公 55“備衭”,讀爲“服飾”,佩玉之飾,指玉器的彩色襯墊。《周禮・春官・典瑞》:“辨其名物與其用事,設其服飾。”鄭玄注:“服飾,服玉之飾,謂繅藉。”

清華七・越公 62“備”,形成、完成。“備”“成”義同。《詩經・齊風・猗嗟》:“儀既成兮。”鄭箋:“成猶備也。”《廣雅・釋詁》:“備,成也。”

清華八・處位 02“備”,讀爲“服”,《廣雅・釋詁》:“任也。”

清華八・處位 11“備”,《逸周書・大戒》“援貢有備”。朱右曾《集訓校釋》:“具也。”

清華八・虞夏 01、02“首備”,讀爲“首服”,文獻中指頭上的冠戴服飾,簡文三見,指冠。《周禮・宗伯》:“其首服皆弁絰。”又作“元服”。《漢書・昭帝紀》:“四年春正月丁亥,帝加元服。”顏師古注:“元,首也。冠者,首之所著,故曰元服。”

遳

清華七・越公 21 迲(匍)遳(匐)豪(就)君

～,从“辵”,“葡”聲,疑“匍匐”之“匐”專字。《説文・勹部》:“匐,伏地也。从勹,畐聲。”

清華七・越公 21“迲遳”,讀爲“匍匐”,爬行。《詩・大雅・生民》:“誕實匍匐,克岐克嶷,以就口食。”朱熹注:“匍匐,手足並行也。”《國語・吴語》:“王覺而無見也,乃匍匐將入於棘闈,棘闈不納。”《漢書・敘傳上》:“昔有學步於邯鄲者,曾未得其髣髴,又復失其故步,遂匍匐而歸耳。”

並紐𠬝聲

服

清華二・繫年 074 吴人服于楚

清華二・繫年 080 吴人女(焉)或(又)服於楚

 清華二·繫年 103 至今齊人以不服于晉

 清華二·繫年 120 旻(且)男女服

 清華五·厚父 04 永敍(敘)才(在)服

 清華五·厚父 07 甬(用)敍(敘)才(在)服

 清華五·厚父 12 氒(厥)彽(徵)女(如)右(佐)之服于人

 清華八·攝命 05 母(毋)遽(遽)才(在)服

 清華八·攝命 09 亦乃服

 清華八·攝命 10 女(汝)亦母(毋)敢家才(在)乃死(尸)服

 清華八·攝命 16 余既埶(設)乃服

 清華八·攝命 21 乃服隹(唯)鹽(寅)

 清華八·攝命 31 甚谷(欲)女(汝)寵乃服

《説文·舟部》:“服,用也。一曰車右騑,所以舟旋。从舟,𠬝聲。䑑,古文服从人。”

清華二・繫年 074、080、103“服”,順從,降服。《書・舜典》:“(舜)流共工于幽州,放驩兜于崇山,竄三苗于三危,殛鯀于羽山,四罪而天下咸服。”孔穎達疏:“天下皆服從之。”《史記・伍子胥列傳》:“當是時,吴以伍子胥、孫武之謀,西破彊楚,北威齊晉,南服越人。”

清華二・繫年 120“服”,服事,指爲臣妾。

清華五・厚父 04、07,清華八・攝命 05“服”,職事,職位。《詩・大雅・蕩》:“文王曰咨,咨汝殷商。曾是彊禦,曾是掊克,曾是在位,曾是在服。”班簋(《集成》04341):“登于大服。”《書・旅獒》:“王乃昭德之致于異姓之邦,無替厥服。”孔傳:“德之所致,謂遠夷之貢以分賜異姓諸侯,使無廢其職。”

清華八・攝命 09、16、21、31“乃服”,《書・康誥》:“惠不惠,懋不懋。已,汝惟小子,乃服惟弘王。”《左傳・昭公八年》:“《周書》曰‘惠不惠,茂不茂’,康叔所以服弘大也。”杜預注:“言當施惠於不惠者,勸勉於不勉者。”

清華八・攝命 10“死服”,讀爲“尸服”,主事。追簋蓋有“追虔夙夕卹厥死事”(《集成》04222)。

並紐伏聲

伏

清華四・筮法 47 五,伏鐱(劍)者

《説文・人部》:“伏,司也。从人、从犬。”

清華四・筮法 47“伏鐱”,即“伏劍”,以劍自刎。《左傳・襄公三年》:“魏絳至,授僕人書,將伏劍。”曹植《七啓》:“故田光伏劍於北燕,公叔畢命於西秦。”

並紐畐聲

福

清華一・程寤 07 妥(綏)用多福

清華一・楚居 08□□福

清華一・楚居 09 女(焉)改名之曰福丘

清華一・楚居 09 至𡍮(堵)嚻(敖)自福丘遷(徙)衺(襲)箬(鄀)郢

清華三・説命下 06 女(汝)亦隹(惟)又(有)萬福𤔲=(業業)才(在)乃備(服)

清華三・琴舞 13 勿請福之侃(愆)

清華三・琴舞 16 隹(惟)福思甬(庸)

清華五・三壽 16 冒神之福

清華五・命訓 01 正以禍(禍)福

清華五・命訓 02 而易(賜)之福

清華五・命訓 07 又(有)福

清華五・命訓 07 以亓(其)市(黼)冒(冕)尚(當)天之福

清華五·命訓08 亟(極)福則民录(禄)

清華五·命訓10 福莫大於行

清華六·子産15 不以冥₌(冥冥)归(抑)福

清華七·越公05 交(邀)天隂(地)之福

清華八·邦道02 古(故)禍(禍)福不遠

，與(上博三·周57)同；，與(上博六·用2)同，所从的"畐"訛作"酉"形。《説文·示部》："福，祐也。从示，畐聲。"

清華一·楚居"福丘"，地名。

清華一·程寤07"妥用多福"，讀爲"綏用多福"。《詩·周頌·載見》："烈文辟公，綏以多福，俾緝熙于純嘏。""多福"，多福分，多幸福。《書·畢命》："予小子永膺多福。"《詩·大雅·文王》："永言配命，自求多福。"

清華三·説命下06"萬福"，多福，祝禱之詞。《詩·小雅·蓼蕭》："既見君子，鞗革忡忡。和鸞雝雝，萬福攸同。"趙曄《吴越春秋·勾踐入臣外傳》："大王延壽萬歲……觴酒既升，永受萬福。"

清華五·三壽16"冒神之福"，即蒙神之福佑。《詩·小雅·賓之初筵》："錫爾純嘏，子孫其湛。"鄭箋："純，大也。嘏，謂尸與主人以福也。湛，樂也。王受神之福於尸，則王之子孫皆喜樂也。"孔穎達疏："先祖於是饗而祐之，錫爾王大嘏之福，令得保其家邦，則王之子孫蒙神之福，其皆耽而喜樂矣。子孫所以其耽者，曰由喜樂於神之福。"

清華五·命訓01、清華八·邦道02"禍福"，讀爲"禍福"，災殃與幸福。《左傳·襄公二十三年》："禍福無門，唯人所召。"葛洪《抱朴子·任命》："禍福交錯乎倚伏之間，興亡纏綿乎盈虚之會。"

寡

清華五·三壽 08 肩(厭)非(必)寡(富)

清華三·芮良夫 01 恖(恆)静(爭)于寡(富)

清華三·芮良夫 04 寡(富)而亡(無)況

清華五·三壽 25 諗(感)高玟(文)寡(富)而昏忘寶(詢)

清華六·子産 02 不良君古(怙)立(位)劫(固)寡(福)

清華八·處位 01 寵寡(福)逆亞(惡)

~,从"宀","福"聲,"富"字異體。與[字形](上博四·曹 3)同。《説文·宀部》:"富,備也。一曰厚也。从宀,畐聲。"

清華三·芮良夫 01,清華五·三壽 08、25"寡",即"富",財物多。《書·洪範》:"五福:一曰壽,二曰富,三曰康寧,四曰攸好德,五曰考終命。"孔傳:"富,財豐備。"孔穎達疏:"二曰富,家豐財貨也。"焦贛《易林·乾之咸》:"女貴以富,黄金百鎰。"

清華三·芮良夫 04"寡(富)而亡(無)況"之"寡",或讀爲"偪"。(王坤鵬)

清華六·子産 02"古立劫寡",讀爲"怙位固福",意云仗恃權位,安於福享。或讀爲"富"。

清華八·處位 01"寵寡",讀爲"寵福",指處於高位、獲得爵命的官員。《詩·小雅·瞻彼洛矣》:"君子至止,福禄如茨。"鄭箋:"爵命爲福。"

富

清華三・良臣 10 富之庋(鞭)

～,所从的“畐”訛作“酉”形。

清華三・良臣 10“富之庋”,清華六・子産 22 作“佰之支”,均讀爲“富之鞭”,人名,即《左傳・昭公十六年》諫子産的富子。

副

清華一・程寤 04 杍(梓)松柏副

清華六・子儀 17 不敦(穀)欲裕我亡反副(復)

《説文・刀部》:“副,判也。从刀,畐聲。《周禮》曰:‘副辜祭。’ ,籀文副。”

清華一・程寤 04“副”,割裂,剖分。《詩・大雅・生民》:“不坼不副,無菑無害。”陸德明《釋文》:“副,孚逼反,《説文》云:‘分也。’《字林》云:‘判也。’”《禮記・曲禮上》:“爲天子削瓜者,副之,巾以絺。”鄭玄注:“副,析也。”《山海經・中山經》:“其祠泰逢、熏池、武羅,皆一牡羊副。”汪紱釋:“疈同。音劈。《周禮》‘以疈辜祭四方百物’,言分磔牲體以祭也。”

清華六・子儀 17“反副”,讀爲“反復”,變化無常。《詩・小雅・小明》:“豈不懷歸? 畏此反覆。”朱熹《集傳》:“反覆,傾側無常之意也。”桓寬《鹽鐵論・和親》:“反復無信,百約百叛。”

正編・蒸部

蒸　部

影紐雁聲

雁

 清華五·封許 02 雁(膺)受大命

 清華五·封許 06 鉤雁(膺)

 清華七·子犯 11 若霧雨方奔之而鹿雁(膺)女(焉)

～,與(港甲 3)同,西周金文或作(應公尊),从隹,(膺之初文)聲。《説文·隹部》:“,鳥也。从隹,瘖省聲。或从人,人亦聲。,籀文雁从鳥。”

清華五·封許 02“雁受大命”,讀爲“膺受大命”,見乖伯簋(《集成 04331)、五祀㝬鐘(《集成》00358)、師克盨(《集成》04467、04468)、毛公鼎(《集成》02841)等。大盂鼎(《集成》02837)“不顯文王受天有大命”,亦云文王受大命。

清華五·封許 06“鉤雁”,讀爲“鉤膺”,見《詩·大雅·崧高》。毛傳:“鉤膺,樊纓也。”《詩·秦風·小戎》:“蒙伐有苑,虎韔鏤膺。”毛傳:“膺,馬帶也。”

清華七·子犯 11“鹿雁”,讀爲“庇蔭”,義爲遮蔽。《國語·晉語九》:“木有枝葉,猶庇蔭人,而况君子之學乎?”《詩經·小雅·隰桑》:“隰桑有阿,其葉有難。”鄭箋:“其葉又茂盛,可以庇廕蔭人。”引申有“庇護”義,顔之推《顔氏

家訓·勉學》:"父兄不可常依,鄉國不可常保,一旦流離,無人庇廕,當自求諸身耳。"(滕勝霖)

鷹(鷹)

清華三·説命下 04 不隹(惟)鷹(鷹)唯(隼)

~,从"鳥","雁"聲,"鷹"字異體。

清華三·説命下 04"鷹唯",讀爲"鷹隼",鷹和雕。泛指猛禽。《禮記·月令》:"行冬令,則風寒不時,鷹隼蚤鷙,四鄙入保。"《大戴禮記·曾子疾病》:"鷹鶽以山爲卑,而曾巢其上。"或説"唯"仍如字連下讀,參看《書·立政》:"惟乃弗作往任。"

維

清華一·祭公 05 甬(用)維(應)受天之命

~,从"糸","雁"聲。上博六·競 8 作維。

清華一·祭公 05"甬維受天之命",讀爲"用應受天命"。今本《逸周書·祭公》作"用應受天命"。

誰

清華六·子儀 06 徒儈所遊又步里謱誰也

~,从"言","雁"聲,"譍"字異體。《説文·言部》:"譍,以言對也。从言,雁聲。"

清華六·子儀 06"誰",即"譍"。

膺

清華一·皇門 09 斯乃非休悳(德)以膺(應)

～，从“言”，“”（膺之初文）”聲，乃“譍”字異體。《説文・言部》：“譍，以言對也。从言，雁聲。”

清華一・皇門 09“譍”，讀爲“應”，今本《逸周書・皇門》作“人斯乃非維直以應”。

瘫阝

清華六・太伯乙 12 虗（吾）若䎽（聞）夫瘫阝（殷）邦曰

～，从“邑”，“瘫”聲

清華六・太伯乙 12“瘫阝”，讀爲“殷”。太伯甲 13 作“㱄（殷）”

曉紐興聲

興

清華一・程寤 04 興，曰

清華一・皇門 06 戎兵以能興

清華二・繫年 013 商邑興反

清華八・攝命 25 民[揹（朋）]□興從顯女（汝）

清華八・攝命 27 民揹（朋）亦則興㝅（仇）肙（怨）女（汝）

清華八・邦政 07 女（如）是者亙（恆）興

 清華八·邦道 17 以可士興

 清華八·邦道 17 古(故)興善人

～,與(上博三·中 11)、(郭店·唐虞之道 8)同。《說文·舁部》:“興,起也。从舁,从同。同力也。”

清華一·程寤 04“興”,站起來。《説文》:“興,起也。”

清華一·皇門 06“戎兵以能興”,指起兵。《説文》:“興,起也。”今本《逸周書·皇門》作“戎兵克慎”。《大戴禮記·用兵》:“公曰:‘古之戎兵,何世安起?’”

清華二·繫年 013“商邑興反”之“興”,《爾雅·釋言》:“起也。”

清華八·攝命 27“民𡧍亦則興𡨦胃女”,讀爲“民朋亦則興仇怨汝”。《書·微子》:“小民方興,相爲敵讎。”

清華八·邦政 07“女(如)是者亙(恆)興”之“興”,昌盛,興旺。《書·太甲下》:“與治同道罔不興,與亂同事罔不亡。”《詩·小雅·天保》:“天保定爾,以莫不興。”鄭箋:“興,盛也。”

清華八·邦道 17“以可士興”之“興”,與下文“以可士堋(崩)”之“崩”相對。

清華八·邦道 17“古(故)興善人”之“興”,推舉,起用。《周禮·地官·大司徒》:“以鄉三物教萬民,而賓興之。”鄭玄注:“興,猶舉也。”《禮記·中庸》:“國有道,其言足以興;國無道,其默足以容。”鄭玄注:“興,謂起在位也。”

𦦟

 清華八·邦道 02□□[瀳(廢)]𦦟(興)之不尾(度)

 清華八·邦道 05 古(故)𦦟(興)不可以幸

～,从“止”,“興”聲,“興”字繁體。

清華八·邦道 02“瀳𦦟”,讀爲“廢興”,盛衰,興亡。《孟子·離婁上》:“國之所以廢興存亡者亦然。”《漢書·董仲舒傳》:“孔子曰‘人能弘道,非道弘人’

也。故治亂廢興在於己。”

清華八・邦道 05“璺”，即“興”，昌盛，興旺。

繃

 清華一・皇門 11 是糃（陽）是繃（繩）

 清華三・芮良夫 19 約結繃（繩）剸（斷）

 清華三・芮良夫 20 繃（繩）剸（斷）既政而五（互）想（相）柔訿（比）

 清華三・芮良夫 22 而繃（繩）剸（斷）遊（失）楑

 清華六・管仲 06 執即（節）緣繃（繩）

 清華六・管仲 11 執正（政）女（如）繃（繩）

 清華七・子犯 09 上繃（繩）不遊（失）

～，从“糸”，“興”聲，“繩”字異體。《詩・小雅・青蠅》“青蠅”，上博簡《孔子詩論》作“青蠅”。

清華一・皇門 11“是糃是繃”，讀爲“是陽是繩”。今本《逸周書・皇門》作“乃維有奉狂夫是陽是繩”。陳逢衡注：“狂夫與媢夫相類。陽通揚。繩，譽也。”

清華三・芮良夫 19、20、22“繃剸”，讀爲“繩斷”，按法度判決。“繩”，猶法度。《韓非子・外儲説右上》：“繩之外也。”王先慎《集解》：“謂繩墨。”《國語・晉語九》：“及斷獄之日。”韋昭注：“斷，決也。”

清華六・管仲 06“繃”，讀爲“繩”。《廣雅・釋詁》：“繩，直也。”

清華六·管仲 11“執正女繩”,讀爲“執政如繩”。《荀子·大略》:“禮之於正國家也,如權衡之於輕重也,如繩墨之於曲直也。”“繩”,準則,法度。《商君書·開塞》:“王道有繩。”《韓非子·孤憤》:“故智術能法之士用,則貴重之臣必在繩之外矣。”《春秋繁露·五行相生》:“執繩而制四方。”

清華七·子犯 09“上繩(繩)不逵(失)”之“繩”,讀爲“繩”。《禮記·樂記》:“然後立之學等,廣其節奏,省其文采,以繩德厚。”鄭玄注:“猶度也。”

匣紐熊聲

熊

清華七·晉文公 06 爲熊羿(旗)夫₌(大夫)出

《説文·熊部》:“熊,獸似豕。山居,冬蟄。从能,炎省聲。”

清華七·晉文公 06“熊羿”,即“熊旗”。《周禮·春官·司常》九旗:“日月爲常,交龍爲旂,通帛爲旜,雜帛爲物,熊虎爲旗,鳥隼爲旟,龜蛇爲旐,全羽爲旞,析羽爲旌。”《國語·吴語》:“王親秉鉞,載白旗以中陣而立。”韋昭注:“熊虎爲旗。此王所帥中軍。”

匣紐亙聲

亙

清華五·命訓 03 女(如)又(有)佴(恥)而亙(恆)行

清華八·邦政 07 女(如)是者亙(恆)興

清華八·邦道 08 幾(豈)有亙(恆)穜(種)才(哉)

～,與(上博一·緇 23)、(上博三·周 2)同。《説文·二部》:“恆,常也。从心、从舟,在二之間上下。心以舟施,恒也。[古文字],古文恒从月。《詩》曰:'如月之恒。'"

清華五・命訓03"女(如)又(有)佴(恥)而亙(恒)行",今本《逸周書・命訓》作"若有醜而競行不醜"。《論語・子路》"人而無恒,不可以作巫醫"。朱熹《集注》:"恒,常久也。"《易・恒》:"《彖》曰:恒,久也。剛上而柔下。"

清華八・邦政07"女(如)是者亙(恒)興"之"恒",副詞,經常,常常。《書・伊訓》:"敢有恒舞於宫,酣歌於室,時謂巫風。"孔傳:"常舞則荒淫。"

清華八・邦道08"幾有亙穜才",讀爲"豈有恒種哉"。《史記・陳涉世家》:"且壯士不死即已,死即舉大名耳,王侯將相寧有種乎!"

悥

清華三・芮良夫01 悥(恒)静(爭)于稟(富)

清華三・芮良夫13 悥(恒)静(爭)獻亓(其)力

清華四・别卦04 悥(恒)

清華五・厚父13 亦隹(惟)酉(酒)甬(用)悥(癡)瘥(狂)

清華五・湯丘02 惜(舒)快以悥(恒)

清華六・子儀15 民悥(恒)不貢(寘)

清華八・攝命15 女(汝)廼敢整(整)悥(極)

 清華八·攝命 17 亡(罔)非楚(胥)以涇〈淫〉恧(極)

~,與(郭店·魯穆 1)、(郭店·尊德 39)同,从"心","亙"聲。

清華三·芮良夫 01、13,清華六·子儀 15"恧",即"恆"。《説文》:"恆,常也。"《國語·越語下》:"因陰陽之恆,順天地之常。"

清華四·别卦 04"恧(恆)",《易》卦名。六十四卦之一。巽下震上。《易·恆》:"象曰:雷風,恆。"王弼注:"長陽、長陰,合而相與,可久之道也。"

清華五·厚父 13"亦隹酉甬恧痓",讀爲"亦惟酒用癡狂"。"癡狂",癲狂。《淮南子·俶真》:"或通於神明,或不免於癡狂者,何也?"《論衡·率性》:"有癡狂之疾,歌啼於路,不曉東西,不睹燥濕,不覺疾病,不知飢飽,性已毁傷。"《書·多方》:"惟聖罔念作狂,惟狂克念作聖。"(白於藍)

清華五·湯丘 02"恧(恆)",讀爲"極",訓窮盡之至。《爾雅·釋詁》:"極,至也。"或曰:"恆,長久。"

清華八·攝命 15"恧",讀爲"極""殛"。《書·洪範》"嚮用五福,威用六極",六極"一曰凶短折,二曰疾,三曰憂,四曰貧,五曰惡,六曰弱",《康誥》"爽惟天其罰殛我",皆訓爲"罰"。"整極",謂至於殛罰。

清華八·攝命 17"亡非楚以涇恧"之"恧",讀爲"極"。

歪

 清華三·芮良夫 05 尚歪=(恆恆)敬孳(哉)

~,與(上博六·天甲 7)、(上博六·天乙 7)同,从"止","亙"聲。

清華三·芮良夫 05"歪=",讀爲"恆恆"。《易·序卦》:"恆者,久也。"

絚

 清華六·管仲 19 竊(乘)亓(其)欲而絚(恆)亓(其)怢(過)

 清華六・子儀 03 右絚

 清華六・子儀 03 左絚

～,與(上博三・周 28)同。《説文・糸部》:"緪,大索也。一曰急也。从糸,恆聲。"

清華六・管仲 19"絚",讀爲"恆"。《説文》:"常也。"

清華六・子儀 03"右絚""左絚"之"絚",《楚辭・招魂》:"姱容修態,絚洞房些。"王逸注:"絚,竟也。"

見紐弓聲

弓

清華三・説命上 02 氒(厥)卑(俾)繃(繃)弓

清華三・祝辭 03 㥯(隨)弓

清華三・祝辭 04 外弓

清華三・祝辭 05 踵弓

清華四・筮法 57 爲弓、琥、坑(璜)

清華六・子儀 08 弖(强)弓可縵(挽)

～,與(上博三・中10)、(上博三・中25)同。《説文・弓部》:“弓,以近窮遠。象形。古者揮作弓。《周禮》六弓:王弓、弧弓以射甲革甚質;夾弓、庾弓以射干矦鳥獸;唐弓、大弓以授學射者。”

清華三・祝辭03“僊弓”、清華三・祝辭04“外弓”、清華三・祝辭05“踵弓”,“僊弓”即“隨弓”,與“外弓”“踵弓”,均爲不同類型的弓名。

清華三・説命上02、清華四・筮法57“弓”,弓箭。《詩・小雅・吉日》:“既張我弓,既挾我矢。”

清華六・子儀08“弫弓”,即“强弓”。《吕氏春秋・貴直論・壅塞》:“齊宣王好射,説人之謂己能用彊弓也。其嘗所用不過三石,以示左右,左右皆試引之,中關而止。”《戰國策・韓一》:“天下之强弓勁弩,皆自韓出。”

見紐厷聲歸之部又聲

溪紐肯聲

冐(肯)

清華一・皇門07 迺弗冐(肯)用先王之明刑

清華一・皇門08 不冐(肯)惠聖(聽)亡(無)辠(罪)之詞(辭)

清華三・琴舞06 殹(繄)莫冐(肯)曹(造)之

清華三・芮良夫05 而莫冐(肯)齊好

清華三・芮良夫22 罔冐(肯)獻言

清華六・子産28 大國古(故)冐(肯)复(作)亓(其)思(謀)

～,與[glyph](上博六・用 17)同。《説文・肉部》:"肎,骨閒肉肎肎箸也。从肉,从冎省。一曰骨無肉也。[glyph],古文肎。"

清華一・皇門 07"迺弗肎(肯)用先王之明刑",今本《逸周書・皇門》作"弗見先王之明刑"。《書・大誥》:"若考作室,既底法,厥子乃弗肯堂,矧肯構?厥父菑,厥子乃弗肯播,矧肯獲?"

清華一・皇門 08"不肎(肯)惠聖(聽)亡(無)辠(罪)之詞(辭)"之"不肎",即"不肯",不同意,不接受。《穀梁傳・宣公四年》:"公及齊侯平莒及郯,莒人不肯。"

清華三・琴舞 06、清華三・芮良夫 05"莫肎",即"莫肯",不肯。《管子・大匡》:"夷吾之所患者,諸侯之爲義者莫肯入齊,齊之爲義者莫肯仕。"

清華三・芮良夫 22"罔肎",即"罔肯",不肯。參上。

清華六・子産 28"肎",即"肯",表示應允,同意。《詩・邶風・終風》:"終風且霾,惠然肯來。"《左傳・成公四年》:"楚雖大,非吾族也,其肯字我乎?"《史記・大宛列傳》:"單于留之,曰:'月氏在吾北,漢何以得往使?吾欲使越,漢肯聽我乎?'"

端紐登聲

登

清華三・良臣 10 卑(裨)登(諶)

清華六・子産 22 卑(裨)登(諶)

～,从"癶"从"豆",所从的"豆"旁已訛作从"口"。《説文・癶部》:"登,上車也。从癶、豆。象登車形。[glyph],籀文登从収。"

清華三・良臣 10、清華六・子産 22"卑登",讀爲"裨諶",人名。《論語・憲問》:"子曰:'爲命,裨諶草創之,世叔討論之,行人子羽修飾之,東里子産潤色之。'"《左傳・襄公二十九年》:"十二月己巳,鄭大夫盟於伯有氏。裨諶曰。"

《漢書·古今人表》作“卑湛”。

𥜽

清華二·繫年 001 以𥜽(烝)祀帝₌(上帝)天神

～,从“示”,“登”聲。“烝”祭之專字。

清華二·繫年 001“𥜽”,讀爲“烝”或“蒸”,冬祭名。《書·洛誥》:“戊辰,王在新邑,烝祭歲。”班固《白虎通·宗廟》:“宗廟所以歲四祭何……冬曰烝者,烝之爲言衆也,冬之物成者衆。”董仲舒《春秋繁露·四祭》:“春曰祠,夏曰礿,秋曰嘗,冬曰蒸。”

端紐㞷聲

㞷

清華二·繫年 076 殺㞷(徵)余(舒)

～,甲骨文作(《新甲骨文編(增訂本)》494 頁),象背部有腓子之“㞷”刀,即“㞷”字。戰國文字或作(曾侯乙鐘)、(曾侯乙鐘掛件)、(曾侯乙鐘)、(曾侯乙磬);或加“口”作(上博四·采 3)、(上博四·采 3)、(曾侯乙鐘),與《説文》“徵”字古文所从同。

清華二·繫年 076“㞷余”,讀爲“徵舒”,即夏徵舒。《國語·楚語上》:“昔陳公子夏爲御叔娶於鄭穆公,生子南。”韋昭注:“公子夏,陳宣公之子,御叔之父也,爲御叔娶鄭穆公少妃姚子之女夏姬也……子南,夏徵舒之字。”

𢡺

清華一·祭公 01 余多寺叚(假)𢡺(懲)

～,从"心","峕"聲,"懲"字異體。《説文·心部》:"懲,忩也。从心,徵聲。"

清華一·祭公 01"峕",即"懲",懲戒。《詩·周頌·小毖》:"予其懲,而毖後患。"鄭箋:"懲,艾也。"今本《逸周書·祭公》作"予多時溥愆","愆"乃"懲"之誤。

諻

清華二·繫年 074 陳公子諻(徵)郐(舒)取(娶)妻于奠(鄭)穆公

清華二·繫年 075 陳公子諻(徵)余(舒)殺亓(其)君霝(靈)公

清華八·邦道 26 以量亓(其)帀(師)尹之諻(徵)

清華五·命訓 03 人[能]母(毋)諻(懲)虐(乎)

清華五·命訓 03 女(如)諻(懲)而思(悔)怂(過)

清華八·處位 07 亓(其)諻(徵)而不塡(傾)昃(惻)

～,與(上博二·容 41)同,从"言","峕"聲。或作,所从"峕"加"口"繁化,均"徵"字異體。《説文·壬部》:"徵,召也。从微省,壬爲徵。行於微而文達者,即徵之。,古文徵。"

清華二·繫年 074、075"陳公子諻諻""陳公子諻余",均讀爲"陳公子徵舒",即夏徵舒,參上。

清華五·命訓 03"人[能]母(毋)諻(懲)虐(乎)",今本《逸周書·命訓》作"福禄在人,能無懲乎?"

清華五·命訓 03"女(如)諻(懲)而思(悔)怂(過)",今本《逸周書·命訓》作"若懲而悔過"。

清華八・處位07"⿰言㞷",即"徵",《説文》:"召也。"

清華八・邦道26"⿰言㞷",即"徵",徵召。《左傳・僖公十六年》:"王以戎難告于齊,齊徵諸侯而戍周。"

⿰扌㞷

　清華四・别卦05 ⿰扌㞷(升)

～,从"手","㞷"("徵"之初文)聲,"抍"字之異體。《説文・手部》:"抍,上舉也。从手,升聲。《易》曰'抍馬壯吉'。撜,抍或从登。"撜、抍二字爲異體。

清華四・别卦05"⿰扌㞷",讀爲"升",《易》卦名。坤上巽下。《易・升》:"升,元亨。用見大人,勿恤。"高亨注:"《升》之卦象是'地中生木'。地中生木,由矮而高,由小而大,是逐漸升長之過程,是以卦名曰《升》。"王家臺秦簡本《歸藏》、今本《周易》作"升"。

⿰氵㞷

　清華八・邦道11 ⿰氵㞷(徵)而譢(察)之

～,从"水","㞷"聲,"瀓"字之異體。《説文・水部》:"瀓,清也。从水,徵省聲。"

清華八・邦道11"⿰氵㞷",讀爲"徵",證明,證驗。《論語・八佾》:"夏禮,吾能言之,杞不足徵也;殷禮,吾能言之,宋不足徵也。文獻不足故也。足,則吾能徵之矣。"《淮南子・修務》:"調者樂之徵也,哭者悲之效也。"高誘注:"徵,應也;效,驗也。"

透紐再聲

再

　清華一・祭公07 公再(稱)不(丕)顯悳(德)

清華三・琴舞 09 亘(桓)再(稱)亓(其)又(有)若(若)

清華三・芮良夫 16 莫再(稱)氒(厥)立(位)

清華五・三壽 22 天下甖(甄)再(稱)

清華六・孺子 17 或(又)再(稱)记(起)虐(吾)先君於大難之中

清華六・管仲 10 新(慎)四再(稱)

清華七・越公 16 亡(無)良鄒(邊)人再(稱)瘼悁(怨)啞(惡)

清華七・越公 27 不再(稱)民啞(惡)

清華七・越公 28 不再(稱)貣(貸)没(役)淄塗沟(溝)壁(塘)之

(功)

清華七・越公 31 雩(越)庶民百眚(姓)乃再(稱)譶蓳(悚)思

(懼)

清華八・處位 03 反灵(皃)再(稱)悳(僞)

清華八・邦道 09 再(稱)亓(其)行之厚泊(薄)以史(使)之

清華八・邦道 26 巳(已)孖(乎)不再(稱)虖(乎)

清華八・八氣 02 不可以再(稱)火

～,與(上博四・曹 9)同。《説文・冓部》:“再,并舉也。从爪,冓省。”

清華一・祭公 07“公再不顯悳”,讀爲“公稱丕顯德”。參《書・洛誥》:“王若曰:“公明保予沖子。公稱丕顯德,以予小子揚文武烈,奉答天命,和恆四方民。”

清華三・琴舞 09“亘(桓)再(稱)亓(其)又(有)萫(若)”之“再”,讀爲“稱”,舉用。《左傳・宣公十六年》:“禹稱善人,不善人遠。”杜預注:“稱,舉也。”

清華八・邦道 09“再”,讀爲“稱”,權衡,比較。《孫子・形》:“兵法:一曰度,二曰量,三曰數,四曰稱,五曰勝。”王晳注:“稱,權衡也。”杜牧注:“稱,校也。”

清華五・三壽 22“天下甖再”,讀爲“天下甄稱”。《後漢書・光武帝紀》:“靈貺自甄。”李賢注:“甄,明也。”

清華六・孺子 17“或(又)再(稱)记(起)虐(吾)先君於大難之中”之“再”,讀爲“稱”,述説,聲稱。《論語・陽貨》:“子貢曰:‘君子亦有惡乎?’子曰:‘有惡:惡稱人之惡者,惡居下流而訕上者,惡勇而無禮者,惡果敢而窒者。’”

清華六・管仲 10“四再”,讀爲“四稱”。《管子・四稱》注云:“謂稱有道之君、無道之君、有道之臣、無道之臣,以戒桓公。”

清華七・越公 16“再瘨”,或讀爲“稱蓄”,與文獻中“稱張”意思相類,誇張事實之義。(滕勝霖)或説讀爲“讎”,讎怨之義,與“怨”“惡”同義。(侯乃峰)或隸作“癥”或“癈”,讀爲“發”,義爲“起”。(孫合肥)

清華七・越公 27“不再(稱)民啓(惡)”之“再”,讀爲“稱”,稱説。“稱惡”,見郭店・魯穆 1—2:“恆再(稱)其君之亞(惡)者,可胃(謂)忠臣矣。”《吕氏春秋・當染》:“必稱此二士也。”高誘注:“稱,説也。”(王挺斌)

清華七・越公 28“再”,讀爲“稱”,舉行,實施。《書・洛誥》:“王肇稱殷禮,祀于新邑。”《説文》:“貣,从人求物也。”“稱貸”,見《孟子・滕文公上》:“又稱貸而益之,使老稚轉乎溝壑,惡在其爲民父母也?”

清華七・越公 31“再嚞”,讀爲“稱懾”,義爲越國平民百姓感到恐懼。“稱”,稱説、言謂之義。《國語・晉語八》:“其知不足稱也。”韋昭注:“稱,述也。”“嚞(懾)”“悚”“懼”皆恐懼之義。(侯乃峰)

清華八・處位03"爯悬",讀爲"稱僞",稱揚僞詐。

清華八・邦道26"爯",讀爲"稱",相當,符合。《國語・晉語六》韋昭注:"稱,副也。"《孟子・公孫丑下》:"古者棺槨無度,中古棺七寸,槨稱之。"

清華八・八氣02"爯火",讀爲"稱火",舉火。

毴

清華五・封許06 毴毴

~,从"毛","爯"聲。曾侯乙墓簡或作(曾乙45)、(曾乙91)。

清華五・封許06"毴",或讀爲"縢"。(王寧)

透紐升聲

彾

清華五・厚父12 氒(厥)彾(徵)女(如)右(佐)之服于人

~,从"彳","升"聲。

清華五・厚父12"彾",讀爲"徵",迹象。《荀子・樂論》:"亂世之徵:其服組,其容婦,其俗淫。"《史記・項羽本紀》:"兵未戰而先見敗徵。"

陞

清華六・子儀05 公命窮韋陞(升)琹(琴)奏甬(鏞)

清華六・子儀07 乃命陞(升)琹(琴)訶(歌)於子義(儀)

清華七・晉文公05 爲陞(升)龍之羿(旗)斾(師)以進

清華七·越公 01 赶陞(登)於會旨(稽)之山

清華七·越公 48 舉(舉)雩(越)邦乃皆好陞(徵)人

清華七·越公 50 雩(越)邦皆備(服)陞(徵)人

～,與䞉(上博二·容 48)同,从"阜"、从"止","升"聲,《集韻》:"陞,登也,或省,亦从足,通作升。"

清華六·子儀 05、07"陞螽",讀爲"升琴"。《列子·仲尼》:"仲尼閒居,子貢入待,而有憂色。子貢不敢問,出告顔回。顔回援琴而歌。"《韓非子·難一》:"今師曠非平公之行,不陳人臣之諫,而行人主之誅,舉琴而親其體,是逆上下之位,而失人臣之禮也。"或讀爲"昇",升起,上升。南朝梁江淹《石劫賦》:"日照水而東昇,山出波而隱没。"

清華七·晉文公 05"爲陞龍之羿師以進",讀爲"爲升龍之旗師以進"。《周禮·春官·宗伯》:"及國之大閱,贊司馬頒旗物:王建大常,諸侯建旂,孤卿建旜,大夫士建物,師都建旗,州里建旟,縣鄙建旐,道車載旞,斿車載旌。"鄭玄注:"諸侯畫交龍,一象其升朝,一象其下復也。"以爲二龍一升一降。《爾雅·釋天》:"素陞龍於縿。"郭璞注:"畫白龍於縿,令上向也。"

清華七·越公 01"陞",即"陞"。《廣韻》:"陞,登也,躋也。"《集韻》又作"阩"。或讀爲"登"。《爾雅·釋詁》:"登,陞也。"《淮南子·繆稱》:"錦繡登廟。"高誘注:"登猶入也。"

清華七·越公 48、50"陞人",讀爲"徵人",類同《商君書》之"徠民"。"徵",徵召。

陞

清華七·越公 44 王乃好陞(徵)人

～,从"阜"、从"土","升"聲,《集韻·蒸韻》:"陞,登也。"

清華七・越公 44“陞人”，讀爲“徵人”。參上。

慦

清華五・封許 07 鉼(䑹)、鎦(卣)、慦

～，从“心”，“口”，“升”聲。

清華五・封許 07“慦”，疑讀爲“斛”。或隸作“衾”，即“恪”字，讀爲“格”，指置放器物的庋架，故列於諸器之下。

定紐乘聲

兖(乘)

清華一・耆夜 05 复(作)訶(歌)一終曰《䟫(輶)兖(乘)》

清華三・說命中 03 隹(惟)庶想(相)之力兖(勝)

清華五・命訓 13 人不兖(勝)[害]

清華六・子産 04 所以自兖(勝)立审(中)

清華八・天下 03 兖(乘)亓(其)民之心

～，與(上博七・君乙 2)同。《說文・桀部》：“乘，覆也。从入、桀。桀，黠也。軍法曰乘。”

清華一・耆夜 05“䟫兖”，讀爲“輶乘”，即輶車。《詩・秦風・駟驖》：“輶車鸞鑣，載獫歇驕。”毛傳：“輶，輕也。”鄭箋：“輕車，驅逆之車也。”

清華三・說命中 03“隹庶想之力兖”，讀爲“惟庶相之力勝”。《吕氏春秋・不廣》:“用武則以力勝,用文則以德勝。”

清華五・命訓 13“人不䞘(勝)[害]”,今本《逸周書・命訓》作“人不勝害”。潘振云:“此言不行權之害。不勝害,言多害也,如後世與之邑而據以叛者是已。言惠而必與之,人多害之,死且不知。”

清華六・子產 04“䞘”,讀爲“勝”。簡文“自勝立中”指克服自己而做到中正。

清華八・天下 03“䞘亓民之心”,讀爲“乘其民之心”。《文子・自然》:“古之得道者,靜而法天地,動而順日月,喜怒合四時,號令比雷霆,音氣不戾八風,詘伸不獲五度,因民之欲,乘民之力,爲之去殘除害。”

䡴(乘)

清華二・繫年 060 以女子與兵車百䡴(乘)

清華二・繫年 121 齊侯晶(參)䡴(乘)以內(入)

清華二・繫年 137 陳疾目衜(率)車千䡴(乘)

清華六・管仲 09 千䡴(乘)之都

清華六・太伯甲 05 以車七䡴(乘)

清華六・太伯乙 04 以車七䡴(乘)

清華七・晉文公 04 命𡨄(蒐)攸(修)先君之䡴(乘)貣(式)車甝(甲)

清華七・越公 62 舟䡴(乘)既成

～，與（上博二・容 51）、（上博三・周 37）同，从“車”，“乘”聲，即車乘之“乘”的專字。

清華二・繫年 060、137，清華六・太伯甲 05，清華六・太伯乙 04“䡕”，即“乘”，量詞，用以計算車子。《左傳・成公十八年》：“晉欒書、中行偃使程滑弒厲公，葬之于翼東門之外，以車一乘。”

清華二・繫年 121“晶䡕”，讀爲“參乘”，陪乘或陪乘的人。古代乘車，尊者在左，御者在中，一人在右陪坐，稱“參乘”或“車右”。《史記・項羽本紀》：“項王按劍而跽曰：‘客何爲者？’張良曰：‘沛公之參乘樊噲者也。’”

清華六・管仲 09“千䡕（乘）之都”，參《孟子・梁惠王上》：“萬乘之國，弒其君者，必千乘之家；千乘之國，弒其君者，必百乘之家。”《左傳・哀公十四年》：“千乘之國，不信其盟，而信子之言，子何辱焉？”

清華七・晉文公 04“䡕”，即“乘”，車子。春秋時多指兵車，包括一車四馬。《左傳・成公十六年》：“苗賁皇徇曰：‘蒐乘、補卒，秣馬、利兵，脩陳、固列，蓐食、申禱，明日復戰！’”

清華七・越公 62“舟”，水戰戰具；“䡕”，即“乘”，陸戰戰具。

𢧐

清華四・筮法 25 内𢧐（勝）外

清華四・筮法 27 外𢧐（勝）内

清華四・筮法 51 男𢧐（勝）女

清華四・筮法 51 衆𢧐（勝）㝅（寡）

～，从“戈”，“䡕”聲，“勝”字異體。

清華四・筮法“𢧐”，即“勝”，戰勝，勝利。《孫子・謀攻》：“上下同欲者勝。”《吕氏春秋・有度》：“孔、墨之弟子徒屬充滿天下，皆以仁義之術教導於天下，然而無所行。教者術猶不能行,又况乎所教? 是何也? 仁義之術外也。夫以外勝內,匹夫徒步不能行,又况乎人主? 唯通乎性命之情,而仁義之術自行矣。"

䞲(勝)

清華六・管仲 19 䞲(乘)亓(其)欲而絚(恒)亓(其)怂(過)

～,與(上博四・曹 52)、(上博四・曹 33)同,从"力","乘"聲,"勝"字異體。《説文・力部》:"勝,任也。从力,朕聲。"

清華六・管仲 19"䞲",即"勝",讀爲"乘",訓行,見《書・君奭》"在亶乘兹大命",孔傳:"在於成信,行此大命而已。"或讀爲"逞"。(駱珍伊)

嫾

清華五・湯丘 01 又(有)郗(莘)嫾(媵)以少(小)臣

～,从"女","䞲"聲,"媵"字異體。《爾雅・釋言》:"媵、將,送也。"

清華五・湯丘 01"又郗嫾以少臣",讀爲"有莘媵以小臣",用小臣陪嫁有莘。《史記・殷本紀》:"伊尹名阿衡。阿衡欲奸湯而無由,乃爲有莘氏媵臣,負鼎俎,以滋味説湯,致于王道。"《吕氏春秋・本味》:"湯聞伊尹,使人請之有侁氏。有侁氏不可。伊尹亦欲歸湯,湯于是請取婦爲婚。有侁氏喜,以伊尹媵女。"

朥

清華八・邦道 16 今夫逾人於亓(其)朥(勝)

～,从"目","兖"聲。

清華八・邦道 16"朥",讀爲"勝"。《國語・晉語四》:"中不勝貌。"韋昭注:"勝,當爲稱。"

䧖

清華八·邦道 23 䧖(陞)蓉(落)有常

～,从"阜""土","身"站在"几"上,即"乘"字。"几",加注"厶"聲("几",見紐脂部;"厶",心紐脂部)。字从"乘"聲,"陞"字異體。"升""乘"古通,詳參《古字通假會典》第 42 頁。

清華八·邦道 23"䧖蓉有常",讀爲"陞落有常"。《廣雅·釋詁》:"陞,上也。"《廣韻·蒸韻》:"陞,登也。"《爾雅·釋詁》:"隕、磒、湮、下、降、墜、摽、蘦,落也。"《孟子·萬章上》:"放勳乃徂落。"朱熹《集注》:"落,降也。""陞落",義與"升降"同,上升下降。《禮記·曲禮上》:"居喪之禮……升降不由阼階,出入不當門隧。"引申爲盛衰。《書·畢命》:"道有升降,政由俗革。"蔡沈《集傳》:"有升有降,猶言有隆有污也。"

定紐承聲

承(承)

清華一·程寤 03 朢(望),承(烝)

清華一·皇門 04 王用能承天之魯命

清華一·皇門 06 遠土不(丕)承

清華一·楚居 10 女(焉)遷(徙)居承(蒸)之埜(野)

清華二·繫年 050 未可奉承也

清華三·琴舞 04 允不(丕)承不(丕)㬎(顯)

清華五·命訓 05 女(如)𢗉(恐)而承𡥈(教)

清華六·管仲 06 埶(設)承女(如)之可(何)

清華六·管仲 06 可埶(設)於承

清華六·管仲 07 既埶(設)承(丞)

清華八·攝命 01 亡承朕卿(鄉)

～,與(上博三·周 8)、(上博四·内 6)、(上博七·吴 9)同。甲骨文“承”作,从廾奉卪,會奉承之意。隸作“丞”。《集韻》:“承,奉也,受也。或作丞。”《説文·手部》:“承,奉也。受也。从手、从卪、从収。”

清華三·琴舞 04“不承不㬎”,讀爲“丕承丕顯”。《詩·周頌·清廟》作“不顯不承”。“丕承”,很好地繼承。《書·君奭》:“惟文王德丕承無疆之恤。”《孟子·滕文公下》引《書》:“丕顯哉文王謨,丕承哉武王烈。”

清華一·程寤 03“承”,讀爲“烝”,烝祭。《詩·小雅·天保》:“禴祠烝嘗,于公先王。”毛傳:“春曰祠,夏曰禴,秋曰嘗,冬曰烝。”《書·洛誥》:“戊辰,王在新邑,烝祭歲。”班固《白虎通·宗廟》:“宗廟所以歲四祭何……冬曰烝者,烝之爲言衆也,冬之物成者衆。”

清華一·皇門 04“王用能承天之魯命”,今本《逸周書·皇門》作“用能承天嘏命”。“承天”,承奉天道。《易·坤》:“至哉坤元,萬物資生,乃順承天。”《後漢書·郎顗傳》:“夫求賢者上以承天,下以爲人。”

清華一·皇門 06“遠土不(丕)承”之“承”,順承。《詩·抑》:“萬民靡不承。”此句今本《逸周書・皇門》作“王用奄有四鄰,遠土丕承”,陳逢衡注:“奄有四鄰遠土,謂有天下。”

清華一・楚居 10“承之埜”,讀爲“烝之野”。《左傳・宣公四年》:“子越又惡之,乃以若敖氏之族圄伯嬴於轑陽而殺之,遂處烝野,將攻王。”“烝野”,楊伯峻《春秋左傳注》引顧棟高説在今湖北江陵,又沈欽韓説即今河南新野。

清華二・繫年 050“奉承”,此處指奉之爲君。

清華五・命訓 05“女(如)忎(恐)而承斈(教)”,今本《逸周書・命訓》作“夫民生而惡死,無以畏之,能無恐乎?若恐而承教,則度至于極”。“承教”,接受教令。《孟子・梁惠王上》:“寡人願安承教。”趙岐注:“願安意承受孟子之教令。”《戰國策・趙二》:“承教而動,循法無私,民之職也。”

清華六・管仲 06、07“承”,四聖之一。《大戴禮記・保傅》:“博文强記,接給而善對者,謂之承。承者,承天子之遺忘者也,常立于後,是史佚也。”或説“承”,讀为“丞”。《吕氏春秋・介立》:“爲之丞輔。”高誘注:“丞,佐也;輔,相也。”《書大傳》:“古者天子有四隣,前曰疑,後曰丞,左曰輔,右曰弼。”

定紐灷聲

𢘻

清華六・子産 25 行以𢘻(尊)命(令)裕義(儀)

~,與(上博一・緇 13)、(上博三・中 13)同,从“心”,“灷”聲,“愻”字異體。

清華六・子産 25“𢘻”,讀爲“尊”。“尊命”,尊崇政令。《禮記・表記》:“夏道尊命,事鬼敬神而遠之,近人而忠焉。”孔穎達疏:“言夏之爲政之道,尊重四時政教之命,使人勸事樂功也。”

㑞

清華五・命訓 12 㑞(訓)之以豊(禮)

《説文・人部》:“㑞,送也。从人,灷聲。吕不韋曰:‘有侁氏以伊尹㑞女。’

古文以爲‘訓’字。”

清華五・命訓 12“傄之以豊”,讀爲“訓之以禮”。今本《逸周書・命訓》作“慎之以禮”。

憏

清華五・命訓 01 立明王以憏(訓)之

~,从“心”,“傄”聲,“愻”字異體。

清華五・命訓 01“立明王以憏之”,讀爲“立明王以訓之”。今本《逸周書・命訓》作“立明王以順之”。劉師培云:“順、訓古通,順當讀訓,猶言立明王以教誡之也。曰下蓋皆訓詞。下節‘昭命以命之’,與此語例符,命猶訓也。”

㝷

清華六・子産 21 子産用㝷(尊)老先生之畯(俊)

~,从“民”,“㕙”聲,“尊”字異體。

清華六・子産 21“㝷”,即“尊”,尊重、尊奉。《論語・子張》:“君子尊賢而容衆,嘉善而矜不能。”邢昺疏:“言君子之人見彼賢則尊重之。”《史記・高祖本紀》:“乃詳尊懷王爲義帝,實不用其命。”《文子・上仁》:“夫崇貴者,爲其近君也;尊老者,謂其近親也;敬長者,謂其近兄也。”

𨜶

清華二・繫年 133 戠(止)𨜶公涉綗以歸(歸)

~,从“邑”,“㕙”聲。

清華二・繫年 133“𨜶公”,疑即“滕公”。滕在郜東,相距不遠。“涉綗”,滕公之名。

絭

 清華一・祭公 20 余隹(惟)弗迟(起)絭(朕)疾

 清華三・芮良夫 24 絭(朕)隹(惟)沓(沖)人

～,與(上博二・容 51)、(上博五・鬼 7)所从同,从“糸”,“关”聲,“縢”之省文。《説文・糸部》:“縢,緘也。从糸,朕聲。”

清華一・祭公 20、清華三・芮良夫 24“絭”,讀爲“朕”,我。《書・堯典》:“帝曰:‘咨,四岳!朕在位七十載,汝能庸命,巽朕位。’”《楚辭・離騷》:“帝高陽之苗裔兮,朕皇考曰伯庸。”

朕

 清華一・尹誥 03 卑(俾)我衆勿韋(違)朕言

 清華一・程寤 06 朕翻(聞)周長不弍(貳)

 清華一・皇門 01 朕募(寡)邑少(小)邦

 清華一・皇門 01 穠(蔑)又(有)耆耇麇(慮)事嗚(屏)朕立(位)

 清華一・皇門 01 𦃟(肆)朕沓(沖)人非敢不用明刑

 清華一・皇門 12 朕遺父兄眔朕俥(藎)臣

 清華一·皇門 12 朕傕(藎)臣

 清華一·保訓 02 朕疾壹(漸?)甚

 清華一·保訓 03 今朕疾允瘔(病)

 清華一·保訓 10 朕餌(聞)兹不舊(久)

 清華三·説命上 03 尔左執朕袂

 清華三·説命中 02 聖(聽)戒朕言

 清華三·説命中 04 日沃朕心

 清華三·説命中 04 朕畜女(汝)

 清華三·説命下 02 少(小)臣罔夋(俊)才(在)朕備(服)

 清華三·説命下 02 余隹(惟)命女(汝)敚(説)鞲(融)朕命

 清華三·説命下 05 余克亯(享)于朕辟

 清華三·説命下 10 尃(敷)之于朕政

清華三・説命下 10 褎(欲)女(汝)亓(其)又(有)沓(友)沓(勑)朕命孳(哉)

清華三・赤鵠 11 而智(知)朕疾

清華三・赤鵠 11 朕疾女(如)可(何)

清華五・封許 08 勿灋(廢)朕命

清華五・湯丘 11 朕隹(惟)逆訓(順)是煮(圖)

清華五・湯丘 14 若自事朕身也

清華八・攝命 01 亡承朕卿(鄉)

清華八・攝命 03 肁(肇)出内(納)朕命

清華八・攝命 11 甬(用)事朕命

清華八・攝命 12 女(汝)有退進于朕命

清華八・攝命 13 則或即命朕

 清華八·攝命 14 亦則匄(遏)逆于朕

 清華八·攝命 15 亦鬼(畏)䨼(獲)懃朕心

 清華八·攝命 22 亦尚寬(辯)逆于朕

 清華八·攝命 23 女(汝)廼尚𦉢(祗)逆告于朕

 清華八·攝命 24 乃克悉甬(用)朕命

 清華八·攝命 24 雩(越)朕卲(毖)朕教

 清華八·攝命 25 雩(越)朕卲(毖)朕教

 清華八·攝命 27 所弗克戠(職)甬(用)朕命朕教

 清華八·攝命 27 所弗克戠(職)甬(用)朕命朕教

 清華八·攝命 28 亦則隹(唯)肇(肇)不誱(咨)逆所(許)朕命

 清華八·攝命 28 隹(唯)朕□□□𦃇(箴)教女(汝)

 清華八·攝命 30 亡(無)多朕言曰兹

～，與[inline image](上博三·彭 1)、[inline image](上博三·彭 3)、[inline image](上博三·彭 8)同。《説文·舟部》："朕，我也。闕。"

清華一·皇門 12"朕遺父兄眔朕儘(藎)臣"，此句今本《逸周書·皇門》作"朕維其及朕藎臣"。

清華三·説命中 02"聖戒朕言"，讀爲"聽戒朕言"。《書·湯誓》："格爾衆庶，悉聽朕言，非台小子，敢行稱亂！"

清華三·説命中 04"日沃朕心"，《書·説命上》作"啓乃心，沃朕心"。

清華三·説命中 04"朕畜女"，讀爲"朕畜汝"。《書·盤庚中》："用奉畜汝衆。"

清華五·封許 08"勿灋朕命"，讀爲"勿廢朕命"。《詩·大雅·韓奕》："纘戎祖考，無廢朕命。"《書·微子之命》："往哉惟休，無替朕命。"

清華五·湯丘 14"若自事朕身也"，參《書·大誥》："予造天役，遺大投艱於朕身，越予沖人，不卬自恤。"

清華八·攝命 03"肈出内朕命"，讀爲"肇出納朕命"。《書·舜典》："命汝作納言，夙夜出納朕命，惟允！"

清華八·攝命 27"所弗克戠甬朕命朕教"，讀爲"所弗克職用朕命朕教"。《書·酒誥》："庶士有正越庶伯君子，其爾典聽朕教！"

縢

清華一·祭公 03 㤅(謀)父縢(朕)疾隹(惟)不瘳

清華一·祭公 03 縢(朕)身尚才(在)孳(兹)

清華一·祭公 03 縢(朕)醴(魂)才(在)縢(朕)辟卲(昭)王斎₌(之所)

清華一·祭公 03 縢(朕)醴(魂)才(在)縢(朕)辟卲(昭)王斎₌(之所)

 清華一・祭公 04 縢(朕)之皇且(祖)周文王

 清華一・祭公 09 𢘓(謀)父縢(朕)疾隹(惟)不瘳

 清華三・説命上 02 縢隆(降)𨤲(庸)力

,所从“朕”从兩個“”,所从“舟”在下部,所从“糸”在左旁。《説文・糸部》:“縢,緘也。从糸,朕聲。”

清華一・祭公“縢”,讀爲“朕”。

清華三・説命上 02“縢”,繩索。《詩・魯頌・閟宫》:“公車千乘,朱英緑縢,二矛重弓。”毛傳:“縢,繩也。”《廣雅・釋器》:“縢,索也。”簡文“縢躬庸力”,參《墨子・尚賢下》:“昔者傅説居北海之洲,圜土之上,衣褐帶索,庸築於傅巖之城,武丁得而舉之,立爲三公,使之接天下之政,而治天下之民。”或讀爲“騰”。(胡敕瑞)

泥紐能聲

能

 清華一・金縢 04 是年(佞)若丂(巧)能

 清華一・金縢 04 能事鬼(鬼)神

 清華一・皇門 04 王用能承天之魯命

 清華一・皇門 06 能豪(稼)嗇(穡)

清華一・皇門 06 戎兵以能興

清華一・皇門 06 王用能盍(奄)又(有)四哭(鄰)

清華二・繫年 036 而弗能内(入)

清華二・繫年 037 亦莫之能内(入)

清華二・繫年 050 母(毋)乃不能邦

清華二・繫年 068 母(毋)能涉白水

清華三・説命下 03 余順(柔)遠能逐(邇)

清華三・芮良夫 04 甬(用)莫能歨(止)欲

清華三・芮良夫 19 莫之能枳(支)

清華三・芮良夫 26 莫之能惻(測)

清華三・芮良夫 27 亡(無)父母能生

清華三・芮良夫 27 亡(無)君不能生

清華三・赤鵠06 視而不能言

清華五・厚父02 能畧(格)于上

清華五・厚父11 引(矧)其能丁(貞)良于沓(友)人

清華五・命訓02 人能居

清華五・命訓03 能亡(無)佴(恥)虐(乎)

清華五・命訓04 能母(毋)懽(勸)虐(乎)

清華五・命訓04 能母(毋)忎(恐)虐(乎)

清華五・湯丘06 能亓(其)事而旻(得)亓(其)飤(食)

清華五・湯丘07 未能亓(其)事而旻(得)其飤(食)

清華五・湯丘07 今少(小)臣能廛(展)章(彰)百義

清華六・孺子10 三(四)鼉(鄰)以虐(吾)先君爲能敍

清華六・管仲15 能旻(得)僕四人同心

 清華六・管仲 15 能旻(得)僕三人同心

 清華六・管仲 15 能旻(得)僕二人同心

 清華六・太伯甲 02 不享(穀)以能與遠(就)宋(次)

 清華六・太伯甲 09 爲是牢鼣(鼠)不能同穴

 清華六・太伯甲 10 長不能莫(慕)虐(吾)先君之武敵(烈)臧(壯)社(功)

 清華六・太伯甲 12 君女(如)是之不能茅(懋)

 清華六・太伯乙 02 不㝅(穀)以能與遠(就)榍(次)

 清華六・太伯乙 08 亓(其)爲是牢鼣(鼠)不能同穴

 清華六・太伯乙 09 長不能莫(慕)虐(吾)先君之武敵(烈)臧(壯)社(功)

 清華六・太伯乙 11 君女(如)是之不能茅(懋)

 清華六・子儀 14 級(給)纖不能官尻

清華六・子産 01 能訠(信)

清華六・子産 10 臣人非所能不進

清華六・子産 12 能攸(修)亓(其)邦或(國)

清華六・子産 12 才(在)大能政

清華六・子産 12 才(在)小能枳(支)

清華六・子産 13 能同(通)於神

清華六・子産 14 寿(前)者之能没(役)相亓(其)邦豙(家)

清華六・子産 18 不我能敽(亂)

清華六・子産 18 下能弋(式)上

清華六・子産 28 雔(惟)能智(知)亓(其)身

清華六・子産 28 以能智(知)亓(其)所生

清華六・子産 29 以能成卒

清華七・子犯 01 公子不能弆(止)玄(焉)

清華七・子犯 07 夫公子之不能居晉邦

清華七・子犯 10 盜(寧)孤是勿能用

清華八・攝命 06 女(汝)能諞(歷)

清華八・攝命 06 女(汝)能并命

清華八・攝命 11 亦則乃身亡能謙甬(用)非頌(庸)女(汝)正命

清華八・邦政 04 亓(其)立(位)受(授)能而不忿(外)

清華八・處位 02 唯黴(浚)良人能敨(造)御柔

清華八・處位 07 戱(豈)能肙(怨)人

清華八・處位 07 或訐(信)能攷(考)佫(守)

清華八・處位 11 萁能又(有)厇(度)

清華八・邦道 18 君以亓(其)所能衣飤

清華八・邦道 19 女(如)亡(無)能於一官

清華八・邦道 19 民非亓(其)所能

清華八・邦道 20 亓(其)正(政)事(使)臤(賢)、甬(用)能

～,與(上博一・孔 12)、(上博二・子 10)、(上博四・内 4)、(上博五・鬼 4)、(上博五・姑 3)、(上博六・用 5)、(上博七・凡甲 26)、(上博八・王 4)同。《説文・能部》:"能,熊屬。足似鹿。从肉,㠯聲。能獸堅中,故稱賢能;而彊壯,稱能傑也。"

清華一・金縢 04"是年若丂能",讀爲"是佞若巧能",此周公稱己有高才而巧能。今本《書・金縢》作"予仁若考能"。或説"能"字連下讀。

清華一・金縢 04"能事櫐(鬼)神",今本《書・金縢》作"能事鬼神"。

清華一・皇門 04"王用能承天之魯命",今本《逸周書・皇門》作"用能承天嘏命"。

清華一・皇門 06"能豪(稼)嗇(穡)",今本《逸周書・皇門》作"□能稼穡"。

清華一・皇門 06"戎兵以能興",今本《逸周書・皇門》作"戎兵克慎"。

清華一・皇門 06"王用能盍(奄)又(有)四叕(鄰)",今本《逸周書・皇門》作"王用奄有四鄰"。

清華二・繫年 036"而弗能内",讀爲"而弗能入"。《淮南子・脩務》:"墨子設守宋之備,九攻而墨子九卻之,弗能入。"

清華二・繫年 068"母能涉白水",讀爲"毋能涉白水"。《管子・重令》:"便辟得進,毋功虚取,姦邪得行,毋能上通,則大臣不和。"

清華三・説命下 03"肞遠能逐",讀爲"柔遠能邇"。《書・舜典》:"柔遠能邇,惇德允元,而難任人,蠻夷率服。"孔傳:"柔,安。邇,近。敦,厚也。元,善之長。言當安遠,乃能安近。"《詩・大雅・民勞》:"柔遠能邇,以定我王。"

清華三・芮良夫 04"甬莫能歨欲",讀爲"用莫能止欲"。《禮記・表記》:"仁之爲器重,其爲道遠,舉者莫能勝也,行者莫能致也。"

清華二·繫年 037,清華三·芮良夫 19、26“莫之能”,《荀子·仲尼》:“諸侯有一節如是,則莫之能亡也。”

清華五·厚父 02“能畧于上”,讀爲“能格于上”。《書·大誥》:“弗造哲,迪民康,矧曰其有能格知天命!”

清華五·厚父 11“引其能丁良于沓人”,讀爲“矧其能貞良于友人”。《書·召誥》:“曰其稽我古人之德,矧曰其有能稽謀自天?”

清華五·命訓 03“人[能]母(毋)諻(懲)虐(乎)”,今本《逸周書·命訓》作“能無懲乎”。

清華五·命訓 04“能母(毋)懽(勸)虐(乎)”,今本《逸周書·命訓》作“能無勸乎”。

清華五·命訓 04“能母(毋)忎(恐)虐(乎)”,今本《逸周書·命訓》作“能無恐乎”。

清華五·湯丘 06“能亓事而旻亓飤”,讀爲“能其事而得其食”。《禮記·祭統》:“明其義者,君也;能其事者,臣也。不明其義,君人不全;不能其事,爲臣不全。”

清華五·湯丘 07“未能亓事而旻亓飤”,讀爲“未能其事而得其食”。

清華五·湯丘 07“今少臣能廛章百義”,讀爲“今小臣能展彰百義”。《晏子春秋·内篇問上》:“臣恐國之危失,而公不得享也,又惡能彰先君之功烈而繼管子之業乎?”

清華六·子産 01“能諱”,即“能信”。《國語·周語下》:“象天能敬,帥意能忠,思身能信,愛人能仁,利制能義;事建能智,帥義能勇,施辯能教,昭神能孝,慈和能惠,推敵能讓。此十一者,夫子皆有焉。”

清華六·子産 12“能攸亓邦或”,讀爲“能修其邦國”。《禮記·禮運》:“先王能修禮以達義,體信以達順,故此順之實也。”

清華六·子産 13“能同於神”,讀爲“能通於神”。《列子·湯問》:“神靈所生,其物異形;或夭或壽,唯聖人能通其道。”

清華六·子産 14“歬者之能役相亓邦豪”,讀爲“前者之能役相其邦家”。《後漢書·杜欒劉李劉謝列傳》:“巴素有道術,能役鬼神,乃悉毁壞房祀,剪理奸巫,於是妖異自消。”

清華六·子産 18“不我能𤔲”,讀爲“不我能亂”。《韓非子·難勢》:“夫堯、舜生而在上位,雖有十桀、紂不能亂者,則勢治也。”

清華六·子産 18“下能弋上”,讀爲“下能式上”。《晏子春秋·内篇問上》:“是以上能養其下,下能事其上,上下相收,政之大體存矣,故魯猶可長守。”

清華六・子産 28“䧺能”,讀爲“惟能”。《左傳・哀公元年》:“闔廬惟能用其民,以敗我於柏舉。”

清華六・子産 28、29“以能”,參《禮記・大學》:“以能保我子孫黎民,尚亦有利哉!”

清華八・攝命 06“女能”,讀爲“汝能”,你能够。《説苑・權謀》:“汝能行我言,汝爲主,我爲役,吾亦何以不至於此哉?”

清華八・邦政 04“亓(其)立(位)受(授)能而不坌(外)”之“受能”,讀爲“授能”,任用有才能的人。《楚辭・離騷》:“舉賢而授能兮,循繩墨而不頗。”

清華八・處位 02“唯潚良人能散御柔”,讀爲“唯浚良人能造御柔”。《淮南子・泰族》:“奚仲不能旅,魯般不能造,此謂之大巧。”

清華八・處位 07“戠能肙人”,讀爲“豈能怨人”。《國語・晉語一》:“苟利衆而百姓和,豈能憚君?”

清華八・處位 07“訐能”,即“信能”。《管子・四時》:“信能行之,五穀蕃息,六畜殖,而甲兵强。”

清華八・攝命 11、清華八・邦道 19“亡能”,讀爲“無能”,没有才能,没有能力。《禮記・儒行》:“其難進而易退也,粥粥若無能也。”

清華八・邦道 20“使賢、用能”,指任用賢者和有才幹的人。《周禮・天官・大宰》:“以八統詔王馭萬民:一曰親親,二曰敬故,三曰進賢,四曰使能,五曰保庸,六曰尊貴,七曰達吏,八曰禮賓。”

清華“能”,能够。《書・西伯戡黎》:“乃罪多參在上,乃能責命於天?”

清華“不能”,不能够、不可能。《禮記・樂記》:“好惡無節於内,知誘於外,不能反躬,天理滅矣。”《論語・子罕》:“夫子循循然善誘人,博我以文,約我以禮,欲罷不能。”

態

清華三・芮良夫 19 悳(德)型(刑)態(怠)絉(惰)

清華五・三壽 16 晨(振)若(若)敘(除)態(慝)

《說文・心部》:"態,意也。从心、从能。儱,或从人。"

清華三・芮良夫 19"態紩",讀爲"怠惰",懈怠,懶惰。《國語・魯語下》:"朝夕處事,猶恐忘先人之業,况有怠惰,其何以避辟。"《史記・司馬相如列傳》:"南夷之君,西僰之長,常效貢職,不敢怠墮。"《逸周書・大匡》:"慎惟怠墮。""怠墮",即"怠惰"。

清華五・三壽 16"晨若敘態",讀爲"振若除慝",舉善去惡。《讀書雜志・荀子第八・成相》:"'讒夫多進,反覆言語生詐態',念孫按:'態',讀爲'姦慝'之'慝'。""慝",惡也。《周禮・冬官・玉人》:"琰圭九寸,判規,以除慝,以易行。"

⿱日能

清華六・子儀 19 ⿱日能(翼)明而反(返)之

~,與(新蔡甲三 22)同,从"日","能"聲,讀爲"翼"。

清華六・子儀 19"⿱日能",讀爲"翼"。"能""台"二字古通。如《禮記・樂記》:"故人不耐無樂。"鄭玄注:"耐,古書能字也。古以能爲三台字。"《文選・月賦》:"增華台室。"李善注:"《史記》曰中宫文昌'魁下六星,兩兩相比,名曰三能',能古台字也。""異""咍"二字古通。《楚辭・九章》:"又衆兆之所咍。"《考異》:"或曰衆兆之所異。"新蔡甲三 22"⿱日能日",讀爲"翼日",即第二天。《書・武成》:"越翼日癸巳。"或作"翌日"。

⿱大能

清華六・子儀 10 ⿱大能(翌)明

~,與(新蔡零 2)同,从"大","能"聲。

清華六・子儀 10"⿱大能明",讀爲"翌明",即第二天早晨。

⿰立能

清華六・子産 08 完(美)外⿰立能𢌂

～,从“立”,“能”聲。

清華六・子産 08“岂(美)外䏡譣”之“䏡”,或讀爲“怠”。

來紐夌聲

陵

清華二・繫年 101 述(遂)明(盟)者(諸)侯於卲(召)陵

清華二・繫年 120 以建昜(陽)、邱陵之田

清華二・繫年 128 與之戥(戰)於珪(桂)陵

清華二・繫年 132 晉人回(圍)津(津)、長陵

清華二・繫年 133 以退(復)長陵之自(師)

清華七・越公 34 陸(陵)陸(陸)

清華七・越公 34 陸(陵)穆(稼)

,與(上博四・柬 20)同,从“阜”“土”,“來”聲。,从“阜”“土”,“夌”聲,“夌”左右所从兩點,乃是“仌”聲。《説文・自部》:“陵,大自也。从自,夌聲。”

清華二・繫年 101“卲陵”,讀爲“召陵”,地名,在今河南郾城縣東。《春秋・定公四年》:“三月,公會劉子、晉侯、宋公、蔡侯、衛侯、陳子、鄭伯、許男、曹伯、莒子、邾子、頓子、胡子、滕子、薛伯、杞伯、小邾子、齊國夏于召陵,侵楚。”

清華二・繫年 120“邱陵”,當與“開陽”相近。

清華二・繫年 128“珪陵”,讀爲“桂陵”,在今河南長垣北。《水經注・濟水》:“《竹書紀年》:‘梁惠成王十七年,齊田期伐我東鄙,戰于桂陽,我師敗逋。’亦曰桂陵。按《史記》:齊威王使田忌擊魏,敗之桂陵,齊于是彊,自稱爲王,以令天下。”熊會貞注:“《括地志》,故桂城在乘氏縣東北二十一里,故老云,此即桂陵也。《寰宇記》亦云,乘氏縣有桂城,即田忌敗魏師處。但乘氏之桂陵,在今菏澤縣東北二十里,與此《注》所指之地異,驗此《注》所指,當在今長垣縣西境。”

清華二・繫年 132、133“長陵”,或疑是楚地。《水經注・淮水》:“淮水又東逕長陵戍南。”熊會貞按:“《地形志》,蕭衍置長陵郡及縣,蓋取此戍爲名。在今息縣東八十里。”

清華七・越公 34“陸陝陸稼”,即“陵陸陵稼”。“陵陸”,山地與平地。《管子・地圖》:“名山、通谷、經川、陵陸、丘阜之所在,苴草、林木、蒲葦之所茂,道里之遠近,城郭之大小,名邑、廢邑、困殖之地,必盡知之。”

從紐曾聲

曾

清華二・繫年 006 曾(繒)人乃降西戎

～,與(上博五・季 21)、(上博八・李 1【背】)同。《説文・八部》:“曾,詞之舒也。从八、从曰,囪聲。”

清華二・繫年 006“曾”,讀爲“繒”。《國語・鄭語》:“申、繒、西戎方彊,王室方騷……王欲殺太子以成伯服,必求之申,申人弗畀,必伐之。若伐申,而繒與西戎會以伐周,周不守矣。”“求之申”相當簡文“幽王起師,圍平王于西申”之事。

憎

清華八・邦道 10 憎而遠之

～,與(上博五・三 2)同。《説文・心部》:“憎,惡也。从心,曾聲。”

清華八·邦道10“憎”,厭惡、憎恨。《説文》:“憎,惡也。”《荀子·大略》:“君子之所憎惡也。”《詩·齊風·雞鳴》:“會且歸矣,無庶予子憎。”毛傳:“無見惡於夫人。”《左傳·昭公十九年》:“子産憎其爲人也,且以爲不順,弗許,亦弗止。”

矰

清華六·子儀08 余可(何)矰以遠(就)之

清華六·子儀09 矰追而稚(集)之

~,與(上博五·三20)同。《説文·矢部》:“矰,隿射矢也。从矢,曾聲。”

清華六·子儀“矰”,是一種繫有生絲繩以射飛鳥的箭。《吕氏春秋·直諫》:“荆文王得茹黄之狗,宛路之矰,以畋於雲夢,三月不反。”高誘注:“矰,弋射短矢。”簡文“矰追而集之”,把尋求來的繫有生絲繩的箭聚集在一起。

增

清華七·晉文公04 增舊芳(防)

清華七·越公41 乃亡(無)敢增壓亓(其)政以爲獻於王

~,所从“土”在“曾”下。《説文·土部》:“增,益也。从土,曾聲。”

清華七·晉文公04“增”,加多,加添。《戰國策·中山》:“繕治兵甲以益其强,增城浚池以益其固。”《吕氏春秋·季夏紀·制樂》:“興事動衆,以增國城,其可以移之乎!”

清華七·越公41“增壓”,讀爲“增歛”,偏義複詞,偏嚮於“增”。(劉剛)或讀爲“增斂”,與“聚斂”“厚斂”“重斂”等義同。《荀子·王制》:“故修禮者王,爲政者彊,取民者安,聚斂者亡。”《周禮·地官·里宰》:“以待有司之政令,而徵斂其財賦。”簡文“乃無敢增斂其徵以爲獻於王”,意即官吏將賦斂所得呈奉給越王。(陳劍、侯瑞華)

贈

　清華五·封許 06 贈尔鳸(薦)彝

～,所从“土”在“曾”下。上博一·孔 27 作　。《説文·貝部》:“贈,玩好相送也。从貝,曾聲。”

清華五·封許 06“贈”,送給。《詩·鄭風·女曰雞鳴》:“知子之來之,雜佩以贈之。”鄭箋:“贈,送也。”《國語·晉語四》:“襄公從之,贈以馬二十乘。”

幫紐仌聲

菠

清華三·赤鵠 08 帝命句(后)土爲二菠(陵)屯

清華三·赤鵠 12 帝命句(后)土爲二菠(陵)屯

清華三·赤鵠 13 弍陞(地)斬菠(陵)

　清華三·赤鵠 14 又(有)二菠(陵)

～,从“艸”,“阦”聲(“阦”又从“冰”聲,“陵”字異體),疑“菱”字異體。

清華三·赤鵠 08、12“菠屯”,讀爲“陵屯”,丘阜。《列子·天瑞》:“生於陵屯,則爲陵舄。”

冰

　清華三·説命下 07 思(使)若玉冰

～,與(上博八・成 5)同。楚文字"陵"字或从"仌"(冰)聲作。《説文》:"冰,水堅也。从仌、从水。,俗冰,从疑。"

清華三・説命下 07"玉冰",玉和冰。比喻潔白。黄庭堅《以右軍書數種贈丘十四》詩:"眼如霜鶻齒玉冰,擁書環坐愛窗明。"楊萬里《謝趙茂甫惠浙曹中筆蜀越薄箋》詩之一:"公子平生無長物,幾研生涯敵玉冰。"

紋

清華一・金縢 06 自以弋(代)王之敓(説)于金紋(縢)之匱

清華一・金縢 10 以攺(啓)金紋(縢)之匱

～,从"糸","仌(冰)"聲,疑"綾"字異體。

清華一・金縢"金紋",讀爲"金縢",謂用金屬制的帶子將收藏書契的櫃封存。《書・金縢》:"公歸,乃納册於金縢之匱中。"蔡沈《集傳》:"金縢,以金緘之也。"

並紐朋聲

朋

清華一・程寤 04 朋棶(棘)戩(敼)杍(梓)松

清華一・程寤 04 可(何)敬(警)非朋

清華三・良臣 07 又(有)埅(隰)朋

～,从兩串貝,五貝爲一串。

清華一・程寤 04"朋",《書・益稷》:"罔水行舟,朋淫於家,用殄厥世。"孔傳:"朋,群也。"

清華一·程寤 04"可敬非朋",讀爲"何警非朋"。簡文"何警非朋,何戒非商",以朋比爲警,以殷商爲戒。參《書·吕刑》:"何擇非人,何敬非刑,何度非及。""朋",倫比、相類。《詩·唐風·椒聊》:"彼其之子,碩大無朋。"毛傳:"朋,比也。"

清華三·良臣 07"堲朋",讀爲"隰朋"。《左傳·僖公十年》:"夏四月,周公忌父、王子黨會齊隰朋立晉侯。"《史記·齊太公世家》:"桓公既得管仲,與鮑叔、隰朋、高傒修齊國政,連五家之兵,設輕重魚鹽之利,以贍貧窮,禄賢能,齊人皆説。"

厠

清華八·攝命 16 女(汝)母(毋)敢厠(朋)泦(酗)于酉(酒)

清華八·攝命 16 母(毋)厠(朋)多厠(朋)

清華八·攝命 16 母(毋)厠(朋)多厠(朋)

清華八·攝命 25 民[宿(朋)]□興從顯女(汝)

清華八·攝命 27 民宿(朋)亦則興宎(仇)肙(怨)女(汝)

～,从"厂"或"宀","朋"聲。

清華八·攝命 16"厠",讀爲"朋",朋黨。《書·洛誥》:"孺子其朋。"孔傳:"少子慎其朋黨。"

清華八·攝命 16"母厠多朋",讀爲"毋朋多朋",毋結交朋黨。

堋

清華八·邦道 17 以可士堋(崩)

~,與𡐦(上博六・天甲10)所从同。《説文・土部》:"堋,喪葬下土也。从土,朋聲。"

清華八・邦道17"堋",讀爲"崩"。《墨子・非命上》:"守城則不崩叛。"孫詒讓《閒詁》:"'崩',當爲'倍'之叚字。《尚賢中》篇云'守城則倍畔',猶此下文云'守城則崩叛'也。'倍'與'背'同。《逸周書・時訓》篇云'遠人背叛'。'倍'與'崩'一聲之轉,古字通用。"

陻

清華七・子犯13受(紂)若大陸(岸)牆(將)具陻(崩)

~,从"阜","堋"聲,"崩"字異體。《説文・山部》:"崩,山壞也。从山,朋聲。𨸏,古文从自。"

清華七・子犯13"陻",即"崩",倒塌。《玉篇》:"崩,毀也。"《詩・小雅・十月之交》:"百川沸騰,山冢崒崩。"《漢書・武帝紀》:"山陵不崩,川谷不塞。"

纆

清華三・説命上02氒(厥)卑(俾)纆(繃)弓

~,从"糸","堋"聲,"繃"字繁體。《説文・糸部》:"繃,束也。从糸,崩聲。《墨子》曰:'禹葬會稽,桐棺三寸,葛以繃之"

清華三・説命上02"纆",即"繃"。簡文"繃弓",弓名。

郙

清華一・楚居15遷(徙)居郙(鄘)郢

清華一・楚居15王大(太)子以邦居郙(鄘)郢

 清華一・楚居 16 至悼(悼)折(哲)王猷居郇(鄘)郢

～,从“邑”,“匍”聲,“鄘”字異體。《説文・邑部》:“鄘,右扶風鄠鄉。从邑,崩聲。沛城父有鄘鄉。讀若陪。”

清華一・楚居“郇郢”,又見包山 165、172。《説文》:“鄘,沛城父有鄘鄉。”在今安徽亳州市東南,即乾溪附近。

明紐苋聲

夢

 清華一・程寤 01 大(太)姒夢見商廷隹(惟)梾(棘)

 清華一・程寤 03 王及大(太)子發(發)並拜吉夢

 清華一・程寤 04 女(汝)敬聖(聽)吉夢

 清華一・程寤 06 欲隹(惟)柏夢

 清華二・繫年 109 以與吳王壽(壽)夢相見于鄹(虢)

 清華三・説命中 01 王訋(原)比氒(厥)夢

 清華六・子儀 14 占夢啻(憯)永不休

～,與(上博四・柬 8)、(上博四・柬 9)、(上博四・柬 10)同。《説文・夕部》:“夢,不明也。从夕,瞢省聲。”

清華一・程寤 01、06“夢”,做夢。《左傳・僖公二十八年》:“晉侯夢與楚子搏。”

清華一・程寤 03、04“吉夢”,《詩・小雅・斯干》:“吉夢維何？維熊維羆,維虺維蛇。”

清華二・繫年 109“吴王𦸗夢”,即“吴王壽夢”,《春秋・襄公十二年》稱“吴子乘”,“乘”當是“壽夢”的合音。《史記・吴太伯世家》:“句卑卒,子去齊立。去齊卒,子壽夢立。壽夢立而吴始益大,稱王。”《説苑・至公》:“吴王壽夢有四子,長曰謁,次曰餘祭,次曰夷昧,次曰季札,號曰延陵季子,最賢,三兄皆知之。”

清華三・説命中 01“夢”,《墨子・經上》:“夢,卧而以爲然也。”王充《論衡・死僞》:“且夢,象也。”

清華六・子儀 14“占夢”,圓夢。度夢的吉凶。《詩・小雅・正月》:“召彼故老,訊之占夢。”鄭箋:“召之不問政事,但問占夢,不尚道德而信徵祥之甚。”

明紐黽聲

𣉻

清華六・管仲 16 𣉻天下之邦君

～,从“曰”,“黽”聲。戰國時期楚國文字以“黽”爲“龜”,而黽蛙之“黽”加標記“曰”作“𣉻”。(李家浩)

清華六・管仲 16“𣉻”,讀爲“命”。“命天下”即號令天下。(楊蒙生、陳偉)或隸作“𦾔”,讀爲“舊”。

𡫳

清華七・子犯 12 𡫳君之逡(後)殜(世)

～,从“宀”,“𣉻”(黽)聲。

清華七・子犯 12“𡫳君”,讀爲“命君”,猶命令、君臨。(楊蒙生、陳偉)

寍

 清華七·趙簡子 01 𨋍(趙)柬(簡)子既受寍𨠵(將)軍

 清華七·趙簡子 02 今虛(吾)子既爲寍遈(將)軍巳(已)

～,从"宀","廾","黽"聲。

清華七·趙簡子 01、02"寍𨠵軍",讀爲"命將軍",可能類似於命卿,是得到天子任命的將軍。(楊蒙生、陳偉)

正編·幽部

清華簡文字聲系

幽　部

影紐憂聲歸首聲

影紐幽聲

幽

 清華二・繫年 005 周幽王取妻于西繡(申)

 清華二・繫年 006 幽王起自(師)

 清華二・繫年 007 以攻幽王

 清華二・繫年 007 邦君者(諸)正乃立幽王之弟畬(余)臣于鄦(虢)

 清華二・繫年 019 幽侯滅女(焉)

 清華二・繫年 112 晉幽公立四年

清華六・太伯乙 01 不敎(穀)幽(幼)弱

清華六・太伯乙 09 弱幽(幼)而䢵(嗣)

清華七・子犯 15 幽王

～,與(上博五・三 3)、(上博七・君甲 9)同,《説文・丝部》:"幽,隱也。从山中丝,丝亦聲。"

清華二・繫年 005、006、007,清華七・子犯 15"周幽王""幽王",西周最後一個國王。因寵愛褒姒,廢申后和太子宜臼。申侯率軍討伐,殺幽王於驪山之下。《史記・周本紀》:"四十六年,宣王崩,子幽王宫湼立。"

清華二・繫年 019"幽侯",被狄攻滅的衛懿公。《左傳・閔公二年》:"冬十二月,狄人伐衛。衛懿公好鶴,鶴有乘軒者……及狄人戰於熒澤,衛師敗績,遂滅衛。"《論衡・儒增》稱"衛哀公"。

清華二・繫年 112"晉幽公",名柳,敬公之子。《史記・晉世家》:"十八年,哀公卒,子幽公柳立。"據《竹書紀年》推算,晉幽公四年在周考王十一年。

清華六・太伯乙 01"幽弱",讀爲"幼弱",幼小。《禮記・明堂位》:"武王崩,成王幼弱,周公踐天子之位以治天下。"《左傳・昭公十九年》:"今又喪我先大夫偃,其子幼弱,其一二父兄懼隊宗主,私族於謀,而立長親。"

清華六・太伯乙 09"弱幽",讀爲"弱幼",即"幼弱",幼小。

學

清華一・金縢 07 城(成)王由(猶)學(幼)才(在)立(位)

清華三・芮良夫 15 褱(懷)态(慈)學(幼)弱、羸(羸)募(寡)䂫(矜)蜀(獨)

清華六・管仲 23 及學(幽)王之身

清華六・管仲 23 若學(幽)王者

清華六・管仲 27 是胃(謂)學(幽)悳(德)

清華六・太伯甲 01 不享(穀)學(幼)弱

清華六・太伯甲 10 弱學(幼)而䆃(嗣)

～,與學(上博五・鬼 2)同,从"子","幽"聲,即"幼子"之"幼"的專字。《説文・幺部》:"幼,少也。从幺,从力。"

清華一・金縢 07"學",即"幼",即年紀小,未長成的。《書・盤庚中》:"曷不暨朕幼孫有比。"《儀禮・喪服》:"夫死,妻穉,子幼。"鄭玄注:"子幼,謂年十五已下。"《禮記・曲禮上》:"人生十年曰'幼',學。"

清華三・芮良夫 15、清華六・太伯甲 01"學弱",即"幼弱",參上。

清華六・太伯甲 10"弱學",即"弱幼",參上。

清華六・管仲 23"學王",讀爲"幽王",周幽王,參前。

清華六・管仲 27"學悳",讀爲"幽德"。《逸周書・謚法》:"壅遏不通曰'幽'。"

勶

清華六・子儀 01 毛(耄)勶(幼)咎(謀)慶而賞之

～,从"力""土","幽"聲。

清華六・子儀 01"毛勶",讀爲"耄幼",即老幼,老人和小孩。《禮記・樂記》:"老幼孤獨不得其所。"《國語・晉語七》:"養老幼,恤孤疾。"《詩・大雅・

抑》:"借曰未知,亦聿既耄。"毛傳:"耄,老也。"

蓝

清華七・越公 17 肰(然)爲豺(豺)狼飤(食)於山林蓝芒

～,从"艸","幽"聲。

清華七・越公 17"蓝芒",讀爲"草莽"。《左傳・昭公十二年》:"昔我先王熊繹辟在荆山,篳路藍縷以處草莽。"或讀爲"幽荒",即"荒远之地"。《尚書大傳》:"堯南撫交阯,于《禹貢》荆州之南垂,幽荒之外,故越也。"《抱朴子・詰鮑》:"鮑生曰:王者欽想奇瑞,引誘幽荒。"(孫合肥、滕勝霖)

滋

清華七・越公 28 不爯(稱)貣(貸)没(役)滋塗泃(溝)墬(塘)之

杗(功)

清華七・越公 30 王辟(親)涉泃(溝)淳(濈)滋塗

～,从"水","幽"聲。

清華七・越公 28、30"滋",疑讀爲"泑"。"滋塗泃墬之杗",讀爲"泑塗溝塘之功",指各種水利工程。《説文》:"泑,澤,在昆侖下。"簡文泛指澤塘。"溝""塘""泑""塗"皆爲溝池之類。

影紐幺聲

幼

清華二・繫年 050 靁(靈)公高幼

清華二・繫年 050 君幼

～,與𢇍(上博二・子4)、𢆰(上博三・中7)同。《說文・幺部》:“幼,少也。从幺,从力。”

清華二・繫年050“幼”,年紀小,未長成的。《書・盤庚中》:“曷不暨朕幼孫有比。”《儀禮・喪服》:“夫死,妻穉,子幼。”鄭玄注:“子幼,謂年十五已下。”《禮記・曲禮上》:“人生十年曰‘幼’,學。”《楚辭・九章・涉江》:“余幼好此奇服兮,年既老而不衰。”

畜

清華三・說命中04 朕畜女(汝)

清華六・孺子17 今二三夫₌(大夫)畜孤而乍(作)𢇍(焉)

清華八・邦道22 倀(長)乳則畜蕃

～,與𤲸(上博二・民14)、𤲸(上博三・周20)同。《說文・田部》:“畜,田畜也。《淮南子》曰:玄田爲畜。𤲸,《魯郊禮》畜从田从兹。兹,益也。”

清華三・說命中04“畜”,养育。《釋名》:“畜,養也。”《詩・邶風・日月》:“父兮母兮,畜我不卒。”朱熹《集傳》:“畜,養……歎父母養我之不終。”《大戴禮記・曾子立孝》:“故爲人子而不能孝其父者,不敢言人父不能畜其子者。”

清華六・孺子17“畜孤而乍”,读爲“畜孤而作”,順服君命行事。《禮記・祭統》:“祭者,所以追養繼孝也。孝者,畜也。順於道,不逆於倫,是之謂畜。”鄭玄注:“畜,謂順於德教。”

清華八・邦道22“畜蕃”,六畜繁衍。《管子・禁藏》:“故春仁、夏忠、秋急、冬閉,順天之時,約地之宜,忠人之和,故風雨時,五穀實,草木美多,六畜蕃息,國富兵强,民材而令行,内無煩擾之政,外無强敵之患也。”《史記・孔子世家》:“孔子貧且賤。及長,嘗爲季氏史,料量平;嘗爲司職吏而畜蕃息。由是爲司空。”簡文“倀(長)乳則畜蕃”,長久哺育六畜就會繁衍。

曉紐休聲

休

清華一·皇門 05 先(先人)神示(祇)逿(復)式〈式〉用休

清華一·皇門 09 斯乃非休悳(德)以譍(應)

清華一·祭公 11 康受亦弋(式)甬(用)休

清華三·説命下 09 余罔紌(墜)天休

清華五·三壽 28 天昦(顧)逿(復)止甬(用)休

清華六·子儀 07 凥(處)虐(吾)以休

清華六·子儀 14 占夢啻(憯)永不休

清華八·攝命 03 緣(肆)余𦘦猷卜乃身,休,卜吉

清華八·攝命 23 是亦引休

～,與(上博三·彭 1)同。《説文·木部》:"休,息止也。从人依木。,休或从广。"

清華一·皇門 05“先(先人)神示(祇)復(復)式〈式〉用休”,今本《逸周書·皇門》作“先人神祇報職用休”。

清華一·祭公 11“康受亦弋甬休”,讀爲“康受亦式用休”。參看《書·多方》:“天惟式教我用休。”《逸周書·祭公》:“康受乂之,式用休。”潘振《周書解義》:“式,語詞……文王安受方國而治之,移風易俗,治用休美。”

清華一·皇門 09“休德”,美德。《管子·小匡》:“休德維順,端慤以待時使。”今本《逸周書·皇門》作“人斯乃非維直以應”。

清華三·説命下 09“天休”,天賜福佑。《書·湯誥》:“凡我造邦,無以匪彝,無即慆淫,各守爾典,以承天休。”《左傳·宣公三年》:“故民入川澤、山林,不逢不若。螭魅罔兩,莫能逢之。用能協于上下,以承天休。”杜預注:“民無災害,則上下和而受天祐。”

清華五·三壽 28“天㬉(顧)復(復)止甬(用)休”之“休”,美也。參上。

清華六·子儀 07“凥虐以休”,讀爲“處吾以休”。《書·畢命》:“欽若先王成烈,以休於前政。”

清華八·攝命 03“𦳝(肆)余𡒋猷卜乃身,休,卜吉”,《書·大誥》:“我有大事休,朕卜并吉。”《書·洛誥》:“公既定宅,伻來,來視予卜休恒吉。我二人共貞。”

清華八·攝命 23“是亦引休”之“休”,《廣雅·釋詁》:“休,善也。”《爾雅·釋詁》:“休,美也。”《廣韻·尤韻》:“休,美也,善也。”或説“休”之本義爲“息止”。

曉紐好聲

好

清華一·尹至 02 余旵(閔)亓(其)又(有)𩒨(夏)衆□吉好

清華二·繫年 039 秦晉女(焉)f(始)會(合)好

清華二·繫年 048 秦穆公欲與楚人爲好

清華二・繫年 049 与(與)楚爲好

清華二・繫年 086 競(景)公欲與楚人爲好

清華二・繫年 108 二邦爲好

清華二・繫年 111 戉(越)人因袞(襲)吴之與晉爲好

清華二・繫年 113 至今晉、戉(越)以爲好

清華三・説命中 06 叀(且)隹(惟)口记(起)戎出好

清華三・芮良夫 05 而莫肎(肯)齊好

清華三・芮良夫 16 莫好安情

清華五・三壽 18 衣備(服)耑(端)而好訐(信)

清華六・子儀 11 可(何)爭而不好

清華六・子産 04 亡(無)好

清華六・子産 04 此胃(謂)亡(無)好惡

清華六·子産 23 好酓（飲）飤（食）酡（𨢊）釀

清華五·啻門 06 而罷（一）亞（惡）罷（一）好

清華五·啻門 08 是亓（其）爲長虘（且）好才（哉）

清華六·管仲 21 好宜（義）秉悳（德）

清華六·管仲 23 好史（使）年（佞）人而不訐（信）諹（慎）良

清華七·子犯 02 虗（吾）宔（主）好定而敬訐（信）

清華七·趙簡子 07 以好士庶子

清華七·越公 19 余弃（棄）亞（惡）周好

清華七·越公 23 賜孤以好

清華七·越公 28 王𣄼亡（無）好攸（修）于民厽（三）工之堵

清華七·越公 30 王好蓐（農）工（功）

清華七·越公 37 王乃好訐（信）

清華七・越公 43 嬰(舉)雩(越)邦乃皆好訐(信)

清華七・越公 44 王乃好陞(徵)人

清華七・越公 48 嬰(舉)雩(越)邦乃皆好陞(徵)人

清華七・越公 49 政溥(薄)而好訐(信)

清華七・越公 50 王乃好兵

清華七・越公 52 與(舉)雩(越)邦孪=(至于)鄾(邊)還(縣)成(城)市乃皆好兵甲

清華八・攝命 24 女(汝)亦引母(毋)好=(好好)

～,與(上博五・季 19)、(上博一・孔 24)同,"子"或在右、或在下、或在左,偏旁位置變動不居。《説文・女部》:"好,美也。从女、子。"徐鍇曰:"子者,男子之美偁。會意。"

清華一・尹至 02"好",當指百官彼此和諧友好。

清華二・繫年 039"會好",讀爲"合好",和好。《左傳・定公十年》:"兩君合好,而裔夷之俘以兵亂之,非齊君所以命諸侯也。"《潛夫論・交際》:"貨財不足以合好,力勢不足以杖急。"

清華二・繫年 048、049、086、108、111、113"爲好",《左傳・桓公九年》:"巴子使韓服告于楚,請與鄧爲好。"

清華三・説命中 06"叀隹口记戎出好",讀爲"且惟口起戎出好"。《禮記・緇衣》引《説命》作:"惟口起羞,惟甲胄起兵,惟衣裳在笥,惟干戈省厥躬。"《墨子・尚同中》:"是以先王之書《術令》之道曰:'唯口出好興戎。'"孫詒讓《墨子閒詁》已指出《術令》就是《説命》。“好”,讀爲“羞”。《禮記·緇衣》鄭玄注:“羞,猶辱也……惟口起辱,當慎言語也。”

清華三·芮良夫 05“而莫肎(肯)齊好”之“齊好”,與上博七·凡甲 27“和尻和氣齊聖(聲)好色”義近。《詩·小雅·小宛》:“人之齊聖。”孔穎達疏:“中正謂齊。”“齊好”是統治者追求的一種理想境界。

清華三·芮良夫 16“莫好安情”,没有人喜歡安於情。

清華五·三壽 18,清華七·越公 37、43、49“好信”,《論語·陽貨》:“上好禮,則民莫敢不敬;上好義,則民莫敢不服;上好信,則民莫敢不用情。”《國語·吴語》:“夫越王好信以愛民,四方歸之,年穀時熟,日長炎炎。”

清華六·子産 04“亡(無)好”,没有偏愛。

清華六·子産 04“好惡”,喜好與嫌惡。《禮記·王制》:“命市納賈,以觀民之所好惡,志淫好辟。”葛洪《抱朴子·擢才》:“且夫愛憎好惡,古今不均,時移俗易,物同價異。”

清華五·啻門 06“罷亞罷好”,讀爲“一惡一好”。參《左傳·昭公元年》:“疆埸之邑,一彼一此,何常之有?”

清華六·管仲 21“好宜秉悳”,讀爲“好義秉德”。《論語·顔淵》:“夫達也者,質直而好義,察言而觀色,慮以下人。”

清華七·子犯 02“好定而敬訐(信)”之“好定”,指品性;“敬信”,指行爲。《國語·晉語二》:“定身以行謂之信。”

清華七·越公 19“周好”,讀爲“酬好”,答謝對方的友好。(魏宜輝)或説“周好”,合好。《左傳·定公十年》:“兩君合好,而裔夷之俘以兵亂之,非齊君所以命諸侯也。”

清華六·子産 23,清華六·管仲 23,清華七·趙簡子 07,清華七·越公 30、44、48、50、52“好”,喜愛、愛好。《易·謙》:“人道惡盈而好謙。”

清華八·攝命 24“好好”“宏宏”,謂好己所好,宏己所宏。《詩·小雅·巷伯》:“驕人好好,勞人草草。”鄭箋:“好好者,喜讒言之人也。”《國語·晉語一》:“吾聞君子好好而惡惡,樂樂而安安,是以能有常。”

妞

清華七·晉文公 01 母(毋)辩(辨)於妞(好)妝嬶䀇皆見

《說文·女部》:"䏌,人姓也。从女、丑聲。《商書》曰:無有作䏌。"段注云:"䏌本訓人姓,好惡自有真字,而壁中古文叚䏌爲好。"楚文字"好"或作(上博一·緇 1)、(上博一·緇 21)。

清華七·晉文公 01"妞",讀爲"好",美也。《方言》卷二:"自關而西秦晉之間,凡美色或謂之好。"

曉紐臭聲

臭

清華四·筮法 45 五乃槵臭

《說文·犬部》:"臭,禽走,臭而知其迹者,犬也。从犬、从自。"

清華四·筮法 45"槵臭",或說是一種鬼名。(《讀本四》第 125 頁)"臭",從張新俊釋。

瘨

清華七·越公 16 亡(無)良鄾(邊)人爯(稱)瘨悁(怨)啞(惡)

～,从"疒","臭"聲。

清華七·越公 16"瘨",或讀爲"蓄"。《國語·楚語下》:"積貨滋多,蓄怨滋厚,不亡何待。"《墨子·尚同上》:"下有蓄怨積害,上得而除之。"《楚辭·九辯》:"蓄怨兮積思,心煩憺兮忘食事。""蓄怨"即積聚怨恨。(章水根)或說"稱蓄",與文獻中"稱張"意思相類,誇張事實之義。(滕勝霖)或說讀爲"讎",讎怨之義,與"怨""惡"同義。(侯乃峰)或隸作"癥"或"癈",讀爲"發",義爲"起"。(孫合肥)

匣紐學聲歸臼聲

見紐丩聲

丩

清華五·三壽 21 弝(强)敓(並)丩(糾)出

清華六·孺子 06 老婦亦𤕌(將)丩(糾)攸(修)宫中之正(政)

《説文·丩部》:"丩,相糾繚也。一曰:瓜瓠結丩起。象形。"

清華五·三壽 21"丩",讀爲"糾",察。《周禮·天官·大宰》:"五曰刑典,以詰邦國,以刑百官,以糾萬民。"陸德明《釋文》:"彈正糾察也。"或讀爲"收"。

清華六·孺子 06"丩攸",讀爲"糾修",治理。《左傳·昭公六年》:"糾之以政。"孔穎達疏:"糾,謂舉治也。"《論語·堯曰》:"修廢官。"皇侃疏:"治故曰修。"

句

清華一·尹至 01 尹曰:句(后)

清華一·尹至 02 亓(其)又(有)句(后)氒(厥)志亓(其)倉(爽,或讀喪)

清華一·尹誥 02 今句(后)害(何)不藍(監)

清華一·尹誥 03 句(后)亓(其)麥(賚)之

清華一・皇門 03 句(苟)克又(有)歊(諒)

清華一・祭公 13 不(丕)隹(惟)句(后)禝(稷)之受命是羕(永)厚(厚)

清華一・祭公 16 女(汝)母(毋)以俾(嬖)御(御)息(疾)尔(爾)臧(莊)句(后)

清華二・繫年 034 我句(苟)果内(入)

清華二・繫年 110 戉(越)公句戔(踐)克吴

清華二・繫年 113 㳄(趙)狗衒(率)自(師)與戉(越)公株(朱)句伐齊

清華二・繫年 113 晉自(師)閔(門)長城句俞之門

清華三・琴舞 17 黄句(耇)隹(惟)程(盈)

清華三・良臣 07 雩(越)王句賤(踐)又(有)大(舌)同(庸)

清華三・祝辭 01 句(侯)兹某也發(發)陽(揚)

清華三・赤鵠 02 湯句(后)妻紝㐬胃(謂)少(小)臣曰

清華三・赤鵠 02 句(后)亓(其)(殺)我

清華三・赤鵠 06 顕(夏)句(后)又(有)疾

清華三・赤鵠 07 顕(夏)句(后)之疾女(如)可(何)

清華三・赤鵠 07 凥句(后)之帰(寢)室之棟

清華三・赤鵠 08 亓(其)下畬(舍)句(后)疾

清華三・赤鵠 08 是囟(使)句(后)瘵(疾)疾而不智(知)人

清華三・赤鵠 08 帝命句(后)土爲二莰(陵)屯

清華三・赤鵠 08 共凥句(后)之牀下

清華三・赤鵠 09 亓(其)走(上)K(刺)句(后)之體

清華三・赤鵠 09 是思(使)句(后)之身蠹(疴)蓳

清華三・赤鵠 10 至于顕(夏)句(后)

清華三・赤鵠 10 夏句(后)乃係(訊)少(小)臣曰

清華三・赤鵠 11 頣(夏)句(后)曰

清華三・赤鵠 11 凥句(后)之帰(寢)室之棟

清華三・赤鵠 12 亓(其)下畬(舍)句(后)疾

清華三・赤鵠 12 是思(使)句(后)棼₌恂₌(棼棼眩眩)而不智(知)人

清華三・赤鵠 12 帝命句(后)土爲二菸(陵)屯

清華三・赤鵠 12 共凥句(后)之牀下

清華三・赤鵠 13 亓(其)走(上)K(刺)句(后)之身

清華三・赤鵠 13 是思(使)句(后)㝠(昏)䜌(亂)甘心

清華三・赤鵠 13 句(后)女(如)斮(撤)𡉚(屋)

清華三・赤鵠 13 句(后)之疾其瘳

清華三・赤鵠 14 頣(夏)句(后)乃從少(小)臣之言

清華五・湯丘 13 句(后)古(固)共(恭)天畏(威)

清華五・湯丘 14 句(后)牆(將)君又(有)虽(夏)才(哉)

清華五・三壽 08 句(苟)我與尔(爾)相念相悬(謀)

清華五・三壽 23 甬(用)肖(孽)卲(昭)句(后)成湯

清華六・孺子 09 归(抑)杲(早)歬(前)句(後)之以言

清華六・管仲 10 敢𦣻(問)歬(前)文句(后)爲之女(如)可(何)

清華六・管仲 18 及句(后)辛之身

清華六・管仲 20 若句(后)辛者

清華六・子産 18 句(苟)我固善

清華七・子犯 06 句(苟)𦘫(盡)又(有)心女(如)是

清華七・子犯 11 四方𡰥(夷)莫句(後)

清華七・越公 05 亦兹(使)句𡶵(踐)𢇍(繼)𧟠於雩(越)邦

清華七・越公 07 勿兹(使)句戔(踐)屬(繼)菤於雩(越)邦巳(矣)

清華七・越公 08 以觀句戔(踐)之以此伞(八千)人者死也

清華七・越公 26 雩(越)王句戉(踐)牆(將)忎(惎)復(復)吳

清華七・越公 29 雩(越)王句戉(踐)女(焉)訂(始)乍(作)絽(紀)五政之聿(律)

清華七・越公 49 東尸(夷)、西尸(夷)、古蔑、句虛(吳)四方之民乃皆餌(聞)雩(越)墬(地)之多飤(食)

清華七・越公 58 犷(荒)鬼(畏)句戉(踐)

清華七・越公 62 雩(越)王句戉(踐)乃命鄒(邊)人菆(聚)悁(怨)

清華七・越公 67 雩(越)王句戉(踐)乃以亓(其)厶(私)卒(卒)卒₌(六千)敂(竊)涉

清華七・越公 71 句戉(踐)弗許

清華七・越公 72 句□□□□□□□□□□□□□□□{踐敢不聽

天之命而聽君之令乎}

清華七·越公72句戔(踐)不許吴成

清華七·越公72句戔(踐)不敢弗受

清華七·越公73不豰(穀)亓(其)牆(將)王於甬句重(東)

清華八·邦道08句(苟)王之愻(訓)敎(教)

清華八·八氣05句余亡(芒)銜(率)木以飤(食)於户

清華八·八氣06句(后)土銜(率)土以飤(食)於室中

～,與(上博一·孔24)、(上博一·緇20)、(上博二·容28)同。《説文·句部》:"句,曲也。从口,丩聲。"又《丩部》:"丩,相糾繚也。""丩"象物鉤曲相糾之形,"句"則當由"丩"加"口"旁分化出來的,故音義俱因仍之。

清華一·尹至01,清華一·尹誥02、03"句",讀爲"后",指商湯。

清華一·皇門03"句(苟)克又(有)欶(諒)",今本《逸周書·皇門》作"苟克有常"。

清華一·祭公13"句稷",讀爲"后稷",周之先祖。虞舜命爲農官,教民耕稼,稱爲"后稷"。《詩·大雅·生民》:"厥初生民,時維姜嫄……載生載育,時維后稷。"《韓詩外傳》卷二:"夫闢土殖穀者后稷也,決江疏河者禹也,聽獄執中者皋陶也。"

清華一·祭公16"臧句",讀爲"莊后"。《禮記·緇衣》:"毋以嬖御疾莊后。"鄭玄注:"莊后,適夫人齊莊得禮者。"

清華二·繫年113"株句",讀爲"朱句",越國國君。《史記·越世家》《索隱》引《紀年》云:"不壽立十年見殺,是爲盲姑,次朱句立"。又:"於粤子朱句三十四年滅滕,三十五年滅郯,三十七年朱句卒。"越王州句劍(《集成》11622—11632),有"株句""朱句""州句"等,並爲同一人名的異寫。

清華二・繫年 113"句俞之門",疑讀爲"句瀆之門"。"俞",喻母侯部;"瀆",定母屋部。喻四歸定,侯屋對轉。《左傳・桓公十二年》:"句瀆之丘。"杜預注:"句瀆之丘即穀丘也。"或以爲宋地,或以爲曹地。"句俞之門"可能與"句瀆之丘"相關。

清華三・琴舞 17"黄句",讀爲"黄耇",年老,高壽。《詩・小雅・南山有臺》:"樂只君子,遐不黄耇。"毛傳:"黄,黄髮也。耇,老。"

清華三・祝辭 01"句",讀爲"侯",語首助詞,見楊樹達《詞詮》第一一七頁。

清華三・赤鵠 02"湯句",讀爲"湯后",湯君。

清華三・赤鵠 07、08、09、11、12、13"句",讀爲"后",指夏后,夏朝的國君。

清華三・赤鵠 06、07、10、11、14"顕句",讀爲"夏后",夏君。

清華五・湯丘 13、14"句",讀爲"后",君主;帝王。《書・湯誓》:"我后不恤我衆。"孫星衍疏:"后者,《釋詁》云:君也。"簡文指湯。

清華六・孺子 09"歬句",讀爲"前後",猶先後。《韓非子・外儲説左下》:"然方公之欲治臣也,公傾側法令,先後臣以言,欲臣之免也甚,而臣知之。"

清華六・管仲 10"句",讀爲"後",與"前"相對。

清華六・管仲 18、20"句辛",讀爲"后辛",即帝辛。《史記・殷本紀》:"帝乙崩,子辛立,是爲帝辛,天下謂之紂。"

清華七・子犯 11"四方层莫句",讀爲"四方夷莫後"。參《孟子・梁惠王下》:"《書》曰:'湯一征,自葛始。'天下信之。東面而征,西夷怨;南面而征,北狄怨。曰:'奚爲後我?'"

清華七・越公 49"句虗",讀爲"句吴",即吴國。《史記・吴太伯世家》:"太伯之犇荆蠻,自號句吴。"司馬貞《索隱》:"顔師古注《漢書》,以吴言'句'者,夷語之發聲,猶言'於越'耳。"《國語》作"句無"。"句無",在今浙江省諸暨縣。《國語・越語上》:"句踐之地,南至於句無。"韋昭注:"今諸暨有句無亭是也。"

清華三・良臣 07"句賤",清華七・越公 05、07、08"句掱",清華七・越公 26、29、58、62、67、71、72"句戉",清華二・繫年 110"句戉",讀爲"句踐"。《史記・越王句踐世家》:"越王句踐,其先禹之苗裔,而夏后帝少康之庶子也。封於會稽,以奉守禹之祀。文身斷髮,披草萊而邑焉。後二十餘世,至於允常。允常之時,與吴王闔廬戰而相怨伐。允常卒,子句踐立,是爲越王。"

清華七・越公 73"甬句重",讀爲"甬句東"。《國語・吴語》作"寡人其達王於甬句東”。《國語·越語上》作“吾請達王甬句東”。“甬句重”，又作“甬東”。《左傳·哀公二十二年》：“冬，十一月，丁卯，越滅吴，請使吴王居甬東。”杜預注：“甬東，越地，會稽句章縣東海中洲也。”

清華八·八氣 05“句余亡”，讀爲“句余芒”，即句芒，傳説中的主木之官，又爲木神。《禮記·月令》：“（孟春之月）其帝大皞，其神句芒。”鄭玄注：“句芒，少皞氏之子曰重，爲木官。”

清華三·赤鵠 08、12，清華八·八氣 06“句土”，讀爲“后土”，土神或地神。亦指祀土地神的社壇。《周禮·春官·大宗伯》：“王大封，則先告后土。”鄭玄注：“后土，土神也。”《禮記·檀弓上》：“君舉而哭於后土。”鄭玄注：“后土，社也。”

清華六·子産 18、清華七·子犯 06、清華五·三壽 08、清華八·邦道 08“句”，讀爲“苟”，連詞，假如，如果。《易·繫辭下》：“苟非其人，道不虚行。”

頧

 清華二·繫年 068 所不逡(復)頧(仇)於齊

～，从“頁”，“句”聲。

清華二·繫年 068“逡頧”，讀爲“復仇”，報仇。《越絶書·敘外傳記》：“臣不討賊，子不復仇，非臣子也。”

朐

 清華三·赤鵠 09 晉(巫)鶩(烏)乃歜(歠)少(小)臣之朐(喉)渭(胃)

《説文·肉部》：“朐，脯挺也。从肉，句聲。”

清華三·赤鵠 09“朐”，讀爲“喉”，咽喉。《左傳·文公十一年》：“冬十月甲午，敗狄于鹹，獲長狄僑如。富父終甥摏其喉，以戈殺之。”

者

 清華一·皇門 01 穫(蔑)又(有)耇者虐(慮)事嗶(屏)朕立(位)

～,與(上博五・弟5)同。《説文・老部》:“耇,老人面凍黎若垢,从老省,句聲。”

清華一・皇門01“耆耇”,年高望重者。《文選・四子講德論》:“厖眉耆耇之老,咸愛惜朝夕,願濟須臾。”《後漢書・隗囂傳》:“望無耆耇之德,而猥託賓客之上,誠自愧也。”

寶

清華五・三壽17 坸(徇)寶(句)傑(遏)怪(淫)

清華五・三壽26 諗(感)高玟(文)稾(富)而昏忘寶(詢)

～,从“貝”,“宿”聲。

清華五・三壽17“寶”,讀爲“句”,謙恭。《大戴禮記・曾子立事》:“與其倨也,寧句。”盧辯注:“句以喻敬。”

清華五・三壽26“寶”,讀爲“詢”。《左傳・昭公二十年》:“余不忍其詢。”杜預注:“詢,恥也。”

泃

清華七・晉文公04 古(故)命洲(瀹)舊泃(溝)

清華七・越公28 不爯(稱)貣(貸)设(役)泑塗泃(溝)壆(塘)之

(功)

清華七・越公30 王辟(親)涉泃(溝)淳(澱)泑塗

清華七・越公56 王乃御(趣)至=(至于)泃(溝)壆(塘)之工

(功)

～,从“水”,“句”聲。

清華七・晉文公 04“古(故)命沜(淪)舊泃(溝)”,治理舊的水溝。

清華七・越公 28、56“泃墮”,讀爲“溝塘”,即“溝池”,護城河。《禮記・禮運》:“大人世及以爲禮,城郭溝池以爲固。”孔穎達疏:“溝池,城之塹。”“淊塗溝溏之功”,指各種水利工程。

清華七・越公 30“泃”,讀爲“溝”,水瀆。《莊子・庚桑楚》:“夫尋常之溝,巨魚無所還其體,而鯢、鰌爲之制。”

郇

清華二・繫年 066 公命郇(駒)之克先嗚(聘)于齊

清華二・繫年 067 觀郇(駒)之克

清華二・繫年 068 郇(駒)之克隆(降)堂而折(誓)曰

清華二・繫年 070 郇(駒)之克

清華二・繫年 071 郇(駒)之克衒(率)自(師)栽(救)魯

清華二・繫年 072 郇(駒)之克走敾(援)齊侯之紳(帶)

～,从“邑”,“句”聲。

清華二・繫年“郇之克”,讀爲“駒之克”,即郤克、郤獻子,《左傳・宣公十二年》或稱“駒伯”。《左傳・宣公十七年》:“十七年春,晉侯使郤克徵會于齊。”

𥑮

 清華一・祭公 13 不(丕)隹(惟)句(后)禝(稷)之受命是羕(永)𥑮(厚)

 清華一・祭公 14 不(丕)隹(惟)周之𥑮(厚)荓(屏)

清華一・祭公 18 康=(康康)𥑮(厚)㢈(顏)忍恥

～,从"石","句"聲,"厚"字異體。

清華一・祭公 13"不(丕)隹(惟)句(后)禝(稷)之受命是羕(永)𥑮(厚)",今本《逸周書・祭公》作"丕維后稷之受命,是永宅之"。"𥑮",即"厚",《國語・魯語上》注:"大也。"

清華一・祭公 14"𥑮荓",讀爲"厚屏",厚厚的屏障。參上。

清華一・祭公 18"𥑮㢈忍恥",即"厚顏忍恥",參《荀子・解蔽》:"案彊鉗而利口,厚顏而忍詬,無正而恣睢,妄辨而幾利。""厚顏",《詩・大雅・巧言》:"巧言如簧,顏之厚矣。"鄭箋:"顏之厚者,出言虛僞而不知慙於人。"

鉤

 清華五・封許 06 鉤雁(膺)

《説文・句部》:"鉤,曲也。从金、从句,句亦聲。"

清華五・封許 06"鉤膺",見《詩・大雅・崧高》,毛傳:"鉤膺,樊纓也。"

詢

 清華五・三壽 27 甬(用)凶以見詢

～,與[glyph](郭店・五行 10)、[glyph](新蔡零 115、22)同。《説文・言部》:"詬,

謑詬，恥也。从言，后聲。詢，詬或从句。”

清華五・三壽 27“詢”，恥也，羞辱、辱罵。《左傳・定公八年》：“公以晉詬語之。”杜預注：“詬，恥也。”《左傳・哀公八年》：“八年春，宋公伐曹，將還，褚師子肥殿。曹人詬之，不行。”杜預注：“詬，詈辱也。”

敂

清華七・晉文公 02 命訟訣（獄）敂（拘）執睪（釋）

～，與敂（上博三・周 41）、敂（上博五・姑 9）同。《説文・攴部》：“敂，擊也。从攴，句聲，讀若扣。”

清華七・晉文公 02“敂執”，讀爲“拘執”，拘捕。《史記・李斯列傳》：“李斯拘執束縛，居囹圄中。”《書・酒誥》：“群飲，汝勿佚，盡執拘以歸于周，予其殺。”

狗

清華二・繫年 112 灼（趙）狗衒（率）自（師）與戉（越）公株（朱）句伐齊

～，與狗（上博三・彭 8）同。《説文・犬部》：“狗，孔子曰：‘狗，叩也。叩气吠以守。’从犬，句聲。”

清華二・繫年 112“灼狗”，讀爲“趙狗”，晉趙氏人名。

收

清華三・芮良夫 09 疋（胥）收（糾）疋（胥）由

清華四・筮法 46 司收

清華五・啻門 07 五月或收(褎)

清華七・越公 48 是以收敬(賓)

清華八・虞夏 01 百(首)備(服)收

～，與(上博八・顔 11)、(上博八・顔 12)同。《説文・攴部》："收，捕也。从攴，丩聲。"

清華三・芮良夫 09"收"，讀爲"糾"，匡正。

清華四・筮法 46"司收"，四卦所司雷、樹、收、藏，與常見的春生、夏長、秋收、冬藏涵意相似。

清華五・啻門 07"收"，或疑讀爲"褎"。《詩・大雅・生民》："實種實褎。"鄭箋："褎，枝葉長也。"

清華七・越公 48"收敬"，讀爲"收賓"，聚賓。"收"，聚。《詩・周頌・維天之命》："假以溢我，我其收之。"毛傳："收，聚也。"

清華八・虞夏 01"收"，夏代冠名。《釋名・釋首飾》："收，夏后氏冠名也，言收斂髮也。"《儀禮・士冠禮》"周弁，殷冔，夏收"，鄭注："收，言所以收斂髮也。"

見紐九聲

九

清華二・繫年 004 立廿=(三十)又九年

清華二・繫年 008 周亡王九年

清華二・繫年 059 減(莊)王衒(率)自(師)回(圍)宋九月

清華三・説命下 08 天章之甬(用)九悳(德)

清華三・琴舞 01 鎣(琴)甈(舞)九絉(卒)

清華三・琴舞 02 鎣(琴)甈(舞)九絉(卒)

清華三・琴舞 15 九敐(啓)曰

清華四・筮法 20 䆳(秋)見九

清華四・筮法 43 九乃山

清華四・筮法 45 九乃祟(虞)

清華四・筮法 47 九,戊(牡)祟(虞)

清華四・筮法 49 九,乃户

清華四・筮法 50 九,柆、䜣子

清華四・筮法 52 子午九

清華四・筮法 56 九象爲大獸(獸)

清華四・算表 01 九

清華四・算表 12 九

清華四・算表 12 九

清華四・算表 18 九

清華四・算表 20 九

清華四・算表 14 四十九

清華四・算表 05 四百九十

清華四・算表 05 四千九百

清華四・算表 03 九百

清華四・算表 09 九百

清華四・算表 11 九百

清華五・湯丘 02 九宊(竅)癹(發)明

清華五・湯丘 08 以埶(設)九事之人

清華五・啻門 04 九以成墜(地)

清華五・啻門 04 九以成天

清華五・啻門 08 九月纍(顯)章

清華五・啻門 18 九以成墜(地)

清華五·啻門 18 唯皮(彼)九神

清華五·啻門 19 夫九以成天

清華五·啻門 20 唯皮(彼)九神

清華五·啻門 20 是胃(謂)九宏

清華五·三壽 10 九牧九矣(有)牆(將)芒(喪)

清華五·三壽 10 九矣(有)

清華五·三壽 23 我畬(寅)晨共(降)莩(在)九厇(宅)

清華五·三壽 26 神民並蠢(尤)而九(仇)悁(怨)所聚

清華五·命訓 05 九迁(奸)具(俱)寊(息)

清華七·子犯 12 用果念(臨)政(正)九州

清華七·晉文公 08 九年大旻(得)河東之者(諸)侯

清華八·攝命 32 隹(唯)九月既望壬申

清華八·虞夏 01 乍(作)樂《羿(竽)觪(管)》九成

 清華一・耆夜 09(背)九

 清華一・金縢 09(背)九

 清華一・皇門 09(背)九

 清華一・祭公 09(背)九

 清華二・繫年 009(背)九

 清華二・繫年 109(背)百九

 清華二・繫年 119(背)百十九

 清華二・繫年 129(背)百廿九

 清華三・説命下 09(背)九

 清華三・琴舞 09(背)九

 清華三・芮良夫 09(背)九

 清華三・赤鵠 09(背)九

清華五・厚父 09(背)九

清華五·封許09(背)九

清華五·命訓09(背)九

清華五·三壽09(背)九

清華八·攝命09(背)九

清華八·邦政09(背)九

清華八·處位09(背)九

～,與(上博三·周26)、(上博三·周53)、(上博三·周57)、(上博六·用5)同。《説文·九部》:"九,陽之變也。象其屈曲究盡之形。"

清華二·繫年004"世₌又九年",三十九年。

清華三·説命下08"九悳",即"九德"。《書·皋陶謨》:"皋陶曰:'都!亦行有九德。亦言,其人有德,乃言曰,載采采。'禹曰:'何?'皋陶曰:'寬而栗,柔而立,愿而恭,亂而敬,擾而毅,直而温,簡而廉,剛而塞,彊而義,彰厥有常,吉哉。'"《國語·周語下》:"夫六,中之色也,故名之曰黄鍾,所以宣養六氣、九德也。"

清華三·琴舞01、02"九絉",讀爲"九卒"或"九遂",義同文獻中的"九成",指行禮奏樂九曲。《書·益稷》"簫韶九成",孔穎達疏:"成猶終也,每曲一終,必變更奏,故《經》言九成,《傳》言九奏,《周禮》謂之九變,其實一也。"《逸周書·世俘》:"籥人九終。"朱右曾《集訓校釋》:"九終,九成也。"

清華三·琴舞15"九𢻻(启)",第九章之启。樂奏九曲,每曲分爲兩部分,開始部分稱"启",終結部分稱"亂"。

清華四·筮法43、45、47、49、50"九",乾卦中有九爻出現。

清華五・湯丘 02“九究”,讀爲“九竅”。《周禮・天官・疾醫》:“以五味、五穀、五藥,養其病;以五氣、五聲、五色,眡其死生。兩之以九竅之變,參之以九藏之動。凡民之有疾病者,分而治之。”鄭玄注云:“陽竅七,陰竅二。”即頭部五官七竅與下體前後二竅。

清華五・湯丘 08“九事之人”,疑即《周禮・天官・大宰》:“以九職任萬民:一曰三農,生九穀。二曰園圃,毓草木。三曰虞衡,作山澤之材。四曰藪牧,養蕃鳥獸。五曰百工,飭化八材。六曰商賈,阜通貨賄。七曰嬪婦,化治絲枲。八曰臣妾,聚斂疏材。九曰閒民,無常職,轉移執事。”或説與“九主之事”相關。《史記・殷本紀》:“伊尹處士,湯使人聘迎之,五反然後肯往從湯,言素王及九主之事”。馬王堆帛書有《九主》,見《馬王堆漢墓帛書(壹)》。

清華五・啻門 04、18“九以成陛(地)”之“九”,九神,地神,又稱地真。

清華五・啻門 04、19“九以成天”之“九”,九神,天神,又稱九宏。

清華五・啻門 08“九月”,一年之中第九月。《詩・豳風・七月》:“七月流火,九月授衣。”毛傳:“九月霜始降,婦功成。”

清華五・啻門 18“九神”,當指九地之神。清華五・啻門 20“九神”,指九天之神。《楚辭・九歎》:“徵九神於回極兮,建虹采以招指。”王逸注:“言己乃召九天之神,使會北極之星。”

清華五・啻門 20“九宏”,九神稱九宏,未知其詳。

清華五・三壽 10“九牧”,九州之牧。《左傳・宣公三年》:“貢金九牧。”杜預注:“使九州之牧貢金。”“九矣”,讀爲“九有”,指九州。《詩・商頌・玄鳥》:“方命厥後,奄有九有。”毛傳:“九有,九州也。”《荀子・解蔽》楊倞注:“九有,九牧,皆九州也。撫有其地則謂之九有,養其民則謂之九牧。”

清華五・三壽 23“九厇”,即“九宅”,或指周天之八方加中央九個方位。《楚辭・離騷》:“指九天以爲正兮。”王逸注:“九天,謂中央、八方也。”《淮南子・原道》:“以馳大區。”高誘注:“區,宅也。宅謂天也。”“宅”“度”義同,《太玄・居》:“萬物咸度。”范望注:“度,居也。”

清華五・三壽 26“九悁”,讀爲“仇怨”,仇恨,怨恨。《史記・秦始皇本紀》:“秦王之邯鄲,諸嘗與王生趙時母家有仇怨,皆阬之。”

清華五・命訓 05“九迁具寘”,讀爲“九奸俱息”。今本《逸周書・命訓》作“六極既通,六間具塞”。簡文的“九迁”,或疑當從今本作“六間”。

清華七・子犯 12“九州”,泛指天下,全中國。《楚辭・離騷》:“思九州之博大兮,豈唯是其有女?”

清華八·攝命32“隹(唯)九月既望壬申”之“九月”,一年之中第九月。《詩·豳風·七月》:“七月流火,九月授衣。”毛傳:“九月霜始降,婦功成。”

清華八·虞夏01“九成”,九終。“《孚管》九成”,結構與“《簫韶》九成”(《書·益稷》)相同。《吕氏春秋·古樂》:“禹立,勤勞天下,日夜不懈,通大川,決壅塞,鑿龍門,降通漻水以導河,疏三江五湖,注之東海,以利黔首。於是命皋陶作爲《夏籥》九成,以昭其功。”《淮南子·齊俗》:“夏后氏,其社用松,祀户,葬牆置翣,其樂《夏籥》九成、六佾、六列、六英,其服尚青。”

清華“九”,數詞。《書·堯典》:“九載績用弗成。”

飢

清華四·筮法53才(在)上爲飢

～,从“食”,“九”聲。

清華四·筮法53“飢”,讀爲“簋”。(白於藍)或讀爲“醪”,《説文》:“汁滓酒也。”

叜

清華八·攝命27民崩(朋)亦則興叜(仇)昌(怨)女(汝)

清華八·攝命28叜(仇)菩女(汝)

～,即“宄”,贅加“又”旁。《説文·宀部》:“宄,姦也。外爲盜,内爲宄。从宀,九聲,讀若軌。,古文宄。,亦古文宄。”

清華八·攝命27“叜昌”、28“叜菩”,讀爲“仇怨”,仇恨,怨恨。《史記·秦始皇本紀》:“秦王之邯鄲,諸嘗與王生趙時母家有仇怨,皆阬之。”《史記·留侯世家》:“今陛下爲天子,而所封皆蕭、曹故人所親愛,而所誅者皆生平所仇怨。”

見紐𣪘聲

㲃

清華七・越公 44 王乃趣(趣)使(使)人戠(察)腈(省)成(城)市鄒(邊)還(縣)尖₌(小大)遠泥(邇)之㲃(匓)、茖(落)

～,从"勹","𣪘"聲。《説文・勹部》:"㲃,飽也。从勹,𣪘聲。民祭,祝曰:'厭㲃'。"字見(作册夨令簋,《集成》04300)、(毛公旅鼎,《集成》02724)等銅器銘文。

清華七・越公 44"㲃、茖",讀爲"匓、落"。《説文》:"匓,聚也。从勹,九聲。讀若鳩。""匓""落"當爲兩種聚居形態的名稱,或即"聚""落"。《説文・㐺部》:"聚,會也……邑落云聚。"段注云:"聚,邑落名也。韋昭曰:小鄉曰聚。"(黄愛梅)

𡨦

清華七・越公 44 隹(唯)𡨦(匓)、茖(落)是戠(察)腈(省)

清華七・越公 45 亓(其)𡨦(匓)者

清華七・越公 48 是以𡨦(匓)邑

清華七・越公 48 王則隹(唯)𡨦(匓)、茖(落)是徹(趣)

清華八・虞夏 03 祭器八𡨦(簋)

～,从"宀","𣪘"聲,"㲃"之異體。

清華七・越公 48“霰、茖”,讀爲“勼、落”。《説文・勹部》:“勼,聚也。从勹,九聲。讀若鳩。”“勼”“落”當爲兩種聚居形態的名稱,或即“聚”“落”。《説文・㐺部》:“聚,會也……邑落云聚。”段注云:“聚,邑落名也。韋昭曰:小鄉曰聚。”(黄愛梅)

清華七・越公 45“霰”,讀爲“勼”,參上。

清華七・越公 48“霰邑”,讀爲“勼邑”,使人聚集成邑。

清華八・虞夏 03“祭器八霰(簋)”,《詩・小雅・伐木》:“於粲洒掃,陳饋八簋。”《禮記・明堂位》:“有虞氏之兩敦,夏后氏之四連,殷之六瑚,周之八簋。”

盨

　清華五・封許 07 鼎(鼎)、盨(簋)

～,从“皿”,“𣪘”聲,“簋”字異體。《説文・竹部》:“簋,黍稷方器也。从竹、从皿、从皀。𠤳,古文簋从匚飢。𠥜,古文簋或从軌。朹,亦古文簋。”

清華五・封許 07“盨”,即“簋”,黍稷方器。參上。

見紐臼聲

學

　清華八・攝命 10 敬學㫐明

　清華八・攝命 15 女(汝)則亦隹(唯)肇不(丕)子不學

　清華八・攝命 17 鮮隹(唯)楚(胥)學于威義(儀)逷(德)

　清華八・攝命 26 王教王學

《説文・教部》:“斆,覺悟也。从教,从冂,冂尚矇也。臼聲。學,篆文斆省。”段玉裁注:“學者,放而像之也。”

清華八・攝命 10“敬學”,參《禮記・學記》:“凡學之道,嚴師爲難。師嚴然後道尊,道尊然後民知敬學。”

清華八・攝命 17“學”,效法,模仿。《墨子・貴義》:“貧家而學富家之衣食多用,則速亡必矣。”

清華八・攝命 26“王教王學”之“學”,教導。《國語・晉語九》:“順德以學子,擇言以教子,擇師保以相子。”韋昭注:“學,教也。”

溪紐丂聲

㝍

　清華五・命訓 02 女(如)不居而㝍(守)義

～,从“又”,“丂”聲,疑“肘”字異體。

清華五・命訓 02“㝍義”,讀爲“守義”,堅守道義。《史記・蒙恬列傳》:“今臣將兵三十餘萬,身雖囚繫,其勢足以倍畔,然自知必死而守義者,不敢辱先人之教,以不忘先主也。”或隸作“圣義”,讀爲“重義”,謂以道義爲重。《鹽鐵論・錯幣》:“古者貴德而賤利,重義而輕財。”郭店・尊德 39:“童(重)義集(集)釐(理),言此章也。”

㑏

　清華八・處位 07 或訐(信)能攷(考)㑏(守)

～,从“人”,“㝍”聲,或疑爲“肘”字異體。

清華八・處位 07“攷”,即“考”,省察。“㑏”,讀爲“守”,堅持。

丂

清華一・金縢 04 是年(佞)若丂(巧)能

清華五・三壽 18 丂(孝)忞(慈)而衮(哀)罘(鰥)

清華五・三壽 22 音色柔丂(巧)而賭(叡)武不罔

清華八・邦道 16 攻(工)獸(守)丂(巧)

～,與(上博三・亙 7)同。《說文・丂部》:"丂,气欲舒出。勹上礙於一也。丂,古文以爲亏字,又以爲巧字。"

清華一・金縢 04"是年若丂能",讀爲"是佞若巧能",此周公稱己有高才而巧能。今本《書・金縢》作"予仁若考能"。"丂",古文"巧",技巧,技能。《荀子・王霸》:"百工將時斬伐,佻其期日,而利其巧任。如是,則百工莫不忠信而不楛矣。" 俞樾《諸子平議・荀子二》:"按巧任與期日對文……《莊子・秋水篇》'任士之所勞',《釋文》引李注曰:'任,能也。'然則巧任猶巧能也。"

清華五・三壽 18"丂忞",讀爲"孝慈",對尊長孝敬,對下屬或後輩慈愛。《論語・爲政》:"臨之以莊則敬,孝慈則忠。"朱熹《集注》:"孝於親,慈於衆,則民忠於己。"《逸周書・官人》:"父子之間,觀其孝慈;兄弟之間,觀其和友。"

清華五・三壽 22"柔丂",讀爲"柔巧",柔順美好。

清華八・邦道 16"攻獸丂",讀爲"工守巧"。"巧",技巧、技藝。《周禮・考工記》:"天有時,地有氣,材有美,工有巧。合此四者,然後可以爲良。"《荀子・儒效》:"羿者,天下之善射者也,無弓矢則無所見其巧。"

攷

清華三・琴舞 13 攷(孝)敬肥(非)絔(怠)巟(荒)

清華八・處位 07 或託(信)能攷(考)侒(守)

～,與(上博三・周 18)、(上博四・内 7)同。《説文・攴部》:“攷,敂也。从攴,丂聲。”

清華三・琴舞 13“攷敬”,讀爲“孝敬”。《左傳・文公十八年》:“孝敬忠信爲吉德。”

清華八・處位 07“攷”,即“考”,省察。《易・復》:“敦復无悔,中以自考也。”李鼎祚《集解》引侯果曰:“能自考省,動不失中。”

考

清華一・皇門 13 母(毋)乍(作)組(祖)考順(羞)才(哉)

清華三・琴舞 01 罔頷(閔一墜)亓(其)考(孝)

清華三・琴舞 01 考(孝)隹(惟)型帀

清華六・孺子 08 盧(掩)於亓(其)考(巧)語

清華六・管仲 25 必葥(前)敬(敬)與考(巧)

清華八・邦道 21 炁(愛)民則民考(孝)

～,與(上博一・孔 8)、(上博四・内 9)同。《説文・老部》:“考,老也。从老省、丂聲。”

清華一・皇門 13“母乍組考順才”,讀爲“毋作祖考羞哉”。“組考”,讀爲“祖考”,祖先。《詩・小雅・信南山》:“祭以清酒,從以騂牡,享于祖考。”

清華六·孺子 08“考語”，讀爲“巧語”，表面上好聽而實際上虛僞的話。《詩·小雅·雨無正》：“哿矣能言，巧言如流，俾躬處休。”《論語·學而》：“巧言令色，鮮矣仁。”

清華六·管仲 25“考”，讀爲“巧”，僞詐。《廣韻·巧韻》：“巧，巧僞。”《戰國策·西周策》：“君爲多巧。”鮑彪注：“巧，猶詐。”

清華三·琴舞 01、清華八·邦道 21“考”，讀爲“孝”，孝順，善事父母。《左傳·隱公三年》：“君義、臣行、父慈、子孝、兄愛、弟敬，所謂六順也。”賈誼《新書·道術》：“子愛利親謂之孝，反孝爲孽。”

溪紐臼聲

舊

清華一·保訓 04 昔𡙇(舜)舊(久)复(作)尖=(小人)

清華一·保訓 10 朕餌(聞)玆不舊(久)

清華三·芮良夫 17 尚藍(鑒)于先舊

清華六·孺子 13 女(汝)訢(慎)𨊠(重)君䒗(葬)而舊(久)之於上三月

清華六·子儀 02 車𤠔(逸)於舊𢾭(數)三百

清華六·子儀 03 徒𤠔(逸)于舊典六百

清華六·子産 12 才(在)大可舊(久)

清華七・子犯09 昔之舊聖折(哲)人之塼(敷)政命(令)荆(刑)罰

清華七・晉文公01 以孤之舊(久)不㝵(得)

清華七・晉文公02 以孤之舊(久)不㝵(得)

清華七・晉文公03 古(故)命淵(淪)舊沟(溝)

清華七・晉文公04 增舊芳(防)

清華七・晉文公06 爲日月之羿(旗)師(師)以舊(久)

～,與[illegible](上博三・中8)同,从"萑","臼"聲。《説文・萑部》:"舊,雖舊,舊留也。从萑,臼聲。鵂,舊或从鳥休聲。"

清華一・保訓04"舊叏尖₌",讀爲"久作小人"。《書・無逸》:"其在祖甲,不義惟王,舊爲小人。"《史記・魯世家》《集解》引馬融本作"久爲小人"。

清華三・芮良夫17"先舊",指舊人、先人。見於叔尸鐘(《集成》00275):"尸箕其先舊,及其高祖。"

清華六・孺子13"舊之於上三月",讀爲"久之於上三月",指拖後下葬時間超過三個月。

清華六・子儀02、03"車𩣡於舊署三百,徒𩣡于舊典六百",讀爲"車逸於舊數三百,徒逸于舊典六百"。"舊數""舊典"義近,舊時的制度、法則。《書・君牙》:"君牙,乃惟由先正舊典時式。"孔穎達疏:"惟當奉用先世正官之法,諸臣所行故事舊典,於是法則之。"

清華一・保訓10,清華六・子産12,清華七・晉文公01、02"舊",讀爲"久",很久。"舊""久"音近古通。《書・無逸》"其在高宗,時舊勞於外",《史記・魯周公世家》引"舊"作"久"。

清華七·子犯09“舊聖”,指德高望重的聖人。《詩·大雅·蕩》:“維今之人,不尚有舊。”鄭箋:“哀其不高尚賢者,尊任舊德之臣,將以喪亡其國。”

清華七·晉文公03“舊泃”,讀爲“舊溝”。《後漢書·孝安帝紀》:“三年春正月甲戌,修理太原舊溝渠,溉灌官私田。”

清華七·晉文公04“增舊芳”,讀爲“增舊防”。《論衡·非韓篇》:“故以舊防爲無益而去之,必有水災;以舊禮爲無補而去之,必有亂患。”

清華七·晉文公06“師以舊”,讀爲“師以久”,軍隊久留。郭店·老甲36—37:“故知足不辱,知止不殆,可以長舊(久)。”

溪紐求聲

求

清華一·皇門08以䎽(問)求于王臣

清華一·祭公18尃(敷)求先王之共(恭)明悳(德)

清華二·繫年025我牆(將)求栽(救)於鄒(蔡)

清華二·繫年025賽(息)侯求栽(救)於鄒(蔡)

清華二·繫年048囟(使)歸(歸)求成

清華二·繫年050猷求弝(强)君

清華二·繫年071魯𦙶(臧)孫譻(許)迈(適)晉求敫(援)

清華二・繫年 075 王命繡(申)公屈晉(巫)迈(適)秦求自(師)

清華二・繫年 086 囟(使)歸(歸)求成

清華二・繫年 137 王命坪(平)亦(夜)悼武君孳(使)人於齊陳淏求自(師)

清華三・説命上 01 以貨旬(徇)求敚(説)于邑人

清華三・琴舞 05 甬(用)求亓(其)定

清華三・琴舞 09 流(攸)自求敚(悦)

清華三・芮良夫 03 由(迪)求聖人

清華三・芮良夫 11 恂求又忞(才)

清華三・芮良夫 12 以求亓(其)上

清華六・管仲 26 以大又(有)求

清華六・子儀 07 是尚求弔(蹙)易(惕)之作

清華六·子産 01 求誟(信)又(有)事

清華六·子産 15 不以戧(逸)求㝵(得)

清華七·越公 19 以交(徼)求卡₌(上下)吉羕(祥)

清華八·處位 11 戢(豈)或求謀(謀)

清華八·邦道 07 古(故)求善人

清華八·邦道 19 以愈(偷)求生

清華八·邦道 20 以求相臤(賢)

～,與(上博一·緇 10)、(上博二·容 37)、(上博二·從甲 18)同。《説文·衣部》:"裘,皮衣也。从衣,求聲。一曰象形,與衰同意。,古文省衣。"

清華一·皇門 08"以䎽(問)求于王臣",今本《逸周書·皇門》作"以昏求臣"。

清華一·祭公 18"尃求先王之共明悳",讀爲"敷求先王之恭明德"。《詩·大雅·抑》:"罔敷求先王,克共明刑。"鄭箋:"無廣索先王之道與能執法度之人乎?"

清華二·繫年 025"求戏",即"求救",請求援救。多用於遇到危險或災難時。《左傳·莊公十年》:"息侯聞之,怒,使謂楚文王曰:'伐我,吾求救於蔡而伐之。'"《史記·伍子胥列傳》:"申包胥走秦告急,求救於秦。"

清華二·繫年 048、086"求成",求和。《左傳·隱公元年》:"惠公之季年,敗宋師于黄,公立而求成焉。"

清華二·繫年 050"猷求弜君",讀爲"猷求强君"。《禮記·曲禮上》:"人生十年曰幼,學;二十曰弱,冠;三十曰壯,有室;四十曰强,而仕。""强",指成年。《左傳·文公六年》:"靈公少,晉人以難故,欲立長君。"

清華二·繫年 071"求敚",即"求援"。《左傳·哀公三年》:"三年春,齊、衛圍戚,求援於中山。"

清華二·繫年 075、137"求自",讀爲"求師"。《左傳·成公十三年》:"且先君之嗣卿也,受命以求師,將社稷是衛,而惰,弃君命也。"

清華三·説命上 01"旬求",讀爲"徇求",爲連動結構,當遍行宣示以求講。"以貨旬(徇)求敓(説)於邑人",意思就是:帶著財貨在邑人中到處宣示懸賞尋求説這個人。(裘錫圭、陳劍)

清華三·琴舞 05"甬求亓定",讀爲"用求其定",以此尋求安定。《詩·周頌·賚》:"敷時繹思,我徂維求定。"孔傳:"以此求定,謂安天下也。"《詩·大雅·文王》:"遹求遹寧,遹觀厥成。"

清華三·琴舞 09"流自求敓",讀爲"攸自求悦",言人各自求德而樂之。

清華三·芮良夫 03"由求聖人"之"由",讀爲"迪",語氣助詞。"由"或從上斷爲"以自詘(訾)讀由",讀爲"揂"。《説文》:"揂,聚也。"《詩·商頌·長發》:"百禄是遒。"毛傳:"遒,聚也。"馬瑞辰《通釋》:"《傳》以遒爲揂之假借,故訓爲聚。"(白於藍)

清華三·芮良夫 11"恂求",讀爲"徇求","到处宣示以求",亦即"到处公开征求"之意。(陳劍)

清華七·越公 19"交求",讀爲"徼求",求取。《孟子·盡心上》:"殀壽不貳,脩身以俟之,所以立命也。"孫奭疏:"以其殀壽皆定於未形有分之初,亦此而不二也,不可徼求之矣。"

清華八·邦道 19"求生",設法活下去;謀求生路。《論語·衛靈公》:"志士仁人,無求生以害仁,有殺身以成仁。"《史記·伍子胥列傳》:"我知往終不能全父命。然恨父召我以求生而不往,後不能雪恥,終爲天下笑耳。"

清華八·邦道 20"以求相臤",讀爲"以求相賢",尋求賢能的人。《詩·周南·卷耳序》:"《卷耳》,后妃之志也,又當輔佐君子,求賢審官,知臣下之勤勞。"《説苑·君道》:"故明君在上,慎於擇士,務於求賢。"

裘

清華六・子産 07 不勑(飾)完(美)車馬衣裘

清華六・子産 23 勑(飾)完(美)宮室衣裘

清華七・趙簡子 09 冬不裘

《説文・衣部》:"裘,皮衣也。从衣,求聲。一曰象形,與衰同意。 ,古文省衣。"

清華六・子産"衣裘",夏衣冬裘。《周禮・天官・宮伯》:"以時頒其衣裘。"鄭玄注:"衣裘,若今賦冬夏衣。"賈公彦疏:"夏時班衣,冬時班裘。"《吕氏春秋・重己》:"其爲輿馬衣裘也,足以逸身煖骸而已矣!"

清華七・趙簡子 09"冬不裘",《公羊傳・桓公八年》:"士不及兹四者,則冬不裘,夏不葛。"

逑

清華一・耆夜 07 臧(臧)武逑₌(赳赳)

～,从"心","求"聲,與 (郭店・語叢一 99)同。

清華一・耆夜 07"逑逑",讀爲"赳赳",威武雄健貌。《詩・周南・兔罝》:"赳赳武夫,公侯干城。"毛傳:"赳赳,武貌。"

救

清華一・保訓 04 忎(恐)救(求)中

清華一・耆夜 07 裕(裕)悳(德)乃救

清華一・皇門 03 迺方(旁)救(求)巽(選)睪(擇)元武聖夫

清華三・祝辭 02 救火

清華三・祝辭 03 陽(揚)武即救(求)尚(當)

清華三・祝辭 04 陽(揚)武即救(求)尚(當)

清華三・祝辭 05 陽(揚)武即救(求)尚(當)

清華六・子儀 07 萬(賴)子是救

清華六・子儀 12 救兄弟以見東方之者(諸)侯

清華六・子產 17 勛勉救善

清華七・越公 60 鼓命邦人救火

清華八・處位 05 救(求)昭政

清華八・處位 10 又(有)救於寿(前)甬(用)

～，與（上博五・季 20）、（上博二・容 31）、（上博七・鄭甲 7）同。《説文・攴部》："救，止也。从攴，求聲。"

清華一・保訓 04"救中"，讀爲"求中"。"中"，中道。學者對"中"有不同解釋。

清華一・耆夜 07"褎悳乃救"，讀爲"裕德乃求"，参《管子・勢》"裕德無求"。"救"，或讀爲"究"。

清華一・皇門 03"廼方（旁）救（求）巽（選）睪（擇）元武聖夫"，今本《逸周書・皇門》作"乃方求論擇元聖武夫"，莊述祖注："元，善；聖，通也。元聖可以爲公卿，武夫可以爲將帥者。"陳逢衡注："方求，偏求也。論擇，慎選也。《書》曰：'聿求元聖。'《詩》曰：'赳赳武夫。'元聖可以資論道，武夫以備腹心。"《國語・楚語上》："如是而又使以夢象旁求四方之賢"，又"使以象旁求聖人。"

清華三・祝辭 02、清華七・越公 60"救火"，滅火。《左傳・昭公十八年》："陳不救火，許不弔災，君子是以知陳許之先亡也。"《韓詩外傳》卷十："晉平公之時，藏寶之臺燒，士大夫聞者，皆趨車馳馬救火。"

清華三・祝辭 03、04、05"救"，讀爲"求"。《爾雅・釋詁》："求，終也。"

清華六・子儀 12"救兄弟以見東方之者侯"，讀爲"救兄弟以見東方之諸侯"，拯救盈姓國家。

清華六・子儀 07、清華六・子産 17"救"，援助，救援。《廣雅・釋詁》："救，助也。"《禮記・檀弓下》："扶服救之。"鄭玄注："救，猶助也。"

清華八・處位 05"救"，讀爲"求"。

叔

清華六・子産 20 隶叔（求）婕（藎）之臤（賢）

～，从"又"，"求"聲，"救"字異體。

清華六・子産 20"叔婕之臤"，讀爲"求藎之賢"，尋求忠誠賢能的人。《詩・周南・卷耳序》："《卷耳》，后妃之志也，又當輔佐君子，求賢審官，知臣下之勤勞。"

𢦏

清華二・繫年 025 我牆(將)求𢦏(救)於鄒(蔡)

清華二・繫年 025 賽(息)侯求𢦏(救)於鄒(蔡)

清華二・繫年 026 鄒(蔡)哀侯銜(率)帀(師)以𢦏(救)賽(息)

清華二・繫年 062 晉成公會者(諸)侯以𢦏(救)奠(鄭)

清華二・繫年 063 晉中行林父銜(率)自(師)𢦏(救)奠(鄭)

清華二・繫年 071 郈(駒)之克銜(率)自(師)𢦏(救)魯

清華二・繫年 085 晉競(景)公會者(諸)侯以𢦏(救)鄭

清華二・繫年 090 柬(厲)公𢦏(救)奠(鄭)

清華二・繫年 105 秦異公命子甫(蒲)、子虎銜(率)自(師)𢦏(救)楚

清華二・繫年 117 銜(率)自(師)𢦏(救)赤壠

清華二・繫年 134 遊(魯)昜公銜(率)自(師)𢦏(救)武昜(陽)

 清華二・繫年 136 楚自(師)晒(將)戕(救)武昜(陽)

 清華五・三壽 28 尃(補)鼽(缺)而救桂(枉)

～,从"戈","求"聲,"救"字異體。

清華二・繫年 025"求戕",即"求救",請求援救。參上"救"字。

清華二・繫年"戕",即"救",援助、使解脱。《左傳・僖公六年》:"秋,楚子圍許以救鄭,諸侯救許,乃還。"《左傳・宣公元年》:"秋,楚子侵陳,遂侵宋。晉趙盾帥師救陳、宋。"

清華五・三壽 28"尃(補)鼽(缺)而救桂(枉)"之"救",與"補"義近,彌補、補救。《禮記・學記》:"教也者,長善而救其失者也。"

溪紐咎聲

咎

 清華三・良臣 01 又(有)咎囡(繇)

 清華三・良臣 05 又(有)咎軋(犯)

 清華四・筮法 07 凸(凡)咎

 清華四・筮法 09 亡(無)咎

 清華四・筮法 62 曰咎

 清華五・厚父 02 少命咎(皋)繇(繇)下爲之卿事

 清華六・子儀 12 咎(舅)者不(丕)元

 清華六・子儀 13 亦唯咎(舅)之古(故)

 清華七・趙簡子 01 則非子之咎

 清華七・趙簡子 02 則非子之咎

 清華七・趙簡子 03 牆(將)子之咎

 清華七・越公 27 王乃不咎不戠(惎)

 清華八・邦道 11 母(毋)咎母(毋)憙

 清華八・邦道 12 上亦蔑有咎女(焉)

～，與(上博一・孔 9)、(上博三・周 42)同。《説文・人部》："咎，災也。从人、从各。各者，相違也。"

清華三・良臣 01"咎囡"、清華五・厚父 02"咎䌛"，讀爲"咎繇"，或作"咎陶""皋陶"，是上古舜之賢臣。《史記・夏本紀》："帝禹立而舉皋陶薦之，且授政焉，而皋陶卒。封皋陶之後於英、六，或在許。而後舉益，任之政。"《説苑・政理》："使堯在上，咎繇爲理，安有取人之駒者乎？"《書・舜典》："帝曰：'皋陶，蠻夷猾夏，寇賊姦宄。汝作士，五刑有服，五服三就。五流有宅，五宅三居。惟明克允！'"

清華三・良臣 05"咎軞"，讀爲"咎犯"。"狐偃"，又稱咎犯、臼犯、舅犯。《吕氏春秋・義賞》："昔晉文公將與楚人戰於城濮，召咎犯而問曰。"《荀子・臣

道》:"齊之管仲,晉之咎犯,楚之孫叔敖,可謂功臣矣。"

清華四・筮法 07"咎",追究過失。《詩・小雅・伐木》:"寧適不來,微我有咎。"毛傳:"咎,過也。"

清華四・筮法 09"亡咎",讀爲"無咎",無災禍,無过失。《易・乾》:"君子終日乾乾,夕惕若厲,無咎。"孔穎達疏:"謂既能如此戒慎,則無罪咎。"

清華四・筮法 62"咎","十七命"之一,十七個占筮的命辭種類。

清華六・子儀 12、13"咎",讀爲"舅",舅舅。《詩・小雅・頍弁》:"豈伊異人,兄弟甥舅。"朱熹《集傳》:"甥舅謂母姑姊妹妻族也。"

清華七・趙簡子 01、02、03"咎",罪過,過失。《詩・小雅・北山》:"或湛樂飲酒,或慘慘畏咎。"鄭箋:"咎,猶罪過也。"

清華七・越公 27"不咎",不責怪。《論語・八佾》:"遂事不諫,既往不咎。"

清華八・邦道 11"母(毋)咎母(毋)憲",不必追究舉薦人的過責,也不要終止其職事。句式可參國差𦉜"侯氏毋咎毋怨,齊邦鼏靜安寧",叔夷鐘和叔夷鎛"毋疾毋已,至于世",鳥書箴帶鉤"毋復毋反,毋作毋悔,不汲於利"等。(楊蒙生)

清華八・邦道 12"上亦蔑有咎女(焉)"之"蔑",否定副詞,無、没有。《詩・大雅・板》:"喪亂蔑資,曾莫惠我師。"毛傳:"蔑,無。""咎",過。《詩・小雅・伐木》:"寧適不來,微我有咎。"毛傳:"咎,過也。"

諮

清華三・芮良夫 04 尾(度)母(毋)又(有)諮(咎)

～,从"言","咎"聲。

清華三・芮良夫 04"母又諮",讀爲"毋有咎"。《書・盤庚上》:"非予有咎。"蔡沈《集傳》:"咎,過也。"

𩩗

清華三・赤鵠 01 曰故(古)又(有)赤𩩗

清華三・赤鵠 15(背)赤鵅之集湯之㡿(屋)

～,从"鳥","咎"聲。

清華三・赤鵠"赤鵅",讀爲"赤鳩",鳥名,古爲鳩鴿類。《詩・衛風・氓》:"于嗟鳩兮,無食桑葚。"毛傳:"鳩,鶻鳩也。"《吕氏春秋・仲春紀》:"蒼庚鳴,鷹化爲鳩。"高誘注:"鳩蓋布穀鳥。"或讀爲"赤鵠",紅色的天鵝。似雁而大,頸長,飛翔甚高,羽毛潔白。亦有黄、紅者。《莊子・天運》:"夫鵠不日浴而白。"(侯乃峰)

窖

清華三・芮良夫 05 君子而受柬萬民之窖(咎)

清華三・芮良夫 24 窖(咎)可(何)亓(其)女(如)㠯(台)孝(哉)

～,从"宀","咎"聲。

清華三・芮良夫"窖",讀爲"咎"。《論語・八佾》:"既往不咎。"劉寶楠《正義》:"凡有所過責於人,亦曰咎。"

端紐鳥聲

鳥

清華四・筮法 52 爲非(飛)鳥

清華六・子儀 08 鳥飛可(兮)𡐓(憯)永

～,與(上博二・容 21)、(上博三・周 56)、(上博八・李 1【背】)同。《説文・鳥部》:"鳥,長尾禽總名也。象形。鳥之足似匕,从匕。"

清華四・筮法 52"非鳥",讀爲"飛鳥",會飛的鳥類。亦泛指鳥類。《禮記·曲禮上》:"鸚鵡能言不離飛鳥,猩猩能言不離禽獸。"《吕氏春秋·功名》:"樹木盛則飛鳥歸之。"

清華六·子儀08"鳥飛",《管子·宙合》:"不用其區區,鳥飛準繩。"

端紐周聲

周

清華一·程寤01 迺尖₌(小子)𤼈(發)取周廷杍(梓)梪(樹)于氒(厥)閑(間)

清華一·程寤05 隹(惟)商慼才(在)周

清華一·程寤06 朕䎽(聞)周長不弍(貳)

清華一·程寤07 矛(務)睪(擇)用周

清華一·耆夜02 周公弔(叔)旦爲宔

清華一·耆夜04 王夜籊(爵)醻(酬)周公

清華一·耆夜06 周公夜籊(爵)醻(酬)縪(畢)公

清華一·耆夜07 周公或夜籊(爵)醻(酬)王

清華一·耆夜09 周公秉籊(爵)未畬(飲)

 清華一・金縢 01 二公告周公曰

 清華一・金縢 01 周公曰

 清華一・金縢 02 周公乃爲三坦(壇)同鐳(墠)

 清華一・金縢 02 周公立女(焉)

 清華一・金縢 05 周公乃内(納)亓(其)所爲社

 清華一・金縢 07 周公乃告二公曰

 清華一・金縢 08 周公石(宅)東三年

 清華一・金縢 08 於遂(後)周公乃遺王志(詩)曰《周鴞》

 清華一・金縢 09 於遂(後)周公乃遺王志(詩)曰《周鴞》

 清華一・金縢 10 王旻(得)周公之所自以爲社(功)以弋(代)武王之敓(説)

 清華一・金縢 14(背)周武王又(有)疾

清華一·金縢 14(背)周公所自以弋(代)王之志

清華一·祭公 04 朕(朕)之皇且(祖)周文王

清華一·祭公 04 复(作)戟(陳)周邦

清華一·祭公 06 我亦隹(惟)又(有)若且(祖)周公概(暨)且(祖)卲(召)公

清華一·祭公 07 坠(修)和周邦

清華一·祭公 10 隹(惟)周文王受之

清華一·祭公 13 不(丕)隹(惟)周之蒡(旁)

清華一·祭公 14 不(丕)隹(惟)周之𥎦(厚)荓(屏)

清華一·祭公 21 維我周又(有)祟(常)型(刑)

清華二·繫年 001 昔周武王監觀商王之不龏(恭)帝₌(上帝)

清華二·繫年 002 柬(厲)王大瘧(虐)于周

清華二・繫年 004 戎乃大敱(敗)周𠂤(師)于千畮(畝)

清華二・繫年 005 周幽王取妻于西繡(申)

清華二・繫年 007 周乃亡

清華二・繫年 008 周亡王九年

清華二・繫年 008 邦君者(諸)侯女(焉)訇(始)不朝于周

清華二・繫年 009 止于成周

清華二・繫年 013 周武王既克䡅(殷)

清華二・繫年 015 殜(世)乍(作)周危(衛)

清華二・繫年 015 周室即(既)庳(卑)

清華二・繫年 016 止于成周

清華二・繫年 016 秦中(仲)女(焉)東居周地

清華二・繫年 016 以獸(守)周之坴(墳)墓(墓)

清華二·繫年 017 周成王、周公既遷(遷)殷民于洛邑

清華二·繫年 017 周公

清華二·繫年 017 以乍(作)周厚嗙(屏)

清華二·繫年 018 周惠王立十又七年

清華二·繫年 044 述(遂)朝周襄王于衡澭(雍)

清華二·繫年 124 晉公獻齊俘馘於周王

清華二·繫年 125 朝周王于周

清華二·繫年 125 朝周王于周

清華三·琴舞 01 周公复(作)多士敬(儆)怭(毖)

清華三·琴舞 01(背)周公之琹(琴)舞(舞)

清華三·芮良夫 01 周邦聚(驟)又(有)禍(禍)

清華三·芮良夫 01(背)周公之頌志(詩)

清華三・良臣 04 又(有)周公旦

清華三・良臣 08 奠(鄭)桓(桓)公與周之遺老

清華六・管仲 21 夫周武王甚元以智而武以良

清華六・太伯甲 05 昔虐(吾)先君逗(桓)公遂(後)出自周

清華六・太伯乙 04……[自]周

清華六・子產 02 卡=(上下)乃周

清華五・封許 07 周(雕)匿(匚)

清華五・封許 08 以永厚周邦

清華七・趙簡子 08 肰(然)則旻(得)補(輔)相周室

清華七・趙簡子 09 肰(然)則旻(得)補(輔)相周室

清華七・趙簡子 11 不智(知)周室之……

清華七・越公 19 余弃(棄)喜(惡)周好

 清華八・虞夏 02 周人弋(代)之用兩

《説文・口部》:"周,密也。从用口。,古文周字从古文及。"

清華一・程寤 06"朕䎽(聞)周長不弍(貳)"之"周",或指周朝。或認爲"周長",忠信恆常。或訓至,《詩・小雅・鹿鳴》毛傳:"周,至。"(《讀本一》第 67 頁)

清華一・金縢 08、09"周鴞",讀爲"雕鴞"。或讀爲"雕梟",似鷹而貪惡的梟類之鳥。(朱鳳瀚)或讀爲"鴟鴞",見《詩・豳風・鴟鴞》。

清華一・金縢 14(背),清華二・繫年 001、013,清華六・管仲 21"周武王",《史記・周本紀》:"明年,西伯崩,太子發立,是爲武王。"

清華一・祭公 04、10"周文王",《史記・周本紀》:"西伯蓋即位五十年。其囚羑裏,蓋益易之八卦爲六十四卦。詩人道西伯,蓋受命之年稱王而斷虞芮之訟。後十年而崩,謚爲文王。"

清華一・祭公 04、07,清華三・芮良夫 01,清華五・封許 08"周邦",指周王朝。《書・大誥》:"矧今天降戾于周邦。"大克鼎(《集成》02836):"天子其萬年無疆,保辪周邦,畯尹四方。"

清華二・繫年 004"周𠂤",讀爲"周師",周朝的軍隊。

清華二・繫年 005"周幽王",《史記・周本紀》:"四十六年,宣王崩,子幽王宫湦立……又廢申后,去太子也。申侯怒,與繒、西夷犬戎攻幽王。幽王舉燧火徵兵,兵莫至。遂殺幽王驪山下,虜褒姒,盡取周賂而去。"

清華二・繫年 008"周亡王九年",應指幽王滅後九年。

清華二・繫年 015"周室即寠",讀爲"周室既卑"。《國語・晉語八》:"今周室少卑。"韋昭注:"卑,微也。"

清華二・繫年 009、016"止于成周",《書序》:"成周既成,遷殷頑民。"《史記・周本紀》略同。

清華二・繫年 017"周成王",《史記・周本紀》:"武王病。天下未集,群公懼,穆卜,周公乃祓齋,自爲質,欲代武王,武王有瘳。後而崩,太子誦代立,是爲成王。"

清華二・繫年 017"以乍周厚甹",讀爲"以作周厚屏"。《左傳・昭公九年》:"文、武、成、康之建母弟,以蕃屏周。"《左傳・定公四年》:"昔武王克商,成王定之,選建明德,以蕃屏周。"《左傳・僖公二十四年》:"昔周公弔二叔之不

咸,故封建親戚,以蕃屏周。"

清華二・繫年 018"周惠王",《史記・周本紀》:"五年,釐王崩,子惠王閬立。惠王二年。初,莊王嬖姬姚,生子穨,穨有寵。及惠王即位,奪其大臣園以爲囿,故大夫邊伯等五人作亂,謀召燕、衛師,伐惠王。"

清華二・繫年 044"周襄王",《史記・周本紀》:"二十五年,惠王崩,子襄王鄭立。襄王母蚤死,後母曰惠后。惠后生叔帶,有寵於惠王,襄王畏之。三年,叔帶與戎、翟謀伐襄王,襄王欲誅叔帶,叔帶犇齊。"

清華六・子産 02"卡=乃周",讀爲"上下乃周",君民親密。"周",《左傳・哀公十六年》杜預注:"親也。"

清華五・封許 07"周匳",讀爲"雕匚",指器上有雕鏤紋飾。

清華七・趙簡子 08、09、11"周室",周王朝。《左傳・僖公四年》:"五侯九伯,女實征之,以夾輔周室。"

清華七・越公 19"周",讀爲"酬",酬報。《吕氏春秋・慎行》:"因以爲酬。"高誘注:"酬,報也。"簡文"棄惡酬好",丟棄怨恨,酬謝友好。(魏宜輝)"周好",或訓爲"合好"。《左傳・定公十年》:"兩君合好,而裔夷之俘以兵亂之,非齊君所以命諸侯也。"

清華"周",朝代名。姬姓。公元前十一世紀武王滅商建周。都城鎬京(今陝西西安),史稱西周。公元前 771 年,犬戎攻破鎬京,周幽王被殺。次年周平王東遷洛邑(今河南洛陽),史稱東周。公元前 256 年爲秦所滅。共歷三十四王,八百多年。

清華"周公""周公旦",姬姓、名旦,周文王之子,武王之弟,亦稱叔旦。《史記・魯周公世家》:"周公旦者,周武王弟也。自文王在時,旦爲子孝,篤仁,異於群子。及武王即位,旦常輔翼武王,用事居多。"《韓詩外傳》:"其惟周公乎！周公以文王之子,武王之弟,成王之叔父,假天子之尊位七年。"《史記・周本紀》:武王"封弟周公旦於曲阜,曰魯。""周公",《集解》引譙周曰:"以太王所居周地爲其采邑,故謂周公。"《索隱》:"周,地名,在岐山之陽,本太王所居,後以爲周公之采邑,故曰周公。即今之扶風雍東北故周城是也。謚曰周文公,見《國語》。"

敡

清華五・湯丘 16 器不敡(雕)鏤

～,从“攴”,“周”聲。“雕”字異體。

清華五·湯丘 16“器不敡鏤”,即“器不雕鏤”,器不雕琢、刻鏤。《左傳·哀公元年》:“昔闔廬食不二味,居不重席,室不崇壇,器不彤鏤,宫室不觀,舟車不飾,衣服財用,擇不取費。”《禮記·哀公問》:“有成事,然後治其雕鏤文章黼黻以嗣。”《荀子·富國》:“故爲之雕琢、刻鏤、黼黻、文章,使足以辨貴賤而已,不求其觀。”

端紐舟聲

舟

清華一·皇門 13 卑(譬)女(如)舼舟

清華三·說命中 05 女(汝)复(作)舟

清華七·越公 59 乃斆(竊)焚舟室

清華七·越公 62 舟䡴(乘)既成

清華七·越公 64 牆(將)舟戰(戰)於江

清華八·邦道 22 訢(順)舟航

～,與(上博一·孔 26)同。《説文·舟部》:“舟,船也。古者,共鼓、貨狄,刳木爲舟,剡木爲楫,以濟不通。象形。”

清華一·皇門 13“舼舟”,掌船。舼字从舟,或專指掌船。或讀爲“同舟”(沈培)。

清華三·説命中 05“女复舟”,讀爲“汝作舟”。《國語·楚語上》作“若津水，用女作舟”。

清華七·越公 59“乃𢾊(竊)焚舟室”，《墨子·兼愛下》：“昔者越王句踐好勇，教其士臣三年，以其知爲未足以知之也，焚舟失火。”《太平御覽·宫室部》引《墨子》作“自焚其室”。黄紹箕云：“《御覽》引作‘焚其室’，竊疑本當作‘焚舟室’。《越絶外傳》記越地傳云‘舟室者，句踐船宫也’，蓋即教舟師之地。”詳見孫詒讓《墨子閒詁》卷四。

清華七·越公 62“舟”，水戰戰具；“乘”，陸戰戰具。

清華七·越公 64“牆舟戰於江”，讀爲“將舟戰於江”。《墨子·魯問》：“楚人與越人舟戰於江。”《國語·吴語》：“明日將舟戰於江。”“舟戰”，用船在水上作戰。

清華八·邦道 22“舟航”，船隻。《淮南子·主術》：“大者以爲舟航柱梁，小者以爲楫楔。”

洀

清華三·赤鵠 05 管(孰)洀(調)虗(吾)盨(羹)

～，从“水”，“舟”聲。

清華三·赤鵠 05“洀”，疑讀爲“調”，調和，調配。《禮記·内則》：“凡和，春多酸，夏多苦，秋多辛，冬多鹹，調以滑甘。”《吕氏春秋·察今》：“嘗一脟肉，而知一鑊之味、一鼎之調。”高誘注：“調，和也。”或讀爲“盜”。(梁月娥)

受

清華一·程寤 03 受商命于皇帝₌(上帝)

清華 ·保訓 03 必受之以詷

清華一·保訓 04 女(汝)以箸(書)受之

清華一・保訓 07 甬(用)受(授)乒(厥)緒

清華一・保訓 09 甬(用)受大命

清華一・保訓 11 不及尔(爾)身受大命

清華一・皇門 11 是受(授)司事帀(師)長

清華一・皇門 12 忎(媢)夫先受吝(殄)罰

清華一・祭公 05 甬(用)纏(膺)受天之命

清華一・祭公 10 隹(惟)周文王受之

清華一・祭公 11 康受亦弋(式)甬(用)休

清華一・祭公 12 我亦走(上)下卑(譬)于文武之受命

清華一・祭公 13 不(丕)隹(惟)句(后)禝(稷)之受命是羕(永)肴(厚)

清華三・芮良夫 05 君子而受柬萬民之窖(咎)

清華三·芮良夫 28 而邦受亓(其)不寍(寧)

清華三·赤鵠 03 少(小)臣自堂下受(授)紝巟盄(羹)

清華三·赤鵠 03 紝巟受少(小)臣而嘗之

清華三·赤鵠 04 少(小)臣受亓(其)余(餘)而嘗之

清華二·繫年 067 �池(駒)之克牆(將)受齊侯㡀(幣)

清華二·繫年 078 氏(是)余受妻也

清華五·湯丘 05 不猷(猶)受君賜

清華五·湯丘 19 既受君命

清華五·三壽 20 内(納)諫受訾

清華六·孺子 16 甬(用)歷(歷)受(授)之邦

清華六·管仲 26 受命唯(雖)綤(約)

清華六·太伯甲 13 庚(湯)爲語而受(紂)亦爲語

 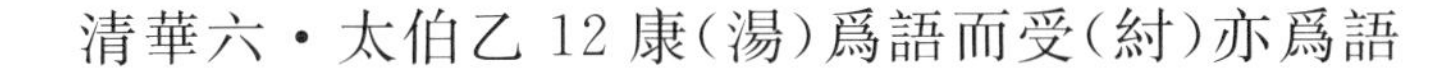 清華六・太伯乙 12 康(湯)爲語而受(紂)亦爲語

 清華五・封許 02 雁(膺)受大命

 清華五・封許 03 攼(干)敦殷受(紂)

 清華七・子犯 12 亯(就)受(紂)之身

 清華七・子犯 13 受(紂)若大陮(岸)牆(將)具陻(崩)

 清華七・子犯 15 則𣝗(桀)及受(紂)

 清華七・趙簡子 01 盄(趙)柬(簡)子既受𢍜牆(將)軍

 清華七・越公 53 等(等)以受(授)夫₌(大夫)住(種)

 清華七・越公 54 等(等)以受(授)軝(范)羅(蠡)

 清華七・越公 71 吴弗受

 清華七・越公 73 句戉(踐)不敢弗受

 清華八・攝命 22 女(汝)勿受𢁬(幣)

 清華八·攝命 22 寺(時)隹(唯)子乃弗受龤(幣)

 清華八·攝命 23 女(汝)則亦受龤(幣)

 清華八·邦政 04 亓(其)立(位)受(授)能而不兦(外)

 清華八·處位 04 埶(勢)晉(僭)萬(列)而方(旁)受大政

 清華八·邦道 06 皮(彼)萅(春)頣(夏)昧(秋)各(冬)之相受既巡(順)

 清華八·虞夏 01 頣(夏)后受之

～,與(上博一·孔 6)、(上博二·容 52)、(上博三·周 45)同。《説文·受部》:“受,相付也。从受,舟省聲。”

清華一·程寤 03“受商命于皇帝=(上帝)”,受天之命。古帝王自稱受命於天以鞏固其統治。《書·召誥》:“惟王受命,無疆惟休,亦無疆惟恤。”《史記·日者列傳》:“自古受命而王,王者之興何嘗不以卜筮決於天命哉!”

清華一·保訓 03“必受之以詷”,讀爲“必授之以誦”。(白於藍、段凱)

清華一·保訓 04“女以箸受之”,讀爲“汝以書受之”,你以書的形式接受它。

清華一·保訓 07“甬受氒緒”,讀爲“用授厥緒”,把天下的大位交給他。

清華一·皇門 11“是受(授)司事帀(師)長”,今本《逸周書·皇門》作“是授司事于正長”。

清華一·皇門 12“悉(媢)夫先受吝(殄)罰”,今本《逸周書·皇門》作“媢夫先受殄罰”。

清華一·祭公 05“甬(用)纏(膺)受天之命”,清華一·保訓 09、11,清華五·封許 02“受大命”,清華一·祭公 12、13“受命”,受天之命。

清華一·祭公 10“隹(惟)周文王受之”,今本《逸周書·祭公》作“維文王受之”。

清華一·祭公 11“康受亦弋(式)甬(用)休”,今本《逸周書·祭公》作“康受乂之,式用休”。

清華三·赤鵠 03、04,清華七·越公 53、54“受”,讀爲“授”,給予。《國語·魯語上》:“爲我予之邑,今日必授。”韋昭注:“授,予也。”

清華二·繫年 067“郇(駒)之克牆(將)受齊侯㡀(幣)”,清華八·攝命 22、23“受䌛(幣)”,即“受幣”,接受禮物。“幣”,繒帛。古時以束帛用於喪祭或爲贈送賓客的禮物。《周禮·天官·小宰》:“凡賓客贊祼,凡受爵之事,凡受幣之事,喪荒,受其含襚幣玉之事。”

清華二·繫年 078“氏(是)余受妻也”,簡上文説莊王曾以少㴲予申公,故此處云“受妻”。

清華五·湯丘 05“不猷(猶)受君賜”,《國語·魯語上》:“豈唯寡君與二三臣實受君賜,其周公、太公及百辟神祇實永饗而賴之!”

清華五·湯丘 19“既受君命”,《管子·大匡》:“兄與我齊國之政也,受君令而不改,奉所立而不濟,是吾義也。”

清華五·三壽 20“内諫受訾”,讀爲“納諫受訾”。“納諫”與“受訾”義近,“受”,接受,承受。《詩·小雅·天保》:“天保定爾,俾爾戩穀。罄無不宜,受天百禄。”

清華六·孺子 16“甬(用)䧅(歷)受(授)之邦”之“受”,讀爲“授”,給予。《國語·魯語上》:“爲我予之邑,今日必授。”韋昭注:“授,予也。”

清華六·管仲 26“受命”,受天之命。《書·召誥》:“惟王受命,無疆惟休,亦無疆惟恤。”《史記·日者列傳》:“自古受命而王,王者之興何嘗不以卜筮決於天命哉!”

清華五·封許 03,清華六·太伯甲 13,太伯乙 12,清華七·子犯 12、13、15“受”,讀爲“紂”,商代最後一個國君,廟號帝辛。《書·牧誓》“今商王受”,《史記·周本紀》作“今殷王紂”。《逸周書·謚法》:“殘義損善曰紂。”《史記·殷本紀》:“帝乙崩,子辛立,是爲帝辛,天下謂之紂。帝紂資辨捷疾,聞見甚敏;材力過人,手格猛獸;知足以距諫,言足以飾非;矜人臣以能,高天下以聲,以爲皆出己之下。”

清華七·越公 71“吴弗受”,《國語·吴語》:“昔天以越賜吴,而王弗受。”

清華七·越公 73“句戕不敢弗受”,讀爲“句踐不敢弗受”。《戰國策·東周》:“韓强與周地,將以疑周於秦,寡人不敢弗受。”

清華八・邦政 04“亓立受能而不仐”，讀爲“其位授能而不外”。《莊子・庚桑楚》：“且夫尊賢授能，先善與利，自古堯、舜以然，而况畏壘之民乎！”

朝

清華一・耆夜 12 從朝返(及)夕

清華二・繫年 008 邦君者(諸)侯女(焉)訂(始)不朝于周

清華二・繫年 044 述(遂)朝周襄王于衡灘(雍)

清華二・繫年 072 齊同(頃)公朝于晉競(景)公

清華二・繫年 094 齊減(莊)公涉河韦(襲)朝訶(歌)

清華二・繫年 095 以退(復)朝訶(歌)之自(師)

清華二・繫年 114 宋悼公朝于楚

清華二・繫年 124 述(遂)以齊侯貣(貸)、魯侯羴(顯)、宋公畋(田)、衛侯虔、奠(鄭)白(伯)紂(駘)朝周王于周

清華二・繫年 126 宋公畋(田)、奠(鄭)白(伯)紂(駘)皆朝于楚

清華三・說命中 01 武丁朝于門

清華四・筮法 01 月朝屯(純)牝

清華四・筮法 26 月朝奧(坤)之卒(萃)

清華四・筮法 39 月朝吉

清華五・厚父 03 朝夕𦘏(肆)祀

清華五・湯丘 05 朝而䌛(訊)之

清華六・太伯甲 09 朝夕戓(鬭)戕(鬩)

清華六・太伯乙 08 朝夕戓(鬭)戕(鬩)

清華七・晉文公 01 盟(明)日朝

清華七・晉文公 02 或盟(明)日朝

清華七・晉文公 03 或盟(明)日朝

清華七・晉文公 04 或盟(明)日朝

清華七・趙簡子 01 才(在)朝

 清華七・越公 16 兹(使)虐(吾)式(二)邑之父兄子弟朝夕msung(殘)

～,與[字形](上博二・昔 1)、[字形](上博六・用 15)、[字形](上博七・武 13)同。乃"潮水"之"潮"的初文。《説文・倝部》:"朝,旦也。从倝,舟聲。"

清華一・耆夜 12"從朝返夕",即"從朝及夕"。《楚辭・招魂》:"一夫九首,拔木九千些。"王逸注:"言有丈夫,一身九頭,强梁多力,從朝至暮,拔大木九千枚也。"

清華二・繫年 008、044、072、114、124、126,清華三・説命中 01"朝",謁見、朝見。《禮記・王制》:"天子無事,與諸侯相見曰朝。"鄭玄注:"事,謂征伐。"《集韻》:"朝,覲君之總稱。"

清華二・繫年 094、095"朝訶",即"朝歌"。《左傳・襄公二十三年》:"齊侯遂伐晉,取朝歌……以報平陰之役。"

清華四・筮法 01、26、39"月朝",或作"月之朝"。《荀子・禮論》:"然後月朝卜日,月夕卜宅,然後葬也。"楊倞注:"月朝,月初也;月夕,月末也。"《後漢書・五行志》李賢注引《尚書大傳》鄭玄注:"上旬爲月之朝,中旬爲月之中,下旬爲月之夕。"

清華五・厚父 03,清華六・太伯甲 09、太伯乙 08,清華七・越公 16"朝夕",早晨和晚上。《國語・晉語八》:"朝夕不相及,誰能俟五。"韋昭注:"言恐朝不及夕。"

清華五・湯丘 05"朝而䌛(訊)之"之"朝",朝見。

清華七・晉文公 01、02、03、04"盟日朝",即"明日朝"。《吕氏春秋・重言》:"明日朝,所進者五人,所退者十人。"

清華七・趙簡子 01"才(在)朝"之"朝",朝廷,朝堂。《詩・齊風・雞鳴》:"雞既鳴矣,朝既盈矣。"孔穎達疏:"雞既爲鳴聲矣,朝上既以盈滿矣。"

㴇

 清華七・晉文公 03 古(故)命㴇(瀹)舊泃(溝)

～,與[字形](上博五・三德 16)同,右旁𠦝,即[字形],"潮"之象形初文,與

（《集成》02655，先獸鼎）、（《集成》02837A，大盂鼎）、（郭店・窮達5）等“朝”所从同，“潮”字異體。《説文・水部》：“淖，水朝宗于海。从水，朝省。”

清華七・晉文公03“淵”，即“潮”，讀爲“淪”。上博五・三德16：“奪民時以水事，是謂潮。”《吕氏春秋・上農》：“奪之以水事，是謂籥。”“籥”，讀爲“淪”，治理、疏通。《孟子・滕文公上》：“禹疏九河，瀹濟漯而注諸海。”趙岐注：“瀹，治也。”

趙

清華一・耆夜10 蛊（蟋）蜜（蟀）趙（躍）隆（降）于［尚（堂）］

～，从“走”，“川”（潮）聲。

清華一・耆夜10“趙”，讀爲“躍”或“趯”，跳躍。《易・乾》：“或躍在淵。”孔穎達疏：“跳躍也。”《荀子・勸學》：“騏驥一躍，不能十步；駑馬十駕，功在不舍。”《詩・召南・草蟲》：“喓喓草蟲，趯趯阜螽。”

端紐州聲

州

清華二・繫年082 五（伍）雞逹（將）吴人以回（圍）州逨（來）

清華二・繫年107 居于州逨（來）

清華三・説命上06 才（在）北晦（海）之州

清華三・良臣11 楚恭（共）王又（有）郎（伯）州利（犁）

清華七・子犯12 用果念（臨）政（正）九州

～，與（上博二・容 25）同。《説文・川部》："州，水中可居曰州，周遶其旁，从重川。昔堯遭洪水，民居水中高土，或曰九州。《詩》曰：'在河之州。'一曰州，疇也。各疇其土而生之。，古文州。"

清華二・繫年 082、107"州巹"，即"州來"，今安徽鳳臺。《左傳・襄公二十六年》："吴於是伐巢、取駕、克棘、入州來，楚罷於奔命，至今爲患，則子靈之爲也。"

清華三・説命上 06"才北晋之州"，讀爲"在北海之州"。《墨子・尚賢下》："昔者傅説居北海之洲，圜土之上。"孫詒讓《墨子閒詁》引畢沅云："'洲'當爲'州'。"《書・説命》孔穎達疏："《尸子》云傅巖在北海之洲。"

清華三・良臣 11"郘州利"，讀爲"伯州犁"，晉伯宗之子。《左傳・成公十五年》："晉三郤害伯宗，譖而殺之，及欒弗忌。伯州犁奔楚。"

清華七・子犯 12"九州"，古代分中國爲九州。後泛指天下，全中國。《楚辭・離騷》："思九州之博大兮，豈唯是其有女？"《書・禹貢》："禹別九州，隨山濬川，任土作貢。禹敷土，隨山刊木，奠高山大川。"

端紐寸聲

伩

清華六・孺子 16 二三夫₌（大夫）膚（皆）虐（吾）先君斎₌（之所）伩（守）孫也

～，从"人"，"肘"省聲，"又"，或作"寸"，爲"肘"字指事初文。詳參李天虹《釋郭店楚簡〈成之聞之〉篇中的"肘"》（《古文字研究》第二十二輯）。

清華六・孺子 16"伩"，讀爲"守"，守護。《玉篇》："守，護也。"《易・震》："出，可以守宗廟社稷，以爲祭主也。"孔穎達疏："君出，則長子留守宗廟社稷，攝祭主之禮事也。"或釋爲"付"。

守

清華六・子産 27 固以自守

 清華七・越公 22 孤用内(入)守於宗宙(廟)

～與同,𡧋(上博一・緇 19)、𡧋(上博三・彭 8)、𡧋(上博六・競 8),从"宀","肘"聲,"守"字異體。《説文・宀部》:"守,守官也。从宀从寸。寺府之事者。从寸。寸,法度也。"

清華六・子産 27"固以自守",《穀梁傳・襄公二十九年》:"古者天子封諸侯,其地足以容其民,其民足以滿城以自守也。"

清華七・越公 22"孤用内守於宗宙",讀爲"孤用入守於宗廟"。《戰國策・燕三》:"燕王誠振畏慕大王之威,不敢興兵以拒大王,願舉國爲内臣,比諸侯之列,給貢職如郡縣,而得奉守先王之宗廟。""守",守候,《史記・樂書》:"弦匏笙簧合守拊鼓。"張守節《正義》:"守,待也。"《戰國策・秦四》:"今王三使盛橋守事於韓。"鮑彪注:"守,猶待。"

透紐嘼聲

嘼

 清華一・尹至 05 頣(夏)𦣻民内(入)于水曰嘼(戰)

～,與𠂤(上博八・子 2)、𠂤(上博八・子 3)同,从"口",从"單",實乃"單"字繁化。《説文・嘼部》:"嘼,犍也。象耳、頭、足厹地之形。古文嘼,下从厹。"

清華一・尹至 05"嘼",讀爲"戰",作戰,戰爭。《書・甘誓》:"大戰於甘,乃召六卿。"《商君書・畫策》:"故以戰去戰,雖戰可也。"

獸(獸)

 清華一・尹誥 01 非(彼)民亡(無)與獸(守)邑

 清華二・繫年 016 以獸(守)周之奎(墳)驀(墓)

 清華四・筮法 56 九象爲大獸(獸)

 清華六・管仲 05 心悳(圖)亡(無)獸(守)則言不道

 清華八・邦道 16 卿夫₌(大夫)獸(守)正(政)

 清華八・邦道 16 士獸(守)教

 清華八・邦道 16 攻(工)獸(守)丂(巧)

 清華八・邦道 16 價(賈)獸(守)賈

 清華八・邦道 16 戎(農)獸(守)豙(稼)䔮(穡)

 清華八・天下 01 戈(一)者獸(守)之₌(之之)器

 清華八・天下 01 今之獸(守)者

 清華八・天下 01 是非獸(守)之道

 清華八・天下 02 昔天下之獸(守)者

 清華八・天下 02 民心是獸(守)

清華八・天下 02 亦亡(無)獸(守)也

～,與(上博五・鬼 6)、(上博五・鬼 6)同。《説文・嘼部》:“獸,守備者。从嘼从犬。”

清華一・尹誥 01“獸”,讀爲“守”,守衛、防守、把守。《易・坎》:“王公設險,以守其國。”《左傳・襄公二十九年》:“聞守下者將叛,臣帥徒以討之。”

清華二・繫年 016“獸”,讀爲“守”,守護,看護,看守。《易・震》:“出可以守宗廟社稷,以爲祭主也。”孔穎達疏:“君出則長子留守宗廟社稷,攝祭主之禮事也。”《國語・越語上》:“將免者以告,公令醫守之。”

清華四・筮法 56“九象爲大獸(獸)”,《爾雅・釋鳥》:“二足而羽謂之禽,四足而毛謂之獸。”

清華六・管仲 05“心惷(圖)亡(無)獸則言不道”之“獸”,讀爲“守”。

清華八・邦道 16“獸正”,讀爲“守政”,治理政務。劉向《列女傳・楚老萊妻》:“王曰:‘寡人愚陋,獨守宗廟,願先生幸臨之。’老萊子曰:‘僕山野之人,不足守政。’”

清華八・邦道 16“獸”,讀爲“守”,遵循,奉行,遵守。《書・湯誥》:“凡我造邦,無從匪彝,無即慆淫,各守爾典,以承天休。”《左傳・襄公二十九年》:“五聲和,八風平,節有度,守有序,盛德之所同也。”孔穎達疏:“八音不相奪道理,是音各守其分,有次序也。”

清華八・天下 01“獸”,讀爲“守”,與“攻”相對。

清華八・天下 01、02“獸”,讀爲“守”,守衛,防守。賈誼《過秦論上》:“仁心不施,而攻守之勢異也。”

清華八・天下 02“民心是獸”,讀爲“民心是守”,言唯民心可以守邦。

𡔜

清華八・邦道 16 君𡔜(守)器

～,从“土”,“獸”聲,

清華八・邦道 16“𡔜”,讀爲“守”。《周禮・司士》:“凡士之有守者。”孫詒讓《正義》:“守,謂有職事治守政者,通官守地守言之。”

透紐首聲

首

清華二・繫年 011 齊襄公會者(諸)侯于首壯(止)

清華四・筮法 56 爲首

清華五・啻門 20 此隹(惟)事首

清華六・管仲 05 言則行之首

清華六・管仲 08 是則事首

清華八・虞夏 01 首備(服)收

清華八・虞夏 02 首備(服)乍(作)㝵(㝵)

清華八・虞夏 02 首備(服)乍(作)曼(冕)

~,與(上博三・周 10)、(上博四・曹 53)、(上博六・慎 5)同。《説文・首部》:"首,百同。古文百也。巛象髮,謂之鬊,鬊即巛也。"

清華二・繫年 011"首壯",讀爲"首止",地名。《左傳・桓公十八年》:"秋,齊侯師于首止,子亹會之,高渠彌相。七月戊戌,齊人殺子亹而轘高渠彌。"

清華四・筮法 56"爲首",頭。《孟子・滕文公下》:"四海之内皆舉首而望之。"

清華六・管仲 05"首",開端,首先。《老子》:"夫禮者,忠信之薄而亂之首。”王褒《四子講德論》:“昔周公詠文王之德而作《清廟》,建爲頌首。”

清華五・啻門 20、清華六・管仲 08“事首”,萬事之開端。

清華八・虞夏 01、02“首備”,讀爲“首服”,文獻中指頭上的冠戴服飾。《周禮・天官・追師》:“掌王后之首服,爲副編次,追衡笄,爲九嬪及外内命婦之首服,以待祭祀賓客。”

道

清華一・程寤 09 可(何)保非道

清華二・繫年 066 會者(諸)侯于巤(斷)道

清華三・芮良夫 17 道(導)譁(讀)善敗(敗)

清華三・芮良夫 06 莫之敊(扶)道(導)

清華四・筮法 51 夫天之道

清華五・湯丘 02 以道心嗌(嗌)

清華五・湯丘 05 繬(適)奉(逢)道逄(路)之祙(祟)

清華五・啻門 21 亦隹(惟)天道

清華六・管仲 03 從人之道

清華六・管仲 05 心�(圖)亡(無)獸(守)則言不道

清華六・子儀 20 迵(通)之於虗(殽)道

清華六・子産 06 又(有)道樂才(存)

清華六・子産 07 亡道樂亡

清華六・子産 09 君人立(莅)民又(有)道

清華六・子産 09 臣人畏君又(有)道

清華六・子産 11 又(有)道之君

清華六・子産 12 和民又(有)道

清華六・子産 15 用身之道

清華六・子産 22 乃斂(竄)辛道

清華六・子産 24 道(導)之以孥(教)

清華七・子犯 10 不敦(穀)余敢餌(問)亓(其)道系(奚)女(如)

清華七・晉文公 07 五年啓東道

清華七・越公 09 思道逄(路)之攸(修)隂(險)

清華七・越公 13 今我道逄(路)攸(修)隂(險)

清華七・越公 20 鄡(邊)人爲不道

清華八・處位 07 道頢(美)甬(用)亞(惡)

清華八・處位 08 訐(守)道寂(探)厇(度)

清華八・處位 11 政是道(導)之

清華八・邦道 02 隹(唯)道之所才(在)

清華八・邦道 03 而訐(信)有道

清華八・邦道 10 以弫(枉)亓(其)道

清華八・邦道 15 萬民斯樂亓(其)道

清華八・邦道 22 此絧(治)邦之道

清華八・心中 02 心欲道之

清華八・天下 01 天下之道弍(二)而攺(已)

清華八・天下 01 是非獸(守)之道

清華八・天下 03 是非攻之道也

清華八・天下 06 五道既成

清華五・命訓 05 達道₌(道道)天以正人

清華五・命訓 05 道天莫女(如)亡(無)亟(極)

清華五・命訓 05 道天又(有)亟(極)則不衆(威)

清華五・命訓 06 夫天道三

清華五・命訓 07 人道三

清華六・管仲 07 它(施)正(政)之道奚(奚)若

清華六・管仲 03 丌(其)從人之道可旻(得)翻(聞)虎(乎)

清華六・管仲 14 壽(前)又(有)道之君可(何)以寚(保)邦

清華六・管仲 14 壽(前)又(有)道之君所以寚(保)邦

～,與[字](上博四・曹 46)、[字](上博八・蘭 3)、[字](上博七・武 1)、[字](上博八・顏 7)同,从"辵",从"首";或从"頁"。《説文・辵部》:"道,所行道也。从辵,从𩠐。一達謂之道。[字],古文道𩠐寸。"

清華一・程寤 09"可保非道",讀爲"何保非道",即當何所保?非惟道乎?

清華二・繫年 066"㡭道",即"斷道",地名。《春秋・宣公十七年》:"公會晉侯、衛侯、曹伯、邾子同盟于斷道。"杜預注:"斷道,晉地。"《左傳・宣公十七年》:"盟于卷楚。"杜預注:"卷楚即斷道。"或認爲在今河南濟源西南。

清華三・芮良夫 17"道讓",讀爲"導讀",引導研究。《孟子・萬章下》:"頌其詩,讀其書,不知其人,可乎?"楊伯峻注:"'讀'字涵義,既有誦讀之義,亦可有抽繹之義,故譯文用'研究'兩字。"

清華三・芮良夫 06"敉道",讀爲"扶導",扶持引導。

清華四・筮法 51"夫天之道",指自然規律。《老子》:"功遂身退,天之道。"成玄英疏:"天者,自然之謂也。"《孔子家語・禮運》:"孔子曰:'夫禮,先王所以承天之道,以治人之情。'"

清華五・湯丘 02"道",《左傳・襄公三十一年》杜預注:"通也。"

清華五・湯丘 05,清華七・越公 09、13"道逄",即"道路",地面上供人或車馬通行的部分。《周禮・夏官・司險》:"司險掌九州之圖,以周知其山林川澤之阻,而達其道路。"

清華五・啻門 21"天道",猶天理,天意。《易・謙》:"謙亨,天道下濟而光明。"《書・湯誥》:"天道福善禍淫,降災於夏。"

清華六・子儀 20"迵之於虛道",讀爲"通之於殽道"。《左傳・文公三年》:"秦伯伐晉,濟河焚舟,取王官及郊。晉人不出,遂自茅津濟,封殽尸而還。"《史記・秦本紀》:"三十六年,繆公復益厚孟明等,使將兵伐晉,渡河焚船,大敗晉人,取王官及鄗,以報殽之役。晉人皆城守不敢出。於是繆公乃自茅津渡河,封殺中尸,爲發喪,哭之三日。”

清華六·子産 06、07、09、11、12“又(有)道、亡道”,清華六·管仲 14“又(有)道之君”,參《管子·四稱》:“仲父既已語我昔者有道之君與昔者無道之君矣,仲父不當盡語我昔者有道之臣乎?”

清華六·子産 22“辛道”,人名。

清華六·子産 24“道之以季”,讀爲“導之以教”。《孝經·三才章》:“先之以博愛,而民莫遺其親。陳之於德義,而民興行。先之以敬讓,而民不爭。導之以禮樂,而民和睦。示之以好惡,而民知禁。”

清華七·晉文公 07“五年啓東道”,晉文五年春,晉師東伐曹而借道于衛。

清華七·越公 20“不道”,無道,胡作非爲。《國語·晉語八》:“秦后子來奔……文子曰:‘公子辱于敝邑,必避不道也。’”桓寬《鹽鐵論·非鞅》:“伍員相闔閭以霸,夫差不道,流而殺之。”

清華八·邦道 22“此紿邦之道”,讀爲“此治邦之道”,治理國家的方法。

清華八·心中 02“心欲道之”之“道”,指人對於客觀事物的體悟和認知。《荀子·解蔽》:“人何以知道?曰:心。心何以知?曰:虛壹而靜。”

清華八·天下 01、03“天下之道弍而改”,讀爲“天下之道二而已”。簡文謂攻、守即天下之道。

清華八·天下 06“五道”,指礪之、勸之、鶩之、壯之、鬬之五種凝聚民心之教。《禮記·中庸》:“脩道之謂教。”

清華八·處位 08“詽道”,讀爲“守道”。《文子·自然》:“去事與言,慎爲也。守道周密,於物不宰。”《墨子·修身》:“守道不篤,徧物不博,辯是非不察者,不足與游。”

清華五·命訓 05“達道₌(道道)天以正人,道天莫女(如)亡(無)亟(極)”,今本《逸周書·命訓》作“通道通天以正人,正人莫如有極,道天莫如無極”。“達道”,見於《禮記·中庸》:“和也者,天下之達道也。”孔穎達疏:“言情欲雖發而能和合,道理可通達流行,故曰‘天下之達道也’。”第二个“道”字爲動詞。

清華五·命訓 05“道天又(有)亟(極)則不褱(威)”,今本《逸周書·命訓》作“道天有極則不威”。潘振云:“威、畏通。言天有極,人得而測之,故不畏而道不明;正人無極,人得而畔之,故不信而度不行。”

清華五·命訓 06、07“夫天道三,人道三”,今本《逸周書·命訓》作“夫天道三,人道三。天有命,有禍,有福。人有醜,有紼絻,有斧鉞”。

逌

 清華二·繫年 069 遚(須)者(諸)侯于峵(斷)逌(道)

 清華二·繫年 070 衒(率)自(師)以會于峵(斷)逌(道)

～,从"止","首"聲,"道"字異體。

清華二·繫年 069、070"峵逌",即"斷道",地名,参上。

憂(憂)

 清華一·耆夜 07 我憂(憂)以𩙻(覆)

 清華一·皇門 12 以薾(助)余一人憂(憂)

 清華三·芮良夫 07 夫民甬(用)憂(憂)惕(傷)

 清華三·芮良夫 08 心之憂(憂)矣

 清華三·芮良夫 10(殘)尚憂(憂)思

 清華四·筮法 55 爲憂(憂)、瞿(懼)

 清華五·封許 08 圂童才(在)憂(憂)

清華六·孺子 18 𡚾(抑)亡(無)女(如)虐(吾)先君之惪(憂)可(何)

清華六·子産 08 𡈼₌(君子)智(知)愳(懼)乃惪(憂)

清華六·子産 08 惪(憂)乃少惪(憂)

清華八·攝命 02 宬(湛)圂才(在)惪(憂)

清華八·邦政 09 亓(其)民志惪(憂)

清華八·邦道 20 上不惪(憂)

清華八·邦道 25 上乃惪(憂)慼

～,與(上博四·昭 10)、(上博五·競 9)、(上博五·三 16)、(上博三·彭 7)同。《說文繫傳》:"惪,愁也。从心,頁聲。"按"惪"即"憂"之本字,从心、頁,會意。《說文·夊部》:"憂,和之行也。从夊,惪聲。《詩》曰:'布政憂憂。'"

清華一·耆夜 07"我惪以颰",讀爲"我憂以覆",把憂愁傾倒出來。

清華一·皇門 12"以蘛(助)余一人惪(憂)",此句今本《逸周書·皇門》作"夫明爾德以助予一人憂"。

清華三·芮良夫 07"惪惕",讀爲"憂傷",憂愁悲傷。《詩·小雅·小弁》:"我心憂傷,惄焉如擣。"

清華三·芮良夫 08"心之惪矣",即"心之憂矣"。《詩·邶風·柏舟》:"日居月諸,胡迭而微?心之憂矣,如匪澣衣。"

清華三·芮良夫 10"惪思",即"憂思",憂慮;憂愁的思緒。《禮記·儒行》:"雖危,起居竟信其志,猶將不忘百姓之病也,其憂思有如此者。"

清華四·筮法 55"𢚧、𢙐",讀爲"憂、懼",憂愁恐懼。《韓非子·奸劫弑臣》:"故劫殺死亡之君,此其心之憂懼、形之苦痛也,必甚於厲矣。"

清華六·孺子 18"㚸亡女虐先君之𢚧可",讀爲"抑無如吾先君之憂何",但仍不能使已故的先君無憂。

清華六·子産 08"孝₌智思乃𢚧",讀爲"君子知懼乃憂"。《列子·楊朱》:"痛疾哀苦,亡失憂懼,又幾居其半矣。"

清華八·攝命 02"㦰圂才𢚧",讀爲"湛圂在憂"。略同於毛公鼎(《集成》02841)"圂湛于艱"。"在憂"猶云"在疚"。《詩·周頌·閔予小子》:"閔予小子,遭家不造,嬛嬛在疚。"《左傳·哀公十六年》:"旻天不弔,不憖遺一老,俾屏余一人以在位,煢煢余在疚。"

清華五·封許 08"圂童才𢚧",讀爲"圂湛在憂"。參上。

清華八·邦道 25"𢚧慼",即"憂慼",憂愁煩惱。《墨子·尚賢中》:"是以美善在上,而所怨謗在下,寧樂在君,憂慼在臣。"《莊子·讓王》:"君固愁身傷生,以憂戚不得也。"

頁

清華一·程寤 08 思(使)卑頁(柔)和川(順)

清華一·皇門 05 百眚(姓)萬民用亡(無)不頁(擾)比才(在)王廷

清華一·皇門 13 母(毋)复(作)組(祖)考頁(羞)才(哉)

清華三·説命下 02 余頁(柔)遠能逐(邇)

清華三·芮良夫 03 母(毋)頁(擾)䎽(聞)繇

清華六・管仲 13 是古(故)六脜(擾)不脨(瘠)

清華八・攝命 28 臒(獲)脜(羞)婋(毓)子

清華八・攝命 31 弗爲我一人脜(羞)

清華八・邦道 11 和亓(其)音燹(氣)與亓(其)
(顔色)以脜(柔)之

～,與(上博五・季 1)、(上博六・用 17)同,爲“脜”字或體,《説文・百部》:“脜,面和也。从百、从肉,讀若柔。”《廣韻・尤韻》:“頂,面和。”《集韻・尤韻》:“脜、頂,《説文》:面和也。或从頁。”又《集韻・有韻》:“脜、頂,面色和柔皃。或从頁。”

清華一・程寤 08“思卑脜和川”,讀爲“使卑柔和順”,謙卑柔和。(黄懷信)“卑脜”,或讀爲“比柔”。(《讀本一》第 69 頁)

清華一・皇門 05“百眚(姓)萬民用亡(無)不脜(擾)比才(在)王廷”,今本《逸周書・皇門》作“百姓兆民,用罔不茂在王庭”。“脜”,讀爲“擾”。《書・皋陶謨》“擾而毅”,孔傳:“擾,順也。”“比”,《爾雅・釋詁》:“俌(輔)也。”《詩・大雅・皇矣》:“克順克比。”“脜”,或讀爲“柔”。(張崇禮)

清華一・皇門 13“母隻組考脜才”,讀爲“毋作祖考羞哉”。參看《書・康王之誥》:“無遺鞠子羞。”

清華三・説命下 02“脜遠能逐”,讀爲“柔遠能邇”,懷柔遠方,優撫近地,謂安撫籠絡遠近之人而使歸附。《書・舜典》:“柔遠能邇,惇德允元。”《詩・大雅・民勞》:“柔遠能邇,以定我王。”《漢書・百官公卿表序》:“十有二牧,柔遠能邇。”顔師古注:“柔,安也。能,善也。”大克鼎(《集成》02836):“柔遠能邇。”

清華三・芮良夫 03“脜”,讀爲“擾”。《書・胤征》:“惟時羲和顛覆厥德,沈亂于酒,畔官離次,俶擾天紀,遐棄厥司。”孔傳:“擾,亂。”

清華六・管仲 13“六脜”,讀爲“六擾”,即六畜。《周禮・夏官・職方氏》:

"河南曰豫州……其畜宜六擾,其穀宜五種。"鄭玄注:"六擾,馬、牛、羊、豕、犬、雞。"《漢書·地理志》:"河南曰豫州:其山曰華,藪曰圃田,川曰滎、雒,浸曰波、溠;其利林、漆、絲枲;民二男三女;畜宜六擾,其穀宜五種。"顔師古注:"馬、牛、羊、豕、犬、雞也,謂之擾者,言人所馴養也。"

清華八·攝命28"朡脜婟子",讀爲"獲羞毓子"。《書·康王之誥》:"無遺鞠子羞。"

清華八·攝命31"弗爲我一人脜(羞)",毛公鼎(《集成》02841):"俗(欲)我弗乍(作)先王夓(羞)。""羞",耻辱。《易·恆》:"不恆其德,或承之羞。"《左傳·僖公九年》:"恐隕越于下,以遺天子羞。敢不下拜?"

清華八·邦道11"和亓(其)音熋(氣)與亓(其)庴(顔色)以脜(柔)之"之"脜",讀爲"柔",安也。

憂

清華八·邦道03可(何)憂(羞)於俴(賤)

～,與(上博三·周28)、(上博三·中26)同,从"心","脜(脜)"聲,當即羞恥之"羞"的專字。

清華八·邦道03"可(何)憂(羞)於俴(賤)"之"憂",即"羞"。《禮記·内則》"父母雖没,將爲善,思貽父母令名,必果。將爲不善,思貽父母羞辱,必不果。"一説讀爲"憂"。

頪

清華八·邦道26亓(其)栗(粟)米六頪(擾)敗渫(竭)

～,从"犬","脜"聲。

清華八·邦道26"頪",讀爲"擾"。"六擾",即六畜。《周禮·夏官·職方氏》:"河南曰豫州……其畜宜六擾,其穀宜五種。"鄭玄注:"六擾,馬、牛、羊、豕、犬、雞。"清華六·管仲13作"六脜"。

透紐手聲

手

清華六・孺子 14 母(毋)作(措)手之(止)

清華六・管仲 04 手則心之枳(枝)

清華六・管仲 04 心不情(靜)則手歂(躁)

～,與(上博七・君甲 9)、(上博七・君乙 9)同,像手形。《説文・手部》:"手,拳也。象形。,古文手。"

清華六・孺子 14"母作手之",讀爲"毋措手止","手止",意爲手足。《論語・子路》:"則民無所措手足。"

清華六・管仲 04"手則心之枳(枝)",手是心的枝。

清華六・管仲 04"心不情則手歂",讀爲"心不静則手躁"。《莊子・天道》:"不徐不疾,得之於手而應於心,口不能言,有數存焉於其間。"

訏

清華八・處位 08 訏(守)道寂(探)尾(度)

～,从"言","手"聲

清華八・處位 08"訏道",讀爲"守道"。《文子・自然》:"去事與言,慎無爲也。守道周密,於物不宰。"《墨子・脩身》:"守道不篤,徧物不博,辯是非不察者,不足與游。"

透紐丑聲

丑

清華一・保訓 01 己丑昚(昧)[爽]

清華四・筮法 53 丑未

清華四・筮法 53 丑未

《説文・丑部》:“丑,紐也。十二月,萬物動,用事。象手之形。時加丑,亦舉手時也。”

清華一・保訓 01“己丑昚(昧)[爽]”,《春秋・宣公八年》:“冬十月己丑,葬我小君敬嬴。”

清華四・筮法 53“丑未”,配“八”。天水放馬灘秦簡《日書》乙 181“丑八金”、181“乙八木”。

透紐畜聲歸幺聲

透紐守聲歸寸聲

定紐卣聲

卣

清華三・琴舞 16 不𩔆(墜)卣(修)彥(彥)

清華五・厚父 10 亦隹(惟)猷(禍)之卣(攸)及

清華五・封許 05 巨(秬)鬯一卣

清華五・湯丘 13 型(刑)亡(無)卣(攸)恋(赦)

清華八・攝命 09 隹(雖)民卣(攸)㗊(協)弗龏(恭)其魯(旅)

清華一・保訓 10 亓(其)又(有)所卣(由)矣

～,與(上博三・周 1)、(上博三・周 22)同。《説文・乃部》:"卤,气行皃。从乃,卤聲。讀若攸。"

清華三・琴舞 16"卣",讀爲"修",訓善,與"彦"義近。《書・立政》:"惟成德之彦,以乂我受民。"《爾雅・釋訓》:"美士爲彦。"《詩・鄭風・羔裘》:"彼其之子,邦之彦兮。"毛傳:"彦,士之美稱。"簡文"不墜修彦",即不失善美之人。

清華五・封許 05"巨鬯一卣",讀爲"秬鬯一卣"。《詩・大雅・江漢》:"釐爾圭瓚,秬鬯一卣。"毛傳:"卣,器也。九命錫圭瓚秬鬯。"毛公鼎(《集成》02841):"易(錫)女(汝)秬鬯一卣,祼圭瓚寶。"

清華五・湯丘 13"型亡卣恋",讀爲"刑無攸赦"。《書・湯誓》:"爾不從誓言,予則孥戮汝,罔有攸赦。"鄭玄注:"古之用刑,父子兄弟罪不相及,今云孥戮汝,無有所赦。"

清華五・厚父 10、清華八・攝命 09"卣",讀爲"攸",助詞,所。《左傳・成公二年》:"《詩》曰:'不解于位,民之攸塈。'"杜預注:"攸,所。"《禮記・緇衣》:"《詩》云:'朋友攸攝,攝以威儀。'"鄭玄注:"攸,所也。言朋友以禮義相攝正,不以貧富貴賤之利也。"

清華一・保訓 10"卣",讀爲"由"。《書・大誥》:"爽邦由哲。"孔穎達疏:"由,用也。"

定紐𠃬聲

𠷎

清華一・耆夜 03 王夜籊(爵)𠷎(酬)縪(畢)公

清華一・耆夜 04 王夜籊(爵)𠷎(酬)周公

清華一・耆夜 06 周公夜籊(爵)𠷎(酬)縪(畢)公

清華一・耆夜 08 周公或夜籊(爵)𠷎(酬)王

清華一・皇門 11 少(小)民用𠷎(禱)亡(無)用祀

清華二・繫年 109 以與吴王𠷎(壽)夢相見于虢(號)

清華三・赤鵠 10 尔隹(惟)𠷎

清華三・説命下 05 女(汝)隹(惟)又(有)萬𠷎(壽)才(在)乃政

清華五・三壽 28(背)暨(殷)高宗翻(問)於三𠷎(壽)

《説文・口部》:"𠷎,誰也。从口、𠃬,又聲。𠃬,古文疇。"

清華一・耆夜 03、04、06、08"𠷎",讀爲"酬",勸酒,敬酒。《詩・小雅・楚茨》:"爲賓爲客,獻醻交錯。"鄭箋:"主人又自飲酌賓曰醻。"

清華一・皇門 11“少(小)民用𠷎(禱)亡(無)用祀”之“𠷎”,讀爲“禱”。《説文》:“告事求福也。”“祀”,祭祀。《逸周書・糴匡》:“大荒,有禱無祭。”孫詒讓《周書斠補》:“《穀梁》襄二十四年傳文與此略同,‘祭’當依范引作‘祀’。祀與祠通。《韓詩外傳》説大祲之禮亦云‘禱而不祠’,是其證。《周禮・小宗伯》鄭注云:‘求福曰禱,得求曰祠。’此云有禱無祀者,謂唯有禱求而無報塞之祠也。”

清華二・繫年 109“吴王𠷎夢”,即“吴王壽夢”。《左傳・襄公十二年》:“秋,吴子壽夢卒。”《春秋》稱吴子乘,乘當是壽夢的合音。

清華三・赤鵠 10“尔隹(惟)𠷎”之“𠷎”,《説文》:“誰也。”

清華三・説命下 05“萬𠷎”,讀爲“萬壽”。《詩・小雅・南山有臺》:“樂只君子,萬壽無期。”

清華五・三壽 28(背)“三𠷎”,讀爲“三壽”指少壽、中壽、彭祖三位不同年齡段的老人。《莊子・盜蹠》:“人上壽百歲,中壽八十,下壽六十。”

䛟

清華七・越公 47 厽(三)品年䛟(籌)攴(枚)䜭(數)

～,从“言”,“𠷎”聲,“譸”字異體。《説文・言部》:“譸,詶也。从言,𠷎聲。讀若醻。《周書》曰:‘無或譸張爲幻。’”

清華七・越公 47“年䛟攴䜭”,讀爲“年籌枚數”,每年對地方及官府的考察用算籌一一計數。“籌”,算籌。《北大簡・老子》簡 192:“善數者不用檮(籌)筴。”(單育辰)或讀爲“佞譸扑毆”,大意是對於下三品佞譸之執事人予以抶擊懲罰。

戬

清華一・程寤 04 朋棶(棘)戬(㪣)杍(梓)松

清華一・耆夜 06 克燮(變)戴(仇)戬(讎)

清華七・晉文公 04 以虐(吾)晉邦之閼(間)凥(處)戴(仇)戩(讎)之閼(間)

清華七・越公 24 以御(禦)戝(仇)戩(讎)

清華八・邦政 11 下贍(瞻)亓(其)上女(如)寇(寇)戩(讎)矣

～,與(上博六・天甲 6)、(上博六・天乙 5)、(上博七・吳 6)同,从"戈","𠳋"(疇)聲,或"𠷎"聲。疑爲"讎"字異體。

清華一・耆夜 06、清華七・晉文公 04"戴戩",清華七・越公 24"戝戩",讀爲"仇讎",即仇人。《左傳・哀公元年》:"(越)與我同壤而世爲仇讎。"《荀子・臣道》:"爪牙之士施,則仇讎不作。"

清華一・程寤 04"戩",讀爲"𣪘"。《説文》:"棄也。"簡文"朋棘𣪘梓松",朋愛棘木,仇視梓松,指殷紂王的態度。(《讀本一》第 56 頁)或讀爲"仇"。(宋華强)

清華八・邦政 11"寇戩",讀爲"寇讎",仇敵,敵人。《左傳・僖公三十三年》:"武夫力而拘諸原,婦人暫而免諸國,墮軍實而長寇讎,亡無日矣。"《後漢書・仲長統傳》:"昔之爲我哺乳之子孫者,今盡是我飲血之寇讎也。"

壽

清華一・耆夜 09 萬壽亡疆

清華二・繫年 011 亓(其)大₌(大夫)高之巨(渠)爾(彌)殺卲(昭)公而立亓(其)弟子釁(眉)壽

清華二・繫年 012 殺子釁(眉)壽

清華五・三壽01 參(三)壽與從

清華五・三壽01 高宗乃餌(問)於少壽曰

清華五・三壽02 少壽倉(答)曰

清華五・三壽04 审(中)壽曰

清華五・三壽04 审(中)壽倉(答)曰

《説文・老部》:"壽,久也。从老省,𠷎聲。"

清華一・耆夜09"萬壽亡疆",千秋萬世,永遠生存。《詩・豳風・七月》:"稱彼兕觥,萬壽無疆。"

清華二・繫年011、012"殺子釁壽",讀爲"殺子眉壽",即公子亹,"釁""亹"古通。參《左傳・桓公十八年》:"秋,齊侯師于首止,子亹會之,高渠彌相。七月戊戌,齊人殺子亹而轘高渠彌。"

清華五・三壽01"參壽",讀爲"三壽",指少壽、中壽、彭祖三位不同年齡段的老人。《莊子・盜蹠》:"人上壽百歲,中壽八十,下壽六十。"

清華五・三壽01、02"少壽",參上。

清華五・三壽04"审壽",即"中壽",參上。

定紐雔聲

雔

清華四・筮法18 凸(凡)雔(售)

 清華四・筮法 20 妻夫相見,讎(售)

 清華四・筮法 21 㝅(少)肴(淆),讎(售)

 清華四・筮法 22 乃亦讎(售)

 清華四・筮法 62 曰讎(售)

～,古文字或作[illegible](鬲比盨《集成》04466)、[illegible](《陶彙》3・301)。《説文・言部》:"讎,猶譍也。从言,雔聲。"

清華四・筮法"讎",讀爲"售"。《戰國策・秦一》:"賣僕妾售乎閭巷者,良僕妾也。"鮑彪云:"售,賣去乎也。"

定紐鼂聲歸早聲

定紐攸聲

攸

 清華二・繫年 087 虘(且)攸(修)成

 清華二・繫年 088 或(又)攸(修)成

 清華二・繫年 123 母(毋)攸(修)長城

 清華五・封許 06 馬三(四)匹,攸彖(勒)

清華五・湯丘 08 以攸(修)四時之正(政)

清華六・管仲 10 攸(修)六正(政)

清華六・孺子 06 老婦亦牆(將)丩(糾)攸(修)宮中之正(政)

清華六・子儀 11 以不敦(穀)之攸(修)遠於君

清華七・晉文公 02 以攸(修)晉邦之政

清華七・晉文公 03 以攸(修)晉邦之祀

清華七・晉文公 04 命蘬(蒐)攸(修)先君之䡬(乘)貣(式)車䡛(甲)

清華七・越公 13 今我道逄(路)攸(修)隥(險)

清華七・越公 26 攸(修)柰(社)应(位)

清華七・越公 28 王䟫亡(無)好攸(修)于民厽(三)工之堵

清華七・越公 37 乃攸(修)市政

 清華七・越公 53 攸(修)命(令)

清華八・處位 05 攸(修)之者散(微)玆母(毋)智(知)、母(毋)
这(效)二慸(忧)

清華八・邦道 15 以弃(抗)亓(其)攸(修)

清華八・八氣 07 水曰隹(唯)攸母(毋)岦(止)

清華八・邦道 16 此之曰攸(修)

清華七・越公 09 思道逄(路)之彼(修)險(險)

～,與(上博四・柬 13)、(上博八・子 2)、(上博八・顔 6)、(郭店・老子乙 17)、(新蔡甲三 352)同。《説文・攴部》:"攸,行水也。从攴、从人,水省。,秦刻石繹山文攸字如此。"

清華二・繫年 087、088"攸成",讀爲"修成",和談。

清華二・繫年 123"母(毋)攸(修)長城"之"攸",讀爲"修",整修,修理。《書・禹貢》:"既修太原,至於岳陽。"

清華五・封許 06"攸彖",讀爲"攸勒",典籍作"鞗革"。《詩・大雅・韓奕》:"王錫韓侯,淑旂綏章,簟茀錯衡,玄衮赤舄,鉤膺鏤鍚,鞹鞃淺幭,鞗革金厄。"鄭箋:"鞗革,謂轡也,以金爲小環,往往纏搤之。"西周金文多作"攸勒"。

清華五・湯丘 08、清華六・管仲 10、清華六・孺子 06、清華七・晉文公 02"攸……政",讀爲"修(或脩)政",治政。《管子・大匡》:"公内脩政而勸民,可以信於諸侯矣。"《史記・孫子吴起列傳》:"夏桀之居,左河濟,右泰華,伊闕在其南,羊腸在其北,修政不仁,湯放之。殷紂之國……修政不德,武王殺之。"

清華六·子儀 11“攸遠”,讀爲“修遠”,同義連用。《書·盤庚上》:“王播告之脩。”孫星衍《今古文注疏》:“修,遠也。”

清華七·晉文公 03、04“攸”,讀爲“修”。《廣雅·釋詁》:“修,治也。”《墨子·節葬下》:“使百工行此,則必不能修舟車,爲器皿矣。”

清華七·越公 09“攸隢”、清華七·越公 13“攸隢”,讀爲“修險”。“攸”,長遠,古書多作“修”。李斯《繹山刻石》:“群臣從者,咸思攸長。”

清華七·越公 26“攸柰庢”,讀爲“修社位”,修葺好社稷之位。

清華七·越公 28、清華八·邦道 15“攸”,讀爲“修”。

清華七·越公 37“乃攸市政”之“攸”,讀爲“修”。《廣雅·釋詁》:“修,治也。”

清華七·越公 53“攸命”,讀爲“修令”。《國語·吳語》:“吾修令寬刑,施民所欲,去民所惡,稱其善,掩其惡,求以報吴。”或作“脩令”。《左傳·昭公元年》:“君子有四時:朝以聽政,晝以訪問,夕以脩令,夜以安身。”

清華八·處位 05“攸”,讀爲“修”。《孔子家語·禮運》:“講信修睦。”王肅注:“修,行也。”

攸

清華六·子産 12 能攸(修)亓(其)邦或(國)

～,从“又”,“攸”之異體。

清華六·子産 12“攸”,讀爲“修”。《廣雅·釋詁》:“修,治也。”

坐

清華一·祭公 07 坐(修)和周邦

清華三·琴舞 04 思坐(攸)亡睪(斁)

清華五·三壽 20 共(供)椌(皇)思坐(修)

 清華八・邦道 22 坙(修)浴(谷)澮(溢)

～,與(上博八・蘭 2)同,从“土”,“攸”聲。

清華一・祭公 07“坙和”,讀爲“修和”,謂施教化以和合之。《書・君奭》:“惟文王尚克修和我有夏。”孔傳:“文王庶幾能修政化,以和我所有諸夏。”今本作“執和”,即師詢簋(《集成》04342)“盩龢”、史牆盤(《集成》10175)“盭龢”及逐(或釋逨)盤“盩龢”。

清華三・琴舞 04“坙”,讀爲“攸”,長遠。李斯《嶧山刻石》:“群臣從者,咸思攸長。”

清華五・三壽 20“坙”,讀爲“修”。《吕氏春秋・音初》:“反道以修德。”高誘注:“修,治也。”

清華八・邦道 22“坙”,讀爲“修”,修整。

脩

 清華八・天下 05 戈(一)曰腝(戾)亓(其)脩(脩)以褱(纏)亓(其)衆

～,从“肉”,“攸”省聲,“攸”所从“攴”省了下部的“又”,“脩”之異體。

清華八・天下 05“脩”,即“脩”,謂脩德。《詩・大雅・文王》:“無念爾祖,聿脩厥德。”

定紐由聲

由

 清華一・皇門 09 亓(其)由(猶)克又(有)隻(獲)

 清華一・金縢 06 城(成)王由(猶)學(幼)才(在)立(位)

清華一·祭公 06 孳(兹)由(迪)逕(襲)斈(學)于文武之曼悳(德)

清華一·祭公 15 不(丕)隹(惟)文武之由

清華二·繫年 017 乃峕(追)念頣(夏)商之亡由

清華三·芮良夫 03 由(迪)求聖人

清華三·芮良夫 06 亓(其)由不邋(摄)丁(停)

清華三·芮良夫 09 疋(胥)收(糾)疋(胥)由

清華八·攝命 06 女(汝)鬼(威)由現(表)由誑(望)

清華八·攝命 06 女(汝)鬼(威)由現(表)由誑(望)

清華八·攝命 06 則由讙(勸)女(汝)訓言之譔

清華八·攝命 24 有女(汝)由子

清華八·攝命 26 我少(小)人隹(唯)由

清華八·處位 04 不見而没泖(抑)不由

 清華八·邦道 01 以返(及)裓(滅)由虛丘

 清華八·邦道 05 遠(遠)才(在)下立(位)而不由者

 清華八·邦道 06 皮(彼)聖士之不由

 清華五·三壽 17 惠民由壬(任)

 清華五·三壽 27 民之有畮＝(晦,晦)而本由生光

 清華六·太伯甲 11 君女(如)由皮(彼)孔弔(叔)

 清華六·太伯乙 10 君女(如)由皮(彼)孔弔(叔)

 清華六·子産 23 此胃(謂)由善散(散)卷(惓)

 清華六·子産 23 子産既由善用聖

 清華七·越公 47 由臤(賢)由毀

 清華七·越公 47 由毀

 清華七·越公 47 善人則由

 清華七·越公61乃由王翠(卒)君子卒(六千)

～,與(上博一·緇15)、(上博三·周22)同。古文字中"古""由"形近易混。在戰國文字中,一般情況下,"古"字可以从"曰"寫成"由"的形體,而"由"不能从"口"寫成"古"的形體,"凡古字下部都从口"。(白於藍)還有"古"字上部的十字形,横筆較長,而"由"上部十字形上的横筆則較短。(陳偉)

清華一·皇門09"亓(其)由(猶)克又(有)穫(獲)",此句今本《逸周書·皇門》作"其猶不克有獲"。

清華一·金縢06、清華三·芮良夫06"由",讀爲"猶",副詞,還、仍。《詩·衛風·氓》:"士之耽兮,猶可説也。"

清華一·祭公06"孳(兹)由(迪)巡(襲)孚(學)于文武之曼悳(德)"之"由",讀爲"迪"。《爾雅·釋詁》:"迪,進也。"

清華一·祭公15"不(丕)隹(惟)文武之由"之"由",《荀子·哀公》:"行不務多,務審其所由。"王先謙《集解》引郝懿行曰:"由,道也。"

清華二·繫年017"乃峕(追)念頣(夏)商之亡由"之"由",《漢書·魏相傳》顔師古注:"因也。""亡由",滅亡的原因。《集韻·尤韻》:"由,因也,用也。"

清華三·芮良夫03"由求聖人"之"由",讀爲"迪",語氣助詞。"由"或從上斷爲"以自訿(訾)讀由",讀爲"揂"。《説文》:"揂,聚也。"《詩·商頌·長發》:"百禄是遒。"毛傳:"遒,聚也。"馬瑞辰《通釋》:"《傳》以遒爲揂之假借,故訓爲聚。"(白於藍)

清華三·芮良夫09"疋(胥)收(糾)疋(胥)由"之"由",《廣雅·釋詁》:"由,助也。"

清華八·攝命06、24、26,清華八·處位04"由",訓爲"用"。《左傳·襄公三十年》:"以晉國之多虞,不能由吾子。"杜預注:"由,用也。"

清華八·邦道01"以返(及)祴(滅)由虚丘"之"由",《周禮·考工記·梓人》:"而由其虡鳴。"鄭注引鄭司農云:"由,若也。"簡文"滅由虚丘",指國家被夷滅而成廢墟。

清華六·太伯甲11、太伯乙10,清華八·邦道05、06"由",任用。《左傳·襄公三十年》:"以晉國之多虞,不能由吾子。"杜預注:"由,用也。"

清華五·三壽17"惠民由壬",讀爲"惠民由任",以(音樂)導民、使民。《荀子·樂論》:"故制雅、頌之聲以道之。"

清華五・三壽 27“由”,《爾雅・釋詁》:“自也。”

清華六・子産 23“由”,《小爾雅・廣詁》:“用也。”

清華七・越公 47“由臤(賢)由毁”之“由”,依據。

清華七・越公 47“善人則由”,君子則用。“由”,用。《禮記・緇衣》鄭玄注“由,用也”。

清華七・越公 61“乃由王翠(卒)君子卒(六千)”之“由”,疑可讀爲“抽”。《左傳・宣公十二年》:“抽矢菆。”杜預注:“抽,擢也。”《楚辭・九章・抽思》:“與美人之抽思兮。”朱熹《集注》:“抽,拔也。”簡文是説通過考校,從普通兵卒中選拔出王卒。(陳偉)

胄

清華一・楚居 02 瞏胄四方

～,从“日”,“由”聲。

清華一・楚居 02“瞏”,來母歌部字,或疑讀爲“麗”,美麗。“胄”,从“由”聲,喻母幽部字,或疑讀爲心母幽部之“秀”,特異、優秀。《文選・宋玉〈招魂〉》:“鄭衛妖玩,來雜陳些;激楚之結,獨秀先些。”王逸注:“秀,異也。”簡文意爲妣隹貌美,勝於四方女子。

䡊(胄)

清華一・耆夜 05 人備(服)余不䡊(胄)

清華六・太伯甲 05 籞(攝)䡊(胄)轉(擐)虢(甲)

清華六・太伯乙 05 籞(攝)䡊(胄)轉(擐)虢(甲)

清華七・趙簡子 08 辟(親)冒虖(甲)䡊(胄)

～,从"革","由"聲,"冑"字異體。《説文・肉部》:"冑,胤也。从肉,由聲。"

清華一・耆夜05"人備(服)余不﨟(冑)"之"﨟",讀爲"擾",擾動。(《讀本一》第124頁)

清華六・太伯甲05、太伯乙05"籍﨟鞲虩",讀爲"攝冑擐甲"。《左傳・成公二年》:"擐甲執兵,固即死也。病未及死,吾子勉之!""攝",訓爲結。"攝冑",和"嬰冑"義近。《穀梁傳・僖公二十二年》:"古者被甲嬰冑,非以興國也,則以征無道也,豈曰以報其恥哉?"《後漢書・虞延傳》:"王莽末,天下大亂,延常嬰甲冑,擁衛親族,扞禦鈔盜,賴其全者甚衆。"

清華七・趙簡子08"麐﨟",讀爲"甲冑",鎧甲和頭盔。《易・説卦》:"離爲火,爲日,爲電,爲中女,爲甲冑,爲戈兵。"《書・説命中》:"唯口起羞,惟甲冑起戎。"孔傳:"甲,鎧;冑,兜鍪也。"《漢書・王莽傳上》:"甲冑一具,秬鬯二卣。"簡文"親冒甲冑",參《戰國策・韓一》:"山東之卒,被甲冒冑以會戰,秦人捐甲徒裎以趨敵,左挈人頭,右挾生虜。"《史記・張儀列傳》:"山東之士被甲蒙冑以會戰,秦人捐甲徒裼以趨敵,左挈人頭,右挾生虜。"

冑

清華七・越公03以身被甲冑(冑)

清華七・越公20羅(罹)甲緩(纓)冑(冑)

～,从"冃","由"聲,"冑"字異體。

清華七・越公03"以身被甲冑",即"以身被甲冑"。《戰國策・齊五》:"魏王身被甲底劍,挑趙索戰。"

清華七・越公20"緩冑",讀爲"纓冑",戴冑結纓,古書作"嬰冑"。《荀子・樂論》:"帶甲嬰軸,歌於行伍,使人之心傷。"《墨子・兼愛下》:"今有平原廣野於此,被甲嬰冑將往戰,死生之權未可識也。"《穀梁傳・僖公二十二年》:"古者被甲嬰冑,非以興國也,則以征無道也,豈曰以報其恥哉?"

定紐酉聲

酉

清華一・耆夜 03 監歙（飲）酉（酒）

清華一・耆夜 03 复（作）訶（歌）一終曰《藥＝（樂樂）脂（旨）酉（酒）》

清華一・耆夜 07 王又（有）脂（旨）酉（酒）

清華五・厚父 13 母（毋）湛于酉（酒）

清華五・厚父 13 民曰隹（惟）酉（酒）甬（用）褫（肆）祀

清華五・厚父 13 亦隹（惟）酉（酒）甬（用）庚（康）樂

清華五・厚父 13 曰酉（酒）非飤（食）

清華五・厚父 13 民亦隹（惟）酉（酒）甬（用）敗（敗）鬼（威）義（儀）

清華五・厚父 13 亦隹（惟）酉（酒）甬（用）惡（恆）痤（狂）

清華八・攝命 16 女（汝）母（毋）敢朋（朋）涚（酗）于酉（酒）

～,與(上博二・容45)、(上博六・孔26)同。《説文・酉部》:“酉,就也。八月黍成,可爲酎酒。象古文酉之形。,古文酉。从卯,卯爲春門,萬物已出。酉爲秋門,萬物已入。一,閉門象也。”

清華一・耆夜03“歙酉”,讀爲“飲酒”,喝酒。《國語・晉語一》:“(史蘇)飲酒出。”

清華一・耆夜03“藥₌脂酉”,讀爲“樂樂旨酒”。

清華一・耆夜07“脂酉”,讀爲“旨酒”,美酒。《詩・小雅・鹿鳴》:“我有旨酒,以燕樂嘉賓之心。”《孟子・離婁下》:“禹惡旨酒,而好善言。”

清華五・厚父13“毋湛于酉”,讀爲“毋湛于酒”。《詩・大雅・蕩》:“其在于今,興迷亂于政。顛覆厥德,荒湛于酒。”

清華五・厚父13“民曰隹酉甬䘒祀”,讀爲“民曰惟酒用肆祀”。《書・酒誥》:“朝夕曰:‘祀兹酒。’”孔傳:“惟祭祀而用此酒,不常飲。”

清華五・厚父13“酉”,讀爲“酒”。《書・五子之歌》:“甘酒嗜音,峻宇彫牆,有一于此,未或不亡。”

清華八・攝命16“女母敢朋涚于酉”,讀爲“汝毋敢朋酗于酒”。《書・微子》:“天毒降災荒殷邦,方興沈酗于酒,乃罔畏畏,咈其耉長舊有位人。”《書・酒誥》:“越在外服,侯甸男衛邦伯,越在内服,百僚庶尹惟亞惟服宗工越百姓里居,罔敢湎于酒。”

梄

清華六・子儀06楊梄(柳)可(兮)依₌(依依)

清華一・楚居14以爲凥(處)於莤潢

清華四・筮法55卯莤(酉)

清華四・筮法55卯莤(酉)

～，从“木”，“酉”聲，“木”或“酉”上，或在“酉”中，由於“木”在“酉”中，就把“酉”的二横畫省略了。

清華六·子儀 06“楊畜”，即“楊柳”，泛指柳樹。《詩·小雅·鹿鳴》：“昔我往矣，楊柳依依。”

清華一·楚居 14“畜溝”，地名。鄂君啓車節(《集成》12110)有“畜焚”。

清華四·筮法 55“卯畜”，讀爲“卯酉”。用作地支“酉”。

猷

清華一·耆夜 07 惢(毖)情(精)咎(謀)猷

清華一·楚居 12 猷(猶)居秦(乾)溪之上

清華一·楚居 16 至恖(悼)折(哲)王猷(猶)居鄩(鄘)郢

清華二·繫年 050 猷(猶)求弫(强)君

清華三·芮良夫 02 天猷(猶)畏矣

清華三·芮良夫 03 以纏(申)尔(爾)咎(謀)猷

清華三·芮良夫 11 咎(謀)猷隹(惟)戒

清華三·芮良夫 15 天猷(猶)畏矣

清華五·封許 03 螽(鳌)氒(厥)猷

清華五・封許 05 女(汝)隹(惟)𤇾(臧)耆尔猷

清華五・封許 08 䰜(祇)敬尔猷

清華五・湯丘 05 不猷(猶)受君賜

清華五・啻門 05 耆(胡)猷(猶)是人

清華五・啻門 09 㷉(氣)䌛乃猷

清華五・三壽 22 夭(效)屯(純)亘(宣)猷

清華六・孺子 11 亦猷(猶)跌(足)

清華六・子儀 07 是不攼而猶僮

清華七・子犯 02 母(毋)乃猷(猶)心是不跌(足)也虐(乎)

清華七・子犯 10 猷(猶)弔(叔)是䎽(聞)遺老之言

清華八・攝命 03 𦃕(肆)余𦑻猷(繇)卜乃身

清華八・邦道 06 卑(譬)之猷(猶)戢(歲)之不峕(時)

～,與(上博一・孔 4)、(上博一・緇 24)、(上博三・中 18)同。《玉篇・犬部》:"猷,與猶同。"《説文・犬部》:"猶,玃屬。从犬,酋聲。一曰隴西謂犬子爲猷。"

清華一・耆夜 07,清華三・芮良夫 03、11"咠猷",讀爲"謀猷",計謀、謀略。《書・文侯之命》:"亦惟先正克左右昭事厥辟,越小大謀猷,罔不率從,肆先祖懷在位。"

清華五・封許 03"蚃乒猷",讀爲"鳌厥猷",吕丁司理刑法,作其策劃。《爾雅・釋詁》:"猷,謀也。"《釋言》:"猷,圖也。"

清華五・啻門 09"猷",停止,終結。《爾雅・釋詁》:"猷,已也。"與卒、輟等同義。

清華五・三壽 22"猷",《爾雅・釋詁》:"猷,謀也。"邢昺疏:"猷者,以道而謀也。"《詩・大雅・常武》:"王猶允塞,徐方既來。"毛傳:"猶,謀也。"

清華一・楚居 12、16,清華二・繫年 050,清華三・芮良夫 02、15,清華七・子犯 02"猷",讀爲"猶",副詞,仍然。《楚辭・離騷》:"亦余心之所善兮,雖九死其猶未悔。"

清華七・子犯 10"猷(猶)弔(叔)是螽(聞)遺老之言"之"猶",即因此而言,意爲"仍"。"猶叔是問"就是繼續問蹇叔。(陳偉)或説"猷",同"猶",《左傳・襄公十年》楊伯峻注:"猶,假如。"

清華八・攝命 03"䏌(肆)余畫猷(繇)卜乃身"之"猷",讀爲"繇"。《書・大誥》:"我有大事,休,朕卜并吉。"

清華八・邦道 06"卑之猷戢之不峕",讀爲"譬之猶歲之不時"。《荀子・勸學》:"不道禮憲,以《詩》《書》爲之,譬之猶以指測河也,以戈舂黍也,以錐飡壺也,不可以得之矣。"

定紐舀聲

舀

清華七・越公 62 舀(挑)起悁(怨)咢(惡)

～,郭店・性自命出 44 作。《説文・臼部》:"舀,抒臼也。从爪、臼。"

清華七·越公62“舀”，讀爲“挑”，皆舌音宵部字。《文選·報任少卿書》：“垂餌虎口，横挑彊胡。”李善注引臣瓚曰：“挑，挑敵求戰也。”

稻

清華一·耆夜07明日勿稻(慆)

清華七·越公34水則爲稻

～，或作，从“禾”，“䅖”聲，“稻”之繁體。《説文·禾部》：“稻，稌也。从禾，舀聲。”

清華一·耆夜07“明日勿稻”之“稻”，讀爲“慆”。《詩·唐風·蟋蟀》：“今我不樂，日月其慆。”毛傳：“慆，過也。”

清華七·越公34“水則爲稻”，水稻。《詩·豳風·七月》：“十月穫稻，爲此春酒，以介眉壽。”《周禮·夏官·職方氏》：“其畜宜鳥獸，其穀宜稻。”

滔

清華六·子儀06渭可(兮)滔₌(滔滔)

清華三·琴舞01亯(享)隹(惟)滔(慆)帀

～，或作，从“水”，“䅖”聲，“滔”之繁體。《説文·水部》：“滔，水漫漫大皃。从水，舀聲。”

清華六·子儀06“滔₌”，讀爲“滔滔”，大水奔流貌。《詩·齊風·載驅》：“汶水滔滔，行人儦儦。”毛傳：“滔滔，流貌。”王粲《贈文叔良》詩：“瞻彼黑水，滔滔其流。”

清華三·琴舞01“滔”，讀爲“慆”。《説文·心部》：“慆，説也。”《玉篇·心部》：“慆，喜也。”

鋁

 清華五・封許 07 鼑(鼎)、㿿(簋)、釒非(觥)、鋁(卣)

～,从"金","舀"聲。

清華五・封許 07"鋁",讀爲"卣",古代一種中型酒樽,青銅制,一般爲橢圓形,大腹,斂口,圈足,有蓋與提梁,多用作禮器,盛行於商和西周。《爾雅・釋器》:"卣,中尊也。"郭璞注:"不大不小者。"或讀爲"䍃"。《説文・由部》:"䍃,古器也。"(白於藍)

晵

 清華八・處位 05 救(求)晵政

～,从"日","舀"聲。

清華八・處位 05"晵",從日,當有"明"義。或疑讀爲"慆"。《説文・心部》:"慆,説也。"

定紐斿聲

遊(遳)

 清華一・耆夜 05 复(作)訶(歌)一終曰《遳(輶)𠈇(乘)》

 清華六・子儀 17 尚諯(端)項瞻(瞻)遊目以𦣻我秦邦

 清華六・子儀 05 徒伢所遊又步里謱𧬈也

 清華七・越公 27 縱(總)經(輕)遊民

 清華七・越公 30 王思邦遊民

～,楚文字或作𨗨(上博二・子 11)、𨗨(上博五・君 6)、𨗨(上博八・有 1)。𨗨,从"止","游"聲,"游"所从"水",訛與"毛"同。《説文・㫃部》:"游,旌旗之流也。从㫃,汓聲。𨗨,古文游。"

清華一・耆夜 05"𨗨兖",讀爲"輶乘",即輶車。《詩・秦風・駟驖》:"輶車鸞鑣,載獫歇驕。"毛傳:"輶,輕也。"鄭箋:"輕車,驅逆之車也。""玳",讀爲"飭",整治的意思。"輶乘既飭"與《詩・小雅・六月》"戎車既飭"句式相同。

清華六・子儀 17"遊目",縱目,放眼觀看。《楚辭・離騷》:"忽反顧以遊目兮,將往觀乎四荒。"

清華七・越公 27、30"遊民",一作"游民"。指無固定職業的人。《大戴禮記・千乘》:"太古無遊民,食節事時,民各安其居,樂其宫室,服事信上,上下交信,地移民在。"王聘珍《解詁》:"遊民,不習士農工商之業者。"

泥紐肉聲

肉

 清華五・啻門 07 六月生肉

 清華三・祝辭 04 晒(將)敨(注)爲肉

 清華七・趙簡子 09 不飤(食)濡肉

～,與肉(上博二・魯 6)、肉(上博五・弟 8)、肉(上博六・孔 26)同。《説文・肉部》:"肉,胾肉。象形。"

清華五・啻門 07"六月生肉",懷孕六月後開始長肉。

清華三・祝辭 04"肉",與下云"射禽"呼應。《吴越春秋・勾踐陰謀外

傳》:“斷竹續竹,飛土逐肉。”

清華七・趙簡子 09“不飤(食)濡肉”,精心烹製的肉。《禮記・曲禮上》:“濡肉齒決,乾肉不齒決。”孔穎達疏:“濡,濕也。濕軟不可用手擘,故用齒斷決而食之。”

条

清華六・太伯甲 10 色〈孚〉淫条(媱)于庚(康)

清華六・太伯乙 09 孚淫条(媱)于康

~,與(上博二・容 38)同,从“木”,“肉”聲。

清華六・太伯甲 10、太伯乙 09“淫条”,讀爲“淫媱”,淫樂,過度放縱逸樂。《方言》第十:“媱,遊也。江沅之間謂戲爲媱。”錢繹箋疏:“《廣雅》:媱、愓、遊、敖,戲也。媱,曹憲音遥……案:媱之言逍遥也。”《書・大禹謨》:“罔遊于逸,罔淫于樂。”

謸

清華七・越公 55 及風音誦詩訶(歌)謸(謡)

~,與(郭店・性自命出 24)同。从“言”,“条”聲,“䚻”之異體,或作“謡”。《説文・言部》:“䚻,徒歌。从言,肉。”

清華七・越公 55“訶謸”,即“歌謡”。《詩・魏風・園有桃》:“心之憂矣,我歌且謡。”毛傳:“曲合樂曰歌,徒歌曰謡。”

桵

清華六・子儀 14 桵(櫾)枳(枝)堂(當)榀(棵)

~,从“又”,“条”聲,“櫾”字異體。《説文・木部》:“櫾,崐崘河隅之長木也。从木，䌛聲。”

清華六・子儀 14“梫”，即“櫾”。《說文》段注：“《西山經》曰：‘槐江之山，西望其大澤其陰多榣木。’郭曰：‘榣木、大木。’……按‘榣’即‘櫾’字。”

䌛

清華二・繫年 080 執吳王子鱥(蹶)䌛(由)

清華三・芮良夫 02 瑩(寤)敗(敗)改䌛(繇)

清華三・芮良夫 03 載聖(聽)民之䌛

清華三・芮良夫 03 母(毋)頎(擾)韜(聞)䌛

清華五・厚父 02 乎(呼)命咎(皋)䌛(繇)下爲之卿事

清華五・三壽 19 譴(讒)䌛(諛)則敀(屏)

清華六・孺子 03 邦亦無大䌛(繇)賻(賦)於萬民

清華七・晉文公 02 以孤之舊(久)不旻(得)䌛(由)式(二)厽(三)夫₌(大夫)以攸(修)晉邦之政

清華七・晉文公 02 以孤之舊不旻(得)䌛(由)式(二)厽(三)夫₌(大夫)以攸(修)晉邦之祀

 清華七・趙簡子 04 用繇(由)今以
坒(往)

 清華七・趙簡子 05 敢䎽(問)齊君逹(失)之奚(奚)繇(由)

 清華七・趙簡子 05 陳是(氏)旻(得)之奚(奚)繇(由)

 清華七・趙簡子 06 臣不旻(得)䎽(聞)亓(其)所繇(由)

 清華七・趙簡子 06 臣亦不旻(得)䎽(聞)亓(其)所繇(由)

 清華七・趙簡子 06 皆又(有)繇(由)也

 清華七・趙簡子 07 亓(其)所繇(由)豊(禮)可䎽(聞)也

 清華八・攝命 10 勿繇(繇)之庶不訓(順)

 清華八・邦道 10 母(毋)亞(惡)繇(謡)

～,與(上博三・周 25)、(上博四・曹 20)、(上博四・曹 42)(上博六・用 7)同,从“言”,“𦝫”聲。“𦝫”爲鼬鼠之“鼬”的象形初文。《説文・系部》:“繇,隨從也。从系,䍃聲。”

清華二・繫年 080“王子鱥繇”,讀爲“王子蹶由”,壽夢之子,夷末之弟。《左傳・昭公五年》:“吴子使其弟蹶由犒師,楚人執之。”《韓非子・説林下》:“荆王代吴,吴使沮衛、蹶融犒于荆师。”《韓非子》作“蹶融”,《漢書・古今人表》

作“厥由”。

清華三·芮良夫02“繇”,同“繇”。《集韻·宵韻》:“繇或作繇。”《爾雅·釋詁》:“繇,道也。”郝懿行《義疏》:“繇者,行之道也。”簡文“寤敗改繇”,指從失敗中覺悟,改弦更張。

清華五·厚父02“咎繇”,讀爲“咎繇”或“皋陶”(參梁玉繩《漢書人表考》)。《説苑·政理》:“使堯在上,咎繇爲理,安有取人之駒者乎?”《書·舜典》:“禹拜稽首,讓於稷、契暨皋陶。”

清華五·三壽19“讒繇”,讀爲“讒諛”,讒毀和阿諛。《管子·明法解》:“故詐僞之人不得欺其主,嫉妬之人不得用其賊心,讒諛之人不得施其巧。”(陳劍)或讀爲“讒謡”。“謡”,謡言。《楚辭·離騷》:“謡諑謂余以善淫。”蔣驥注:“謡,流言也。”

清華六·孺子03“繇賻”,讀爲“繇賦”,徭役和賦税。“繇”,讀爲“徭”。《漢書·景帝紀》:“不受獻,減太官,省繇賦,欲天下務農蠶,素有畜積,以備災害。”

清華七·晉文公02“繇”,讀爲“由”,任用,使用。《左傳·襄公三十年》:“以晉國之多虞,不能由吾子,使吾子辱在泥塗久矣。武之罪也。”杜預注:“由,用也。”《漢書·杜欽傳》:“廢而不由,則女德不厭。”顔師古注:“由,用也。”

清華七·趙簡子04“用繇(由)今以坓(往)”之“繇”,介詞,自、從。《禮記·内則》:“由命士以下皆漱澣。”鄭玄注:“由,自也。”《國語·晉語四》:“天之道也,由是始之。”韋昭注:“由,從也。”《漢書·匡衡傳》:“道德之行,由内及外,自近者始。”

清華七·趙簡子05“系繇”,讀爲“奚由”,什麽原由。《吕氏春秋·本生》:“貧賤之致物也難,雖欲過之,奚由?”

清華七·趙簡子06“繇”,讀爲“由”,原由、緣故。《左傳·襄公二十三年》:“有臧武仲之知,而不容於魯國,抑有由也,作不順而施不恕也。”《史記·孝文本紀》:“蓋聞古者祖有功而宗有德,制禮樂各有由。”

清華七·趙簡子07“亓(其)所繇(由)豊(禮)可螽(聞)也”之“繇”,讀作“由”,奉行、遵從義。《禮記·經解》:“是故隆禮由禮,謂之有方之士。”孔穎達疏:“由,行也。”(滕勝霖)

清華八·攝命10“勿繇之庶不訓(順)”之“繇”,用。《吕氏春秋·貴當》:“名號大顯,不可彊求,必繇其道。”高誘注:“繇,用也。”

清華八·邦道10“母(毋)亞(惡)繇(謡)”之“繇”,讀爲“謡”,謡言。《楚辭·離騷》:“衆女嫉余之蛾眉兮,謡諑謂余以善淫。”洪興祖《補注》:“謡,謂謡言也。”簡文是説不要被不好的謡言中傷。(魏棟)

⿱繇犬

　清華二·繫年 119 𡙕(卒)于⿱繇犬

～,从“犬”,“繇”聲。

清華二·繫年 119“⿱繇犬”,地名。宋悼公卒于前往任的途中,⿱繇犬當在宋地至任之間。

來紐流聲

流

　清華一·金縢 07 官(管)弔(叔)返(及)亓(其)群塍(兄)俤(弟)乃流言于邦曰

　清華一·楚居 03 逆流哉(載)水

　清華三·琴舞 09 流(攸)自求敓(悦)

　清華八·邦道 08 唯上之流是從

～,與(璽彙 0212)、(上博二·容 24)同,源于甲骨文和金文“毓”字省体的“(㐬)”。(曾憲通、魏宜輝)。《説文·林部》:“流,水行也。从林、㐬。㐬,突忽也。”

清華一·金縢 07“流言”,散布没有根據的話。《書·金縢》:“武王既喪,管叔及其群弟乃流言於國。”

清華一・楚居 03“逆流”,水倒流。《管子・七法》:“不明於決塞,而欲毆衆移民,猶使水逆流。”

清華三・琴舞 09“流自求敓”,讀爲“攸自求悦”,人各自求德而樂之。“攸”,訓爲所以,見裴學海《古書虚字集釋》第六七頁。

清華八・邦道 08“上之流”,即上流,有權勢的社會集團。《漢書・劉屈氂傳》:“(賀)不顧元元,無益邊穀,貨賂上流,朕忍之久矣。”顔師古注:“丞相貪冒,受賂於下,故使衆庶貨賄上流執事者也。”

諻

清華二・繫年 031 乃諻(讒)大子龍(共)君而殺之

清華二・繫年 031 或(又)諻(讒)惠公及文公

清華五・三壽 19 諻(讒)繇(諛)則敚(屏)

清華八・邦道 24 諻(讒)人才(在)戾(側)弗智

清華二・繫年 081 少帀(師)亡(無)朞(極)諻(讒)連尹顔(奢)而殺之

～,與(上博一・孔 8)、(上博八・志 3)同,从“言”,蚩”聲,“讒”字異體。

清華五・三壽 19“諻繇”,讀爲“讒諛”,讒毁和阿諛。《管子・明法解》:“故詐僞之人不得欺其主,嫉妒之人不得用其賊心,讒諛之人不得施其巧。”

清華八・邦道 24“諻人”,讀爲“讒人”,進讒言之人。《詩・小雅・青蠅》:“營營青蠅,止于棘,讒人罔極,交亂四國。”《荀子・哀公》:“君子固讒人乎!”《國語・晉語》:“管仲殁矣,多讒在側。”

清華二・繫年 031、081“諻”“諻”,即“讒”,説别人的壞話,説陷害人的話。

《莊子・漁父》:"不擇是非而言,謂之諛;好言人之惡,謂之讒。"《史記・管蔡世家》:"子常讒蔡侯,留之楚三年。蔡侯知之,乃獻其裘於子常;子常受之,乃言歸蔡侯。"

㐬

清華一・楚居 02 㐬(毓)賞羊

清華八・攝命 07 女(汝)母(毋)敢怙偈(遏)余曰乃㐬(毓)

清華八・攝命 28 臒(獲)羪(羞)㐬(毓)子

～,从"女",从倒子,會女子生孩子。"毓"字異體。

清華一・楚居 02"㐬(毓)賞羊",人名。

清華八・攝命 28"㐬子",即"毓子",《詩》《書》"育子""鬻子""鞠子"皆謂"穉子"。《詩・豳風・鴟鴞》:"恩斯勤斯,鬻子之閔斯!"毛傳:"恩,愛。鬻,稚。閔,病也。稚子,成王也。"孔穎達疏:"有恩必相愛,故以恩爲愛。《釋言》云:'鞠,稚也。'郭璞曰:'鞠一作毓。'是鬻爲稚也。"

來紐牢聲

牢

清華六・太伯甲 09 爲是牢鼾(鼠)不能同穴

清華六・太伯乙 08 亓(其)爲是牢鼾(鼠)不能同穴

《説文・牛部》:"牢,閑,養牛馬圈也。从牛,冬省。取其四周帀也。"

清華六・太伯"牢",牢閑,養牛馬圈也。

來紐老聲

老

清華二・繫年 073 老夫之力也

清華二・繫年 076 連尹襄老與之爭

清華三・良臣 08 奠(鄭)桓(桓)公與周之遺老

清華六・孺子 06 老婦亦湝(將)丩(糾)攸(修)宮中之正(政)

清華六・孺子 06 老婦亦不敢以𠑷(兄)弟昏(婚)因(姻)之言以躝(亂)夫₌(大夫)之正(政)

清華六・孺子 13 二三老母(毋)交於死

清華六・太伯甲 03 老臣□□□□

清華五・啻門 05 管(孰)少而老

清華五・啻門 09 㷄(氣)戚(蹙)乃老

清華六・管仲 19 老者忎(願)死

清華六·子産 21 子産用孨(尊)老先生之畂(俊)

清華七·子犯 10 猷(猶)弔(叔)是䎽(聞)遺老之言

清華七·晉文公 01 逗(屬)邦利(耆)老

清華七·越公 32 亓(其)見蓐(農)夫老溺(弱)堇(勤)壓者

～,楚文字或作(上博三·彭 3)、(上博四·昭 3)、(上博二·昔 1)。《説文·老部》:“老,考也。七十曰老。从人、毛、匕。言須髮變白也。”

清華二·繫年 073“老夫”,年老男子的自稱。《禮記·曲禮上》:“大夫七十而致事……適四方,乘安車,自稱曰老夫。”鄭玄注:“老夫,老人稱也。”

清華二·繫年 076“連尹襄老與之爭”,參《國語·楚語上》:“莊王既以夏氏之室賜申公巫臣,則又畀之子反,卒與襄老。”

清華三·良臣 08、清華七·子犯 10“遺老”,指前朝老人或舊臣。《吕氏春秋·慎大》:“武王乃恐懼太息流涕,命周公旦進殷之遺老,而問殷之亡故。”

清華六·孺子 06“老婦”,老年婦女的自稱。《戰國策·趙三》:“太后明謂左右:‘有復言令長安君爲質者,老婦必唾其面。’”

清華六·孺子 13“二三老”,《左傳·昭公十九年》:“鄭國不天,寡君之二三臣,札瘥夭昏,今又喪我先大夫偃。其子幼弱,其一二父兄懼隊宗主,私族於謀而立長親。寡君與其二三老曰:‘抑天實剥亂是,吾何知焉?’”

清華六·太伯甲 03“老臣”,年老之臣的自稱。《左傳·襄公二十九年》:“且先君而有知也,毋寧夫人而焉用老臣。”

清華五·啻門 05“管(孰)少而老”之“老”,老年人和大人。《史記·貨殖列傳》:“今夫趙女鄭姬,設形容,揳鳴琴,揄長袂,躡利屣,目挑心招,出不遠千里,不擇老少者,奔富厚也。”

清華五·啻門 09“燹(氣)戚(蹙)乃老”之“老”,年老,衰老。《論語·季氏》:“及其老也,血氣既衰,戒之在得。”

清華六・管仲 19“老者”,老年人。《論語・公冶長》:“老者安之,朋友信之,少者懷之。”劉寶楠《正義》:“老者,人年五十以上之通稱。”《國語・越語上》:“令老者無取壯妻。”

清華六・子産 21“子産用𡒄(尊)老先生之畯(俊)”之“老”,動詞,義爲敬老。《孟子・梁惠王上》:“老吾老,以及人之老;幼吾幼,以及人之幼。”趙岐注:“老,猶敬也;幼,猶愛也。敬吾之老,亦敬人之老;愛吾之幼,亦愛人之幼。”

清華七・晉文公 01“利老”,讀爲“耆老”,老年人。《禮記・王制》:“養耆老以致孝,恤孤獨以逮不足。”《漢書・朱博傳》:“門下掾贛遂耆老大儒,教授數百人,拜起舒遲。”《禮記・王制》:“耆老皆朝於庠。”鄭玄注:“耆老,鄉中致仕之卿大夫也。”

清華七・越公 32“老溺”,讀爲“老弱”,年老與年輕的人。《逸周書・大明武》:“老弱單處,其謀乃離。”《孟子・梁惠王下》:“君之民老弱轉乎溝壑,壯者散而之四方者,幾千人矣!”《史記・項羽本紀》:“至滎陽,諸敗軍皆會,蕭何亦發關中老弱未傅,悉詣滎陽。”裴駰《集解》引如淳曰:“未二十三爲弱,過五十六爲老。”

㹞

清華三・芮良夫 04 㹞(狡)昆(惃)

~,从“犬”,“孝”聲。

清華三・芮良夫 04“㹞”,即“狡”,《集韻》以爲“獿”之異體。《玉篇・犬部》:“狡,犬驚。”《廣韻・肴韻》:“狡,豕驚。”引申有亂義。“惃”,《廣雅・釋詁》:“亂也。”“狡”,或讀爲“淆”或“殽”。《後漢書・黃憲傳》:“淆之不濁。”李賢注:“淆,混也。”《廣雅・釋詁》:“淆,亂也。”(白於藍)

精紐早聲

𣋡(早)

清華二・繫年 100 卲(昭)公、同(頃)公虘(皆)𣋡(早)殜(世)

清華六・孺子 09 归(抑)𣋡(早)䒭(前)句(後)之以言

 清華八・邦道 02 曩(早)智(知)此卷(患)而遠之

~,从"日","棗"(《説文・朿部》:"棗,羊棗也,从重朿。")省聲,早字異體。楚文字或作[字形](上博四・曹 32)[字形](郭店・語叢四 12)、[字形](郭店・語叢四 13)、[字形](新蔡零 9、新蔡甲三 23、57),仰天湖楚簡 13 號"(造)"字作:[字形],包山 46-2 號簽牌"棗"字作:[字形](劉國勝釋)。《説文・日部》:"早,晨也。从日在甲上。"

清華二・繫年 100"曩殜",即"早世",過早地死去,夭死。《左傳・昭公三年》:"則又無禄,早世殞命,寡人失望。"《後漢書・桓帝紀》:"曩者遭家不幸,先帝早世。"李賢注:"謂順帝崩也。"

清華六・孺子 09"曩",即"早",在一定時間以前。《左傳・宣公二年》:"(趙盾)盛服將朝,尚早,坐而假寐。"

清華八・邦道 02"曩智此卷而遠之",讀爲"早知此患而遠之"。參《説苑・權謀》:"知命者預見存亡禍福之原,早知盛衰廢興之始,防事之未萌,避難於無形,若此人者,居亂世則不害於其身,在乎太平之世則必得天下之權。"

媪

 清華六・太伯甲 05 刈戈盾以媪(造)勛

 清華六・太伯乙 05 刈戈盾以媪(造)勛

~,从"女","杲(早)"聲。西周金文从"棗"聲作:[字形](《集成》02494,杞伯每□鼎 2)、[字形](《集成》02495,杞伯每□鼎)。

清華六・太伯"媪勛",疑讀爲"仇耘"。"仇",古訓匹。《禮記・緇衣》引《詩》:"君子好仇。"鄭玄注:"仇,匹也。"引申有配,使相配之義。董仲舒《春秋繁露・楚莊王》:"百物皆有合偶,偶之合之,仇之匹之,善矣。""仇耘"與上文"庸偶"相對,均應指田里兩兩相配的勞作者,戰時就充當士兵,平時就是勞作者。"挈戈盾以仇耘",意即用仇耘執戈盾。

趮

清華八·處位 04 辻(㢀)趮(躁)庋(度)

～,从"走","㬥(早)"聲,可能聲"躁"字異體。

清華八·處位 04"趮",即"躁",擾動,跳動。《文子·九守》:"人受天地變化而生……八月而動,九月而躁,十月而生。"《廣雅·釋詁》:"躁,擾也。"《逸周書·謚法》:"好變動民曰躁。"《韓非子·亡徵》:"君不肖而側室賢,太子輕而庶子伉,官吏弱而人民桀,如此則國躁。國躁者,可亡也。"

𢧐

清華二·繫年 008 晉文侯𢧐(仇)乃殺惠王于虢(虢)

清華六·子儀 18 臣見二人𢧐(仇)競

清華六·子産 10 外𢧐(仇)否

清華一·耆夜 06 克燮(變)𢧐(仇)戩(讎)

清華三·琴舞 04 甬(用)𢧐(仇)亓(其)又(有)辟

清華三·芮良夫 14 燮(變)𢧐(仇)攺(啓)郕(國)

清華七·晉文公 04 以虗(吾)晉邦之閟(間)凥(處)𢧐(仇)戩(讎)之閟(間)

～,與𢧵(郭店·緇衣43)同,从"戈","棗"省聲,"仇"字異體。

清華二·繫年008"晉文侯戱",即"晉文侯仇"。《左傳·僖公二十五年》:"狐偃言於晉侯曰。"杜預注:"晉文侯仇爲平王侯伯,匡輔周室。"

清華六·子儀18"戱競",即"仇競",仇視爭競。《書·五子之歌》:"萬姓仇予,予將疇依?"孔傳:"仇,怨也。"

清華六·子産10"外戱",即"外仇",外敵。《韓非子·孤憤》:"是智法之士與當塗之人不可兩存之仇也。"

清華一·耆夜06、清華七·晉文公04"戱戳",讀爲"仇讎",即仇人。《左傳·哀公元年》:"(越)與我同壤而世爲仇讎。"《荀子·臣道》:"爪牙之士施,則仇讐不作。"

清華三·琴舞04"甬(用)戱(仇)亓(其)又(有)辟"之"戱",即"仇",訓配,使相配。《春秋繁露·楚莊王》:"百物皆有合偶,偶之合之,仇之匹之,善矣。""又辟",讀爲"有辟",即辟。《爾雅·釋詁》:"辟,君也。""用仇其有辟"與㺇尊(《集成》06014)"克仇文王"、牆盤(《集成》10175)"仇匹厥辟"等義近。

清華三·芮良夫14"燮(燮)戱(仇)攺(啓)邶(國)"之"戱",即"仇"字。《爾雅·釋詁》:"仇,匹也。"此處用爲名詞。

懟

清華七·越公24以御(禦)懟(仇)戳(讎)

～,从"心""戱"聲,"仇"字異體。

清華七·越公24"懟戳",讀爲"仇讎",參上。

精紐秋聲

䆋(秋)

清華一·程寤06引(矧)又勿亡䆋(秋)明武禔(威)

 清華四・筮法 20 䆃(秋)見九

 清華四・筮法 31 亡旾(春)頣(夏)䆃(秋)冬

 清華四・筮法 31 䆃(秋)冬

 清華四・筮法 38 䆃(秋):兑大吉

 清華五・湯丘 12 萅(春)䆃(秋)改則

 清華五・啻門 20 䆃(秋)冬

 清華六・子儀 02 自蠶月𦤶₌(至于)昧(秋)䆊備玄(焉)

 清華八・邦道 06 皮(彼)萅(春)頣(夏)昧(秋)冬之相受既巡(順)

～,與(郭店・六德 25)、(上博六・用 10)、(郭店・語叢一 40)同。《説文・禾部》:"秋,禾穀孰也。从禾,𪏮省聲。,籀文不省。"

清華一・程寤 06"引(矧)又勿亡䆃(秋)明武禮(威)"之"秋",精母幽部,或疑讀爲喻母之"由"。"明武威",《逸周書》有《大明武》《小明武》等篇。

清華四・筮法 20、38"䆃",即"秋",與"春夏冬"相對。

清華四・筮法 31、清華八・邦道 06"旾頣䆃冬",即"春夏秋冬",一年四季。《管子・四時》:"然則春夏秋冬將何行?"《禮記・孔子閒居》:"天有四時,春秋冬夏,風雨霜露,無非教也。"

清華四・筮法 31、清華五・啻門 20“秌冬”，即“秋冬”。《莊子・天道》：“天尊，地卑，神明之位也；春夏先，秋冬後，四時之序也。”

清華五・湯丘 12“萅秌”，即“春秋”，春季與秋季。《文子・自然》：“輪轉無窮，象日月之運行，若春秋之代謝。”張衡《東京賦》：“于是春秋改節，四時迭代。”

清華六・子儀 02“秋窒”，讀爲“秋令”，月份名。（石小力）《禮記・月令》：“農事備收。”鄭玄注：“備，猶盡也。”《吕氏春秋・仲夏》：“行秋令，則草木零落，果實早成，民殃於疫。”

蘇

清華一・金縢 09 蘇（秋）大管（熟）

清華一・金縢 13 蘇（秋）則大刈

～，“秋”贅加“艸”旁，“秋”字繁體。

清華一・金縢 09“蘇（秋）大管（熟）”之“蘇”，即“秋”，秋季。《韓詩外傳》卷七：“夫春樹桃李，夏得陰其下，秋得食其實。”今本《書・金縢》作“秋，大熟，未獲”。

清華一・金縢 13“蘇（秋）則大刈”，今本《書・金縢》作“歲則大熟”。“秋”，收成，收穫。《書・盤庚上》：“若農服田力穡，乃亦有秋。”與“歲”（一年的農業收穫）同義。《左傳・昭公三十二年》：“閔閔焉如農夫之望歲。”

清紐艸聲

屮

清華六・管仲 09 屮（草）木不辟（闢）

清華七・越公 34 乃亡（無）又（有）閒（閒）屮（草）

清華八・邦政 10 則視亓(其)民女(如)茻(草)蔛(芥)矣

清華八・邦道 06 則茻(草)木以返(及)百槃(穀)曼(慢)生

清華八・邦道 07 則茻(草)木

清華八・邦道 07 古(故)卑(譬)之人茻(草)木

清華八・八氣 02 茻(草)燹(氣)渴(竭)

清華八・八氣 02 自茻(草)燹(氣)渴(竭)之日

～，與(上博二・子 5)、(上博五・三 1)、(上博七・凡甲 12)同，從三"屮"，"艸"字繁體。《說文・屮部》："屮，艸木初生也。象丨出，形有枝莖也。古文或以爲艸字。""茻，艸之緫名也，从艸、屮。""屮""艸""茻"是同一個字的異體。《方言》卷十："茻，草也，東越揚州之間曰卉。"《文選・左思〈吴都賦〉》劉淵林注："卉，百草緫名，楚人語也。"或説"卉""艸"當是同義换用。《詩・小雅・出車》"春日遲遲，卉木萋萋"毛傳："卉，草也。"(禤健聪)

清華六・管仲 09，清華八・邦道 06、07"茻木"，即"草木"，指草本植物和木本植物。《易・坤》："天地變化，草木蕃。"《書・禹貢》："草木漸苞。"

清華七・越公 34"閼茻"，即"閒草"，無用之雜草。

清華八・邦政 10"茻蔛"，讀爲"草芥"，草和芥。常用以比喻輕賤。《孟子・離婁上》："視天下悦而歸己，猶草芥也，惟舜爲然。"《楚辭・七諫》："視忠正之何若。"王逸注："言小人智少慮狹，苟欲承順求媚，以居位勢，視忠正之人當何如乎？甚於草芥也。"

清華八・八氣 02"茻燹渴"，讀爲"草氣竭"，草枯竭。

從紐曹聲

曹

清華二・繫年 020 署(遷)于曹

清華二・繫年 042 乃及秦自(師)回(圍)曹及五麐(鹿)

清華三・琴舞 04 不曹(造)𢦏(哉)

清華三・琴舞 06 殹(緊)莫肎(肯)曹(造)之

清華七・晉文公 07 克曹

～,與(上博五・弟 4)同。《説文・㯥部》:"曹,獄之兩曹也。在廷東。从㯥,治事者;从曰。"

清華二・繫年 020"署于曹",讀爲"遷於曹"。事見《左傳・閔公二年》:"衛之遺民男女七百有三十人,益之以共、滕之民爲五千人,立戴公以廬於曹。""曹",或作"漕",在今河南滑縣西南。《詩・鄘風・載馳》序:"衛懿公爲狄人所滅,國人分散,露於漕邑。"

清華二・繫年 042"乃及秦自回曹及五麐",讀爲"乃及秦師圍曹及五鹿"。《左傳・僖公二十八年》:"二十八年春,晉侯……侵曹伐衛。正月戊申,取五鹿。"

清華七・晉文公 07"曹",古國名。西周諸侯國。周武王封弟振鐸于曹,稱曹叔振鐸。建都定陶,故地在今山東省菏澤、定陶、曹縣一帶。公元前 467 年爲宋所滅。《左傳・哀公八年》:"八年春,宋公伐曹,將還,褚師子肥殿。曹人詬之,不行,師待之。公聞之,怒,命反之,遂滅曹。執曹伯及司城彊以歸,殺之。"

清華三・琴舞 04"不曹",讀爲"不造"。《詩・周頌・閔余小子》:"遭家不造。"鄭箋:"遭武王崩,家道未成。"

清華三・琴舞 06“曹”,讀爲“造”,成也。

從紐𦎫聲

𦎫

 清華五・封許 08 女(汝)亦隹(惟)𦎫(淑)章尔遽(慮)

 清華七・子犯 12 𦎫(就)受(紂)之身

 清華七・趙簡子 02 𦎫(就)虗(吾)子之牆(將)倀(長)

 清華七・趙簡子 08 𦎫(就)虗(吾)先君襄公

 清華七・趙簡子 10 𦎫(就)虗(吾)先君坪(平)公

 清華七・越公 21 迲(匍)�

～,與(上博七・鄭乙 1)同,从“亯”,“京”聲,“亯”“京”共用筆畫。

清華五・封許 08“女(汝)亦隹(惟)𦎫(淑)章尔遽(慮)”之“𦎫”,讀爲“淑”。《爾雅・釋詁》:“淑,善也。”

清華七・子犯 12,清華七・趙簡子 02、08、10“𦎫”,讀爲“就”,訓至。包山 246 號簡“與禱荆王,自畬(熊)鹿(麗)以𦎫(就)武王”之“𦎫(就)”,朱德熙、李家浩與天星觀簡“從七月以至來歲之七月”的“至”對比,指出其與“至”同義。“𦎫(就)”,介詞,組成介詞短語,表示時間。(沈培)

清華七・越公 21“迲�𦎫君”,讀爲“匍匐就君”。《國語・吴語》:“孤日夜相繼,匍匐就君。”“𦎫”,讀爲“就”,趨嚮,接近。《荀子・勸學》:“故君子居必擇鄉,遊必就士,所以防邪辟而近中正也。”

臺

清華一·金縢06 臺(就)逡(後)武王力(陟)

清華三·琴舞03 日臺(就)月湑(將)

清華五·三壽21 觀(觀)臺(覺)悤(聰)明

～,从"止","亯"聲。"就"字異體。

清華一·金縢06"臺",讀爲"就",訓至。簡文"就後",到後來。(宋華强)

清華三·琴舞03"日臺月湑",讀爲"日就月將",每天有成就,每月有進步。形容積少成多,不斷進步。《詩·周頌·敬之》:"日就月將,學有緝熙于光明。"孔穎達疏:"日就,謂學之使每日有成就;月將,謂至於一月則有可行。言當習之以積漸也。"朱熹《集傳》:"將,進也……日有所就,月有所進,續而明之,以至于光明。"

清華五·三壽21"觀臺",讀爲"觀覺",指視聽。《書·洪範》:"聽曰聰,思曰睿。""覺",領悟、明白。《公羊傳·昭公三十一年》:"有珍怪之食,盱必先取足焉。夏父曰:'以來,人未足,而盱有餘。'叔術覺焉。"何休注:"覺,悟也。"班固《白虎通·辟雍》:"學之爲言覺也,悟所不知也。"

𢓱

清華六·太伯乙06 北𢓱(就)鄎(鄔)

～,从"彳","亯"聲。"就"字異體。

清華六·太伯乙06"𢓱",即"就",至。参上。

遧

清華六·太伯甲02 不孠(穀)以能與遧(就)宋(次)

 清華六·太伯甲 07 北遳(就)郲(鄔)

 清華六·太伯乙 02 不瑴(穀)以能與遳(就)楃(次)

 清華六·子儀 08 余可(何)矰以遳(就)之

～,與(上博四·曹 9)、(上博四·曹 44)、(上博八·王 6)同,从“辵”,“亯”聲,“就”字異體。

清華六·太伯甲 02、太伯乙 02“遳宋”“遳楃”,讀爲“就次”,指繼嗣君位。

清華六·太伯甲 07“遳”,即“就”,赴,到。《國語·齊語》:“處工就官府,處商就市井,處農就田野。”

清華六·子儀 08“遳之”,即“就之”,至之。

心紐蒐聲

寱

 清華七·晉文公 04 命寱(蒐)攸(修)先君之窐(乘)貣(式)車號(甲)

～,與(上博六·木 1)、(上博六·木 3)同,从“宀”,“蒐”聲,“宿”字異體。郠季寱車盤、匜(《集成》10109、10234),郠季宿車盆(《集成》10337)對應文字作“宿”。《金文編》以爲“从宀蒐聲”,是東周文字“蒐”或作“”(侯馬 85.10),“”(中山王圓壺,《集成》09735)。

清華七·晉文公 04“寱”,讀爲“蒐”,聚集。《爾雅·釋詁》:“蒐,聚也。”郭璞注:“蒐者,以其聚人衆也。”《左傳·宣公十四年》:“蒐焉而還。”杜預注:“蒐,簡閱車馬。”《左傳·成公十六年》:“蒐乘補卒,秣馬利兵。”

心紐羞聲

羞

清華六・子産 24 班羞(好)勿(物)畹(俊)之行

~,从"羊",从"又","羞"字異體。《説文・羊部》:"羞,進獻也。从羊,羊,所進也;从丑,丑亦聲。"

清華六・子産 24"羞",讀爲"好","好"或作"丑女",亦从"丑"聲。

䐹

清華一・皇門 03 䐹(羞)于王所

~,从"肉","羞"聲。所从"羞"从"支"。

清華一・皇門 03"䐹于王所",讀爲"羞于王所"。今本《逸周書・皇門》作"乃方求論擇元聖武夫,羞於王所"。"羞",進用,推薦。《書・立政》:"惟羞刑暴德之人同於厥邦。"王引之《經義述聞・尚書下》:"效法暴德之人,所當屏之遠方,弗與共國,今乃進用之,使同治其國。"《國語・晉語九》:"昔先主文子……有武德以羞爲正卿。"

心紐秀聲

秀

清華一・耆夜 05 殹(緊)民之秀

~,與(上博二・容 34)、(上博八・李 2)同。《説文・禾部》:"秀,上諱。漢光武帝名也。"徐鍇曰:"禾,實也。有實之象,下垂也。"

清華一・耆夜 05"秀",特異、優秀,多指人。《文選・宋玉〈招魂〉》:"鄭衛妖玩,來雜陳些;激楚之結,獨秀先些。"王逸注:"秀,異也。"簡文"殹(緊)民之

秀”,人民中的豪傑。(《讀本一》第124頁)

誘(㕗)

清華二・繫年027郗(蔡)侯智(知)賽(息)侯之誘㠯(己)也

《説文・厶部》:“㕗,相訹呼也。从厶从羑。,或从言秀。,或如此。,古文。”

清華二・繫年027“誘”,引誘、誘惑。《詩・召南・野有死麕》:“有女懷春,吉士誘之。”《淮南子・精神》:“是故聖人法天順情,不拘於俗,不誘於人。”高誘注:“誘,猶惑也。”

邪紐囚聲

囡(囚)

清華三・良臣02又(有)咎囡(繇)

～,从女在囗中,“囚”字異體。《説文・囗部》:“囚,繫也。从人在囗中。”

清華三・良臣02“咎囚”,讀爲“咎繇”,或作“咎陶”“皋陶”。《書・舜典》:“皋陶,蠻夷猾夏,寇賊姦宄。汝作士,五刑有服,五服三就。”

幫紐勹聲

瘳

清華一・祭公03㫚(謀)父朕(朕)疾隹(惟)不瘳

清華一・祭公10㫚(謀)父朕(朕)疾隹(惟)不瘳

清華三·説命中 04 邸(越)疾罔瘳

清華三·赤鵠 13 句(后)之疾丌(其)瘳

清華四·筮法 10 凸(凡)瘳

清華四·筮法 11 见述(术)日、上毁,瘳

清華四·筮法 62 曰瘳

～,从"疒","翏"省聲,所从"翏"與(九 A40)、(包山 189)同。《説文·疒部》:"瘳,疾瘉也。从疒,翏聲。"

清華一·祭公 03、10"不瘳",疾病不愈。《詩·鄭風·風雨》:"風雨瀟瀟,雞鳴膠膠,既見君子,胡云不瘳。"朱熹注:"瘳,病癒也。"

清華三·説命中 04"邸疾罔瘳",即"越疾罔瘳"。參《書·説命上》:"若藥弗瞑眩,厥疾弗瘳。"瘳,病癒。

清華三·赤鵠 13,清華四·筮法 10、11"瘳",病癒。

清華四·筮法 62"瘳",十七命之一。《周禮·大卜》:"以邦事作龜之八命,一曰征,二曰象,三曰與,四曰謀,五曰果,六曰至,七曰雨,八曰瘳。以上八命者贊三兆、三易、三夢之占,以觀國家之吉凶,以詔救政。"

郻

清華六·太伯甲 07 魯、躗(衛)、郻(蓼)、郗(蔡)逨(來)見

清華六·太伯乙 06 魯、衛、郻(蓼)、郑〈郗〉(蔡)

～,从“邑”,“翏”或“翏”省聲,

清華六・太伯甲 07、太伯乙 06“郻”,讀爲“蓼”,姬姓東蓼,今河南省固始縣東北有蓼城岡,即古蓼國之地。《左傳・文公五年》:“六人叛楚即東夷。秋,楚成大心、仲歸帥師滅六。冬,楚公子燮滅蓼。”杜預注:“蓼國,今安豐蓼縣。”在今河南固始縣。(吴良寶)

勠

清華七・越公 27 不勠不罰

《説文・戈部》:“勠,殺也。从戈,翏聲。”

清華七・越公 27“不勠”,不懲罰。《左傳・僖公二十七年》:“楚子將圍宋,使子文治兵於睽,終朝而畢,不勠一人。”

殄

清華七・越公 54 則殄(勠)殺之

清華七・越公 54 亦御(趣)取殄(勠)

清華七・越公 56 乃御(趣)取殄(勠)

清華七・越公 56 乃御(趣)取殄(勠)于逡(後)至逡(後)成

清華七・越公 57 乃御(趣)取殄(勠)于逡(後)至不共(恭)

～,與(上博七・君甲 9)同,从“歹”,“翏”聲,“勠”字異體。《字彙》:“殄,同勠。”《説文・戈部》:“勠,殺也。从戈,翏聲。”

清華七・越公 54“殄殺”,即“勠殺”,謂懲罰有過而爲不善者。《司馬法・

嚴位》:"若畏太甚,則勿戮殺。"《史記・大宛列傳》:"郁成食不肯出,窺知申生軍日少,晨用三千人攻,戮殺申生等。"

清華七・越公 54、56、57"取殄",即"取戮",逮捕懲罰。《左傳・僖公二十七年》:"楚子將圍宋,使子文治兵於睽,終朝而畢,不戮一人。"

幫紐保聲

保

清華一・程寤 09 可(何)保非道

清華一・保訓 01 忎(恐)述(墜)保(寶)訓

清華一・保訓 03 昔寿(前)人連(傳)保(寶)

清華一・耆夜 01 卲(召)公保睪(奭)爲夾

清華一・祭公 07 保貿(乂)王豪(家)

清華三・説命上 05 一家乃覩(旋)保以遧(逝)

清華三・芮良夫 13□甬(用)爕(協)保

清華三・良臣 01 保倜

清華三・良臣 02 又(有)保奠(衡)

清華五・厚父 03 隹(惟)天乃永保顕(夏)邑

清華五・厚父 04 永保顕(夏)邦

清華七・趙簡子 01 帀(師)保之辠(罪)也

清華八・心中 06 亓(其)母(毋)蜀(獨)忻(祈)保豪(家)叟(没)身於畏(鬼)與天

～,與(上博一・孔 10)、(上博三・彭 2)、(上博七・鄭乙 2)同。《説文・人部》:"保,養也。从人,从采省。采,古文孚。,古文保。,古文保不省。"

清華一・程寤 09"可(何)保非道",參《書・吕刑》:"在今爾安百姓,何擇非人? 何敬非刑? 何度非及?"孔傳:"在今爾安百姓兆民之道,當何所擇? 非惟吉人乎? 當何所敬? 非惟五刑乎? 當何所度? 非惟及世輕重所宜乎?"簡文"可(何)保非道",即當何所保? 非惟道乎?

清華一・保訓 01"忑述保訓",讀爲"恐墜寶訓"。"寶訓"指珍貴的訓誡。《書・金縢》:"無墜天之降寶命。"

清華一・保訓 03"連保",讀爲"傳寶",傳寶訓。

清華一・耆夜 01"卲公保睪",讀爲"召公保奭"。《書序》云:"召公爲保,周公爲師,相成王爲左右。召公不説,周公作《君奭》。"《史記・周本紀》:"封尚父於營丘,曰齊。封弟周公旦於曲阜,曰魯。封召公奭於燕。封弟叔鮮於管,弟叔度於蔡。"

清華一・祭公 07"保胥",讀爲"保乂",亦作"保艾",治理使之安定太平。《書・君奭》:"率惟兹有陳,保乂有殷。"孔傳:"以安治有殷。"

清華三・説命上 05"一豕乃覩保以逭",讀爲"一豕乃旋保以逝",失仲之子不戰而退守。

清華三・芮良夫 13"保",安定。《書・胤征》:"胤后承王命徂征,告于衆曰:'嗟予有衆,聖有謨訓,明徵定保。'"孔傳:"徵,證;保,安也。聖人所謀之教訓爲世明證,所以定國安家。"《孟子・梁惠王上》:"曰:'德何如則可以王矣?'曰:'保民而王,莫之能禦也。'"趙岐注:"保,安也……言安民則惠而黎民懷之。"簡文"協保",和睦安定。

清華三・良臣 01"保侗",馬王堆帛書《經法》有"果童",爲黄帝臣。"保"字右旁與"果"字形近,"侗"與"童"音同,或疑爲一人。

清華三・良臣 02"保奭",即"保衡",人名。《書・君奭》:"在太甲,時則有若保衡。"以保衡爲太甲時人。《詩・商頌・長發》:"實維阿衡,實左右商王。"毛傳:"阿衡,伊尹也。"前人多以爲"伊尹"即保衡,與簡文不同。

清華五・厚父 03"隹天乃永保顕邑",讀爲"惟天乃永保夏邑"。《書・仲虺之誥》:"欽崇天道,永保天命。"

清華五・厚父 04"永保顕邦",即"永保夏邦"。《書・周官》:"若昔大猷,制治於未亂,保邦于未危。"

清華七・趙簡子 01"帀保",讀爲"師保",古時任輔弼帝王和教導王室子弟的官,有師有保,統稱"師保"。《易・繫辭下》:"無有師保,如臨父母。"《書・太甲中》:"既往背師保之訓,弗克于厥初,尚賴匡救之德,圖惟厥終。"

清華八・心中 06"保豙",即"保家",保住家族或家業。《左傳・襄公二十七年》:"印段賦《蟋蟀》。趙孟曰:'善哉,保家之主也!吾有望矣。'"

娞

清華五・厚父 09 娞(保)孥(教)明悳(德)

清華五・厚父 11 今民莫不曰余娞(保)孥(教)明悳(德)

~,从"女","禾"聲。"保"字異體。

清華五・厚父 09、11"娞孥",讀爲"保教",遵守教化。《國語・越語下》:"事無閒,時無反,則撫民保教以須之。"韋昭注:"保,守也。"

⿰亻⿱口爻

清華二・繫年 034 乃⿰亻⿱口爻(背)秦公弗夋(予)

～,从“爻”,“保”聲。“背”字異體。

清華二・繫年 034“⿰亻⿱口爻”,即背,違背,違反。《書・太甲中》:“既往背師保之訓。”《史記・項羽本紀》:“請往謂項伯,言沛公不敢背項王也。”

㝪

清華五・啻門 14 可以㝪(保)成

清華六・管仲 22 民乃㝪(保)昌

～,从“宀”,“保”聲。

清華五・啻門 14“㝪”,讀爲“保”,守、保衛。《左傳・哀公二十七年》:“乃先保南里以待之。”杜預注:“保,守也。”

清華六・管仲 22“民乃㝪昌”之“㝪”,讀爲“保”,安定。《孟子・梁惠王上》:“曰:‘德何如則可以王矣?’曰:‘保民而王,莫之能禦也。’”趙岐注:“保,安也……言安民則惠而黎民懷之。”

幫紐缶聲

缶

清華一・祭公 20 孳(茲)皆缶(保)舍(胥)一人

清華三・琴舞 07 缶(保)藍(監)亓(其)又(有)逡(後)

～,與缶(上博三・周 9)同。《説文・缶部》:“缶,瓦器。所以盛酒漿。

秦人鼓之以節謌。象形。”

清華一・祭公 20“𡚁皆缶舍一人”，讀爲“兹皆保胥一人”。《逸周書・祭公》：“兹皆保之。”

清華三・琴舞 07“缶藍”，讀爲“保監”，保佑和監督。《逸周書・文儆》：“汝何葆非監？不維一保監順時。”

佸

清華二・繫年 051 乃佸(抱)霝(靈)公以唇(號)于廷曰

～，从“人”，“缶”聲。

清華二・繫年 051“佸”，讀爲“抱”，用手臂圍持。《左傳・文公七年》：“穆嬴日抱大子以啼于朝。”

橐

清華一・程寤 04 棫橐(包)柞=(柞柞)

清華五・封許 02 庫(肇)橐(右)玟(文王)

清華七・越公 03 疌(挾)弳秉橐(枹)

清華八・攝命 21 女(汝)母(毋)敢橐=(滔滔)

～，與(上博二・容 9)、(上博三・周 41)同。《説文・㯻部》：“橐，囊張大皃，从㯻省，缶聲。”段注：“橐讀如苞苴之苞。”

清華一・程寤 04“棫橐柞”之“橐”，讀爲“包”，或訓爲生育。(《讀本一》第 54 頁)

清華五・封許 02“庫(肇)橐(右)玟(文王)”，“橐”字疑从“又”聲，讀爲“右”。《左傳・襄公十年》：“王叔陳生與伯輿爭政。王右伯輿。”杜預注：“右，助也。”

清華七・越公 03“橐”,讀爲“枹”,鼓槌。《左傳・成公二年》:“(張侯)左並轡,右援枹而鼓。”孔穎達疏:“枹,擊鼓杖也。”《楚辭・九歌・國殤》:“霾兩輪兮縶四馬,援玉枹兮擊鳴鼓。”

清華八・攝命 21“女(汝)母(毋)敢橐₌”之“橐₌”,讀爲“滔滔”,大水奔流貌。《詩・齊風・載驅》:“汶水滔滔,行人儦儦。”毛傳:“滔滔,流貌。”

爆

清華七・子犯 12 爲爆(炮)爲烙

～,从“火”,“橐”聲,“炮”字異體。

清華七・子犯 12“爆”,即“炮”。相傳是殷紂王所用的一種酷刑。《荀子・議兵》:“紂刳比干,囚箕子,爲炮烙刑。”《史記・殷本紀》:“百姓怨望而諸侯有畔者,於是紂乃重刑辟,有炮格之法。”裴駰《集解》引《列女傳》:“膏銅柱,下加之炭,令有罪者行焉,輒墮炭中。妲己笑,名曰炮格之刑。”《上博二・容成氏》簡 44—45:“於是乎作爲九層之臺,置盂炭其下,加圜木於其上,使民道之。能遂者遂,不能遂者墜而死。”所謂“炮烙”,“炮”和“烙”都是名詞,“炮烙”不是偏正結構,而是並列結構。“烙”相當於“盂”,“炮”相當於《容成氏》中的“圜木”。這個“圜木”,古書也叫金柱、銅柱。(趙平安)

寚(寶)

清華一・皇門 02 气(訖)又(有)寚(寶)

清華一・皇門 12 天用弗寚(保)

清華六・管仲 08 隹(惟)邦之寚(寶)

～,从“宀”“玉”,“缶”聲,“寶”字異體。

清華一・皇門 02“气(訖)又(有)寚(寶)”,今本《逸周書・皇門》作“訖亦有孚”。“寶”,讀爲“孚”,訓爲信。

清華一·皇門12“天用弗寚(保)”,今本《逸周書·皇門》作“天用弗保”。

清華六·管仲08“隹邦之寚”,讀爲“惟邦之寶”,即惟國之寶。《墨子·七患》:“故備者國之重也,食者國之寶也,兵者國之爪也,城者所以自守也。”“寶”,貴重的東西。

寶

清華五·三壽11五寶弁(變)色

清華六·孺子05亓(其)可(何)不寶(保)

《説文》:“寶,珍也。从宀、从王、从貝,缶聲。寚,古文寶省貝。”

清華五·三壽11“五寶”,疑指五星。《開元占經》卷十八:“《荆州占》曰:五星者,五行之精也,五帝之子,天之使者……君無德,信姦佞,退忠良,遠君子,近小人,則五星逆行變色,出入不時。”“星月亂行”,見長沙子彈庫楚帛書:“日月星辰,亂逆其行。”

清華六·孺子05“亓可不寶”,讀爲“其何不保”,“保”訓安定。

𡨧

清華六·管仲14歬(前)又(有)道之君可(何)以𡨧(保)邦

清華六·管仲14歬(前)又(有)道之君所以𡨧(保)邦

~,从“宀”,“缶”“禾”皆聲,“寶”字異體。

清華六·管仲14“𡨧邦”,讀爲“保邦”。《書·周官》:“王曰:‘若昔大猷,制治于未亂,保邦于未危。’”

並紐孚聲

孚

 清華二・繫年 005 王或(又)䢅〈取〉孚(褒)人之女

 清華二・繫年 005 是孚(褒)台(姒)

 清華二・繫年 005 孚(褒)台(姒)辟(嬖)于王

 清華三・説命中 03 甬(用)孚自埶(邇)

 清華五・三壽 11 龜篓(筮)孚貣(忒)

 清華六・太伯乙 09 色〈孚〉淫柔(媱)于庚(康)

 清華七・趙簡子 10 孚(飽)亓(其)畬(飲)飤(食)

～,與(上博三・周 9)、(上博三・周 40)同。《説文・爪部》:"孚,卵孚也。从爪从子。一曰信也。,古文孚从禾,禾,古文保。"

清華二・繫年 005"王或(又)䢅〈取〉孚(褒)人之女"之"孚",讀爲"褒"。《國語・晉語一》:"周幽王伐有褒,褒人以褒姒女焉,褒姒有宠,生伯服,于是乎與虢石甫比,逐太子宜臼而立伯服。"與《鄭語》《史記・周本紀》等皆作"褒"。"孚""褒"古通。

清華二・繫年 005"孚台",讀爲"褒姒",參上。

清華三・説命中 03"甬孚自埶",讀爲"用孚自邇",因信任近臣而得取勝。

"孚",信。《詩・大雅・下武》:"王配于京,世德作求。永言配命,成王之孚。"鄭箋:"孚,信也。此爲武王言也。今長我之配行三后之教令者,欲成我周家王道之信也。王德之道成於信。"

清華五・三壽 11"龜筶(筮)孚貣(忒)"之"孚",訓信。簡文云卜筮信疑混亂。

清華六・太伯乙 09"色",乃"孚"之誤。

清華七・趙簡子 10"孚亓酓飤",讀爲"飽其飲食",滿足了食量。《書・酒誥》:"爾乃飲食醉飽。"

俘

清華二・繫年 044 獻楚俘馘

清華二・繫年 124 晉公獻齊俘馘於周王

《説文・人部》:"俘,軍所獲也。从人,孚聲。《春秋傳》曰:'以爲俘聝。'"

清華二・繫年 044、124"俘馘",生俘的敵人和被殺的敵人的左耳。《左傳・僖公二十二年》:"丙子晨,鄭文夫人芈氏、姜氏勞楚子於柯澤。楚子使師縉示之俘馘。"杜預注:"俘,所得囚;馘,所截耳。"孔穎達疏:"俘者,生執囚之;馘者,殺其人截取其左耳,欲以計功也。"《吕氏春秋・仲夏紀》:"武王即位,以六師伐殷。六師未至,以鋭兵克之於牧野。歸,乃薦俘馘于京太室,乃命周公爲作《大武》。"

諪

清華七・越公 38 戠(察)之而諪(孚)

~,从"言","孚"聲。

清華七・越公 38"諪",讀爲"孚",信用,誠信。《詩・大雅・下武》:"永言配命,成王之孚。"鄭箋:"孚,信也。"

⿰孚攴

　清華三・説命上 06 是爲赤(赦)⿰孚攴(俘)之戎

～,與(上博七・吳 6)同,从“攴”,“孚”聲。

清華三・説命上 06“是爲赤⿰孚攴之戎”,讀爲“是爲赦俘之戎”,赦免戰爭中被擒獲的人。《左傳・宣公十二年》:“吾聞致師者,右入壘,折馘執俘而還。”

⿰貝孚

　清華八・邦道 26 巳(已)⿰貝孚(孚)不爯(稱)虐(乎)

～,从“貝”,“孚”聲。

清華八・邦道 26“⿰貝孚”,讀爲“孚”,信用,誠信。

⿺風孚

　清華一・耆夜 07 我憂(憂)以⿺風孚

　清華八・邦道 14 閪(託)固(痼)以不⿺風孚于上

～,从“風”,“孚”聲。清華八・邦道 14 所从“肉”,當爲“爪”之訛。

清華一・耆夜 07“我憂以⿺風孚”,讀爲“我憂以覆”,把憂愁傾倒出來。“覆”,傾出,倒出。《易・鼎》:“鼎折足,覆公餗。”(郭永秉)或讀爲“抛”。(白於藍)

清華八・邦道 14“⿺風孚”,讀爲“孚”,訓爲信從。

閅

　清華八・攝命 23 亯(享)𧮚(載)不閅(孚)

～,从“門”,“卬”聲。“卬”,甲骨文作(《合集》37646)、(《懷特》1885),金文作(儹匜,《集成》10285.2),戰國文字作(上博一·緇1)。或釋爲“巴”,似是“把”之初文。“巴”,幫紐魚部;“孚”,並紐幽部;聲紐同屬幫系,幽、魚兩部往往相通。(何琳儀、房振三)

清華八·攝命23“閅”,讀爲“孚”,訓爲“信”。《漢書·刑法志》:“儀刑文王,萬邦作孚。”顔師古曰:“《大雅·文王》詩也。孚,信也。又言法象文王,則萬國皆信順也。”

明紐矛聲

矛

清華五·三壽08 虐(吾)籣(聞)夫黲(險)非(必)矛返(及)干

《説文·矛部》:“矛,酋矛也。建於兵車,長二丈。象形。凡矛之屬皆从矛。𢦤,古文矛从戈。”

清華五·三壽08“矛返干”,即“矛及干”,猶干戈之喻戰事。《荀子·成相》:“干戈不用三苗服。”《書·牧誓》:“稱爾戈,比爾干,立爾矛,予其誓。”

柔

清華一·皇門10 卑(譬)女(如)嚭(匹)夫之又(有)柔(媢)妻

清華一·皇門10 柔(媢)夫又(有)埶(邇)亡(無)遠

清華一·皇門12 柔(媢)夫先受吝(殄)罰

清華一·祭公12 亦岩(美)柔(懋)妥(綏)心

清華八・邦道 20 忞(懋)於亓(其)力

～,與(上博三・彭 7)、(郭店・性自命出 47)同,从"心","矛"聲,"懋"字異體。《説文・心部》:"懋,勉也。从心,楙聲。《虞書》曰:'時惟懋哉。'，或省。"

清華一・皇門 10"忞妻",讀爲"媢妻",即妒妻。王充《論衡・論死》:"妒夫媢妻,同室而處。"

清華一・皇門 10、12"忞夫",讀爲"媢夫",即妒夫。参上。

清華一・祭公 12"岿忞",讀爲"美懋",猶美盛,借指美盛的業績。江淹《安成王右常侍劉喬墓銘》:"芳菲一逝,美懋徒鎸。"

清華八・邦道 20"忞",讀爲"懋",勤勉,努力。《書・舜典》:"汝平水土,惟時懋哉!"《文選・張衡〈東京賦〉》:"兆民勸於疆埸,感懋力以耘耔。"李善注引《爾雅》:"懋,勉也。"

柔

清華一・程寤 06 柔(務)睪(擇)用周

清華一・程寤 08 可(何)柔(務)非和

～,从"又","矛"聲。

清華一・程寤 06"柔(務)睪(擇)用周",或認爲"柔(務)亡勿甬"。(簡 6+8)(《讀本一》第 68 頁)

清華一・程寤 08"可柔非和",讀爲"何務非和",即當何所務? 非惟和乎?

柔

清華五・三壽 12 象柔(茂)康駍(懋)

～,與(上博二·從乙 1)、(郭店·尊德義 1)同,乃源于金文"敄"()字左半,下皆从"人"作,像人披髮之形,當即"髮"(髦)之本字。(李學勤)戰國文字"⿱矛人"字上部所從訛从"矛"。

清華五·三壽 12"象⿱矛人(茂)康懋(懋)"之"象",表象、樣子。《易·繫辭下》:"象也者,象此者也。""⿱矛人",讀爲"茂"。《詩·小雅·南山有臺》:"德音是茂。"鄭玄注:"茂,盛也。"《爾雅·釋詁》:"康,安樂也。""懋",讀爲"懋",《説文》:"勉也。"簡文乃指粉飾太平,猶《荀子·大略》:"上好羞則民闇飾矣。"或讀爲"讒侮康瞀"。《宋書·黄回傳》:"僭侮無厭,罔顧天極。"《荀子·非十二子》:"世俗之溝猶瞀儒。"楊倞注:"瞀,闇也。"(白於藍)

敄

清華六·子儀 15 乃毁祟(常)各敄(務)

清華八·攝命 09 亦勿敄(侮)其遝(童)

～,从"攴","⿱矛人"聲。

清華六·子儀 15"敄",讀爲"務",事務。

清華八·攝命 09"亦勿敄(侮)其遝(童)"之"敄",讀爲"侮",輕慢,輕賤。《書·甘誓》:"有扈氏威侮五行,怠棄三正。"孫星衍疏:"威侮謂虐用而輕視之。"《論語·季氏》:"小人不知天命而不畏也,狎大人,侮聖人之言。"邢昺疏:"侮謂輕慢。"

⿺辶劺

清華六·管仲 22 遈(畀)⿺辶劺(務)不愈(偷)

～,从"辵","力","⿱矛人"聲。

清華六·管仲 22"⿺辶劺",讀爲"務"。《吕氏春秋·音律》:"夷則之月,修法飭刑,選士厲兵,詰誅不義,以懷遠方。南吕之月,蟄蟲入穴,趣農收聚,無敢懈怠,以多爲務。"高誘注:"務,猶事也"。簡文"畀務不偷",與事不苟且。

⿰馬⿱矛人

清華五・三壽 12 象⿱矛人(茂)康⿰馬⿱矛人(懋)

清華八・天下 06 三曰⿰馬⿱矛人(懋)之

～,从"馬","⿱矛人"聲。"鶩"之異體。《説文・馬部》:"鶩,亂馳也。从馬,敄聲。"

清華五・三壽 12"⿰馬⿱矛人",讀爲"懋"。《説文》:"勉也。"或讀爲"讒侮康㥧"。《宋書・黄回傳》:"僭侮無厭,罔顧天極。"《荀子・非十二子》:"世俗之溝猶瞀儒。"楊倞注:"瞀,闇也。"(白於藍)

清華八・天下 06"三曰⿰馬⿱矛人之",讀爲"三曰懋之",五道之一。"五道"指礪之、勸之、鶩之、壯之、鬬之五種凝聚民心之教。

楙

清華一・皇門 02 楙(懋)昜(揚)嘉悳(德)

《説文・林部》:"楙,木盛也。从林,矛聲。"

清華一・皇門 02"楙(懋)昜(揚)嘉悳(德)",今本《逸周書・皇門》作"内不茂揚肅德"。"楙",讀爲"懋",《説文》:"勉也。"

⿰糹⿱矛山

清華五・湯丘 13 民人皆⿰糹⿱矛山(瞀)禺(偶)㭘(瑟)

～,从"糸","⿱矛山"聲。"⿱矛山",見於(上博五・鬼 3)、(郭店・老子乙 13)。

清華五・湯丘 13"民人皆⿰糹⿱矛山(瞀)禺(偶)㭘(瑟)"之"⿰糹⿱矛山",讀爲"瞀"。《楚辭・九章》注:"亂也。"或讀爲"慬"。《玉篇・心部》:"慬,憂也,煩也。"(白於藍)

茅

清華一・保訓 04 親勘(耕)于鬲(歷)茅(丘)

清華六・太伯甲 12 君女(如)是之不能茅(懋)

清華六・太伯乙 11 君女(如)是之不能茅(懋)

清華八・攝命 08 引(矧)行劈(墮)敬茅(懋)

清華八・邦道 07 則茻(草)木以返(及)百篜(穀)茅(茂)長緐實

～,與(上博二・子 5)、(上博六・用 16)同。《説文・艸部》:"茅,菅也。从艸,矛聲。"

清華一・保訓 04"鬲茅",讀爲"歷丘"。上海博物館簡《容成氏》:"昔舜耕於鬲丘",郭店簡《唐虞之道》:"舜耕于草茅之中"。《墨子・尚賢中》:"是故昔者,舜耕於歷山,陶於河瀕,漁於雷澤,灰於常陽,堯得之服澤之陽,立爲天子,使接天下之政,而治天下之民。"《吕氏春秋・慎人》:"舜耕於歷山,陶於河濱,釣於雷澤,天下説之,秀士從之,人也。"

清華六・太伯甲 12、太伯乙 11"君女是之不能茅"之"茅",或讀爲"懋";或讀爲"務"。(心包)

清華八・攝命 08"敬茅",讀爲"敬懋",敬勉。《書・康誥》:"惠不惠,懋不懋。已,汝惟小子,乃服惟弘。"《左傳・昭公八年》引之作"《周書》曰'惠不惠,茂不茂',康叔所以服弘大也"。杜預注:"言當施惠於不惠者,勸勉於不勉者。"

清華八・邦道 07"則茻木以返百篜茅長繁實",讀爲"則草木以及百穀茂長繁實"。參《楚辭・離騷》:"冀枝葉之峻茂兮,願俟時乎吾將刈。"王逸:"刈,獲也。草曰刈,穀曰獲。言己種植衆芳,幸其枝葉茂長,實核成熟,願待天時,吾將獲取收藏而饗其功也。"《管子・五行》:"然則天爲粵宛,草木養長,五穀蕃實秀大,六畜犧牲具,民足財,國富,上下親,諸侯和。”

惷

清華一・祭公 09 公惷(懋)拜₌(拜手)䭫₌(稽首)

清華三・琴舞 06 惷(懋)尃(敷)亓(其)又(有)敓(悦)

～,从“心”,“茅”聲,“懋”之異體。

清華一・祭公 09“惷”,即“懋”,勤勉,努力。《説文》:“懋,勉也。”《書・舜典》:“汝平水土,惟時懋哉!”《文選・張衡〈東京賦〉》:“兆民勸於疆埸,感懋力以耘耔。”李善注引《爾雅》:“懋,勉也。”

清華三・琴舞 06“惷”,即“懋”,訓勉。《書・盤庚下》:“無戲怠,懋建大命。”簡文“懋敷其有悦”,是説樂以播布天德。

柔

清華一・尹至 04 孳(兹)乃柔大縈(傾)

清華三・芮良夫 20 縄(繩)剸(剸)既政而五(互)想(相)柔訛(比)

清華五・三壽 22 音色柔丂(巧)而賭(叡)武不罔

清華六・子産 24 弜(强)柔

清華七・越公 09 吴王䎽(聞)雩(越)使(使)之柔以弜(剛)也

清華八・處位 02 唯濬(浚)良人能敨(造)御柔

～,與(左塚漆梮)、(郭店・性自命出 9)同。《説文・木部》:“柔,木曲直也。从木,矛聲。”

清華一・尹至 04“柔”,《爾雅・釋詁》:“安也。”與“縈(傾)”相對。或讀爲“擾”。(陳民鎮)

清華三・芮良夫 20“繩(繩)剸(剸)既政而五(互)相(相)柔訛(比)”之“柔”,《爾雅・釋詁》:“安也。”

清華五・三壽 22“柔丂”,讀爲“柔巧”,温和,温順。《禮記・内則》:“父母有過,下氣怡色,柔聲以諫。”

清華六・子産 24“弝(强)柔”之“柔”,軟,弱。與“剛”相對。《易・坤》:“坤至柔,而動也剛。”孔穎達疏:“柔,弱。”《莊子・天運》:“其聲能短能長,能柔能剛。”《後漢書・臧宫傳》:“柔能制剛,弱能制彊。柔者,德也。剛者,賊也。”

清華七・越公 09“吴王䎽(聞)雩(越)使(使)之柔以弝(剛)也”,参上。

清華八・處位 02“柔”,《書・舜典》:“柔遠能邇。”孔傳:“柔,安。”《國語・齊語》:“寬惠柔民。”韋昭注:“柔,安也。”

悉

清華八・邦政 09 亓(其)立(位)用悉(愁)民

～,从“心”,“柔”聲。

清華八・邦政 09“亓(其)立(位)用悉民”之“悉”,讀爲“愁”。《廣雅・釋詁》:“愚也。”或讀爲“柔”,寬柔,温順。《國語・齊語》“寬惠柔民”,韋昭注:“柔,安也。”《國語・晉語》:“而柔和萬民。”

矛

清華六・子儀 03 以視楚子義(儀)於杏矛

～,與(前掌大图 164.3 铜觚)、(上博二・容 37)同,即“矛”,上部所從是“矛”頭的象形,下部从“木”,所从“木”可能爲“矛”柄,爲“矛”字或體。乃源於金文“楙”字(《集成》04238.2,小臣謎簋)所从一類的形體。安大簡《詩經・柏舟》

"䳌"作、,从"鳥","矛"聲,"鶩"字異體。《毛詩》作"髦"。《説文・髟部》:"髳,发至眉也。《詩》曰:'紞彼两髳。',髳或省。""䳌",讀爲"髳(鬏)"。

清華六・子儀03"杏矛",地名,待考。

侎

清華六・子儀05 徒侎所遊又步里謱譁也

～,从"人","矛"聲,"鬏"字異體。

清華六・子儀05"侎",待考。

明紐冃聲

冒

清華一・楚居07 至焚冒酓(熊)帥(率)自箬(鄀)遷(徙)居焚

清華五・命訓07 又(有)市(黼)冒(冕)

清華五・命訓07 以亓(其)市(黼)冒(冕)尚(當)天之福

清華五・三壽16 冒神之福

清華六・子産22 相冒

清華七・趙簡子08 辟(親)冒虐(甲)𦉥(胄)

 清華七・越公 21 鬭冒兵刃

～,與(上博六・用 2)、(上博六・用 11)同。《説文・冃部》:“冒,冢而前也。从冃从目。,古文冒。”

清華一・楚居 07“至焚冒酓(熊)帥(率)自箬(鄀)遷(徙)居焚”之“焚冒”,“焚”字古書或作“蚡”(《史記・楚世家》)、或作“羒”(《史記索隱》引古本)、或作“棼”(《戰國策・楚策》)、或作“坌”(《國語・鄭語》《漢書・古今人表》等)。“焚”“蚡”“羒”“棼”“坌”皆同音。《國語・鄭語》:“及平王末……楚蚡冒於是乎始啓濮。”韋昭注:“蚡冒,楚季紃之孫,若敖之子熊率。”

清華五・命訓 07“市冒”,讀爲“黼冕”,繪黑白斧形的禮服和禮帽。《後漢書・鮑永傳》:“時郡學久廢,德(鮑德)乃修起橫舍,備俎豆黼冕,行禮奏樂。”

清華五・三壽 16“冒神之福”之“冒”,義同“蒙”,蒙任。《周禮・考工記・韗人》:“凡冒鼓,必以啓蟄之日。”鄭玄注:“冒,蒙鼓以革。”

清華六・子産 22“相冒”,人名。

清華七・趙簡子 08“辟冒虖皐”,讀爲“親冒甲胄”。參《戰國策・韓一》:“山東之卒,被甲冒胄以會戰,秦人捐甲徒裎以趨敵,左挈人頭,右挾生虜。”《史記・張儀列傳》:“山東之士被甲蒙胄以會戰,秦人捐甲徒裼以趨敵,左挈人頭,右挾生虜。”“冒”,義同“蒙”,戴,披戴。《國語・晉語六》:“以寡君之靈,間蒙甲胄。”韋昭注:“蒙,被也。”《楚辭・劉向〈九歎・愍命〉》:“韓信蒙於介胄兮,行夫將而攻城。”王逸注:“言使韓信猛將被鎧、兜鍪守於屯陣。”

清華七・越公 21“鬭冒兵刃”之“冒”,犯也。《漢書・李陵傳》:“冒白刃。”顔師古注:“冒,犯也。”

明紐戊聲

戊

 清華一・保訓 01 戊子

清華三・説命上 04 生二戊(牡)豕

清華三・説命下 08 昔在大戊

清華三・説命下 08 隹(惟)寺(時)大戊盍(謙)曰

清華四・筮法 03 月夕屯(純)戊(牡)

清華四・筮法 47 裳(勞),戊

清華四・筮法 47 戊(牡)祟(虞)

～,與(上博七・君乙 1)、(上博七・君乙 8)同。《説文・戊部》:"戊,中宫也。象六甲五龍相拘絞也。戊承丁,象人脅。凡戊之屬皆从戊。"

清華一・保訓 01"戊子",《左傳・僖公三十三年》:"狄伐晉,及箕。八月戊子,晉侯敗狄于箕。郤缺獲白狄子。"

清華三・説命上 04"戊豕",讀爲"牡豕",公豬。

清華三・説命下 08"昔在大戊"與《無逸》"昔在殷王中宗",周初𤔲尊(《集成》06014)"昔在爾考公氏"句例相同。《書・咸有一德》:"伊陟相大戊,亳有祥桑穀共生于朝。伊陟贊于巫咸,作《咸乂》四篇。"

清華四・筮法 03"屯戊",讀爲"純牡",無雜色的犧牲。

清華四・筮法 47"戊",《京氏易傳》卷下有京房"納甲"説云:"分天地乾、坤之象,益之以甲乙、壬癸;震巽之象配庚、辛,坎、離之象配戊、己,艮、兑之象配丙、丁。"

清華四・筮法 47"戊祟",讀爲"牡虞",公虞。

明紐卯聲

卯

清華四・筮法 55 卯𠧧(酉)

清華四・筮法 55 卯𠧧(酉)

《説文・卯部》:"卯,冒也。二月,萬物冒地而出。象開門之形。故二月爲天門。凡卯之屬皆从卯。𠂆,古文卯。"

清華四・筮法 55"卯𠧧(酉)",讀爲"卯酉",配"六"。天水放馬灘秦簡《日書》乙 183"卯六木",189"酉六金"。

峁

清華二・繫年 019 赤鄱(翟)王峁唇记(起)𠂤(師)伐𡚸(衛)

～,从"屮","卯"聲。

清華二・繫年 019"赤鄱(翟)王峁唇",人名。

輺

清華七・子犯 05 翟輺於志

～,从"車","畱"聲,"轁"字異體,上博四・曹 2 作□。"畱",或作□(上博一・緇 21)。

清華七・子犯 05"翟輺",讀爲"劬勞",勞苦、勞累。《詩・小雅・蓼莪》:"哀哀父母,生我劬勞。"《後漢書・胡廣傳》:"臣等竊以爲廣在尚書,劬勞日久。"簡文"劬勞於志",爲志嚮而勞苦。《楚辭・九思》:"望舊邦兮路逶隨,憂心悄兮志勤劬。"(羅小虎、謝明文)或讀爲"謬留"。

窗

清華五・三壽 19 窗(留)邦晏(偃)兵

～,从"宀","留"聲。

清華五・三壽 19"窗",讀爲"留"。《國語・楚語上》:"舉國留之。"韋昭注:"留,治之也。"簡文"留邦偃兵",謂治國息兵。

鄫

清華六・太伯甲 07 北䢐(就)鄒(鄔)、鄫(劉)

清華六・太伯乙 06 北䆐(就)鄒(鄔)、鄫(劉)

～,从"邑","畱"聲。

清華六・太伯"鄫",讀爲"劉",地名。《左傳・隱公十一年》:"王取鄔、劉、蔿、邘之田于鄭,而與鄭人蘇忿生之田:温、原、絺、樊、隰郕、欑茅、向、盟、州、陘、隤、懷。"

正編·覺部

覺　部

見紐告聲

告

清華一・尹至 04 女(汝)告我顕(夏)𨽾(隱)衜(率)若寺(時)

清華一・尹誥 02 執(摯)告湯曰

清華一・程寤 02 告王

清華一・程寤 02 幣告宗方(祊)𡉚(社)禝(稷)

清華一・金縢 01 二公告周公曰

清華一・金縢 03 史乃册祝告先王曰

清華一・金縢 07 周公乃告二公曰

清華一・皇門 13 既告女(汝)忈(元)悳(德)之行

清華一・祭公 02 公亓(其)告我㱃(懿)悳(德)

清華二・繫年 027 亦告文王曰

清華二・繫年 046 秦之戍人史(使)人歸(歸)告曰

清華二・繫年 114 告以宋司城皷之約(弱)公室

清華三・説命中 07 余告女(汝)若寺(時)

清華三・琴舞 03 貽(示)告畲(余)㬎(顯)悳(德)之行

清華三・芮良夫 04 康戲而不智薹(蘦)告

清華三・芮良夫 08 埜(靡)所告眾(懷)

清華六・孺子 11 乳=(孺子)或延(誕)告

清華六・子儀 08 余隼(誰)思(使)于告之

清華七・越公 09 告纏(申)疋(胥)曰

清華七・越公 20 以逩(奔)告於鄾(邊)

清華七・越公 39 凡鄾(邊)鄡(縣)之民及又(有)管(官)帀(師)之人或告于王廷曰

清華七・越公 69 雩(越)公告孤請成

清華七・越公 72 乃使(使)人告於吴王曰

清華八・攝命 04 雩(越)御事庶百又告有沓

清華八・攝命 04 今是亡其奔告

清華八・攝命 11 女(汝)有告于余事

清華八・攝命 23 女(汝)廼尚帶(祗)逆告于朕

清華八・處位 08 告託(媢)必选(先)莪(衛)

～,與(上博六・壽 4)、(上博七・鄭乙 1)、(上博八・王 2)同。《説文・告部》:"告,牛觸人,角箸横木,所以告人也。从口从牛。《易》曰:'僮牛之告。'"

清華一・尹至 04"女(汝)告我顕(夏)黫(隱)衛(率)若寺(時)",參《吕氏春秋・慎大》:"湯謂伊尹曰:'若告我曠夏盡如詩。'"

清華一・程寤 02"幣告宗方杢禝",讀爲"幣告宗祊社稷"。《太平御覽》卷八十四引《帝王世紀》:“文王不敢占,召太子發,命祝以幣告於宗廟群神,然後占之於明堂,及發並拜吉夢,遂作程寤。”“幣告”,參看《周禮・男巫》鄭注:“但用幣致其神。”孫詒讓《正義》:“但用幣,則無牲及粢盛也。”

清華一・金縢03“史乃册祝告先王曰”之“告”,禱告,祭告。《書・金縢》:“爲壇於南方北面,周公立焉,植璧秉珪,乃告大王、王季、文王。”孔傳:“告,謂祝辭。”

清華一・皇門13“既告女(汝)忈(元)悳(德)之行”,今本《逸周書・皇門》作“資告予元”,係“既告汝元德之行”之訛脱。

清華一・祭公02“公亓(其)告我归(懿)悳(德)”,今本《逸周書・祭公》作“公其告予懿德”。

清華二・繫年114、清華三・芮良夫08、清華六・子儀08“告”,告知,告訴。《論語・學而》:“賜也始可與言《詩》已矣,告諸往而知來者。”

清華三・説命中07“余告女(汝)若寺(時)”,參上。

清華三・琴舞03“䏙告畬㬎悳之行”,讀爲“示告余顯德之行”,與毛公鼎(《集成》02841)“告余先王若德”相類。

清華三・芮良夫04“告”,或讀爲“覺”。(白於藍)或讀爲“誥”。(黄傑)

清華六・孺子11“延告”,讀爲“誕告”,廣泛告知。《書・湯誥》:“王歸自克夏,至于亳,誕告萬方。”孔傳:“誕,大也。以天命大義告萬方之衆人。”

清華七・越公69“雩(越)公告孤請成”,《國語・吴語》:“王乃命於國曰:‘國人欲告者來告,告孤不審,將爲戮不利,及五日必審之,過五日,道將不行。’”

清華二・繫年027、046,清華七・越公09、39、72“乃徳(使)人告於吴王曰”之“告曰”,或作“告某某曰”,《國語・吴語》:“吴王夫差乃告諸大夫曰。”

清華八・攝命04“又告有沓”,或讀爲“有告有訟”。“告”,告發,控告。《史記・佞幸列傳》:“居無何,人有告鄧通盜出徼外紙鑄錢。”

清華七・越公20“遊(奔)告”、清華八・攝命04“奔告”,《書・西伯戡黎》:“西伯既戡黎,祖伊恐,奔告于王。”

清華八・攝命11“女有告于余事”,讀爲“汝有告于余事”。《管子・桓公問》:“舜有告善之旌,而主不蔽也。”

清華八・攝命23“女廼尚帀逆告于朕”,讀爲“汝廼尚祇逆告于朕”。《書・胤征》:“胤後承王命徂征。告於衆曰。”

清華八・處位08“告”,控告、揭發。簡文“告媢”,意近於告姦。《商君書・開塞》:“故王者刑用於將過,則大邪不生;賞施於告姦,則細過不失。”

悎

　清華八・邦政 09 衆讒(脆)女(焉)悎(誥)

～,从"心","告"聲。

清華八・邦政 09"悎",讀爲"誥",謹小慎微。《爾雅・釋詁》:"誥,謹也。"或訓告誡、勸勉。《國語・楚語上》:"近臣諫,遠臣謗,輿人誦,以自誥也。"韦昭注:"誥,告也。"王引之《經義述聞・國語下》:"《爾雅》:'告、誓,謹也。'郭注曰:'皆所以約勒,謹戒衆。'自誥者,自戒敕也。"

敨

　清華八・處位 02 唯潡(浚)良人能敨(造)御柔

～,與(上博三・彭 7)、(上博四・曹 1)、(上博四・曹 2【背】)、(上博四・曹 20)同,从"攴","告"聲。

清華八・處位 02"敨",讀爲"造"。《説文》:"造,就也。"

晧

　清華七・越公 33 先晧(誥)王訓

～,从"見","告"聲。

清華七・越公 33"先晧(誥)王訓"之"晧",讀爲"誥",告訴。《書・太甲下》:"伊尹申誥于王曰:'嗚呼! 惟天無親,克敬惟親。'"《大戴禮記・誥志》:"誥志無荒。"孔廣森《補注》引楊簡曰:"誥者,所以誥諭臣民之典令。"

造

　清華二・繫年 091 自(師)造於方城

清華七・趙簡子 03 子刣(始)造於善

清華七・趙簡子 03 子刣(始)造於不善

清華八・攝命 01 余弗造民庚(康)

清華八・攝命 03 虘(且)今民不造不庚(康)

《説文・辵部》:"造,就也。从辵,告聲。譚長説:造,上士也。,古文造从舟。"

清華二・繫年 091"造",《説文》:"就也。"簡文"師造於方城",參《管子・大匡》:"公不聽。興師伐魯,造於長勺。"

清華七・趙簡子 03"子刣(始)造於善"之"造","到……去"。《戰國策・齊四》:"先生王斗造門而欲見齊宣王。"

清華八・攝命 01"余弗造民庚",讀爲"余弗造民康",謂我不遭賢人進用,致民人康安。《書・大誥》:"洪惟我幼沖人……弗造哲迪民康。"

清華八・攝命 03"虘今民不造不庚",讀爲"且今民丕造不康"。《書・大誥》:"天降威,知我國有疪,民不康。"又:"洪惟我幼沖人……弗造哲迪民康。"簡文"丕造不康"謂大遭不康。或説"不造"如字讀。《詩・大雅・思齊》"小子有造",鄭箋:"子弟皆有所造成。"

寣

清華八・八氣 05 祝融(融)銜(率)火以飤(食)於寣(竈)

～,與(上博七・吴 1)同,从"穴""火","告"聲,"竈"字異體。《説文・穴部》:"竈,炊竈也。从穴,鼀省聲。,竈或不省。"

清華八・八氣 05“竈”,炊竈。《左傳・成公十六年》:“塞井夷竈,陳於軍中,而疏行首。”《史記・孫子吴起列傳》:“使齊軍入魏地爲十萬竈,明日爲五萬竈,又明日爲三萬竈。”

窖

清華七・趙簡子 08 宫中六窖(竈)并六祀

清華七・趙簡子 09 宫中六窖(竈)并六祀

～,从“穴”,“告”聲,“竈”之異體。

清華七・趙簡子 08、09“窖”,即“竈”。“六竈”當指六宫之竈。祭祀住宅内外的五種神。《禮記・月令》:“(孟冬之月)天子乃祈來年于天宗,大割祀于公社及門閭,臘先祖五祀。”鄭玄注:“五祀,門、户、中霤、竈、行也。”王充《論衡・祭意》:“五祀報門、户、井、竈、室中霤之功。門、户,人所出入,井、竈,人所欲食,中霤,人所託處,五者功鈞,故俱祀之。”或説祭竈爲五祀之一。《周禮・春官・大祝》:“掌六祈,以同鬼神示,一曰類,二曰造,三曰禬,四曰禜,五曰攻,六曰説。”鄭司農云:“類、造、禬、禜、攻、説皆祭名也。”六祀當爲六種祭祀,簡文大意是説把宫中祭竈的祭祀併入六祀,是一種去奢從簡的方式。

㖐

清華一・祭公 10 敢㖐(告)天子

清華五・三壽 22 以㖐(誥)四方

～,與(上博二・容 44)、(上博五・鬼 7)同,从“口”,从“幸”,甲骨文作“”,即“梏”之表意初文,表示首械。“㖐”所从“口”代表人體頭部。“口”“梏”古音相近。上古音“口”屬溪母侯部,“梏”屬見母覺部。見、溪二母都是喉音,侯、覺二部字音有關,偶爾有相通的例子。“㖐”所从“口”當又具有表音的作用。(李家浩《甲骨卜辭“䇞”與戰國文字“達”》)《説文・木部》:“梏,手械也。从木,告聲。”李家浩認爲《説文》“手械”當讀爲“首械”。其説可從。

清華一・祭公10“敢𢦏(告)天子”,今本《逸周書・祭公》作“敢告天子”。“𢦏”,讀爲“告”。《儀禮・士昏禮》:“某氏來婦,敢告於皇姑某氏。”

清華五・三壽22“以𢦏(誥)四方”之“𢦏”,讀爲“誥”,《廣雅・釋詁》:“教也。”《書・吕刑》:“荒度作刑,以詰四方。”《漢書・刑法志》:“詰四方。”顔師古注:“詰,責也,音口一反。字或作誥,音工到反。”

㭙(梏)

清華七・子犯12 爲桊(桎)㭙(梏)三百

~,與(上博三・周22)同,从“木”、从“𡴘”,會意,桎梏,“梏”字繁體。

清華七・子犯12“桊㭙”,或讀爲“桎梏”。“桎”是足械,“梏”是手械。“桎梏”,刑具,腳鐐手銬。《易・蒙》:“利用刑人,用説桎梏。”孔穎達疏:“在足曰桎,在手曰梏。”《史記・齊太公世家》:“鮑叔牙迎受管仲,及堂阜而脱桎梏。”

𨜒

清華二・繫年133 逾𨜒(部)

清華二・繫年134 以退(復)𨜒(部)之𠂤(師)

~,从“邑”,“𢦏”聲,“部”字異體。

清華二・繫年133、134“𨜒”,讀爲“部”,古國名。春秋時爲宋所滅。《春秋・桓公二年》:“夏四月,取部大鼎于宋。”楊伯峻注:“部,國名,姬姓。據僖公二十四年《傳》,初封者爲文王之子,國境在今山東省成武縣東南。”

端紐竹聲

篤

清華七・越公14今皮（彼）新（新）去亓（其）邦而篙（篤）

～，从“心”，“竺”聲。“竺”，與（上博二・容9）、（郭店・老子甲9）、（郭店・老子甲10）、（新蔡甲三377）同。《説文・二部》：“竺，厚也。从二，竹聲。”

清華七・越公14“篙”，讀爲“篤”，專一不變。《論語・子張》：“子夏曰：‘博學而篤志，切問而近思，仁在其中矣。’”或讀爲“毒”，痛恨、憎恨。

笙

清華一・金縢13二公命邦人𦘔（盡）逡（復）笙（築）之

清華三・説命上02敚（説）方笙（築）城

清華三・琴舞13笙（篤）亓（其）絸（諫）卲（劭）

～，从“土”，“竹”聲。

清華一・金縢13“二公命邦人𦘔（盡）逡（復）笙之”之“笙”，即“築”，修建，建造。《戰國策・魏一》：“今乃有意西面而事秦，稱東藩，築帝宫，受冠帶，祠春秋，臣竊爲大王媿之。”

清華三・説命上02“笙城”，讀爲“築城”，建城。《詩・大雅・文王有聲》：“築城伊淢，作豐伊匹。”

清華三・琴舞13“笙”，讀爲“篤”。《爾雅・釋詁》：“篤，固也。”

䈞

清華一・金縢 09 蘇(秋)大䈞(熟)

清華三・赤鵠 05 䈞(孰)洀(調)虐(吾)鼜(羹)

清華五・啻門 05 䈞(孰)少而老

清華六・管仲 13 五穜時䈞(熟)

清華六・管仲 16 䈞(孰)可以爲君

清華六・管仲 16 䈞(孰)不可以爲君

清華六・管仲 21 亓(其)即君䈞(孰)諹(彰)也

清華六・管仲 23 䈞(篤)利而弗行

清華六・管仲 28 爲君與爲臣䈞(孰)袋(勞)

清華七・越公 31 乃以䈞(熟)飤(食)脂(脂)醢(醢)脯(脯)肬(羹)多從

清華八・邦道 07 亡(無)𦘒(盡)以䈞(熟)

 清華八・邦道 17 必箮(熟)𦖞(問)亓(其)行

～,與[字形](上博二・子 13)、[字形](上博二・容 46)、[字形](上博四・柬 13)、[字形](上博七・凡甲 5)、[字形](上博七・吴 8)同。《説文・亯部》:"箮,厚也。从亯,竹聲。讀若篤。"段玉裁注:"箮、篤亦古今字。箮與《二部》竺音義皆同。今字篤行而箮、篤廢矣。"《爾雅・釋詁》:"竺,厚也。"

清華一・金縢 09"蘇(秋)大箮(熟)"之"箮",讀爲歲熟之"熟",有收成,豐收。《書・金縢》:"秋,大熟,未穫。"《穀梁傳・宣公十六年》:"五穀大熟。"

清華六・管仲 13"五種時箮"之"箮",讀爲"熟",成熟。《莊子・人間世》:"夫柤梨橘柚果蓏之屬,實熟則剥。"

清華三・赤鵠 05,清華五・啻門 05,清華六・管仲 16、21、28"箮",讀爲"孰",疑問代詞。相當於"谁""什麼""哪个"。《楚辭・天問》:"圜則九重,孰營度之? 惟兹何功? 孰初作之?"《墨子・兼愛下》:"然當今之時,天下之害孰爲大?"《莊子・秋水》:"萬物一齊,孰短孰長?"

清華六・管仲 23"箮",讀爲"篤",加厚,增厚。《禮記・中庸》:"故天之生物,必因其材而篤焉。"《孟子・梁惠王下》:"以篤周祜。"

清華七・越公 31"箮飤",讀爲"熟食",煮熟的食物。《禮記・曲禮上》:"獻米者操量鼓,獻熟食者操醬齊。"

清華八・邦道 07"箮",讀爲"熟",成熟。

清華八・邦道 17"箮",讀爲"熟",仔細,周密。《韓非子・解老》:"行端直則思慮熟,思慮熟則得事理。"

端紐祝聲

祝

清華一・程寤 02 祝忻敂(袚)王

清華一・耆夜 08 复(作)祝誦一終曰《明₌(明明)上帝》

清華一・耆夜 09 复(作)孳(兹)祝誦

清華一・金縢 03 史乃册祝告先王曰

清華三・祝辭 01 乃執(執)釆(幣)以祝曰

清華三・祝辭 02 乃左執(執)土以祝曰

清華三・祝辭 02 旣(既)祝

清華八・八氣 05 祝韓(融)銜(率)火以飤(食)於痞(竈)

～,與(上博四・内 8)、(上博六・競 2)、(上博六・競 5)、(上博六・競 7)同。《説文・示部》:"祝,祭主贊詞者。从示、从人、口。一曰:从兑省。《易》曰:'兑爲口爲巫。'"

清華一・程寤 02"祝",祭祀時司禮儀的人。《詩・小雅・楚茨》:"工祝致告。"《禮記・曾子問》:"祫祭於祖,則祝迎四廟之主。"鄭玄注:"祝,接神者也。""祝忻","忻"是人名。

清華一・耆夜 08、09"作祝誦""作兹祝誦",參《詩・小雅・節南山》"家父作誦"、《詩・大雅・烝民》"吉甫作誦"。"祝誦",頌祝的詩篇。

清華一・金縢 03"册祝",把告神之言寫在册書上,讀以祝告神。亦指寫在册書上的祭告天地宗廟的祝詞或寫有祝詞的册書。《書・金縢》:"史乃册祝曰:'惟爾元孫某,遘厲虐疾。'"孔傳:"史爲册書祝辭也。"孔穎達疏:"告神之言,書之於策……史讀此策書以祝告神也。"

清華三・祝辭 01、02"祝",祝禱。《公羊傳・襄公二十九年》:"諸爲君者皆輕死爲勇,飲食必祝曰:'天苟有吴國,尚速有悔於予身。'"何休注:"祝,因祭祝也。”《韓詩外傳》卷十:“茅父之爲醫也,以莞爲席,以蒭爲狗,北面而祝之,發十言耳,諸扶輿而來者皆平復如故。”

清華八·八氣 05“祝䲰”,即“祝融”,神名。相傳爲帝嚳時的火官,後尊爲火神。《國語·鄭語》:“夫黎爲高辛氏火正,以淳燿敦大,天明地德,光照四海,故命之曰‘祝融’,其功大矣。”《吕氏春秋·孟夏》:“其神祝融。”高誘注:“祝融,顓頊氏後,老童之子,吴回也,爲高辛氏火正,死爲火官之神。”

書紐尗聲

戚

清華五·啻門 09 熋(氣)戚(蹙)乃老

楚文字“蔵”或作(包山 194)、(包山 12)、(上博五·三 3)、(唐維寺 3)、(唐維寺 4),郭店·性自命出 30“慼”作。《説文·戉部》:“戚,戉也。从戉,尗聲。”

清華五·啻門 09“戚”,讀爲“蹙”,急促,緊迫。《詩·小雅·小明》:“曷云其還,政事愈蹙。”毛傳:“蹙,促也。”鄭玄注:“何言其還,乃至於政事更益促急。”簡文“氣戚乃老”,氣不够用就變老。

定紐逐聲

逐

清華三·説命下 03 余肞(柔)遠能逐(邇)

清華六·管仲 07 遠逐(邇)卡₌(上下)

清華七·子犯 12 無遠逐(邇)見

清華八・邦道 12 母(毋)又(有)疋(疏)䙷(數)、遠逐(邇)

清華二・繫年 093 齊臧(莊)公光衒(率)自(師)以逐䜌(欒)浧(盈)

清華二・繫年 006 王與白(伯)盤迖(逐)坪(平)王

清華二・繫年 122 晉自(師)迖(逐)之

清華三・琴舞 09 迖(逐)思㮤(忱)之

清華六・太伯甲 08 虗(吾)迖(逐)王於鄗(葛)

清華六・太伯乙 07 虗(吾)迖(逐)王於鄗(葛)

～,从"辵",从"豕",會追豬之意。或作[illegible](上博三・周 43)、[illegible](上博五・競 10),从"辵",从"犬",會追犬之意,"逐"字異體。《説文・辵部》:"逐,追也。从辵,从豚省。"

清華三・説命下 03"腬遠能逐",讀爲"柔遠能邇",懷柔遠方,優撫近地,謂安撫籠絡遠近之人而使歸附。《書・舜典》:"柔遠能邇,惇德允元。"《詩・大雅・民勞》:"柔遠能邇,以定我王。"

清華六・管仲 07"遠逐卡₌",讀爲"遠邇上下",遠近上下。

清華七・子犯 12、清華八・邦道 12"遠逐",讀爲"遠邇",猶遠近。《書・盤庚上》:"乃不畏戎毒于遠邇。"孔傳:"不畏大毒於遠近。"《荀子・議兵》:"兵不血刃,遠邇來服。"

清華二・繫年 093"邇",近。《書・仲虺之誥》:"惟王不邇聲色,不殖貨

利。"《漢書・武五子傳》:"悉爾心,祗祗兢兢,乃惠乃順,毋桐好逸,毋邇宵人,惟法惟則。"顏師古注:"無好逸游之事,邇近小人也。""邇欒盈"的"邇"與"邇小人"的"邇",義同。(趙平安)或釋爲"逐",跟從。《史記・晉世家》:"齊莊公微遣欒逞于曲沃,以兵随之。"

清華二・繫年 006、122,清華六・太伯甲 08、太伯乙 07"逐",追赶,追逐。《左傳・隱公十一年》:"公孫閼與潁考叔爭車,潁考叔挾輈以走,子都拔棘以逐之。"

清華三・琴舞 09"迖思峇之",讀爲"篤思忱之",忠厚誠信。"迖","逐"字異體,讀爲"篤"。《爾雅・釋詁》:"篤,厚也。""篤",又有誠篤義。《後漢書・班彪列傳》:"彼將以世運未弘,非所謂賤焉恥乎？何其守道恬淡之篤也!"

邌

清華五・三壽 15 邌(邇)則文之悳(化)

清華七・越公 12 虐(吾)先王邌(逐)之走

～,从"辵","䢵"聲。甲骨文"㚔"作(屯 2531)、(《合集》29337)、(《合集》29332)、(《合集》29341)、(《合集》29334),从"犬","埶"聲。西周金文作(克鼎),省掉兩只手形,把字形結構調整爲左右結構。"䢵"是甲骨文的進一步省變,丨係"木"的省變,"豖"係"犬"的訛變。則是"邌"省去了"臼",省作"逐"。(趙平安)

清華五・三壽 15"邌",讀爲"邇",近。《詩・鄭風・東門之墠》:"其室則邇,其人甚遠。"

清華七・越公 12"邌",讀爲"邇",接近、逼近。簡文"邇之走"就是"近之走",指吾先王緊緊追趕。(趙平安)《穀梁傳・莊公十八年》:"以公之追之,不使戎邇於我也。"范甯注:"邇,猶近也。不使戎得逼近於我。"或釋爲"逐"。

來紐六聲

六

 清華一・程寤 03 忻(祈)于六末山川

 清華二・繫年 034 立六年

 清華二・繫年 055 靁(靈)公高立六年

 清華三・琴舞 10 六㓝(啓)曰

 清華四・筮法 01 六虖(虛)

 清華四・算表 01 六

 清華四・算表 15 六

 清華四・算表 15 六

 清華四・算表 18 六

 清華四・算表 19 六

 清華四・算表 20 六

 清華四・算表 04 百六十

 清華四・算表 13 百六十

 清華四・算表 04 千六百

 清華四・算表 08 千六百

 清華四・算表 10 千六百

 清華四・算表 15 三十六

 清華四・算表 17 三十六

 清華四・算表 12 𠦃=(三十)六

 清華四・算表 03 三百六十

 清華四・算表 08 三百六十

 清華四・算表 12 三百六十

 清華四・算表 03 三千六百

 清華四・算表 06 三千六百

 清華四·算表 08 三千六百

 清華四·算表 13 五十六

 清華四·算表 14 五十六

 清華四·算表 04 五百六十

 清華四·算表 13 五百六十

 清華四·算表 04 五千六百

 清華四·算表 05 五千六百

 清華四·算表 12 六十三

 清華四·算表 06 六百

 清華四·算表 09 六百

 清華四·算表 10 六百

 清華四·算表 11 六百

 清華四·算表 03 六百丗₌(三十)

 清華四·算表 05 六百世=(三十)

清華四·算表 12 六百世=(三十)

 清華四·算表 14 六百世=(三十)

 清華四·算表 04 六百四十

清華四·算表 13 六百四十

清華四·算表 03 六千三百

清華四·算表 05 六千三百

 清華四·算表 04 六千四百

 清華四·算表 13 十六

 清華四·算表 17 十六

 清華四·算表 19 十六

 清華五·命訓 05 六亟(極)既達

 清華五・命訓 07(殘)六

 清華五・命訓 10 凡氒(厥)六者

 清華五・命訓 11 是古(故)明王奉此六者

 清華五・啻門 04 六以行之

 清華五・啻門 07 六月生肉

 清華五・啻門 19 六以行之

 清華五・啻門 20 六以行之

 清華六・管仲 10 攸(修)六正(政)

 清華六・管仲 13 是古(故)六頎(擾)不脨(瘠)

 清華六・子儀 03 徒繞(逸)于舊典六百

 清華六・子産 16 産専(傅)於六正

 清華六・子産 21 乃埶(設)六甫(輔)

 清華四・筮法 55 卯酉(酉)六

 清華七・趙簡子 08 六寶(府)盜(盈)

 清華七・趙簡子 08 宮中六窹(竈)

 清華七・趙簡子 08 并六祀

 清華七・趙簡子 09 宮中六窹(竈)

 清華七・趙簡子 09 并六祀

 清華八・邦道 26 亓(其)粟(粟)米六頪(擾)敗(敗)渫(竭)

 清華八・八氣 01 自冬至以箅(算)六旬癹(發)燹(氣)

 清華八・八氣 02 或六旬白零(露)降

 清華八・八氣 03 或六旬霜降

 清華八・八氣 03 或六旬日北〈南〉至

 清華八・虞夏 02 祭器六匿(簠)

 清華一・耆夜 06(背)六

清華一·金縢 06(背)六

清華一·皇門 06(背)六

清華一·祭公 06(背)六

清華二·繫年 006(背)六

清華二·繫年 106(背)百六

清華二·繫年 116(背)百十六

清華二·繫年 126(背)百廿(二十)六

清華二·繫年 136(背)百卅(三十)六

清華三·説命上 06(背)六

清華三·説命中 06(背)六

清華三·説命下 06(背)六

清華三·琴舞 06(背)六

清華三·芮良夫 06(背)六

清華三·赤鵠06(背)六

清華五·厚父06(背)六

清華五·封許06(背)六

清華五·命訓06(背)六

清華五·三壽06(背)六

清華八·攝命06(背)六

清華八·邦政06(背)六

清華八·處位06(背)六

～,與(上博二·容30)、(上博三·周7)、(上博三·周26)同。或作。《説文·六部》:"六,《易》之數,陰變於六,正於八。从入、从八。"

清華一·程寤03"六末",疑指天地四方。

清華三·琴舞10"六戌",即"六啓",六章之啓。

清華四·筮法01"六虐",即"六虛"。《易·繫辭下》:"周流六虛。"王弼注:"六位也。"此處前一卦例,合觀左右,初至上六爻之位均有陽爻,故云"六虛"。

清華五·命訓05"六亟(極)既達",今本《逸周書·命訓》作"六極既通,六間具塞"。"六極",即上文所説的六種"度至于極"的情形。

清華五·命訓10"凡毕(厥)六者",今本《逸周書·命訓》作"凡此六者,政之始也"。

清華五・啻門 04、19、20“六以行之”,昼、夜、春、夏、秋、冬運行。

清華五・啻門 07“六月生肉”,六個月的時候生出了肉。

清華六・管仲 10“六正”,讀爲“六政”,見於《大戴禮記・盛德》:“御天地與人與事者,亦有六政。”盧辯注:“六政,謂道德仁聖禮義也。”《左傳・襄公二十五年》:“自六正、五吏、三十帥、三軍之大夫、百官之正長、師旅及處守者,皆有賂。”杜預注:“三軍之六卿。”

清華六・子產 16“六正”,即六官。參上。

清華六・子產 21“六甫”,讀爲“六輔”,指子羽、子剌、颬(蔑)明、卑登、佸之叏、王子百六人。

清華七・趙簡子 08“六寳”,即“六府”,職掌收藏各類物資。《禮記・曲禮下》:“天子之六府,曰:司土、司木、司水、司草、司器、司貨,典司六職。”鄭玄注:“府,主藏六物之税者。此亦殷時制也。周則皆屬司徒。司土,土均也;司木,山虞也;司水,川衡也;司草,稻人也;司器,角人也;司貨,丱人也。”

清華七・趙簡子 08、09“六宿”,即“六竈”,指六宫之竈。相傳天子有六宫。《周禮・天官・内宰》:“以陰禮教六宫。”鄭玄注認爲正寢一、燕寢五爲六宫。

清華七・趙簡子 08、09“六祀”,指六種祭祀。《禮記・曲禮下》:“天子祭天地,祭四方,祭山川,祭五祀,歲徧。”鄭玄注:“五祀,户、竈、中霤、門、行也。”班固《白虎通・五祀》以門、户、井、竈、中霤爲五祀。祭竈爲五祀之一。《周禮・春官・大祝》:“掌六祈,以同鬼神示,一曰類,二曰造,三曰禬,四曰禜,五曰攻,六曰説。”鄭司農云:“類、造、禬、禜、攻、説皆祭名也。”

清華六・管仲 13“六膜”、清華八・邦道 26“六頿”,讀爲“六擾”,即六畜。《周禮・夏官・職方氏》:“河南曰豫州……其畜宜六擾,其穀宜五種。”鄭玄注:“六擾:馬、牛、羊、豕、犬、雞。”《漢書・地理志》顔師古注:“馬、牛、羊、豕、犬、雞也,謂之擾者,言人所馴養也。”

清華八・虞夏 02“六�”,即六簠,六件簠。

陸

清華七・越公 34 陸(陵)陸(陸)陸(陵)稼(稼)

~,戰國文字或作(上博三・周 50)、(歷博・燕 108)。《説文・自

部》:“陸,高平地。从𠂤、从坴,坴亦聲。,籀文陸。”

清華七・越公 34“陞陕”,即“陵陸”,山地與平地。《管子・地圖》:“轘轅之險,濫車之水,名山、通谷、經川、陵陸、丘阜之所在,苴草、林木、蒲葦之所茂,道里之遠近,城郭之大小,名邑、廢邑、困殖之地,必盡知之。”“陸”,或讀爲“稑”,《説文》:“稑,疾孰也。从禾,坴聲。《詩》曰:黍稷種稑。”許引詩見於《詩・魯頌・閟宫》:“黍稷重穋,稙稺菽麥。”但此處“稑”作名詞用,《後漢書・禮儀志上》“力田種各耰訖”劉昭注引干寶《周禮注》曰:“稑,陵穀,黍稷之屬。”簡文是説,山地的黍稷就在山地種植,水田則種植稻穀。(陳偉武)

清紐戚聲

感

清華一・程寤 05 隹(惟)商感才(在)周

清華一・程寤 05 周感才(在)商

清華一・金縢 02 未可以感(戚)虐(吾)先王

清華七・越公 46 則顒(羣)感(蹙)不忩(豫)

清華八・邦道 23 皮(彼)上有所可感

清華八・邦道 23 可感弗感

清華八・邦道 23 可感弗感

清華八・邦道 24 可慼乃慼

清華八・邦道 24 可慼乃慼

清華八・邦道 24 皮(彼)上之所慼

清華八・邦道 25 上乃𢝊(憂)慼

～,與(上博一・孔 4)同,从"心","戚"聲。"戚",郭店簡作(尊德義 7)、(語叢一 34)。《說文・心部》:"慽,憂也。从心,戚聲。"

清華一・程寤 05,清華八・邦道 23、24"慼",憂。《左傳・僖公二十四年》:"《詩》曰:'自詒伊慼。'其子臧之謂矣。"杜預注:"慼,憂也。"簡文指商周互爲憂患。

清華一・金縢 02"慼",或訓打動。(廖名春)或訓憂。或訓近。《書・金縢》:"周公曰:'未可以戚我先王?'"孔傳:"戚,近也。"

清華七・越公 46"顣慼",讀爲"顰蹙"(鄔可晶)或"顰顣",皺眉蹙額。形容憂愁不樂。北齊顏之推《顏氏家訓・治家》:"嘗寄人宅,奴婢徹屋爲薪略盡,聞之顰蹙,卒無一言。"《玉篇・頻部》:"顰,顰蹙,憂愁不樂之狀也。""顰蹙"與上文"怡舒"意思相反,憂愁不樂之狀也。簡文意謂越王見到執事人心裏憂愁不開心,不給他們飲品和食物。

清華八・邦道 25"𢝊慼",即"憂慼",憂愁煩惱。典籍或作"憂戚"。《墨子・尚賢中》:"是以美善在上,而所怨謗在下,寧樂在君,憂慼在臣。"《莊子・讓王》:"君固愁身傷生,以憂戚不得也。"

心紐㑊聲

㑊

清華一・保訓 11 日不足隹㑊(宿)不羕

清華三・琴舞 03 訖(遹)我㑊(夙)夜不兔(逸)

清華三・琴舞 06 㑊(夙)夜不解(懈)

清華六・子儀 08 㑊(宿)君又𦧻(尋)言(焉)

清華六・子儀 13 不敦(穀)㑊(宿)之需(靈)忎(陰)

～,與(上博二・容 28)、(上博三・周 37)同。《説文・宀部》:"宿,止也。从宀,㑊聲。㑊,古文夙。"

清華一・保訓 11"日不足隹㑊(宿)不羕",可參《逸周書・大開》"維宿不悉日不足",《小開》"宿不悉日不足"。簡文"宿不羕",或讀爲"夙不永",夜不長,珍惜時光,勉人勤奮。(李零)或讀爲"宿不詳",與"宿不悉"義近,戒之不盡也。丁宗洛《逸周書管箋》據《禮記・祭統》鄭玄注云:"宿讀爲肅,戒也。宿不悉,言戒之不盡也。"或讀爲"速不祥",招致災禍。(趙平安)

清華三・琴舞 03"㑊(夙)夜不兔(逸)"、清華三・琴舞 06"㑊(夙)夜不解(懈)",意思相近。"㑊夜",讀爲"夙夜",朝夕,日夜。《禮記・祭統》:"乃考文叔,興舊耆欲,作率慶士,躬恤衛國,其勤公家,夙夜不解,民咸曰休哉!"《吕氏春秋・首時》:"武王事之,夙夜不懈,亦不忘王門之辱。"

清華六・子儀 08"㑊(宿)君又𦧻(尋)言(焉)"之"㑊",即"宿"。《左傳・昭公二十九年》:"官宿其業。"孔穎達疏引服虔曰:"宿,思也。"《方言》卷一:"自關而西,秦晉梁益之間,凡物長謂之尋。"

清華六・子儀 13“㑴”,即“宿”,住宿、過夜。《詩・邶風・泉水》:“出宿于泲,飲餞于禰。”

心紐夙聲

夙

清華八・攝命 10 女(汝)亦母(毋)不夙(夙)夕巠(經)悳(德)

清華八・攝命 16 鮮隹(唯)楚(胥)台(以)夙(夙)夕敬(敬)

～,與(上博五・季 10)同。《説文・夕部》:“夙,早敬也,从丮、夕。持事雖夕不休,早敬者也。”徐鉉等曰:“今俗書作夙,譌。”

清華八・攝命 10、16“夙夕”,即“夙夕”,早晚,日夜。《左傳・襄公二十六年》:“夙興夜寐,朝夕臨政,此以知其恤民也。”牧簋(《集成》04343):“敬夙夕,勿灋(廢)朕命。”

並紐复聲

𠰗

清華三・説命中 04 隹(惟)乃𠰗(腹)

～,即“复”字繁體,贅加“口”旁。楚文字“复”或作(上博三・周 22)、(郭店・老子甲 1)。

清華三・説命中 04“𠰗”,讀爲“腹”,腹心。《詩・周南・兔罝》:“公侯腹心。”或連下讀“隹(惟)乃𠰗非乃身”,“𠰗非”,讀爲“腑肺”,即“肺腑”,泛指人體的内臟,比喻極親近的人。《史記・魏其武安侯列傳》:“上初即位,富於春秋,蚡以肺腑爲京師相。”司馬貞《索隱》:“腑音府,肺音廢,言如肝肺之相附。又云:柿,木札;附,木皮也。”(白於藍)

輹

 清華六·太伯甲 06 輹(覆)車閟(襲)𦳋

 清華六·太伯乙 05 輹(覆)車閟(襲)𦳋

《説文·車部》:"輹,車軸縛也。从車,复聲。《易》曰:'輿脱輹。'"

清華六·太伯"輹",讀爲"覆"。《左傳·隱公九年》:"君爲三覆以待之。"杜預注:"覆,伏兵也。"

𢾾

 清華八·邦政 07 上下相𢾾(復)也

～,从"支","畗"聲。

清華八·邦政 07"𢾾",讀爲"復"。《荀子·臣道》:"以德復君而化之。"楊倞注:"復,報也。"

腹

 清華六·太伯甲 05 故(鼓)亓(其)腹心

 清華六·太伯乙 04 故(鼓)亓(其)腹心

《説文·肉部》:"腹,厚也。从肉,复聲。"

清華六·太伯甲 05、太伯乙 04"腹心",肚腹與心臟,皆人體重要器官,亦比喻賢智策謀之臣。《詩·周南·兔罝》:"肅肅兔罝,施于中林;赳赳武夫,公侯腹心。"鄭箋:"此罝兔之人,行於攻伐,可用爲策謀之臣,使之慮事,亦言賢也。"《孟子·離婁下》:"君之視臣如手足,則臣視君如腹心。"

複

清華六・太伯甲 02 白(伯)父是(實)被複(覆)

清華六・太伯乙 02……被複(覆)

《説文・衣部》:“複,重衣皃。从衣,复聲。一曰:褚衣。”

清華六・太伯“被複”,讀爲“被覆”,覆蓋,掩蔽。《釋名・釋衣服》:“被,被也,所以被覆人也。”

逡

清華一・保訓 08 以逡(復)又(有)昜

清華一・耆夜 06 遂(後)籗(爵)乃逡(復)

清華一・金縢 13 二公命邦人聿(盡)逡(復)笙(築)之

清華一・皇門 05 先(先人)神示(祇)逡(復)式〈式〉用休

清華一・楚居 08 爲郢逡(復)遷(徙)居免郢

清華一・楚居 12 女(焉)逡(復)遷(徙)居秦(乾)溪之上

清華一・楚居 13 逡(復)遷(徙)衺(襲)娧(媺)郢

清華一・楚居 14 王大(太)子以邦逡(復)於湫(沈)郢

清華一・楚居 15 王自鄩(蔡)逡(復)郊(鄢)

清華一・楚居 15 鄘郢逡(復)於鄺(鄗)

清華三・琴舞 16 思豐亓(其)逡(復)

清華三・芮良夫 05 㬥(顧)皮(彼)逡(後)逡(復)

清華四・別卦 05 逡(復)

清華五・湯丘 04 湯反逡(復)見少(小)臣

清華五・三壽 27 㬥(顧)逡(復)孳(勉)䎽(祗)

清華五・三壽 28 天㬥(顧)逡(復)止甬(用)休

清華六・子儀 19 臣見遺者弗逡(復)

清華七・越公 26 雩(越)王句戔(踐)牆(將)忈(惎)逡(復)吳

清華七・越公 57 可逡(復)

清華七・越公 57 弗逘(復)

清華八・心中 01 逘(復)何若倞(諒)

清華二・繫年 047 秦耑(師)乃逘(復)

清華二・繫年 068 所不逘(復)頓於齊

清華二・繫年 084 卲(昭)王女(焉)逘(復)邦

清華二・繫年 094 以逘(復)坪(平)侌(陰)之自(師)

清華二・繫年 095 以逘(復)朝訶(歌)之自(師)

清華二・繫年 102 楚卲(昭)王戠(侵)洢(伊)、洛以逘(復)方城之自(師)

清華二・繫年 104 囟(使)各逘(復)亓(其)邦

清華二・繫年 106 卲(昭)王既逘(復)邦

清華二・繫年 116 以逘(復)黃池之自(師)

清華二·繫年 133 以逿(復)長陵之𠂤(師)

清華二·繫年 134 以逿(復)鄐(部)之𠂤(師)

～,與(上博二·從乙 3)、(上博二·容 28)、(上博四·曹 52)、(上博六·壽 4)同,从"辵","复"聲,"復"字異體。《説文·彳部》:"復,往來也。从彳,复聲。"

清華一·保訓 08、清華七·越公 26"逿",即"復",報復。《越絶書·外傳計倪傳》:"(子胥)三年自咎,不親妻子,饑不飽食,寒不重綵,結心於越,欲復其仇。"

清華一·金縢 13、清華一·皇門 05"逿",即"復",報。《左傳·定公四年》:"初,伍員與申包胥友。其亡也,謂申包胥曰:'我必復楚國。'"杜預注:"復,報也。"

清華一·耆夜 06,清華一·楚居 08、12、13、14、15"逿",即"復",再,又。

清華三·琴舞 16"思豐亓(其)逿(復)"之"逿",即"復",報。或説"復",庇護。《詩·小雅·蓼莪》:"顧我復我,出入腹我。"高亨注:"復借爲覆。庇護之意。"(《詩經今注》第三〇八頁,上海古籍出版社,一九八〇年)句意是豐大其庇護。

清華三·芮良夫 05"㬥皮逡逿",讀爲"顧彼後復"。《周禮·秋官·大司寇》:"凡遠近惸獨老幼之欲有復於上而其長弗達者。"鄭玄注:"復,猶報也。"

清華四·别卦 05"逿",即"復",卦名。《易·復》:"《復》:亨。出入無疾。朋來無咎。反復其道,七日來復。利有攸往。"

清華五·湯丘 04"反逿",即"反復",重復再三,翻來覆去。《易·乾》:"終日乾乾,反復道也。"朱熹《周易本義》:"反復,重復踐行之意。"

清華五·三壽 27、28"㬥逿",讀爲"顧復",反復。

清華二·繫年 047、清華六·子儀 19"逿",即"復",返回。

清華七·越公 57"逿",即"復",踐行。《論語·學而》:"信近於義,言可復也。"朱熹《集注》:"復,踐言也。"簡文"可復弗復",可以踐行卻不踐行,意思是空言不行。"復",或訓爲"返還",簡文指收回成命。(石小力)

清華八·心中 01"逿何若倞",讀爲"復何若諒",又何以信。"逿",即"復"。《論語·雍也》:"如有復我者。"皇侃疏:"復,又也。"

清華二·繫年 068"逿頧",或讀爲"復仇",報仇。《越絶書·敘外傳記》:

“臣不討賊,子不復仇,非臣子也。”

清華二・繫年 084、106“逿(復)邦”,即“復國”,謂被逐的諸侯歸復君位。《楚辭・九辯》:“竊美申包胥之氣盛兮。”王逸注:“昭王復國,故言氣盛也。”《左傳・襄公十四年》:“衛侯其不得入矣。其言糞土也,亡而不變,何以復國?”

清華二・繫年 094“以逿坪侌之自”,讀爲“以復平陰之師”。參《左傳・襄公二十三年》:“齊侯遂伐晉,取朝歌……以報平陰之役。”

清華二・繫年 095“以逿朝訶之自”,讀爲“以復朝歌之師”。參《左傳・襄公二十五年》:“伐齊,以報朝歌之役。”

清華二・繫年 104“囟各逿亓邦”,讀爲“使各復其邦”。《左傳・昭公十三年》:“楚之滅蔡也,靈王遷許、胡、沈、道、房、申於荆焉。平王即位,既封陳、蔡,而皆復之,禮也。”

清華二・繫年 102、116、133、134“逿”,即“復”,報。

�St

清華一・金縢 08 亡(無)以遷(復)見於先王

清華五・命訓 10 不忠則亡(無)遷(復)

清華六・子産 06 出言遷(覆)

清華六・子産 28 先謀人以遷(復)于身

～,與(上博一・性 31)、(上博五・弟 5)、(上博七・武 13)同,从“逿”,贅加“口”,“復”字異體。

清華一・金縢 08“遷”,即“復”,再,又。

清華五・命訓 10“不忠則亡(無)遷(復)”,今本《逸周書・命訓》作“不忠則無報”。《左傳・昭公六年》“復書曰”,杜預注:“復,報也。”

清華六・子産 06“遷”,讀爲“覆”。《爾雅・釋詁》:“覆,審也。”簡文“出言覆”,

説話審慎。《文子・微明》:“言者、禍也,舌者、機也。出言不當,駟馬不追。”

清華六・子産28“遵”,即“復”,返回。

𢔧

清華四・筮法08内(入),乃𢔧(復)

清華四・筮法23述(遂);謱(數)内(入),𢔧(復)

清華五・厚父06真(顛)𢔧(覆)氒(厥)悳(德)

～,从“彳”,“复”(贅加“口”)聲,“復”字異體。

清華四・筮法08、23“𢔧”,即“復”,返歸,與“遂”義相反。

清華五・厚父06“真𢔧”,讀爲“顛覆”,顛倒失序。《書・胤征》:“惟時羲和,顛覆厥德,沈亂於酒,畔官離次。”孔穎達疏:“惟是羲和顛倒其奉上之德,而沈没昏亂於酒。”《墨子・非儒下》:“顛覆上下,悖逆父母。”

𨒪

清華一・尹誥02民𨒪(復)之甬(用)麗(離)心

～,與[glyph](上博八・命5)同,从“止”,“复”聲,“復”字異體。

清華一・尹誥02“𨒪”,即“復”。《左傳・昭公六年》“復書曰”,杜預注:“復,報也。”

明紐目聲

目

清華二・繫年137陳疾目衍(率)車千𨍭(乘)

 清華三・芮良夫04 此心目亡(無)亟(極)

 清華三・祝辭04 童(同)以目

 清華五・三壽21 而天目母(毋)眉(眯)

 清華六・管仲04 目、耳則心之末

 清華六・管仲04 心亡(無)恚(圖)則目、耳豫(野)

 清華六・子儀17 尚諯(端)項賠(瞻)遊目以眘我秦邦

 清華七・越公75 孤余奚(奚)面目以視于天下

 清華八・邦道27 古(故)方(防)敚(奪)君目

 清華八・心中01 目、耳、口、縺(肢)四者爲想(相)

 清華八・心中02 目古(故)視之

～,與(上博二・民6)、(上博六・天甲7)同。《說文・目部》:"目,人眼。象形。重童子也。凡目之屬皆从目。,古文目。"

清華二・繫年137"陳疾目",齊國將帥。齊陶文有"豆里疾目",人名,見《陶録》2・463・1—2・465・4。

清華三・芮良夫04"心目",心和眼。《國語・晉語一》:"上下左右,以相

心目。”

清華三・祝辭 04“童以目”，讀爲“同以目”，矢發方嚮與射者之目平齊。

清華五・三壽 21“而天目母眉”，讀爲“而天目毋眯”，上天的眼睛不進雜物，即不被雜物所蒙蔽。上博五・君 6“凡目毋遊”，目光不要亂轉動。

清華六・管仲 04“目、耳則心之末”、清華八・心中 01“目耳”，眼睛和耳朵。常作“耳目”。《禮記・仲尼燕居》：“若無禮，則手足無所錯，耳目無所加，進退揖讓無所制。”

清華六・子儀 17“遊目”，轉動目光。《儀禮・士相見禮》：“若父，則遊目，毋上於面，毋下於帶。”

清華七・越公 75“孤余奚(奚)面目以視于天下”之“面目”，面子、顔面。《國語・吴語》：“使死者無知，則已矣；若其有知，吾何面目以見員也。”《漢書・王陵傳》：“今高帝崩，太后女主，欲王吕氏，諸君縱欲阿意背約，何面目見高帝於地下乎！”

清華八・邦道 27“古方敚君目”，讀爲“故防奪君目”。《左傳・昭公九年》：“女爲君目，將司明也。服以旌禮，禮以行事，事有其物，物有其容。今君之容，非其物也，而女不見，是不明也。”

清華八・心中 02“目古視之”，讀爲“目故視之”。參《吕氏春秋・精諭》：“目視於無形，耳聽於無聲，商聞雖衆，弗能窺矣。”

明紐穆聲

穆

清華一・耆夜 04 穆=(穆穆)克邦

清華一・金縢 01 我亓(其)爲王穆卜

清華一・楚居 10 至穆王自嬰(睽)郢遷(徙)袞(襲)爲郢

清華二・繫年 033 秦穆公乃内惠公于晉

清華二・繫年 035 秦穆公以亓(其)子妻之

清華二・繫年 037 秦穆公乃訋(召)文公於楚

清華二・繫年 039 穆(勠)力同心

清華二・繫年 048 秦穆公欲與楚人爲好

清華二・繫年 056 楚穆王立八年

清華二・繫年 057 穆王思(使)毆(驅)褁(孟)者(諸)之麋

清華二・繫年 058 穆王即殜(世)

清華二・繫年 074 陳公子諻(徵)郐(舒)取(娶)妻于奠(鄭)穆公

清華三・良臣 07 秦穆公又(有)㝵(殺)大夫

清華四・筮法 06 佋(昭)穆,見

清華四・筮法 09 見述(術)日、妻夫、佋(昭)穆、上毀,亡咎

 清華四·筮法 41 亓(其)余(餘)佋(昭)穆,果

 清華五·三壽 14 走(上)卲(昭)怭(順)穆而敬民之行

 清華六·子儀 04 君及不敎(穀)剸(專)心穆(勠)力以左右者(諸)侯

 清華八·攝命 19 乃乍(作)穆₌(穆穆)

 清華八·攝命 25 穆₌(穆穆)不(丕)顯

～,與(上博一·緇 17)、(上博四·采 1)同。《説文·禾部》:"穆,禾也。从禾,㣎聲。"

清華一·耆夜 04,清華八·攝命 19、25"穆₌",即"穆穆"。《詩·大雅·文王》:"穆穆文王,於緝熙敬止。"毛傳:"穆穆,美也。"《爾雅·釋訓》:"穆穆、肅肅,敬也。"郭璞注:"皆容儀謹敬。"《大戴禮記·五帝德》:"亹亹穆穆,爲綱爲紀。"

清華一·金縢 01"穆卜",恭敬地卜問吉凶。《書·金縢》:"我其爲王穆卜。"孔傳:"穆,敬……言王疾當敬卜吉凶。"

清華二·繫年 033、035、037、048,清華三·良臣 07"秦穆公",《史記·秦本紀》:"德公生三十三歲而立,立二年卒。生子三人:長子宣公,中子成公,少子穆公。""成公立四年卒。子七人,莫立,立其弟繆公。繆公任好元年,自將伐茅津,勝之。"

清華二·繫年 039、清華六·子儀 04"穆力同心",讀爲"勠力同心",謂齊心協力。"勠",或作"戮"。《左傳·成公十三年》:"昔逮我獻公,及穆公相好,戮力同心,申之以盟誓,重之以昏姻。"《書·湯誥》:"聿求元聖,與之戮力,以與爾有衆請命。"孔穎達疏:"戮力,猶勉力也。"

清華一·楚居 10,清華二·繫年 056、057、058"楚穆王",《史記·楚世

家》:"丁未,成王自絞殺。商臣代立,是爲穆王。穆王立,以其太子宫予潘崇,使爲太師,掌國事。穆王三年,滅江。四年,滅六、蓼。"

清華二·繫年 074"奠穆公",讀爲"鄭穆公"。《國語·楚語上》:"昔陳公子夏爲御叔娶於鄭穆公,生子南。"

清華四·筮法 06、09、41"佋穆",讀爲"昭穆"。古代宗法制度,宗廟或宗廟中神主的排列次序,始祖居中,以下父子(祖、父)遞爲昭穆,左爲昭,右爲穆。《周禮·春官·小宗伯》:"辨廟祧之昭穆。"鄭玄注:"父曰昭,子曰穆。"《鹽鐵論·憂邊》:"魯定公序昭穆,順祖禰。"

清華五·三壽 14"走(上)卲(昭)怸(順)穆","昭""穆",輩分之排位。《禮記·祭統》:"昭穆者,所以别父子、遠近、長幼、親疏之序而無亂也。"

正編·冬部

冬　部

見紐宮聲

宮

 清華一・楚居 10 遷(徙)居同宮之北

 清華三・良臣 03 又(有)南宮适

 清華三・良臣 03 又(有)南宮夭

 清華四・筮法 35 宮廷之立(位)

 清華六・孺子 06 老婦亦牆(將)丩(糾)攸(修)宮中之正(政)

 清華六・太伯甲 11 㪗(爲)大亓(其)宮

 清華六・太伯乙 09 㪗(爲)大亓(其)宮

清華六・子産 23 勑(飾)㪅(美)宮室衣裘

清華七・趙簡子 08 宮中六窖(竈)并六祀

清華七・趙簡子 09 宮中六窖(竈)并六祀

清華七・趙簡子 10 宮中卅=(三十)里

清華七・趙簡子 10 宮中三壴(臺)

清華七・越公 54 乃御(趣)詢(徇)于王宮

清華七・越公 69 回(圍)王宮

清華八・邦政 03 宮室少(小)窜(卑)以埔(迫)

清華八・邦政 07 亓(其)宮室墨(坦)大以高

～,與(上博二・容 38)、(上博五・三 8)、(郭店・成之聞之 7)、(歷博・燕 29)同。《説文・宀部》:“宮,室也。从宀,躳省聲。”

清華一・楚居 10“同宮之北”,地名。

清華三・良臣 03“南宮适”,又作“南宮括”。《書・君奭》:“惟文王尚克修和我有夏,亦惟有若虢叔,有若閎夭,有若散宜生,有若泰顛,有若南宮括。”

清華三・良臣 03“南宮夭”,人名,不見於傳世文獻。

清華四・筮法 35“宮廷之立”,讀爲“宮廷之位”。《論衡・書解篇》:“世儒業易爲,故世人學之多;非事可析第,故宫廷設其位。""宫廷",帝王的住所。《史記·秦始皇本紀》:"始皇以爲咸陽人多,先王之宫廷小……乃營作朝宫渭南上林苑中。"

清華六·孺子06"攸宫中之正",讀爲"修宫中之政"。參《周禮·天官·宰夫》:"正歲,則以灋警戒群吏,令脩宫中之職事,書其能者與其良者,而以告於上。"

清華六·太伯甲11、太伯乙09"大亓宫",讀爲"大其宫"。參《管子·四稱》:"大其宫室,高其臺榭。"

清華七·趙簡子08、09、10"宫中",帝王之宫。《吕氏春秋·慎勢》:"古之王者,擇天下之中而立國,擇國之中而立宫,擇宫之中而立廟。"簡文指晉平公修築的虒祁宫。《左傳·昭公八年》:"於是晉侯方築虒祁之宫。"杜預注:"虒祁,地名,在絳西四十里,臨汾水。"

清華七·越公69"回王宫",讀爲"圍王宫"。參《墨子·非攻中》:"越王句踐視吴上下不相得,收其衆以復其讎,入北郭,徙大内,圍王宫,而吴國以亡。"

清華六·子産23,清華八·邦政03、07"宫室",指帝王的宫殿。《管子·禁藏》:"夫明王不美宫室,非喜小也。"《孟子·滕文公下》:"壞宫室以爲汙池。"

躳

清華四·筮法32躳身之立(位)

清華六·孺子07娓(媚)妬之臣躳(躬)共(恭)亓(其)蓭(顔)色

～,戰國文字或作[字形](上博三·周49)、[字形](上博三·周54)、[字形](上博五·姑1)、[字形](上博八·蘭3)。《説文·吕部》:"躳,身也,从身、从吕。[字形],躳或从弓。"

清華四·筮法32"躳身",自身、自己。《國語·越語下》:"王若行之,將妨於國家,靡王躬身。"

清華六·孺子07"躳",親自、親身。《論語·憲問》:"禹、稷躬稼而有天下。"

窮(窮)

清華一・楚居01 氏(抵)于空(穴)窮

清華五・啻門10 燹屈乃終,百志皆窮(窮)

清華六・子儀05 公命窮(窮)韋陞(昇)琫(琴)奏甬(鏞)

清華八・攝命01 余亦叜窮亡可事(使)

～,或从"宀",从"身"作(郭店・老子乙14)、(郭店・窮達以時15)、(郭店・窮達以時11)、(郭店・窮達以時14)。或从"穴",从"身"作(九A49)。或从"宀""身""吕"作(郭店・唐虞之道3)、(上博八・命1)、(左塚漆梮)。或从"穴""身""吕"作(郭店・成之聞之14)、(新蔡甲三404)、(新蔡乙四125)。或从"穴""身""臣"作(郭店・成之聞之11)。《説文・穴部》:"窮,極也。从穴,躳聲。"

清華一・楚居01"空窮",或讀爲"穴洞",即洞穴,山洞。揚雄《羽獵賦》:"入洞穴,出蒼梧。"或讀爲"穴熊"。

清華五・啻門10"燹屈乃終,百志皆窮",讀爲"氣屈乃終,百志皆窮"。《吕氏春秋・下賢》:"與物變化,而無所終窮。"高誘注:"窮,極也。"《莊子・大宗師》:"相忘以生,无所終窮。""終窮",終極,窮盡。

清華六・子儀05"窮韋",似爲人名。

清華八・攝命01"窮",困窘,窘急。《墨子・非儒下》:"孔某窮於蔡陳之間。"《韓非子・説難》:"(彼)自智其計,則毋以其敗窮之。"《戰國策・秦二》:"秦惠王死,公孫衍欲窮張儀。"《韓詩外傳》:"獸窮則齧,鳥窮則啄,人窮則詐。"

匣紐夅聲

降

 清華一・楚居 01 季繼(連)初降於郻山

 清華二・繫年 006 曾(繒)人乃降西戎

 清華二・繫年 045 奠(鄭)降秦

 清華二・繫年 045 不降晉

 清華五・厚父 02 乃降之民

 清華五・厚父 05 古天降下民

 清華六・子儀 15 降上品之

 清華七・晉文公 05 爲降龍之羿(旗)師(師)以退

 清華七・越公 02 上帝降□□[於]雩(越)邦

 清華八・八氣 01 甘零(露)降

 清華八・八氣 01 自降之日

 清華八・八氣 03 或六旬白霮(露)降

 清華八・八氣 03 或六旬霜降

～,與𨸏(上博六・用 9)、𨸏(上博六・用 11)同。《説文・𨸏部》:"降,下也。从𨸏,夅聲。"

清華一・楚居 01"季繼(連)初降於郻山"之"降",從高處往下走。與"陟"相對。《詩・大雅・公劉》:"陟則在巘,復降在原。"鄭箋:"陟,升;降,下也。"

清華二・繫年 006、045"降",投降。《春秋・莊公八年》:"夏,(魯)師及齊師圍郕。郕降于齊師。"

清華五・厚父 02"乃降之民"、05"古天降下民",參《孟子・梁惠王下》:"《書》曰:'天降下民,作之君,作之師。惟曰其助上帝,寵之四方,有罪無罪惟我在,天下曷敢有越厥志?'"

清華七・晉文公 05"爲降龍之羿師以退",讀爲"爲降龍之旗師以退"。《周禮・春官・司常》"日月爲常,交龍爲旂,通帛爲旜,雜帛爲物,熊虎爲旗,鳥隼爲旟,龜蛇爲旐,全羽爲旞,析羽爲旌",鄭玄注"交龍爲旂":"諸侯畫交龍,一象其升朝,一象其下復也。"《後漢書・輿服志》:"賢仁佐聖,封國受民,黼黻文繡,降龍路車,所以顯其仁,光其能也。"

清華七・越公 02"上帝降□□[於]雩邦",讀爲"上帝降□□於越邦"。參《國語・吴語》:"天即降禍於吴國。"

清華八・八氣 01"甘霮降",讀爲"甘露降"。參《列子・湯問》:"將終,命宫而總四弦,則景風翔,慶雲浮,甘露降,澧泉涌。"

清華八・八氣 01"降",降落、落下。《荀子・議兵》:"故仁人之兵,所存者神,所過者化,若時雨之降,莫不説喜。"《漢書・郊祀志下》:"後間歲,鳳皇神爵甘露降集京師。"

清華八・八氣 03"白霮降",讀爲"白露降"。參《禮記・月令》:"涼風至,白露降,寒蟬鳴,鷹乃祭鳥,用始行戮。"

清華八・八氣 03“霜降”,《荀子・大略》:“霜降逆女,冰泮殺内。十日一御。”《逸周書・周月》:“秋三月中氣:處暑、秋分、霜降。”

隆

清華一・程寤 05 女(如)天隆(降)疾

清華三・説命上 02 縢隆(降)坓(庸)力

清華三・琴舞 02 矽(陟)隆(降)亓(其)事

清華三・琴舞 09 天多隆(降)悳(德)

清華三・芮良夫 06 畏天之隆(降)載(災)

～,與[illegible](上博五・三 2)同,“降”字繁構,贅增“止”旁,表示行動。

清華一・程寤 05“隆”,即“降”,降落,降下。簡文“如天降疾”,參《書・顧命》:“今天降疾,殆弗興弗悟。”《詩・小雅・節南山》:“昊天不惠,降此大戾。”

清華三・説命上 02“隆”,即“降”,讀爲“躳”。《説文・吕部》:“躳,身也。”《墨子・尚賢下》:“昔者傅説居北海之洲,圜土之上,衣褐帶索,庸築於傅巖之城,武丁得而舉之,立爲三公。”

清華三・琴舞 02“矽隆”,讀爲“陟降”,升降、上下。《詩・大雅・文王》:“文王陟降,在帝左右。”朱熹《集傳》:“蓋以文王之神在天,一升一降,無時不在上帝之左右,是以子孫蒙其福澤,而君有天下也。”馬瑞辰《通釋》:“《集傳》之説是也……古者言天及祖宗之默佑,皆曰陟降。《敬之》詩曰:‘無曰高高在上,陟降厥士,日監在兹。’此言天之陟降也。《閔予小子》詩曰:‘念兹皇祖,陟降庭止。’《訪落》詩曰:‘紹庭上下,陟降厥家。’此言祖宗之陟降也。天陟降,文王之神亦隨天神爲陟降,故曰‘文王陟降,在帝左右’。”後因以爲祖宗神靈暗中保佑之義。瘭鐘(《集成》00247):“大神其陟降。”

清華三・琴舞09“天多隆悳”,讀爲“天多降德”。參《禮記・内則》:“后王命冢宰,降德于衆兆民。”

清華三・芮良夫06“畏天之隆載”,讀爲“畏天之降災”。參《書・湯誥》:“天道福善禍淫,降災于夏,以彰厥罪。”

⿰阝⿱夂止

清華一・耆夜10 蛬(蟋)蟴(蟀)趄(躍)⿰阝⿱夂止(降)于[尚(堂)]

清華五・命訓02 或司不義而⿰阝⿱夂止(降)之禍(禍)

～,省一“趾”形,贅增“止”旁。“降”字異體。

清華五・命訓02“⿰阝⿱夂止之禍”,讀爲“降之禍”,降下災禍。今本《逸周書・命訓》作“夫或司不義,而降之禍”。《國語・吴語》:“昔周室逢天之降禍,遭民之不祥,余心豈忘憂恤,不唯下土之不康靖。”

清華一・耆夜10“⿰阝⿱夂止”,即“降”,降落,落下。《荀子・議兵》:“故仁人之兵,所存者神,所過者化,若時雨之降,莫不説喜。”《儀禮・士虞禮》:“祝前尸,出户,踊如初,降堂,踊如初,出門,亦如之。”鄭玄注:“前,道也。如初者,出如入,降如升,三者之節悲哀同。”或釋爲“陞”。

隆

清華一・保訓07 甬(用)乍(作)三隆(降)之悳(德)

清華二・繫年068 郇(駒)之克隆(降)堂而折(誓)曰

～,與(上博七・吴3)同,贅加“土”旁繁化。“降”字繁構。

清華一・保訓07“三隆之悳”,讀爲“三降之德”。《書・洪範》:“三德,一曰正直,二曰剛克,三曰柔克。”

清華二・繫年068“郇之克隆堂而折曰”,讀爲“駒之克降堂而誓曰”。《儀禮・聘禮》:“賓降堂,受老束錦,大夫止。”《儀禮・士昏禮》:“婦降堂,取笲菜入。”鄭玄注:“降堂,階上也。室事交乎户,今降堂者,敬也。”

端紐冬聲

冬

清華四・筮法 22 冬見四

清華四・筮法 31 萅(春)頣(夏)烁(秋)冬

清華四・筮法 31 萅(春)頣(夏)烁(秋)冬

清華四・筮法 38 冬:艮羅(離)大吉

清華五・啻門 20 芚(春)顕(夏)烁(秋)冬

清華七・趙簡子 09 冬不裘

清華八・邦道 06 皮(彼)萅(春)頣(夏)昧(秋)冬之相受既巡(順)

清華八・八氣 01 自冬至以箒(算)六旬癸(發)燹(氣)

～,與(上博一・緇 6)同,从“日”,“終”聲,所从的聲符“終”寫法不一,詳參“終”字。《説文・仌部》:“冬,四時盡也。从仌、从夂。夂,古文‘終’字。

,古文冬,从日。”秦漢篆隸階段,寫作从“夂”,或隸變作“二”。

清華四·筮法 22、38“冬”,冬天。一年四季的最後一季,農曆十月至十二月。《書·洪範》:“日月之行,則有冬有夏。”

清華四·筮法 31“萅顕昋冬”、清華五·啻門 20“芚顳昋冬”、清華八·邦道 06“萅頣昋冬”,即“春夏秋冬”,一年四季。《管子·四時》:“然則春夏秋冬將何行?”

清華七·趙簡子 09“冬不裘”,見《公羊傳·桓公八年》:“士不及兹四者,則冬不裘,夏不葛。”

清華八·八氣 01“冬至”,二十四節氣之一。《逸周書·時訓》:“冬至之日蚯蚓結,又五日麋角解,又五日水泉動。”《吕氏春秋·有始》:“冬至日行遠道,周行四極,命曰玄明。”

終

清華一·保訓 03 忎(恐)弗念(堪)終

清華一·耆夜 03 复(作)訶(歌)一終曰《藥₌(樂樂)脂(旨)酉》

清華一·耆夜 05 复(作)訶(歌)一終曰《䡰(輶)萈(乘)》

清華一·耆夜 06 复(作)訶(歌)一終曰《贔₌(贔贔)》

清華一·耆夜 08 复(作)祝誦一終曰《明₌(明明)上帝》

清華一·耆夜 10[周]公复(作)訶(歌)一終曰《蟋(蟋)蟼(蟀)》

清華一·耆夜 11 則終以康

 清華一·耆夜 12 則終以叏(祚)

 清華一·耆夜 14 則終以愳(懼)

 清華三·芮良夫 02 内(芮)良夫乃叏(作)�(毖)再終

 清華三·芮良夫 28 虘(吾)甬(用)叏(作)訛(毖)再終

 清華五·命訓 15 始以智(知)終

 清華五·啻門 10 熨(氣)屈乃終

 清華六·子儀 18 不終

 清華七·越公 17 以民生之不長而自不終亓(其)命

 清華八·邦道 10 煮(圖)終之以社(功)

 清華八·邦政 06 父兄與於終要

～,西周金文作(不其簋,《集成》04329),以二點標示絲之兩端,爲終端、終結之"終"而造的字形,《説文》以爲"終"的古文。戰國文字"終"字作(上博二·容 6)、(上博三·彭 3)、(上博一·緇 17)、(上博三·周 4)、(上博六·用 20),或从"糸"作:(曾侯乙編鐘,《集成》00321.4)、

(郭店・語叢一49)、(楚帛書乙3・81)。或作(上博三・中24),从"糸","冬"聲。《説文・系部》:"終,綵絲也。从糸,冬聲。,古文終。"

清華一・保訓03"終",終結,意指把傳寶之事做完。

清華一・耆夜03、05、06、10"复訶一終",即"作歌一終"。《吕氏春秋・音初》:"有娀氏有二佚女……二女作歌一終,曰'燕燕往飛'。"《禮記・鄉飲酒義》:"工入,升歌三終。"孔穎達疏:"謂升堂歌《鹿鳴》《四牡》《皇皇者華》,每一篇而一終也。"古時的詩都可入樂,演奏一次叫作"一終"。古樂章以奏詩一篇爲一終。每次奏樂共三終。

清華一・耆夜08"复(作)祝誦一終",參上。

清華一・耆夜11、12、14"終",事物的結局。與"始"相對。《詩・大雅・蕩》:"靡不有初,鮮克有終。"

清華三・芮良夫02、28"复訟再終""复訛再終",均讀爲"作毖再終",形式上和"作歌一終"相似。"毖",戒敕。《書・酒誥》:"汝典聽朕毖。"

清華五・命訓15"始以智(知)終",參《韓詩外傳》卷十:"故大王、太伯、王季可謂見始知終,而能承志矣。"《淮南子・繆稱》:"故君子見始,其知終矣。"《荀子・禮論》:"故君子敬始而慎終,終始若一,是君子之道,禮義之文也。"

清華五・啻門10"燹屈乃終",讀爲"氣屈乃終",氣竭盡了就完了。

清華六・子儀18"不終",没有結果,没有到底。《左傳・僖公十六年》:"明年齊有亂,君將得諸侯而不終。"

清華七・越公17"終其命",終養天年。《史記・秦始皇本紀》:"日月所照,舟輿所載。皆終其命,莫不得意。"《孔子家語・賢君》:"故賢也既不遇天,恐不終其命焉。"(滕勝霖)或説"終",人死。《禮記・文王世子》:"文王九十七乃終。"《文選・楊惲〈報孫會宗書〉》:"送其終也。"李善注:"終謂終没也。"簡文"自不終其命",意爲自己不得令終其命。

清華八・邦道10"悬終之以社",讀爲"圖終之以功",圖謀成功。

清華八・邦政06"終",成也。《左傳・昭公十三年》:"百事不終。"杜預注:"百事不成。"《國語・周語》:"純明則終。"韋昭注:"終,成也。"

⿱冬㷉

　清華五·啻門 09 㷉(氣)⿱冬㷉(融)交以備

～,从"㷉","終"聲。

清華五·啻門 09"⿱冬㷉交",讀爲"融交",融通交合。"融",通,通達。《文選·何晏〈景福殿賦〉》:"雲行雨施,品物咸融。"李善注:"融,猶通也。"李周翰注:"言天子惠化於人,如雲雨霑萬物,皆以通及之也。"

⿰允攵

　清華六·太伯甲 05 以顏於⿰允攵(庸)瓜(耦)

　清華六·太伯乙 05 以欿於⿰允攵(庸)瓜(耦)

～,从"允","終"聲。

清華六·太伯"⿰允攵瓜",讀爲"庸耦"。《左傳·昭公十六年》:"子産對曰:'昔我先君桓公與商人皆出自周,庸次比耦以艾殺此地,斬之蓬蒿藜藋,而共處之。'"

端紐中聲

中

清華一·保訓 04 忎(恐)救(求)中

清華一·保訓 06 叁(舜)既旻(得)中

清華一·保訓 08 昔完(微)叚(假)中于河

清華一・保訓 08 迺(乃)追(歸)中于河

清華一・祭公 12 隹(惟)文武中大命

清華一・祭公 19 型(刑)四方克中尔(爾)罰

清華二・繫年 063 晉中行林父衒(率)自(師)栽(救)奠(鄭)

清華二・繫年 101 伐中山

清華二・繫年 102 晉人旻(且)又(有)軞(范)氏与(與)中行氏之禍(祸)

清華四・筮法 21 中男乃男與長中少

清華四・筮法 31 乃中昇(期)

清華四・筮法 32 中軍

清華四・筮法 33 㳄(次)於四立(位)之中

清華四・筮法 41 中事月才(在)前

清華四·筮法 43 莫(暮)屯(純)乃室中

清華四·別卦 08 中

清華五·命訓 12 靈(臨)之以中(忠)

清華五·命訓 12 中不忠

清華五·命訓 15 以中從忠則尚(賞)

清華五·命訓 15 尚(賞)不扎(必)中

清華六·孺子 04 虗(吾)君函(陷)於大難之中

清華六·孺子 06 老婦亦牆(將)丩(糾)攸(修)宮中之正(政)

清華六·孺子 14 焉宵(削)昔(錯)器於巽(選)贊(藏)之中

清華六·孺子 17 或(又)再(稱)记(起)虗(吾)先君於大難之中

清華六·太伯甲 12 兹贍(詹)父内譎於中

清華六·太伯乙 11 兹贍(詹)父内譎於中

 清華七・子犯 03 以即(節)中於天

 清華七・晉文公 07 中羿(旗)荆(刑)

 清華七・趙簡子 08 宮中六窖(竈)并六祀

 清華七・趙簡子 09 宮中六窖(竈)并六祀

 清華七・趙簡子 10 宮中卅=(三十)里

 清華七・趙簡子 10 宮中三壹(臺)

 清華七・越公 12 唯皮(彼)雞父之遠勘(荆)天賜中(衷)于吴

 清華七・越公 14 善士牆(將)中畔(半)死巳(矣)

 清華七・越公 63 雩(越)王乃中分亓(其)帀(師)以爲左軍、右軍

 清華七・越公 64 以亓(其)厶(私)翠(卒)君子卒=(六千)以爲中軍

 清華七・越公 65 夜中

清華七·越公 65 中水以盨(須)

清華七·越公 66 乃中分亓(其)帀(師)

清華八·攝命 32 立才(在)中廷

清華八·心中 01 心,中

清華八·心中 01 凥(處)身之中以君之

清華八·心中 01 心是胃(謂)中

清華八·天下 05 戋(一)曰逿(歸)之以中以安亓(其)邦

清華八·八氣 06 句(后)土衙(率)土以飤(食)於室中

清華一·楚居 02 爰生絟白(伯)、遠中(仲)

清華二·繫年 016 秦中(仲)女(焉)東居周地

清華三·良臣 08 宦中(仲)

清華三·良臣 10 肥中(仲)

清華六・管仲 01 齊趄(桓)公籲(問)於筭(管)中(仲)曰

清華六・管仲 01 中(仲)父

清華六・管仲 01 筭(管)中(仲)畣(答)曰

清華六・管仲 02 趄(桓)公或(又)籲(問)於筭(管)中(仲)曰

清華六・管仲 02 中(仲)父

清華六・管仲 03 筭(管)中(仲)畣(答)曰

清華六・管仲 03 趄(桓)公或(又)籲(問)於筭(管)中(仲)曰

清華六・管仲 03 中(仲)父

清華六・管仲 03 筭(管)中(仲)畣(答)

清華六・管仲 05 趄(桓)公或(又)籲(問)於筭(管)中(仲)曰

清華六・管仲 06 中(仲)父

清華六・管仲 06 筭(管)中(仲)畣(答)

清華六・管仲 07 趄(桓)公或(又)䎽(問)於筦(管)中(仲)曰

清華六・管仲 07 中(仲)父

清華六・管仲 07 筦(管)中(仲)倉(答)

清華六・管仲 08 趄(桓)公或(又)䎽(問)於筦(管)中(仲)曰

清華六・管仲 08 中(仲)父

清華六・管仲 10 筦(管)中(仲)倉(答)

清華六・管仲 11 趄(桓)公或(又)䎽(問)筦(管)中(仲)曰

清華六・管仲 11 中(仲)父

清華六・管仲 12 筦(管)中(仲)倉(答)

清華六・管仲 14 趄(桓)公或(又)䎽(問)於筦(管)中(仲)曰

清華六・管仲 14 中(仲)父

清華六・管仲 14 筦(管)中(仲)倉(答)

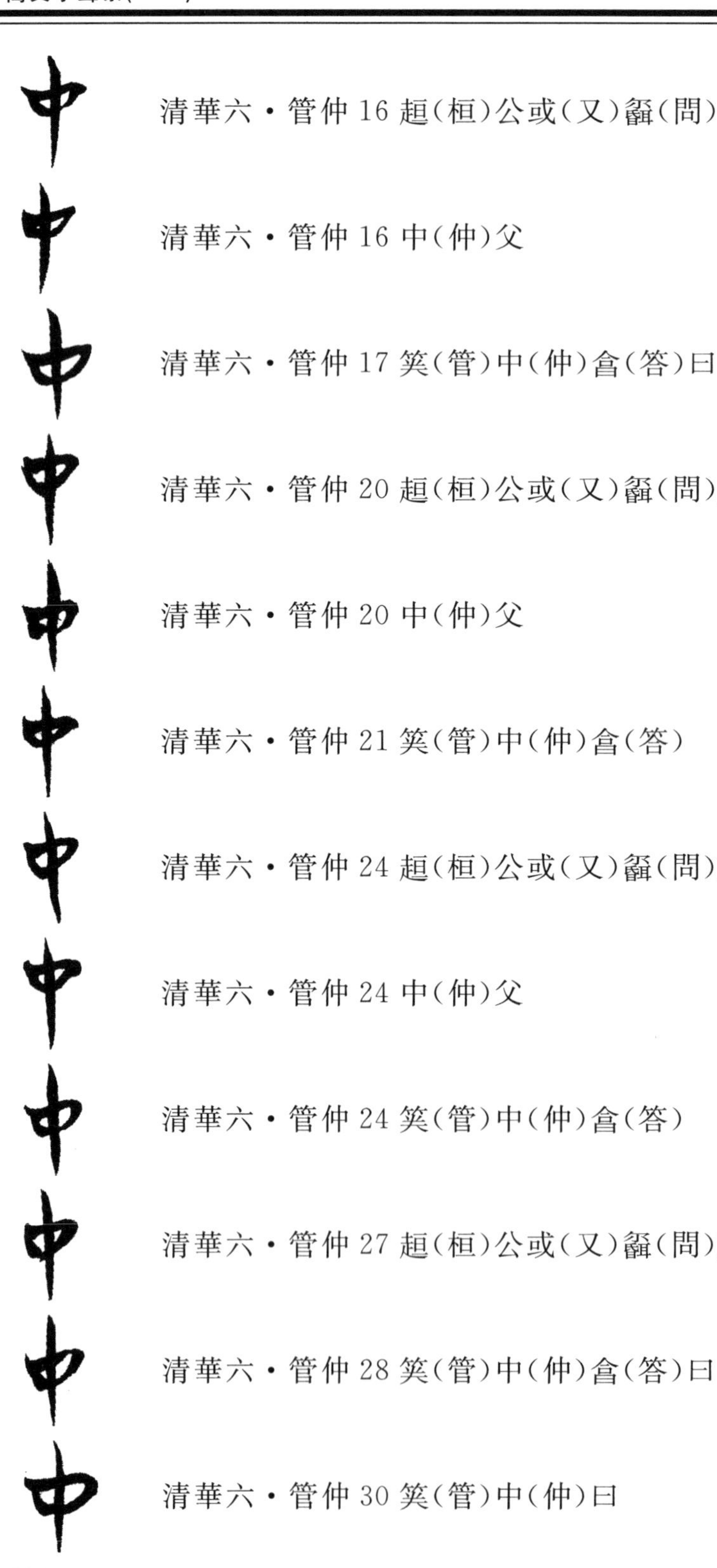

清華六·管仲16趄(桓)公或(又)𦖞(問)於筦(管)中(仲)曰

清華六·管仲16中(仲)父

清華六·管仲17筦(管)中(仲)畣(答)曰

清華六·管仲20趄(桓)公或(又)𦖞(問)於筦(管)中(仲)曰

清華六·管仲20中(仲)父

清華六·管仲21筦(管)中(仲)畣(答)

清華六·管仲24趄(桓)公或(又)𦖞(問)於筦(管)中(仲)曰

清華六·管仲24中(仲)父

清華六·管仲24筦(管)中(仲)畣(答)

清華六·管仲27趄(桓)公或(又)𦖞(問)於筦(管)中(仲)

清華六·管仲28筦(管)中(仲)畣(答)曰

清華六·管仲30筦(管)中(仲)曰

清華六・子産 21 乃又(有)喪(桑)坔(丘)中(仲)彣(文)

清華六・子産 21 肥中(仲)

~,或作中,與中(上博一・孔 27)同,一般用作"仲";或加旗游,與(上博一・孔 8)、(上博四・柬 9)、(上博四・内附簡)、(上博四・内 7)、(上博五・姑 6)、(上博六・天乙 4)、(上博七・君乙 2)同,一般表示中間之"中"。《説文・丨部》:"中,内也。从口。丨,上下通。,古文中。,籀文中。"

清華一・保訓 04、06"中",指中庸之道。《論語・堯曰》:"允執其中。"劉寶楠《正義》:"執中者,謂執中道用之。"《禮記・中庸》:"(舜)隱惡而揚善,執其兩端,用其中於民。"鄭玄注:"兩端,過與不及也。用其中於民,賢與不肖皆能行之也。"

清華一・保訓 08"昔𢼸(微)叚(假)中于河"之"叚中",讀爲"假中",義同"假師"。簡文中的"中"字代指軍隊。"中",李零認爲可折中於中國古書所説的"表"(今語所謂"標杆"),"表"常用於軍中,用於合軍聚衆,教練士卒。

清華一・祭公 12"隹(惟)文武中大命"之"中",《禮記・月令》:"律中大蔟。"鄭玄注:"中,猶應也。"

清華一・祭公 19"中",合適,適當。《戰國策・齊二》:"是秦之計中,齊燕之計過矣。"高誘注:"中,得。"《漢書・成帝紀》:"朕涉道日寡,舉錯不中,乃戊申日蝕地震,朕甚懼焉。"(《讀本一》第 269 頁)

清華二・繫年 063"中行林父"、102"中行氏",即荀林父、中行桓子。《左傳・宣公十二年》:"夏六月,晉師救鄭。荀林父將中軍,先縠佐之。士會將上軍,郤克佐之。趙朔將下軍,欒書佐之。"《左傳・定公十三年》:"秋七月,范氏、中行氏伐趙氏之宫,趙鞅奔晉陽。""冬十一月,荀躒、韓不信、魏曼多奉公以伐范氏、中行氏,弗克。""中行",中軍。《左傳・僖公二十八年》:"晉侯作三行以禦狄,荀林父將中行。"《吴越春秋・夫差内傳》:"范蠡在中行,左手提鼓,右手操枹而鼓之。”

清華二·繫年 101“中山”,古國名,春秋末年鮮虞人所建,在今河北省定縣、唐縣一帶,後爲趙所滅。《左傳·定公四年》:“晉荀寅求貨於蔡侯,弗得。言於范獻子曰:‘國家方危,諸侯方貳,將以襲敵,不亦難乎!水潦方降,疾瘧方起,中山不服,棄盟取怨,無損於楚,而失中山,不如辭蔡侯。吾自方城以來,楚未可以得志,祇取勤焉。’”

清華四·筮法 21“中男”,與“長男”“少男”相對。

清華四·筮法 31“中昇”,即“中期”,指在所筮問的時限之中,或作“期中”,詞也見於天星觀、望山、包山、葛陵等簡。

清華四·筮法 32“中軍”,古代行軍作戰分左、中、右或上、中、下三軍,由主將所在的中軍發號施令。《左傳·桓公五年》:“秋,王以諸侯伐鄭,鄭伯禦之。王爲中軍;虢公林父將右軍,蔡人、衛人屬焉;周公黑肩將左軍,陳人屬焉。”《左傳·成公十六年》:“欒書將中軍,士燮佐之;郤錡將上軍,荀偃佐之;韓厥將下軍,郤至佐新軍。”

清華四·筮法 41“中事”,與“大事”“小事”相對。

清華四·筮法 43、清華八·八氣 06“室中”,五祀之一,文獻中作“中霤”“中流”“中廇”“室中霤”等。《白虎通·五祀》:“六月祭中霤。中霤者,象土在中央也。”《禮記·月令》:“(孟冬之月)天子乃祈來年于天宗,大割祠于公社及門閭,臘先祖五祀。”鄭玄注:“五祀,門、户、中霤、竈、行也。”《論衡·祭意》:“五祀,報門、户、井、竈、室中霤之功。門、户,人所出入,井、竈,人所欲食,中霤,人所託處,五者功鈞,故俱祀之。”

清華四·别卦 08“中”,卦名。卦形爲兑下巽上。馬王堆帛書《周易》作“中復”,今本《周易》作“中孚”。《易·中孚》:“中孚,豚魚吉,利涉大川,利貞。”孔穎達疏:“信發於中,謂之中孚。”後因以“中孚”指誠信。謝靈運《初發石首城》詩:“遂抱中孚爻,猶勞貝錦詩。”

清華五·命訓 12“靈之以中”之“中”,讀爲“忠”。今本《逸周書·命訓》作“臨之以忠”。

清華五·命訓 12“中不忠”,今本《逸周書·命訓》作“忠不忠”。

清華五·命訓 15“以中從忠則尚,尚不牝(必)中”,今本《逸周書·命訓》作“以賞從勞,勞而不至;以法從中則賞,賞不必中”。

清華六·孺子 04、18“虗君函於大難之中”,讀爲“吾君陷於大難之中”。參《後漢書·鄭范陳賈張列傳》:“吏人陷於湯火之中,非國家之人也。”

清華六·孺子 06“攸宫中之正”,讀爲“修宫中之政”。參《周禮·天官·宰夫》:“正歲,則以灋警戒群吏,令脩宫中之職事,書其能者與其良者,而以告於上。”

清華六·孺子 14,清華六·太伯甲 12、太伯乙 11“中”,内,裏面,與“外”相對。《易·兑》:“剛中而柔外。”

清華七·子犯 03“即中”,或讀爲“節中”,即折中。《楚辭·惜誦》:“令五帝以折中兮。”朱熹《集注》:“折中,謂事理有不同者,執其兩端而折其中,若《史記》所謂‘六藝折中於夫子’是也。”或讀爲“即衷”,與文獻“徼衷”相類,意爲“尋求上天降福”。(滕勝霖)

清華七·晉文公 07“中羿(旗)”,與“遠羿(旗)”,“忻(近)羿(旗)”相對。

清華七·趙簡子 08、09、10“宫中”,帝王之宫。《吕氏春秋·慎勢》:“古之王者,擇天下之中而立國,擇國之中而立宫,擇宫之中而立廟。”

清華七·越公 12“賜中”,讀爲“賜衷”。《國語·吴語》:“今天降衷於吴,齊師受服。”韋昭注:“衷,善也。”《國語·晉語二》:“以君之靈,鬼神降衷。”《書·湯誥》:“惟皇上帝,降衷于下民。”孔傳:“衷,善也。”這裏的善,實爲吉祥義。降衷、賜衷,都是説上天給予吉祥。(陳偉)

清華七·越公 14“中畔”,讀爲“中半”,一半。

清華七·越公 63、66“中分”,均分。《莊子·德充符》:“王駘,兀者也,從之遊者,與夫子中分魯。”《史記·項羽本紀》:“項王乃與漢約,中分天下。”

清華七·越公 64“中軍”,參上。

清華七·越公 65“夜中,中水以盨”,讀爲“夜中,中水以須”。參《國語·吴語》:“夜中,乃命左軍、右軍涉江鳴鼓,中水以須。”韋昭注:“中水,水中央也。”“夜中”,半夜。

清華八·攝命 32“中廷”,又作“中庭”,古代廟堂前階下正中部分,爲朝會或授爵行禮時臣下站立之處。《管子·中匡》:“管仲反,入,倍屏而立,公不與言;少進中庭,公不與言。”

清華八·心中 01“中”,指内心。《莊子·天運》:“中無主而不止。”成玄英疏:“若使中心無受道之主,假令聞於聖説,亦不能止住於胸懷,故知無佗也。”《史記·樂書》:“情動於中,故形於聲。”張守節《正義》:“中猶心也。”《詩》大序:“情動於中,而形於言。”孔穎達疏:“中,謂中心。”

清華八·天下 05“中”,謂中道,中正之道。《禮記·中庸》孔子曰舜:“執其兩端,用其中于民。”《論語·堯曰》:“天之歷數在爾躬,允執其中。四海困窮,天禄永終。"《逸周書・寶典》:"中正,是謂權斷,補損知選。"陳逢衡注:"中正,不偏倚也。"《書・洪範》:"無偏無黨,王道蕩蕩;無黨無偏,王道平平;無反無側,王道正直。"

清華一・楚居 02"遠中",即"遠仲",人名,

清華二・繫年 016"秦中",即"秦仲",即秦襄公。《史記・秦本紀》:"莊公居其故西犬丘,生子三人,其長男世父。世父曰:'戎殺我大父仲,我非殺戎王則不敢入邑。'遂將擊戎,讓其弟襄公,襄公爲太子。"

清華三・良臣 08"宧中",即"宧仲",文獻未見。

清華三・良臣 10、清華六・子産 21"肥中",即"肥仲",人名。

清華六・管仲"筴中",讀爲"管仲",名夷吾,謚曰"敬仲",史稱"管子"。春秋時期齊國著名政治家、軍事家。參"筴(管)"字條。

清華六・管仲"中父",讀爲"仲父",指管仲。

清華六・子産 21"喪坓中髟",讀爲"桑丘仲文",人名。

审

 清華一・尹誥 04 乃至(致)衆于白(亳)审(中)邑

 清華一・祭公 17 亓(其)皆自寺(時)审(中)贔(乂)萬邦

 清華一・楚居 16 审(中)謝(謝)记(起)禍

 清華二・繫年 039 遷(徙)之审(中)城

 清華二・繫年 067 自房审(中)

 清華二・繫年 068 女子芺(笑)于房审(中)

清華三・説命上 01 甬(庸)爲逵(失)审(仲)史(使)人

清華三・説命上 04 天廼命敚(説)伐逵(失)审(仲)

清華三・説命上 04 逵(失)审(仲)卜曰

清華三・説命上 05 逵(失)审(仲)憙(違)卜

清華三・説命上 05 敚(説)于宷(圍)伐逵(失)审(仲)

清華三・説命上 06 一豕埅(地)审(中)之自行

清華三・説命下 06 审(中)乃罰

清華三・芮良夫 27 虐(吾)审(中)心念詿(絓)

清華五・三壽 04 审(中)壽曰

清華五・三壽 04 审(中)壽畣(答)曰

清華五・三壽 16 楑(揆)审(中)水奥(衡)

清華五・三壽 28 楑(揆)审(中)而象棠(常)

 清華六·子産 04 所以自羕(勝)立审(中)

 清華八·處位 02 御必审(中)亓(其)備(服)

 清華八·邦道 13 古(故)四垟(封)之审(中)亡(無)堇(勤)裳(勞)

～,與(上博二·容 7)、(上博六·用 18)、(上博八·李 1)同。从"宀","中"聲,"中"字繁體。

清華一·尹誥 04"乃至衆于白审邑",讀爲"乃致衆于亳中邑"。參《三國志·魏書·烏丸鮮卑東夷傳》:"其民喜歌舞,國中邑落,暮夜男女群聚,相就歌戲。""中",内,裏面。與"外"相對。《易·坤》:"象曰:黄裳元吉,文在中也。"

清華一·祭公 17"审貣",讀爲"中乂",居中央而治理天下。《書·洛誥》:"其自時中乂,萬邦咸休,惟王有成績。"孔傳:"其當用是土中爲治,使萬國皆被美德,如此,惟王乃有成功。"

清華一·楚居 16"审䜨",讀爲"中謝",典籍或作"中射",古官名,宫廷中的侍衛官。《韓非子·十過》:"中射士諫曰:'合諸侯,不可無禮。'"陳奇猷《集釋》引孫詒讓曰:"中射者,射人之給事宫内者,猶涓人之在内者謂之中涓,庶子之在内者謂之中庶子矣。"一説,侍禦的近臣。《吕氏春秋·去宥》:"有中謝佐制者,爲昭釐謂威王曰:'國人皆曰,王乃沈尹華之弟子也。'"高誘注:"中謝,官名也。佐王制法制也。"或讀爲"中舍",職官名,爲楚王宫中的舍人之官。

清華二·繫年 039"审城",即"中城",地名,又見曾乙 156:"审城子騮爲左驌。"

清華二·繫年 067、068"女子�于房审",讀爲"女子笑于房中"。《左傳·宣公十七年》:"十七年春,晉侯使郤克徵會于齊。齊頃公帷婦人使觀之。郤子登,婦人笑於房。"

清華三·説命上 01、04、05"遊审",讀爲"失仲",人名。

清華三·説命下 06"审乃罰",即"中乃罰"。"中",公正。《書·立政》:"兹式有慎,以列用中罰。"西周牧簋(《集成》04343):"毋敢不明不中不刑。"

清華三·芮良夫 27"审心",即"中心",心中。《詩·王風·黍離》:"行邁靡靡,中心摇摇。"

清華五·三壽 04“审壽”，即“中壽”。“三壽”指少壽、中壽、彭祖三位不同年齡段的老人。《莊子·盜蹠》：“人上壽百歲，中壽八十，下壽六十。”

清華五·三壽 16、28“楑审”，讀爲“揆中”，即執中。簡文“揆中水衡”，執中準平。古君王備有戒之器以警示自己須執中準平。《荀子·宥坐》：“孔子曰：‘吾聞宥坐之器者，虚則欹，中則正，滿則覆。’孔子顧謂弟子曰：‘注水焉。’弟子挹水而注之，中而正，滿而覆，虚而欹。”

清華六·子産 04“自勝立审”，讀爲“自勝立中”，克服自己而做到中正。

清華八·處位 02“审”，即“中”，符合，動詞。《管子·四時》：“不中者死，失理者亡。”尹知章注：“中猶合也。不合三政者則死。”

清華八·邦道 13“四垟之审”，即四封之内。《管子·中匡》：“愛四封之内，而後可以惡竟外之不善者。”

忠

清華五·命訓 04 女（如）懽（勸）以忠訐（信）

清華五·命訓 10 多詐則不忠

清華五·命訓 12 中不忠

清華五·命訓 15 以中從忠則尚（賞）

～，與（上博一·緇 11）、（上博三·中 21）同。《説文·心部》：“忠，敬也。从心，中聲。”

清華五·命訓 04“忠訐”，即“忠信”，忠誠信實。《易·乾》：“君子進德脩業，忠信所以進德也。”《史記·秦始皇本紀》：“此四君者，皆明知而忠信，寬厚而愛人，尊賢重士，約從離衡。”

清華五·命訓 10、12、15“忠”，忠誠。《論語·學而》：“吾日三省吾身：爲人謀而不忠乎？與朋友交而不信乎？傳不習乎？”

端紐眔聲

眔

 清華一・尹至01 余完(閔)亓(其)又(有)題(夏)眔不吉好

 清華一・尹至02 弗悬(虞)亓(其)又(有)眔

 清華一・尹誥01 亦隹(惟)氒(厥)眔

 清華一・尹誥03 卑(俾)我眔勿韋(違)朕言

 清華一・尹誥04 乃至(致)眔于白(亳)审(中)邑

 清華一・楚居08 眔不容於免

 清華三・芮良夫12 幾(既)又(有)眔倗(庸)

 清華三・赤鵠06 眔鶩(烏)牆(將)飤(食)之

 清華三・赤鵠07 眔鶩(烏)乃繇(訊)晉(巫)鶩(烏)曰

 清華三・赤鵠09 眔鶩(烏)乃進(往)

 清華四・筮法 51 衆戳(勝)募(寡)

 清華六・管仲 27 衆利不及

 清華七・子犯 09 事(使)衆若事(使)一人

 清華八・邦政 09 衆讓(脆)女(焉)恴(誥)

 清華八・邦道 03 可以駿(馭)衆

 清華八・邦道 05 以孪(勉)於衆

 清華八・邦道 11 則衆不戔(賤)

 清華八・邦道 20 則民衆

 清華八・邦道 24 邦獄衆多

 清華八・天下 05 以纍(纚)亓(其)衆

～,與(上博二・從甲 8)、(上博六・競 8)、(上博八・蘭 3)同。《説文・㐺部》:"衆,多也。从㐺、目,衆意。"

清華一・尹至 01"衆",百官,群臣。《禮記・曲禮下》:"天子之五官,曰司徒、司馬、司空、司士、司寇,典司五衆。"鄭玄注:"衆,謂群臣也。"(《讀本一》第

7頁)

清華一·尹至02“弗悉亓又衆”,讀爲“弗虞其有衆”。參《吕氏春秋·慎大》云桀“不恤其衆”。

清華一·尹誥01“亦隹氒衆”,讀爲“亦惟厥衆”,夏敗也是其民衆促成。

清華一·尹誥03、清華八·天下05“衆”,衆人,群衆。《易·晉》:“衆允,悔亡。”高亨注:“馭民者,帥師者,衆人信之,則悔亡。”

清華一·尹誥04“至衆”,讀爲“致衆”。《左傳·哀公二十六年》:“文子致衆而問焉。”《國語·晉語三》:“吕甥致衆而告之曰。”

清華三·芮良夫12“衆俑”,讀爲“衆庸”,多功。“衆”,多。《左傳·哀公十一年》:“魯之群室衆於齊之兵車。”

清華一·楚居08“衆”,人多。

清華三·赤鴼06、07、09“衆鴍”,即“衆烏”,很多烏。《荀子·勸學》載:“是故質的張而弓矢至焉,林木茂而斧斤至焉,樹成陰而衆鳥息焉,醯酸而蜹聚焉。”

清華四·筮法51“衆戳寡”,即“衆勝寡”。《管子·樞言》:“衆勝寡,疾勝徐,勇勝怯,智勝愚,善勝惡,有義勝無義,有天道勝無天道。凡此七勝者貴衆,用之終身者衆矣。”

清華六·管仲27“衆利”,指衆多的利益。《墨子·兼愛下》:“姑嘗本原若衆利之所自生。此胡自生?”

清華七·子犯09,清華八·邦道05、11“衆”,衆人,群衆。《易·晉》:“衆允,悔亡。”

清華八·邦政09“衆讓女憙”,讀爲“衆脆焉誥”,衆人脆弱乃謹小慎微。

清華八·邦道03“敳衆”,即“馭衆”,統治、治理民衆。《周禮·天官·大宰》:“以八柄詔王馭群臣……以八統詔王馭萬民。”鄭玄注:“凡言馭者,所以敺之,内之於善。”

清華八·邦道20“民衆”,衆民,人民。《公羊傳·昭公二十五年》:“季氏得民衆久矣。”《史記·龜策列傳》:“諸侯賓服,民衆殷喜。”

清華八·邦道24“衆多”,多,許多。《詩·小雅·雨無正序》:“雨自上而下者也,衆多如雨,而非所以爲政也。”《史記·平原君虞卿列傳》:“遂聞湯以七十里之地王天下……豈其士卒衆多哉?”

定紐蟲聲

蟲

 清華八・處位 03 君乃無從䂓(規)下之蟲□

～,與(上博八・志 4)同。《説文・蟲部》:"蟲,有足謂之蟲,無足謂之豸。从三虫。"

清華八・處位 03"蟲",包括人在内的動物通稱,此處指衆人。《大戴禮記・易本命》:"倮之蟲三百六十,而聖人爲之長。"

𩰫(融)

 清華三・説命下 02 余隹(惟)命女(汝)敓(説)𩰫(融)朕命

 清華八・八氣 05 祝𩰫(融)衒(率)火以飤(食)於䆆(竈)

～,與(上博五・鬼 5)同。《説文・鬲部》:"融,炊气上出也。从鬲,蟲省聲。,籀文融不省。"

清華三・説命下 02"𩰫",即"融",大明,大亮。《釋名》:"融,明也。"《左傳・昭公五年》:"《明夷》之《謙》,明而未融,其當旦乎,故曰'爲子祀'。"杜預注:"融,朗也。"孔穎達疏:"明而未融,則融是大明,故爲朗也。"

清華八・八氣 05"祝𩰫(融)",即"祝融",火神。相傳爲帝嚳時的火官,後尊爲火神。《國語・鄭語》:"夫黎爲高辛氏火正,以淳燿敦大,天明地德,光照四海,故命之曰'祝融',其功大矣。"

泥紐戎聲

戎

 清華一・耆夜 06 贔贔戎備(服)

 清華一・皇門 06 戎兵以能興

 清華一・皇門 09 卑(譬)女(如)戎(農)夫

 清華二・繫年 004 戎乃大敗(敗)周𠂤(師)于千畱(畝)

 清華二・繫年 006 曾(繒)人乃降西戎

 清華二・繫年 015 以御奴虘之戎

 清華二・繫年 043 文公衒(率)秦、齊、宋及群戎之𠂤(師)

 清華三・説命上 06 是爲赤(赦)敦(俘)之戎

 清華三・説命中 06 叀(且)隹(惟)口记(起)戎出好

 清華三・芮良夫 01 寇(寇)戎方晉

清華三・芮良夫 10 寇(寇)戎方晉

清華三・祝辭 03 䠶(射)戎也

清華六・太伯甲 08 乃東伐齊藋之戎爲散(徹)

清華六・太伯乙 07 乃東伐齊藋之戎爲散(徹)

清華八・邦道 16 戎(農)獸(守)豙(稼)房(穡)

清華八・邦道 19 皮(彼)士返(及)攻(工)商、戎(農)夫之懕(惰)於亓(其)事

清華八・邦道 21 不记(起)事於戎(農)之厽(三)時

～,與(上博二・容 1)、(上博三・周 38)、(上博六・用 14)同。《説文・戈部》:“戎,兵也。从戈、甲。”

清華一・耆夜 06“戎備”,讀爲“戎服”,軍服。《左傳・襄公二十五年》:“鄭子産獻捷于晉,戎服將事。”

清華一・皇門 06“戎兵以能興”,今本《逸周書・皇門》作“戎兵克慎”。“戎兵”,兵士,軍隊。《管子・内業》:“惡氣迎人,害於戎兵。”《戰國策・韓一》:“秦馬之良,戎兵之衆。”

清華一・皇門 09、清華八・邦道 19“戎夫”,讀爲“農夫”,指務農的人。《詩・豳風・七月》:“嗟我農夫,我稼既同,上入執宫功。”《周禮・考工記序》:“飭力以長地財,謂之農夫。”

清華二・繫年 004“戎乃大敗周自于千畐”,讀爲“戎乃大敗周師于千畝”。

《國語·周語上》:"三十九年,戰於千畝,王師敗績於姜氏之戎。"韋昭注:"姜氏之戎,西戎之别種,四岳之後也。"

清華二·繫年 006"西戎",古代西北戎族的總稱。《書·禹貢》:"織皮昆侖、析支、渠、搜,西戎即敘。"《詩·小雅·出車》:"赫赫南仲,薄伐西戎。"

清華二·繫年 015"奴虘之戎",古族名。

清華二·繫年 043"群戎",很多戎族。"戎",泛指我國西部的少數民族。《禮記·王制》:"西方曰戎。"《大戴禮記·千乘》:"西辟之民曰戎。"《三國志·蜀志·諸葛亮傳》:"西和諸戎,南撫夷越。"

清華三·説命上 06"戎",指兵事。《左傳·成公十三年》:"國之大事,在祀與戎。"

清華三·説命中 06"虘隹口记戎出好",讀爲"且惟口起戎出好"。《禮記·緇衣》引《説命》作:"惟口起羞,惟甲胄起兵,惟衣裳在笥,惟干戈省厥躬。"鄭玄注:"羞,猶辱也……惟口起辱,當慎言語也。"《墨子·尚同中》:"是以先王之書《術令》之道曰:'唯口出好興戎。'"

清華三·芮良夫 01、10"寇戎",即"寇戎",謂來犯之戎。《逸周書·時訓》:"鷹不化鳩,寇戎數起。"《周禮·春官·小祝》:"有寇戎之事,則保郊,祀于社。"《後漢書·東夷列傳》:"厲王無道,淮夷入寇,王命虢仲征之,不克。"

清華三·祝辭 03"弝(射)戎也"之"戎",《孔子家語·弟子行》:"材任治戎。"王肅注:"軍旅也。"

清華六·太伯甲 08、太伯乙 07"齊蘄之戎",古族名。

清華八·邦道 16"戎",讀爲"農",農夫,農民。《孟子·公孫丑上》:"耕者助而不税,則天下之農,皆悦而願耕於其野矣。"《漢書·食貨志上》:"善爲國者,使民毋傷而農益勸。"

清華八·邦道 21"不记事於戎之厽時",讀爲"不起事於農之三時",參《晏子春秋·内篇諫下》:"晏子諫曰:'春夏起役,且遊獵,奪民農時,國家空虚,不可。'"

精紐宗聲

宗

清華一·程寤 02 宗丁佖(祓)大(太)子𤼈(發)

 清華一・程寤 03 幣告宗方(祊)杢(社)禝(稷)

 清華一・皇門 02 廼隹(惟)大門宗子埶(邇)臣

 清華一・祭公 13 方𦘔(建)宗子

 清華一・祭公 15 乃又(有)頣(履)宗

 清華一・楚居 02 先凥(處)于京宗

 清華一・楚居 02 穴酓(熊)迖(遲)遷(徙)於京宗

 清華一・楚居 04 至酓(熊)㤮(狂)亦居京宗

 清華二・繫年 017 方(旁)埶(設)出宗子

 清華三・説命中 01 内(入)才(在)宗

 清華四・筮法 43 㝗(滅)宗

 清華五・三壽 01 高宗觀於匌(洹)水之上

 清華五・三壽 01 高宗乃𦖞(問)於少壽曰

 清華五·三壽 05 高宗乃或(又)䎽(問)於彭且(祖)曰

 清華五·三壽 07 高宗乃言曰

 清華五·三壽 11 高宗恭(恐)愳(懼)

 清華五·三壽 24 高宗或(又)䎽(問)於彭且(祖)曰

 清華五·三壽 28(背)鬐(殷)高宗䎽(問)於三誩(壽)

 清華七·越公 04 料(播)弃(棄)宗宙(廟)

 清華七·越公 22 伓(圮)虛(墟)宗宙(廟)

 清華七·越公 22 孤用内(入)守於宗宙(廟)

 清華七·越公 26 既埭(建)宗宙(廟)

 清華七·越公 74 女(焉)述(遂)逹(失)宗宙(廟)

～,與(上博二·容 46)、(上博一·孔 24)同。《説文·宀部》:"宗,尊祖廟也。从宀、从示。"

清華一·程寤 03"宗方",讀爲"宗祊",宗廟,家廟。《左傳·襄公二十四年》:"若夫保姓受氏,以守宗祊,世不絶祀,無國無之。"《國語·周語中》:"今將

大泯其宗祊，而蔑殺其民人，宜吾不敢服也。”韋昭注：“廟門謂之祊。宗祊，猶宗廟也。”

清華一・皇門 02“大門宗子”，即門子。《周禮・春官・小宗伯》：“其正室皆謂之門子，掌其政令。”鄭注：“正室，適子也，將代父當門者也。”孫詒讓《正義》：“云‘將代父當門者也’者，明以父老則適子代當門户，故尊之曰門子……蓋詳言之曰大門宗子，省文則曰門子，其實一也。”今本《逸周書・皇門》作“乃維其有大門宗子勢臣”，孔晁注：“大門宗子，適長。”

清華一・祭公 13、清華二・繫年 017“宗子”，古代宗法制度稱大宗的嫡長子。《詩・大雅・板》：“懷德維寧，宗子維城。無俾城壞，無獨斯畏。”鄭箋：“宗子，謂王之適子。”《禮記・大傳》：“别子爲祖，繼别爲宗。”鄭玄注：“别子謂公子若始來在此國者，後世以爲祖也。别子之世適也，族人尊之，謂之大宗，是宗子也。”

清華一・祭公 15“又顊宗”，即“有履宗”，有福佑於宗室。

清華一・楚居 02、04“京宗”，地名，或疑與荆山之首景山有關。《山海經・中山經》：“荆山之首曰景山……睢水出焉，東南流注于江……東北百里曰荆山……漳水出焉，而東南流注于睢……又東北百五十里曰驕山。”

清華三・説命中 01“宗”，指宗廟。

清華四・筮法 43“㝥宗”，讀爲“滅宗”，滅絶宗廟祭祀。《左傳・定公四年》：“滅宗廢祀，非孝也。”《墨子・明鬼下》：“《禽艾之道》之曰：‘得璣無小，滅宗無大。’則此言鬼神之所賞，無小必賞之；鬼神之所罰，無大必罰之。”《國語・楚語下》：“舊怨滅宗，國之疾眚也。”或讀爲“泯宗”。

清華五・三壽“高宗”，殷高宗武丁。《書・高宗肜日》：“高宗肜日，越有雊雉。”《禮記・喪服四制》：“高宗者，武丁。武丁者，殷之賢王也。繼世即位，而慈良於喪。當此之時，殷衰而復興，禮廢而復起，故善之。善之，故載之書中而高之，故謂之高宗。”《史記・殷本紀》：“帝武丁崩，子帝祖庚立。祖己嘉武丁之以祥雉爲德，立其廟爲高宗。”

清華七・越公“宗宙”，即“宗廟”，古代帝王、諸侯祭祀祖宗的廟宇。《國語・魯語上》：“夫宗廟之有昭穆也，以次世之長幼，而等胄之親疏也。”《史記・魏公子列傳》：“今秦攻魏，魏急而公子不恤，使秦破大梁而夷先王之宗廟，公子當何面目立天下乎？”

㐬

清華一・保訓 02[王]若曰:"䟃(發),朕疾㐬(漸)甚

清華六・子儀 08 鳥飛可(兮)㐬永

清華六・子儀 14 占夢㐬永不休

清華八・處位 01 臣㐬逆君

～,與(上博三・周 14)、(上博五・鬼 8)同。楚文字又有如下字(上博一・緇 9)、(郭店・緇衣 16)、(新蔡簡零 189)、(新蔡簡零 484),或釋爲"適"(黄德寬、徐在國)、"𨑨"(劉樂賢)、"甬"(李零、魏宜輝)。都有一個共同的聲符"",陳劍認爲""來源於甲骨金文的"丵"字,即"琮"的表意初文。在楚簡《緇衣》中可讀爲"從";在楚簡《周易》中可與"朁""宗"等字相通;在新蔡楚簡中義爲"速",讀爲"憯"。宋華强認爲""可能是截取""("朁"字初文)的上部""形發展而來的。

清華一・保訓 02"疾㐬甚",讀爲"疾漸甚"。《書・顧命》:"王曰:'嗚呼!疾大漸,惟幾,病日臻。'"《列子・力命》:"季梁得疾,七日大漸。其子環而泣之,請醫。"張湛注:"漸,劇也。"《玉篇・甘部》:"甚,劇也。"(孟蓬生)

清華六・子儀 08、14"㐬",或讀爲"漸",簡文"漸永"猶言"漸遠"。或讀爲"憯"。

清華八・處位 01"㐬",讀爲"從"。或釋爲"適",《説文》:"之也。"《左傳・昭公十五年》:"民知所適,事無不濟。"杜預注:"適,歸也。"

纏

清華八・心中 01 目、耳、口、纏(肢)四者爲𦥑(相)

清華八・心中 02 纏(肢)古(故)與(舉)之

～,从"糸","童"聲。或釋爲"纏"。

清華八・心中 01、02"纏",或讀爲"手"。"手"字屬幽部,與冬部屬於嚴格的陰陽對轉。人體中"手"可以"舉",手的動作能滿足心之所用,目、耳、口、手輔助心,從不同角度實現心之所欲,合稱"四相",置之文中也是很合適的。(馬曉穩)或分析爲从糸,適省聲,疑讀爲"肢"。"適"爲端母錫部字,"肢"爲章母支部字,支、錫爲陰入對轉;端母、章母準雙聲。四者,指目、耳、口、四肢。《孟子・盡心下》:"口之於味也,目之於色也,耳之於聲也,鼻之於臭也,四肢之於安佚也,性也。"古人通常將四相與四肢並稱,郭店・五行 45:"耳目鼻口手足六者。"此篇以心爲君,目、耳、口、四肢若相。"相",佐助。《國語・晉語一》:"以相心目。"韋昭注:"相,助也。"

㝍

清華六・子產 07 不㝍臺寢

～,乃(郭店・緇衣 16)、(新蔡簡零 189)之省變。隸作"㝍"。或認爲从"宀","㞌"聲。或隸作"窪"。或認爲从"淫"聲,讀爲"崇"。

清華六・子產 07"不㝍臺寢",讀爲"不崇臺寢"。"崇",高,高大。《書・盤庚中》"高后丕乃崇降罪疾",蔡沈《集傳》:"崇,大也。"《國語・周語下》:"夫宮室不崇,器無彤鏤,儉也。"(趙平安)《左傳・襄公三十一年》:"僑聞文公之爲盟主也,宮室卑庳,無觀臺榭,以崇大諸侯之館。館如公寢,庫廄繕修,司空以時平易道路,圬人以時塓館宮室。"或隸作"窪",讀爲"建"。或認爲从"逕"省聲,讀爲"經"。

心紐宋聲

宋

清華二・繫年 003 龏(共)白(伯)和歸于宋〈宗〉

清華二・繫年 036 迈(適)宋

清華二・繫年 041 楚成王衒(率)者(諸)侯以回(圍)宋伐齊

清華二・繫年 041 晉文公囟(思)齊及宋之惪(德)

清華二・繫年 042 伐躗(衛)以敓(脫)齊之戍及宋之回(圍)

清華二・繫年 043 文公衒(率)秦、齊、宋及群戎之自(師)

清華二・繫年 056 牆(將)以伐宋

清華二・繫年 057 宋公爲左芋(盂)

清華二・繫年 057 宋公之車萲(暮)䡅(駕)

清華二・繫年 058 用賤(抶)宋公之馭(御)

清華二・繫年 059 宋人女(焉)爲成

清華二・繫年 059 叚(假)逄(路)於宋

清華二・繫年 059 臧(莊)王衒(率)自(師)回(圍)宋九月

清華二・繫年 088 王或(又)事(使)宋右帀(師)芋(華)孫兀(元)行晉楚之成

清華二・繫年 089 明(盟)於宋

清華二・繫年 097 明(盟)于宋

清華二・繫年 111 以與戉(越)命(令)尹宋䀉(盟)于邗

清華二・繫年 113 戉(越)公、宋公敗(敗)齊自(師)于襄坪(平)

清華二・繫年 114 宋悼公朝于楚

清華二・繫年 114 告以宋司城皷之約(弱)公室

清華二・繫年 119 宋殰(悼)公牆(將)會晉公

清華二・繫年 124 宋公畋(田)

清華二・繫年 126 宋公畋(田)

清華二・繫年 126 王衒(率)宋公以城贎鬬(關)

清華三・良臣 07 宋又(有)左帀(師)

清華七・晉文公 08 成宋

～,與(上博一・緇 23)、(上博六・競 4)同。《說文・宀部》:"宋,居也。从宀、从木。讀若送。"

清華二・繫年 057、058"宋公",《左傳・文公十年》:"宋公爲右盂,鄭伯爲左盂。"

清華二・繫年 059"宋人",宋國人。

清華二・繫年 088"王或事宋右帀芋孫兀行晉楚之成",讀爲"王又使宋右師華孫元行晉楚之成"。參《左傳・成公十一年》:"宋華元善於令尹子重,又善於欒武子,聞楚人既許晉糴茷成,而使歸復命矣。冬,華元如楚,遂如晉,合晉、楚之成。"

清華二・繫年 111"戉命尹宋",讀爲"越令尹宋",即越國的令尹,名宋。令尹是楚官,越亦有令尹。

清華二・繫年 113、126"宋公",宋國國君。

清華二・繫年 114"宋司城皷",司城即司空。《公羊傳・文公八年》何休注:"宋變司空爲司城者,辟先君武公名也。"

清華二・繫年 119"宋殜公",即"宋悼公"。《史記・宋微子世家》:"昭公四十七年卒,子悼公購由立。"

清華二・繫年 124、126"宋公畋",讀爲"宋公田"。《史記・宋微子世家》:"昭公四十七年卒,子悼公購由立。悼公八年卒,子休公田立。"

清華三·良臣07“宋又左币”,讀爲“宋有左師”,宋國有左師。

清華七·晉文公08“成宋”,與宋國和解。

清華“宋”,國名。春秋時爲十二諸侯之一。《漢書·地理志》:“宋自微子二十餘世,至景公滅曹,滅曹後五世亦爲齊、楚、魏所滅,參分其地。魏得其梁、陳留,齊得其濟陰、東平,楚得其沛。”

正編·宵部

宵　部

影紐夭聲

夭

清華二・繫年 093 奔内(入)於曲夭(沃)

清華二・繫年 094 晉人既殺緣(欒)浧(盈)于曲夭(沃)

清華三・良臣 02 文王又(有)忞(閎)夭

清華三・良臣 03 又(有)南宫夭

清華五・三壽 22 夭(效)屯(純)恒(宣)猷

清華六・管仲 14 民人不夭(妖)

～,與[字形](郭店・唐虞之道 11)同。《説文・夭部》:"夭,屈也。从大,象形。"

清華二・繫年 093、094"曲夭",讀爲"曲沃",晉國都城絳(今山西侯馬)。《公羊傳・襄公二十三年》:"晉欒盈複入於晉,入於曲沃。曲沃者何？晉之邑也。"《史記·晉世家》:"齊莊公微遣欒逞于曲沃,以兵隨之。"

清華三·良臣02"忞夭",讀爲"閎夭",人名。《書·君奭》:"惟文王尚克修和我有夏;亦惟有若虢叔,有若閎夭,有若散宜生,有若泰顛,有若南宫括。"《墨子·尚賢上》:"文王舉閎夭、泰顛於置罔之中,授之政,西土服。"

清華三·良臣03"南宫夭",人名。不見於傳世文獻。

清華五·三壽22"夭",讀爲"效"。《荀子·王霸》:"以效於君。"楊倞注:"效,致也。"

清華六·管仲14"夭",讀爲"妖",泛指自然界和人事中、社會上反常的、怪異的事物。《説苑·君道》:"楚莊王見天不見妖,而地不出孽,則禱於山川,曰:'天其忘予歟?'此能求過於天,必不逆諫矣。安不忘危,故能終而成霸功焉。"

訞

清華三·芮良夫19民所訞訛(僻)

~,从"言","夭"聲。

清華三·芮良夫19"訞",怪異。《荀子·非十二子》:"則可謂訞怪狡猾之人矣。"楊倞注:"訞與妖同。"

沃

清華三·説命中03日沃朕心

~,从"水","夭"聲,"渼"之異體。《説文·水部》:"渼,溉灌也。从水,芙聲。"

清華三·説命中03"日沃朕心",《國語·楚語上》作"啓乃心,沃朕心"。"沃心",謂使内心受啓發。舊多指以治國之道開導帝王。《書·説命上》:"啓乃心,沃朕心。"孔穎達疏:"當開汝心所有,以灌沃我心,欲令以彼所見教己未知故也。"

蚕

清華五·三壽10 殹(殷)邦之蚕(妖)羕(祥)並记(起)

 清華五・三壽 14 适(括)還蚕(妖)蠡(祥)

～,从"虫","夭"聲。《説文》:"祆,地反物爲祆也。从示,芺聲。"段玉裁注:"祆,省作祆。經傳通作妖。"

清華五・三壽 10"蚕蚩"、清華五・三壽 14"蚕蠡",讀爲"妖祥",指顯示災異的凶兆。《禮記・樂記》:"疾疢不作,而無妖祥。"《漢書・燕剌王劉旦傳》:"謀事不成,妖祥數見。"亦指各種怪異反常現象。《左傳・宣公十五年》:"地反物爲妖。"《玉篇・示部》:"祥,似羊切,妖怪也。"

芺(笑)

 清華二・繫年 068 女子芺(笑)于房审(中)

 清華七・越公 46 芺=(笑笑)也

～,从"艸"、从"犬",與(上博四・柬 19)、(上博五・三 11)、(上博六・壽 4)同。《説文・竹部》:"笑,此字本闕。臣鉉等案:孫愐《唐韻》引《説文》云:'喜也。从竹、从犬。'而不述其義。今俗皆从犬。又案:李陽冰刊定《説文》从竹,从夭義云:竹得風,其體夭屈如人之笑。未知其審。"

清華二・繫年 068"女子芺于房审",讀爲"女子笑于房中",見《左傳・宣公十七年》:"十七年春,晉侯使郤克征會於齊。齊頃公帷婦人使觀之。郤子登,婦人笑於房。"

清華七・越公 46"芺=",即"笑笑",喜樂貌。

影紐要聲

要

 清華二・繫年 077 亓(其)子墨(黑)要也或(又)室少盐(孟)

清華二・繫年 077 墨(黑)要也死

清華八・邦政 06 父兄與於終要

～,與(上博四・采 2)、(上博四・昭 7)同,上从"目",下从兩手叉腰之形,"腰"字初文。《説文・臼部》:"要,身中也。象人要自臼之形。从臼,交省聲。,古文要。"

清華二・繫年 077"墨要",讀爲"黑要",人名。《左傳・成公二年》:"王以予連尹襄老。襄老死於邲,不獲其尸,其子黑要烝焉。"

清華八・邦政 06"要",關鍵。《韓非子・揚權》:"聖人執要,四方來效。"《墨子・所染》:"此六君者,非不重其國愛其身也,以不知要故也。"孫詒讓《墨子閒詁》引高誘云:"不知所行之要約也。"

曉紐囂聲

囂

清華一・楚居 06 若囂(敖)畬(熊)義(儀)

清華一・楚居 06 若囂(敖)畬(熊)義(儀)遐(徙)居箬(鄀)

清華一・楚居 07 至宵囂(敖)畬(熊)鹿自焚遐(徙)居宵

清華一・楚居 09 至㚔囂(敖)自福丘遐(徙)衮(襲)箬(鄀)郢

清華一・楚居 10 若囂(敖)记(起)禍

清華二・繫年 029 是生皇嚻(敖)及成王

清華二・繫年 114 王命莫嚻(敖)昜爲衒(率)自(師)以定公室

清華二・繫年 116 王命莫嚻(敖)昜爲衒(率)自(師)戬(侵)晉

清華三・芮良夫 07 母(毋)自縱(縱)于牄(逸)以嚻(遨)

清華三・芮良夫 23 民乃嬰(嗥)嚻

清華五・三壽 26 返(急)利嚻神慕(莫)龏(恭)而不㬥(顧)于込(後)

清華六・子産 18 嚻(敖)逵(佚)弗詎(誅)

～,與(上博五・三 5)、(上博五・三 16)同。《説文・㗊部》:"嚻,聲也。气出頭上。从㗊从頁。頁,首也。嚻,嚻或省。"

清華一・楚居 06、10"若嚻",讀爲"若敖"。"若",地名,即史書中的鄀。"嚻",讀爲"敖",春秋楚國對未成君而死、無謚號者之稱。《左傳・昭公十三年》:"葬子干於訾,實訾敖。"杜預注:"不成君,無號謚者,楚皆謂之敖。"《楚辭・天問》:"吾告堵敖以不長。"朱熹《集注》:"楚人謂未成君而死者曰敖。"

清華一・楚居 07"宵嚻",讀爲"宵敖"。"宵",地名。

清華一・楚居 09、清華二・繫年 029"皇嚻",讀爲"息敖"。或讀爲"堵敖"。"堵",地名。

清華二・繫年 114、116"莫嚻",讀爲"莫敖"。"莫",地名。

清華三・芮良夫 07"嚻",讀爲"遨"。《文選・嵇康〈琴賦〉》:"以遨以嬉。"

李周翰注:“遨,遊。”《文選・宋玉〈高唐賦〉》:“當年遨遊。”李周翰注:“遨遊,戲也。”或讀爲“傲”。(白於藍)

清華三・芮良夫 23“翺囂”,讀爲“嗥囂”。“嗥”,吼叫。《左傳・襄公十四年》:“賜我南鄙之田,狐狸所居,豺狼所嗥。”“囂”,喧嘩。《左傳・成公十六年》:“在陳而囂,合而加囂。”杜預注:“囂,喧嘩也。”“嗥”“囂”同義連用。

清華五・三壽 26“囂神”,指神前喧嘩不敬。

清華六・子産 18“囂”,讀爲“敖”。《爾雅・釋詁》:“敖,戲謔也。”《管子・四称》:“誅其良臣,敖其婦女。”尹知章注:“唯與婦女爲敖從也。”或讀爲“傲”。(林志鵬)

匣紐爻聲

貇

清華八・邦道 17 女(焉)雚(觀)亓(其)貇(貌)

～,从“頁”,“爻”聲,“貌”字異體。

清華八・邦道 17“女雚亓貇”,讀爲“焉觀其貌”。“貌”,容顔相貌。《穀梁傳・桓公十四年》:“孔子曰:聽遠音者,聞其疾而不聞其舒;望遠者,察其貌而不察其形。”

清華八・處位 03 反㚇(貌)爯(稱)憍(僞)

～,从“人”,“爻”聲,即“皃”字異體,今作“貌”。郭店簡《五行》“顔色伀(容)佼(貌)”。《説文》:“皃,頌儀也。”

清華八・處位 03“㚇”,即“貌”。《書・洪範》:“五事,一曰貌。”孔穎達疏:“貌是容儀,舉身之大名也。”簡文“反㚇”,即“反貌”,指與容儀相反。《論語・泰伯》:“動容貌,斯遠暴慢矣;正顔色,斯近信矣。”

𡥈

清華一・祭公 06 孶(兹)由(迪)逫(襲)𡥈(學)于文武之曼悳

(德)

清華三・芮良夫 18 疋(胥)怷(訓)疋(胥)𡥈(教)

清華三・琴舞 03 𡥈(教)亓(其)光明

清華五・厚父 11 今民莫不曰余媬(保)𡥈(教)明悳(德)

清華五・命訓 05 女(如)忎(恐)而承𡥈(教)

清華五・三壽 17 四方覾(勸)𡥈(教)

清華五・三壽 27 螽(聞)𡥈(教)怷(訓)

清華六・管仲 01 君子𡥈(學)與不𡥈(學)

清華六・管仲 01 君子𡥈(學)與不𡥈(學)

清華六・管仲 01 君子𡥈(學)才(哉)

清華六・管仲 01 𡥈(學)於(烏)可以巳(已)

清華六・管仲 02 君子𡥈(學)才(哉)

清華六・管仲 02 𡥈(學)於(烏)可以巳(已)

清華六・子産 24 道(導)之以𡥈(教)

清華六・子産 25 以臭(釋)亡𡥈(教)不姑(辜)

～,與𡥈(上博二・容 9)、𡥈(上博六・天甲 13)同,从"子","爻"聲,"教"字異體。

清華一・祭公 06"孳(兹)由(迪)遜(襲)𡥈(學)于文武之曼惪(德)"之"𡥈",讀爲"學",學習。《詩・周頌・敬之》:"日就月將,學有緝熙于光明。"

清華三・芮良夫 18"疋思疋𡥈",讀爲"胥訓胥教",教導訓戒。《左傳・文公十八年》:"顓頊有不才子,不可教訓。"

清華三・琴舞 03"𡥈",即"教",讀爲"學"。《詩・周頌・敬之》作"學有緝熙于光明"。

清華五・厚父 11"保𡥈",讀爲"保教",遵守教化。《國語・越語下》:"事無閒,時無反,則撫民保教以須之。"韋昭注:"保,守也。"

清華五・命訓 05"女(如)忎(恐)而承𡥈(教)",今本《逸周書・命訓》作"夫民生而惡死,無以畏之,能無恐乎? 若恐而承教,則度至于極"。"承教",接受教令。《孟子・梁惠王上》:"寡人願安承教。"趙岐注:"願安意承受孟子之教令。"《戰國策・趙二》:"承教而動,循法無私,民之職也。"《史記・樂毅列傳》:"自以爲奉令承教,可幸無罪。"

清華五・三壽 17"懃𡥈",讀爲"勸教",勸勉教化。應璩《與廣川長岑文瑜書》:"修之歷旬,靜無徵效,明勸教之術,非致雨之備也。"

清華五・三壽 27"𡥈思",讀爲"教訓",教導訓戒。《左傳・文公十八年》:"顓頊有不才子,不可教訓。"

清華六・管仲 01"君子𡥈與不𡥈",讀爲"君子學與不學"。《論語・子張》:"百工居肆以成其事,君子學以致其道。"

清華六·管仲01、02"季於可以巳",讀爲"學烏可以已"。《荀子·勸學》:"君子曰:學不可以已。"

清華六·子産24、25"教",把知识或技能傳授给人。《左傳·襄公三十一年》:"教其不知,而恤其不足。"

教

清華二·繫年079教吴人反(叛)楚

清華二·繫年083是教吴人反楚邦之者(諸)侯

清華五·厚父09婒(保)教明悳(德)

清華五·命訓12教之以埶(藝)

清華六·孺子08虞(且)以教女(焉)

清華八·邦道12唯皮(彼)灋(廢)民之不歷(循)教者

清華八·邦道16士獸(守)教

清華八·天下02女(如)不曼(得)亓(其)民之情爲(僞)、眚(性)教

清華八·虞夏02教民以又(有)褪₌(威威)之

清華八・虞夏 02 教民以宜(儀)

清華八・攝命 16 勿教人悳(德)我

清華八・攝命 25 雩(越)朕卯(毖)朕教

清華八・攝命 26 王教王學

清華八・攝命 27 所弗克戠(職)甬(用)朕命朕教

清華八・攝命 29□竊(箴)教女(汝)

《説文・教部》:“教,上所施下所效也。从攴、从孝。凡教之屬皆从教。,古文教。,亦古文教。”

清華二・繫年 079“教吴人反楚”,讀爲“教吴人叛楚”。《左傳・成公七年》:“巫臣請使於吴,晉侯許之。吴子壽夢説之。乃通吴于晉,以兩之一卒適吴,舍偏兩之一焉。與其射御,教吴乘車,教之戰陳,教之叛楚。”

清華五・厚父 09“娱教”,讀爲“保教”,遵守教化。《國語・越語下》:“事無間,時無反,則撫民保教以須之。”韋昭注:“保,守也。”

清華五・命訓 12“教之以埶(藝)”,今本《逸周書・命訓》作“教之以藝”。

清華六・孺子 08“教”,《禮記・學記》:“善教者使人繼其志。”陸德明《釋文》:“教如字,一本作學。”

清華八・邦道 12“不歷教者”,讀爲“不循教者”。《禮記・王制》:“命鄉簡不帥教者以告。”鄭玄注:“帥,循也。不循教,謂敖很不孝弟者,司徒使鄉簡擇以告者,鄉屬司徒。”

清華八・天下 02“眚教”,讀爲“性教”,性,指先天的本性;教,指後天的教化。《禮記・中庸》:“天命之謂性,率性之謂道,脩道之謂教。”

清華八・虞夏02"教民",《管子・形勢解》:"明主配天地者也,教民以時,勸之以耕織,以厚民養,而不伐其功,不私其利。"

清華八・攝命27"所弗克戠甬朕命朕教",讀爲"所弗克職用朕命朕教"。《書・酒誥》:"庶士有正越庶伯君子,其爾典聽朕教!"

清華八・攝命29"□䜌教女",讀爲"□箴教汝"。《書・洛誥》:"朕教汝于棐民彝。"

敎

清華一・皇門07乃隹(維)汲₌(急急)疋(胥)區(驅)疋(胥)敎(教)于非彝

清華八・邦政09亓(其)君子専(薄)於敎(教)而行慝(詐)

清華八・邦道08句(苟)王之愻(訓)敎(教)

清華八・邦道11敎(教)以罿(舉)之

～,與𢿱(郭店・尊德義4)同,从"支","𡥈"聲。"教"字異體。

清華一・皇門07"乃隹(維)汲₌(急急)疋(胥)區(驅)疋(胥)敎(教)于非彝",今本《逸周書・皇門》作"維時及胥學于非夷"。"教",教唆。

清華八・邦政09"敎",即"教",教育,教誨。《説文・攴部》:"教,上所施下所效也。"《禮記・曲禮上》:"禮聞來學,不聞往教。"《鹽鐵論・疾貪》:"故君子急于教,緩于刑。"

清華八・邦道08"愻敎",讀爲"訓教",謂施教化,使順服。《吕氏春秋・執一》:"吴起曰:'治四境之内,成訓教,變習俗,使君臣有義,父子有序,子與我孰賢?'"

清華八・邦道11"敎以罿之",讀爲"教以舉之"。《禮記・祭義》:"教以慈睦,而民貴有親;教以敬長,而民貴用命。"

肴

清華四·筮法 10 亞(惡)肴(爻)凥(處)之

清華四·筮法 13 亞(惡)肴(爻)凥(處)之

清華四·筮法 21 㝹(少)肴(淆)

清華四·筮法 41 奴(如)刲(卦)奴(如)肴(爻)

清華四·筮法 43 肴(淆)乃父之不瓶₌(葬死)

清華四·筮法 52 凸(凡)肴(爻)象

清華四·筮法 61 凸(凡)肴(爻)

～,與(上博六·競 9)同。《説文·肉部》:"肴,啖也。从肉,爻聲。"

清華四·筮法 10、13"亞肴",讀爲"惡爻",當指左下卦中的五、九而言。奇數的五、九是陽爻,與六合組爲兑,爲小凶。

清華四·筮法 21"㝹肴",讀爲"少淆"。

清華四·筮法 41、61"肴",讀爲"爻",《周易》中組成卦的符號。分爲陽爻和陰爻。每三爻合成一卦,可得八卦,稱爲經卦;兩卦(六爻)相重則得六十四卦,稱爲别卦。爻含有交錯和變化之意。《易·繫辭上》:"爻者,言乎變者也。"韓康伯注:"爻各言其變也。"

清華四·筮法 43"肴",讀爲"淆",意謂五、九混出。

清華四·筮法 52"肴象",讀爲"爻象",《周易》中六爻相交成卦所表示的事物形象。《易・繫辭下》:“爻象動乎内,吉凶見乎外。”孔穎達疏:“言爻者,效此物之變動也;象也者……言象此物之形狀也。”

匣紐虎聲歸魚部虎聲

匣紐昊聲

淏

清華二・繫年 123 明(盟)陳和與陳淏於溋門之外

清華二・繫年 137 王命坪(平)亦(夜)悼武君李(使)人於齊陳淏求自(師)

～,从“水”,“昊”聲。《集韻・晧韻》:“淏,清皃。”

清華二・繫年“陳淏”,齊國將帥。

㙠

清華六・子儀 06 亓(其)下之㙠₌(淏淏)

～,从“土”,“淏”聲。“淏”字繁體。

清華六・子儀 06“㙠₌”,即“淏淏”。《集韻・晧韻》:“淏,清皃。”或讀爲“浩浩”。

匣紐号聲

鴞

清華一・金縢 09 於遂(後)周公乃遺王志(詩)曰《周鴞》

《説文・鳥部》:“鴞,鴟鴞,寧鴂也。从鳥,号聲。”

清華一·金縢 09“《周鴞》”，讀爲“雕鴞”。或讀爲“雕梟”，似鷹而貪惡的梟類之鳥。(朱鳳瀚)或讀爲“鴟鴞”，見《詩·豳風·鴟鴞》。

見紐高聲

高

 清華一·耆夜 01 縪(畢)公高爲客

 清華二·繫年 011 亓(其)大=(大夫)高之巨(渠)爾(彌)殺卲(昭)公而立亓(其)弟子釁(眉)壽

 清華二·繫年 012 車斅(轘)高之巨(渠)爾(彌)

 清華二·繫年 046 奠(鄭)之賈人弦高牆(將)西市

 清華二·繫年 050 靁(靈)公高幼

 清華二·繫年 055 靁(靈)公高立六年

 清華二·繫年 066 叓(且)卲(召)高之固曰

 清華二·繫年 069 高之固至莆池

 清華二·繫年 091 齊高厚自𠂤(師)逃歸(歸)

 清華三・琴舞 02 母(毋)曰高＝(高高)才(在)上

 清華五・厚父 08 乃高且(祖)克害(憲)皇天之政工(功)

 清華五・厚父 12 若山氒(厥)高

 清華五・湯丘 18 高山是逾(逾)

 清華五・三壽 01 高宗觀於匐(洹)水之上

 清華五・三壽 01 高宗乃䎽(問)於少壽曰

 清華五・三壽 05 高宗乃或(又)䎽(問)於彭且(祖)曰

 清華五・三壽 05 高文成且(祖)

 清華五・三壽 07 高宗乃言曰

 清華五・三壽 11 高宗恭(恐)愳(懼)

 清華五・三壽 24 高宗或(又)䎽(問)於彭且(祖)曰

 清華五・三壽 24 高文成且(祖)

 清華五・三壽 25 諗(感)高玟(文)寡(富)而昏忘竇(詢)

 清華五・三壽 28(背)鬶(殷)高宗螽(問)於三耆(壽)

 清華八・攝命 27 不則高讓(奉)乃身

 清華八・邦政 07 亓(其)宮室墨(坦)大以高

 清華八・邦道 04 不返(及)高立(位)厚飤(食)

 清華八・天下 01 高亓(其)城

～,與(上博二・容 49)、(上博四・柬 13)同。《説文・高部》:"高,崇也。象臺觀高之形。从冂、口。與倉、舍同意。"

清華一・耆夜 01"緙公高",讀爲"畢公高"。《書・顧命序》:"成王將崩,命召公、畢公率諸侯相康王,作《顧命》。"《史記・魏世家》:"魏之先,畢公高之後也。畢公高與周同姓。武王之伐紂,而高封於畢,於是爲畢姓。"

清華二・繫年 011、012"高之巨爾",讀爲"高之渠彌",即高渠彌。《左傳・桓公十八年》:"秋,齊侯師于首止,子亹會之,高渠彌相。七月戊戌,齊人殺子亹而轘高渠彌。"

清華二・繫年 046"奠之賈人弦高牆西市",讀爲"鄭之賈人弦高將西市"。參《左傳・僖公三十三年》:"及滑,鄭商人弦高將市於周,遇之。"

清華二・繫年 050、055"霝公高",讀爲"靈公高",晉靈公高,襄公之子。《春秋・宣公二年》作"夷皋",《公羊》作"夷獆","高""皋""獆"相通假。

清華二・繫年 066、069"高之固",即齊卿高固,高宣子。《春秋・宣公五年》:"秋九月,齊高固來逆叔姬。"

清華二・繫年 091"高厚",齊國大臣高固之子。《左傳・襄公十六年》:

"使諸大夫盟高厚,高厚逃歸。"

清華三・琴舞 02"高₌才上",讀爲"高高在上",謂所處極高,指上蒼、天帝或人君。《詩・周頌・敬之》:"敬之敬之,天維顯思,命不易哉! 無曰高高在上,陟降厥士,日監在兹。"

清華五・厚父 08"高且",讀爲"高祖",始祖,遠祖。《左傳・昭公十五年》:"且昔而高祖孫伯黶司晉之典籍,以爲大政,故曰籍氏。"杜預注:"孫伯黶,晉正卿,籍談九世祖。"孔穎達疏:"九世之祖稱高祖者,言是高遠之祖也。"

清華五・厚父 12"若山乓(厥)高",《管子・形勢解》:"山者,物之高者也。"

清華五・湯丘 18"高山",高峻的山。《荀子・劝學》:"故不登高山,不知天之高也。"

清華五・三壽 01、05、07、11、24、28"高宗",殷高宗武丁。《書・高宗肜日》:"高宗肜日,越有雊雉。"《史記・殷本紀》:"帝武丁崩,子帝祖庚立。祖己嘉武丁之以祥雉爲德,立其廟爲高宗。"

清華五・三壽 05、24"高文成且",讀爲"高文成祖",武丁對彭祖的稱呼。

清華五・三壽 25"高",大,盛大。《戰國策・齊一》:"家敦而富,志高而揚。"高誘注:"高,大也。"

清華八・攝命 27"不則高誄乃身",讀爲"不則高奉乃身"。《書・吕刑》:"爾尚敬逆天命,以奉我一人!"《管子・四稱》:"貨賄相入,酒食相親,俱亂其君,君若有過,各奉其身。""高",尊崇,推崇。《晏子春秋・問上八》:"高勇而賤仁。"

清華八・邦政 07"亓宫室墨大以高",讀爲"其宫室坦大以高"。《淮南子・泰族》:"故不高宫室者,非愛木也;不大鐘鼎者,非愛金也。"

清華八・邦道 04"高立",讀爲"高位",顯貴的職位。《左傳・莊公二十二年》:"敢辱高位,以速官謗?"

清華八・天下 01"高亓(其)城",《管子・四稱》:"昔者無道之君,大其宫室,高其臺榭,良臣不使,讒賊是舍。"

清華三・良臣 06"郙(葉)公子嵩(高)"、上博八・命 1"鄴(葉)公子高",春秋時楚國人,僭偁公,姓沈,名諸梁,字子高,沈尹戌之子,楚大夫,封於葉,爲葉縣尹。《吕氏春秋・慎行論》:"沈尹戌謂令尹曰:'夫無忌,荆人讒人也……'。"高誘注:"沈尹戌,莊王之孫,沈諸梁葉公子高之父也。"

⿱上高

 清華三・良臣 06 又(有)𨛭(葉)公子⿱上高(高)

～,在上爲高,故加“上”,“高”字繁體。

清華三・良臣 06“𨛭(葉)公子⿱上高(高)”,讀爲“葉公子高”。參上。

蒿

 清華七・晉文公 07 成之以兔于蒿(郊)三

 清華八・攝命 32 王才(在)蒿(鎬)京

～,與(上博二・容 53)、(上博三・周 2)、(上博四・柬 15)同。《説文・艸部》:“蒿,菣也。从艸,高聲。”

清華七・晉文公 07“蒿”,讀爲“郊”。《周禮・地官・載師》:“以宅田、士田、賈田任近郊之地。”鄭玄注:“郊或爲蒿。”又引杜子春云:“‘蒿’讀爲‘郊’。”《易・需》:“《象》曰:‘需于郊。’不犯難行也。”

清華八・攝命 32“蒿京”,讀爲“鎬京”,古都名。西周國都。故址在今陝西省西安市西南灃水東岸。周武王既滅商,自酆徙都於此,謂之宗周,又稱西都。《詩・大雅・文王有聲》:“考卜維王,鎬京辟廱。”

鄗

 清華一・金縢 13 王乃出逆公至鄗(郊)

《説文・邑部》:“鄗,常山縣。世祖所即位,今爲高邑。从邑,高聲。”

清華一・金縢 13“鄗”,讀爲“郊”,泛指城外,野外。《左傳・襄公二十六年》:“伍舉奔鄭,將遂奔晉。聲子將如晉,遇之於鄭郊。”

喬

清華一・皇門 09 喬(驕)用從肸(禽)

清華一・楚居 01 遊(前)出于喬山

清華一・楚居 06 至畲(熊)繕(延)自旁屽遷(徙)居喬多

清華一・楚居 06 皆居喬多

清華八・邦道 11 母(毋)喬(驕)大以不龏(恭)

～,與(上博二・容 38)、(上博四・曹 8)、(上博五・弟 6)同。《説文・夭部》:"喬,高而曲也。从夭,从高省。《詩》曰:'南有喬木。'"

清華一・皇門 09"喬",讀爲"驕",矜肆、放縱。《韓非子・六反》:"不忍則驕恣。"

清華一・楚居 01"喬山",即《山海經》驕山。《中山經・中次八經》:"荆山之首曰景山……睢水出焉,東南流注入江……東北百里曰荆山……漳水出焉,而東南流注入睢……又東北百五十里曰驕山。"

清華一・楚居 06"喬多",地名。

清華八・邦道 11"喬大",讀爲"驕汰""驕泰",驕恣放縱。《晏子春秋・外篇上十》:"今公家驕汰,而田氏慈惠,國澤是將焉歸?"《禮記・大學》:"是故君子有大道,必忠信以得之,驕泰以失之。"

見紐交聲

交

清華二・繫年 043 以交文公

清華三・芮良夫 18 以交罔悬(謀)

清華三・芮良夫 23 甬(用)交𤔔(亂)進退

清華五・湯丘 11 唯(雖)余孤之與卡₌(上下)交

清華五・啻門 09 嬛(氣)氁(融)交以備

清華六・孺子 14 二三老母(毋)交於死

清華七・晉文公 06 爲交龍之羿(旗)師(師)以豫(舍)

清華七・越公 05 交(徼)天隉(地)之福

清華七・越公 16 交䣢(鬬)吳雩(越)

清華七・越公 19 以交(徼)求卡₌(上下)吉恙(祥)

 清華七・越公 23 夫婦交緌(接)

 清華七・越公 42 凡雩(越)庶民交𨑏(接)

 清華七・越公 47 交于王賓(府)厽(三)品

 清華七・越公 61 以交(邀)之

～,與(上博一・孔 20)、(上博三・周 16)同。《說文・交部》:"交,交脛也。从大,象交形。"

清華二・繫年 043"交",指交戰。《吴越春秋・夫差内傳》:"孤身不安重席,口不嘗厚味,目不視美色,耳不聽雅音,既已三年矣;焦脣乾舌,苦身勞力,上事群臣,下養百姓;願一與吴交戰於天下平原之野。"或讀爲"邀",義爲"遮攔、截擊、阻截、攔擊"。(陳劍)

清華三・芮良夫 18"交",結交、交往,引申爲治理。"罔謀",指罔謀之人,即民衆。

清華三・芮良夫 23"交𤔔",即"交亂",共亂。《韓詩外傳》卷四:"欺惑衆愚,交亂樸鄙,則十子之罪也。"《後漢書・廉範傳》:"薛漢與楚王同謀,交亂天下。"

清華五・湯丘 11"交",交通。《管子・度地》:"山川涸落,天氣下,地氣上,萬物交通。"

清華五・啻門 09"㷋交",讀爲"融交",融會交合。

清華六・孺子 14"二三老母(毋)交於死",幾個老臣未能以死報君。"交",《小爾雅・廣言》"報也",即效字。

清華七・晉文公 06"交龍之羿(旗)"之"交龍",兩龍蟠結的圖案。《周禮・春官・司常》:"日月爲常,交龍爲旂。"《釋名・釋兵》:"交龍爲旂。旂,倚也。畫作兩龍相依倚也。通以赤色爲之,無文采,諸侯所建也。"

清華七・越公 05"交天墜之福",讀爲"徼天地之福"。"徼福",祈福,求福。《左傳・成公十三年》:"君亦悔禍之延,而欲徼福於先君獻、穆。"

清華七·越公 16“交鬬”,即“交鬭”,播弄是非,互相爭鬬。《左傳·昭公十六年》:“若屬有讒人交鬭其間,鬼神而助之,以興其凶怒,悔之何及?”

清華七·越公 19“交”,讀爲“儌”,求取。《國語·吴語》:“弗使血食,吾欲與之儌天之衷。”韋昭注:“儌,要也。”簡文“儌求”,同義連用。

清華七·越公 23“交緌”,即“交接”。《馬王堆漢墓帛書·十六經·五正》:“外内交緌(接),乃正於事之所成。”簡文“夫婦交接”,指鄰國男女聯姻。

清華七·越公 42“交逮”,讀爲“交接”,交往。《禮記·樂記》:“射鄉食饗,所以正交接也。”

清華七·越公 47“交于王賓厽品”,讀爲“交于王府三品”,疑指優秀的三分之一交於王府,提拔使用。“交”,或讀爲“校”,考核義。《淮南子·時則》:“虎始交。”高誘注:“交,讀將校之校。”《諸子平議·管子一》:“交物因方。”俞樾按:“交,讀爲校。”《國語·齊語》:“比校民之有道者。”韋昭注:“校,考合也。”或讀爲“效”,文獻中“效功”“效試”等亦常見。“校於官府三品”義爲“官府的考察分爲三個等級”。(滕胜霖)

清華七·越公 61“交”,讀爲“邀”,請求,謀求。《莊子·在宥》:“黄帝退,捐天下,築特室,席白茅,閒居三月,復往邀之。”王先謙《集解》:“邀,求請也。”

迱

清華二·繫年 128 以迱(交)之

清華二·繫年 129 遮(魯)昜(陽)公衒(率)自(師)以迱(交)晉人

清華二·繫年 130 衒(率)自(師)以迱(交)楚人

清華八·處位 05 母(毋)迱(效)二慭(尤)

《説文·辵部》:“迱,會也。从辵,交聲。”

清華二·繫年 128、129、130“迱”,《説文》:“會也。”此處指交兵迎戰。“迱”,亦即交,《孫子·軍爭》杜牧注“交”云:“交兵也。”或讀爲“邀”或“儌”,義爲“遮攔、截擊、阻截、攔擊”。

清華八·處位 05“母洨二慦”，讀爲“毋效二尤”，“效尤”，仿效壞的行爲。《左傳·莊公二十一年》：“鄭伯效尤，其亦將有咎！”

厐

清華六·子儀 04 乃張大厐於東奇之外

～，从“厂”，“交”聲。

清華六·子儀 04“厐”，待考。或釋爲“侯”。

窔

清華五·湯丘 02 九窔(竅)癹(發)明

清華六·管仲 04 口則心之窔(竅)

～，从“宀”，“交”聲。

清華五·湯丘 02“九窔”，讀爲“九竅”，指耳、目、口、鼻及尿道、肛門的九個孔道。《周禮·天官·疾醫》：“兩之以九竅之變。”鄭玄注：“陽竅七，陰竅二。”宋玉《高唐賦》：“九竅通鬱，精神察滯。”

清華六·管仲 04“口則心之窔”，讀爲“口則心之竅”，嘴是心的竅。

疑紐堯聲

堯

清華三·良臣 01 堯之相叒(舜)

清華一·保訓 07 帝堯嘉之

～，與□（上博二·子 2）、□（上博七·武 1）同。《説文·垚部》："堯，高也。从垚在兀上，高遠也。□，古文堯。"

清華簡"堯"，傳説中古帝陶唐氏之號，祁姓，名放勳。《易·繫辭下》："神農氏没，黄帝、堯、舜氏作。"《史記·五帝本紀》："帝嚳崩，而摯代立。帝摯立不善，而弟放勳立，是爲帝堯。"《管子·樞言》："堯舜禹湯文武孝已，斯待以成，天下必待以生。"

蕘

清華七·晉文公 06 爲蕘芙（採）之羿（旗）戠（侵）糧者出

《説文·艸部》："蕘，薪也。从艸，堯聲。"

清華七·晉文公 06"蕘芙之羿"，讀爲"蕘採之旗"，軍出有刈草採薪之事。《左傳·昭公六年》："禁芻牧採樵，不入田，不樵樹，不采蓺，不抽屋，不强匄。"《左傳·昭公十三年》："次於衛地，叔鮒求貨於衛，淫芻蕘者。"《孟子·梁惠王下》："文王之囿方七十里，芻蕘者往焉，雉兔者往焉，與民同之。"趙岐注："芻蕘者，取芻薪之賤人也。"

橈

清華六·子儀 04 女（如）權之又（有）加橈（翹）也

《説文·木部》："橈，曲木。从木，堯聲。"

清華六·子儀 04"橈"，讀爲"翹"，舉起。《莊子·馬蹄》："齕草飲水，翹足而陸。"《淮南子·脩務》："夫馬之爲草駒之時，跳躍揚蹏，翹尾而走，人不能制。"高誘注："翹，舉也。"

端紐刀聲

軺

清華三·良臣 05 楚軺（昭）王又（有）命（令）君（尹）子西

～,从“𠭯”,“召”聲。

清華三・良臣 05“楚韶王”,讀爲“楚昭王”。《國語・吴語》:“吾先君闔廬不貰不忍,被甲帶劍,挺鈹搢鐸,以與楚昭王毒逐於中原柏舉。”

刎

清華二・繫年 127 刎(悼)折(哲)王即立(位)

～,从“卩”,“刀”聲,“卲”之省體。與楚簡“間”之異體“閒”的省形“刎”,是同形字。

清華二・繫年 127“刎折王”,讀爲“悼哲王”,楚悼王熊疑,楚簡又作“悤折王”等。

卲

清華一・耆夜 01 卲(召)公保睪(奭)爲夾

清華一・祭公 03 朕(朕)餽(魂)才(在)朕(朕)辟卲(昭)王斎=(之所)

清華一・祭公 06 我亦隹(惟)又(有)若且(祖)周公概(暨)且(祖)卲(召)公

清華一・祭公 06 克夾卲(绍)城(成)康

清華一・祭公 08 颺(揚)城(成)、康、卲(昭)宔(主)之剌(烈)

清華一・楚居 12 至卲(昭)王自秦(乾)溪之上遷(徙)居姽(微)郢

 清華三・琴舞 13 笁(篤)亓(其)緀(諫)卲(劭)

 清華三・赤鵠 04 乃卲(昭)然

 清華三・赤鵠 04 亦卲(昭)然

 清華二・繫年 010 卲(昭)公即立(位)

 清華二・繫年 011 亓(其)大＝(大夫)高之巨(渠)爾(彌)殺卲(昭)公而立亓(其)弟子釁(眉)壽

 清華二・繫年 051 乃命左行痨(蔑)与(與)隓(隨)會卲(召)襄公之弟瘫(雍)也于秦

 清華二・繫年 052 而卲(召)人于外

 清華二・繫年 052 我莫命卲(招)之

 清華二・繫年 064 弗卲(召)

 清華二・繫年 066 叏(且)卲(召)高之固曰

 清華二・繫年 082 卲(昭)王即立(位)

 清華二・繫年 083 卲（昭）王歸（歸）隓（隨）

 清華二・繫年 084 卲（昭）王女（焉）返（復）邦

 清華二・繫年 099 卲（昭）公、同（頃）公膚（皆）棗（早）殜（世）

 清華二・繫年 100 卲（昭）王即立（位）

 清華二・繫年 102 楚卲（昭）王戠（侵）洢（伊）、洛以返（復）方城之自（師）

 清華二・繫年 104 卲（昭）[王]即立（位）

 清華二・繫年 106 卲（昭）王既返（復）邦

 清華二・繫年 106 卲（昭）王即殜（世）

 清華二・繫年 106 鄡（蔡）卲（昭）侯繡（申）懼

 清華二・繫年 107 吴縵（洩）用（庸）以自（師）逆鄡（蔡）卲（昭）侯

 清華二・繫年 135 三執珪之君與右尹卲（昭）之𨚗（竢）死女（焉）

清華四・筮法 06 卲(昭)穆

清華四・筮法 08 妻夫、卲(昭)穆

清華四・筮法 41 亓(其)余(餘)卲(昭)穆

清華五・命訓 06 不威則不卲(昭)

清華六・太伯甲 09 枼(世)及虐(吾)先君卲(昭)公

清華六・太伯乙 08 枼(世)及虐(吾)先君卲(昭)公

清華五・命訓 06 夫明王卲(昭)天訐(信)人以厇(度)攻(功)

清華五・命訓 10 天古(故)卲(昭)命以命力〈之〉曰

清華五・三壽 14 走(上)卲(昭)思(順)穆而敬民之行

清華五・三壽 23 甬(用)肖(孽)卲(昭)句(后)成湯

～,“召”所从“刀”,或作“刃”。《説文・卩部》:“卲,高也。从卪,召聲。”

清華一・耆夜 01、祭公 06“卲公”,讀爲“召公”,即召公奭。《史記・燕召公世家》:“召公奭與周同姓,姓姬氏。周武王之滅紂,封召公於北燕。”《集解》:“譙周曰:‘周之支族,食邑於召,謂之召公。’”《索隱》:“召者,畿内菜地。奭始食於召,故曰召公。或説者以爲文王受命,取岐周故墟周、召地分爵二公,故詩有《周》《召》二南，言皆在岐山之陽，故言南也。後武王封之北燕，在今幽州薊縣故城是也。”

清華一・祭公03“卲(昭)王斎₌(之所)”，今本《逸周書・祭公》作“昭王之所”。

清華一・祭公06“夾卲”，西周逨(或釋逑)盤(《近出》939)作“夾𥂴”，均讀爲“夾紹”，輔佐承繼。夾，《蒼頡篇》：“輔也。”紹，承繼。《漢書・敘傳下》：“漢紹堯運，以建帝業。”

清華三・琴舞13“卲”，疑讀爲“劭”，《説文》：“勉也。”

清華三・赤鳩04“卲然”，讀爲“昭然”，明白貌。《禮記・仲尼燕居》：“三子者，既得聞此言也，於夫子，昭然若發矇矣。”或讀爲“超然”。(白於藍)

清華二・繫年010、011、099“卲公”，讀爲“昭公”，鄭昭公。《春秋・昭公十年》：“秋……戊子，晉侯彪卒。”昭公十六年：“秋八月己亥，晉侯夷卒。”

清華二・繫年051“卲襄公”，讀爲“召襄公”，晉襄公，文公之子，名驩，或作讙、歡。《春秋・文公六年》：“八月乙亥，晉侯驩卒。”《史記・晉世家》：“九年冬，晉文公卒，子襄公歡立……襄公墨衰絰。四月，敗秦師于殽，虜秦三將孟明視、西乞秫、白乙丙以歸。遂墨以葬文公。”

清華二・繫年052、066“卲”，讀爲“召”，召唤，召見。《詩・小雅・出車》：“召彼僕夫，謂之載矣。”

清華二・繫年052“卲”，讀爲“招”，訪求，邀請。《書・説命下》：“惟説式克欽承，旁招俊乂，列于庶位。”

清華二・繫年064“弗卲”，讀爲“弗召”。《左傳・宣公十二年》：“趙旃求卿未得，且怒於失楚之致師者，請挑戰，弗許；請召盟，許之。與魏錡皆命而往。”簡文“弗召”指不執行召盟的使命。

清華一・楚居12，清華二・繫年082、083、084、100、102、104、106“卲王”，讀爲“昭王”，楚昭王，名壬，又名軫，又作珍，楚平王子。《史記・楚世家》：“平王卒，乃立太子珍，是爲昭王。”

清華二・繫年106“鄐卲侯繡”，讀爲“蔡昭侯申”，蔡昭侯，名申，蔡悼侯之弟。蔡昭侯墓於一九五五年在安徽壽縣西門被發現。

清華二・繫年135“卲之㠯”，讀爲“昭之竢”，昭王之後。

清華四・筮法06、08、41“卲穆”，讀爲“昭穆”，古代宗法制度，宗廟或宗廟中神主的排列次序，始祖居中，以下父子(祖、父)遞爲昭穆，左爲昭，右爲穆。《周禮・春官・小宗伯》：“辨廟祧之昭穆。”鄭玄注：“父曰昭，子曰穆。”桓寬《鹽鐵論・憂邊》：“魯定公序昭穆，順祖禰。”

清華五・命訓06“不威則不卲(昭)”,今本《逸周書・命訓》作“不威則不昭”。潘振云:“威、畏通。言天有極,人得而測之,故不畏而道不明;正人無極,人得而畔之,故不信而度不行。”

清華六・太伯甲09、太伯乙08“枼及虐先君卲公”,讀爲“世及吾先君昭公”,鄭昭公、厲公事詳魯桓公十一年、十五年,魯莊公十四年《春秋》經傳。

清華五・命訓06“夫明王卲(昭)天訐(信)人以厇(度)攻(功)”,今本《逸周書・命訓》作“明王昭天信人以度”。潘振云:“昭,明也。度,所以立極者。功地,致功於地。授田里、教樹畜,度之一大端耳。於以利之,所以使人信者也。”

清華五・命訓10“天古(故)卲(昭)命以命力〈之〉曰”,今本《逸周書・命訓》作“明王故昭命以命之曰”。

清華五・三壽14“走卲思穆”,讀爲“上昭順穆”。“昭”“穆”,輩分之排位,《禮記・祭統》:“昭穆者,所以別父子、遠近、長幼、親疏之序而無亂也。”

清華五・三壽23“甬(用)肖(孽)卲(昭)句(后)成湯”之“卲”,讀爲“昭”,光明,明亮。《詩・大雅・抑》:“昊天孔昭,我生靡樂。”

怊

清華一・楚居16 至怊(悼)折(哲)王猷居鄅(鄘)郢

清華二・繫年135 坪(平)亦(夜)怊(悼)武君

～,从“心”,“卲”聲。

清華一・楚居16“怊折王”,讀爲“悼哲王”,即楚悼王熊疑,聲王之子,望山卜筮簡八八、一一〇作“怊王”。又作“刎折王”等。

清華二・繫年135“坪亦怊武君”,讀爲“平夜悼武君”。“平夜君”見於曾侯乙墓簡、新蔡簡和包山簡。“平夜”,封君的封地,在今河南平輿。悼武君可能是第三代平夜君。爲新蔡葛陵墓主平夜君成之子。

詔

清華一・程寤02 習(詔)大(太)子登(發)

 清華一・祭公 09 乃詔(召)羅(畢)䡎、拱(井)利、毛班

～,从“言”,“卲”聲,或从“加”聲,“詔”之異體。

清華一・程寤 02 、清華一・祭公 09 “詔”“詔”,讀爲“召”,召見。《禮記・檀弓下》:“歲旱,穆公召縣子而問然。”

卲

 清華三・芮良夫 23 民乃卲(嗥)囂

～,从“止”,“卲”聲。

清華三・芮良夫 23“卲囂”,讀爲“嗥囂”。《周禮・春官・大祝》“令皋舞”,鄭玄注:“皋讀爲卒嗥呼之嗥。”孫詒讓《正義》:“嗥、號音義同。”郭店簡《窮達以時》“皋陶”作“卲繇”可證。

綤

 清華八・虞夏 02 乍(作)樂《綤(韶)》《隹〈隻〉(濩)》

～,从“糸”,“卲”聲,“紹”字異體。

清華八・虞夏 02“綤”,讀爲“韶”,湯樂名。《左傳・襄公二十九年》:“見舞《韶》《濩》者。”杜預注:“殷湯樂。”孔穎達疏:“以其防濩下民,故稱濩也……韶亦紹也,言其能紹繼大禹也。”

坒

 清華二・繫年 101 述(遂)明(盟)者(諸)侯於坒(召)陵

～,从“土”,“卲”聲。

清華二・繫年 101“坒陵”,讀爲“召陵”,地名。《春秋・定公四年》:“三月,公會劉子、晉侯、宋公、蔡侯、衛侯、陳子、鄭伯、許男、曹伯、莒子、邾子、頓子、胡子、滕子、薛伯、杞伯、小邾子、齊國夏于召陵,侵楚。”

𦧇

清華八・邦政 13 具尻(處)亓(其)𦧇(昭)

～,从“食”,“加”聲,“饕”字異體。

清華八・邦政 13“𦧇”,讀爲“昭”。《詩・大雅・抑》:“昊天孔昭。”毛傳:“昭,明也。”《大戴禮記・四代》:“是以祭祀昭有神明。”

邵

清華三・良臣 04 又(有)邵(召)公

《説文・邑部》:“邵,晉邑也。从邑,召聲。”

清華三・良臣 04“邵公”,讀爲“召公”,召公奭。參上。

定紐盜聲

次

清華一・保訓 10 命未又(有)所次(延)

～,从“欠”、从“水”,亦作“涎”,《説文・次部》:“次,慕欲口液也。”

清華一・保訓 10“次”,讀爲“延”。《爾雅・釋詁》:“延,長也。”簡文“命未又所延”,參《書・召誥》:“我不敢知曰:有殷受天命,惟有歷年;我不敢知曰:不其延,惟不敬厥德,乃早墜厥命。”或改釋爲“涎”,讀作“誕”。(白於藍、段凱)

定紐肇聲

肁

清華五・封許 02 肁(肇)𡨦(右)玟(文王)

《説文·户部》:"肁,始開也。从户、从聿。"

清華五·封許02"肁",即"肇",開始,創始。《書·舜典》:"肇十有二州。"孔傳:"肇,始也。"《楚辭·離騷》:"皇覽揆余初度兮,肇錫余以嘉名。"王逸注:"肇,始也。"或説"肇",發語詞。《書·酒誥》:"肇牽車牛,遠服賈,用孝養厥父母。"參閱楊樹達《積微居小學述林·肇爲語首詞證》。

肇

清華八·攝命14 乃亦隹(唯)肇思(敏)

清華八·攝命14 是女(汝)則隹(唯)肇悽(咨)弜羕

清華八·攝命15 女(汝)則亦隹(唯)肇不(丕)子不學

《説文·攴部》:"肇,擊也。从攴,肇省聲。"

清華八·攝命14"肇思",讀爲"肇敏",猶黽勉。謂盡心竭力。《詩·大雅·江漢》:"無曰'予小子',召公是似,肇敏戎公,用錫爾祉。"毛傳:"肇,謀;敏,疾。"馬瑞辰《通釋》:"肇、敏連言,即訓肇爲敏……謀、敏古同聲。"

清華八·攝命14、15"肇",開始,創始。《書·舜典》:"肇十有二州。"孔傳:"肇,始也。"或説"肇",發語詞。

肈

清華八·攝命03 肈(肇)出内(納)朕命

清華八·攝命23 余肈(肇)事(使)女汝

清華八·攝命28 亦則隹(唯)肈(肇)不逮(咨)逆所(許)朕命

　清華八・攝命 29 余亦隹(唯)肈(肇)旾(耆)女(汝)悳(德)行

～,从"戈","庫"聲。《說文・戈部》:"肇,上諱。臣鉉等曰:後漢和帝名也。案:李舟《切韻》云:擊也。从戈,庫聲。"

清華八・攝命"肈",即"肇",開始,創始。《書・舜典》:"肇十有二州。"孔傳:"肇,始也。"《楚辭・離騷》:"皇覽揆余初度兮,肇錫余以嘉名。"王逸注:"肇,始也。"或說"肇",發語詞。《書・酒誥》:"肇牽車牛,遠服賈,用孝養厥父母。"

清華八・攝命 28"肈",即"肇",敏疾。《爾雅・釋言》:"肇,敏也。"參見"肇敏"。

定紐兆聲

逃

清華二・繫年 014 飛曆(廉)東逃于商盍(蓋)氏

清華二・繫年 037 襄(懷)公自秦逃歸

清華二・繫年 061 奠(鄭)成公自䵣(厲)逃歸

清華二・繫年 069 乃逃歸(歸)

清華二・繫年 079 自齊述(遂)逃迈(適)晉

　清華二・繫年 081 亓(其)子五(伍)員與五(伍)之雞逃歸(歸)吳

　清華二・繫年 092 齊高厚自自(師)逃歸(歸)

 清華二・繫年 130 奠(鄭)㠯(師)逃内(入)於蔑

 清華八・處位 05 民甬(用)衒(率)欲逃

～,與(上博四・昭 7)、(上博六・用 11)同。《説文・辵部》:"逃,亡也。从辵,兆聲。"

清華二・繫年 037、061、069、081、092"逃歸",逃逐,逃回。《春秋・僖公五年》:"秋八月,諸侯盟於首止,鄭伯逃歸不盟。"

清華二・繫年 014、清華八・處位 05"逃",逃亡,逃跑。《管子・輕重乙》:"今發徒隸而作之,則逃亡而不守。"《孔子家語・六本》:"小棰則待過,大杖則逃走。"

清華二・繫年 079"自齊述逃迈晉",讀爲"自齊遂逃適晉"。參《新書》卷六:"懷王逃適秦,克尹殺之西河,爲天下笑。"

清華二・繫年 130"奠㠯逃内於蔑",讀爲"鄭師逃入於蔑"。參《漢書・嚴助傳》:"越人逃入深山林叢,不可得攻。"

覜

 清華八・邦道 24 覜(盜)惻(賊)不爾(彌)

～,與(郭店・老子甲 31)同。《説文・見部》:"覜,諸侯三年大相聘曰頫。頫,視也。从見,兆聲。"

清華八・邦道 24"覜惻",讀爲"盜賊",劫奪和偷竊財物的人。《周禮・天官・小宰》:"五曰刑職,以詰邦國,以糾萬民,以除盜賊。"《荀子・君道》:"禁盜賊,除姦邪。"楊倞注:"盜賊通名,分而言之,則私竊謂之盜,劫殺謂之賊。"

姚

 清華六・孺子 03 史(使)人姚(遥)䎽(聞)於邦

《説文・女部》:"姚,虞舜居姚虚,因以爲姓。从女,兆聲。或爲姚,嬈也。《史篇》以爲:姚,易也。"

清華六・孺子 03"姚",讀爲"遥"。《吕氏春秋・長攻》:"因以代君之車迎其妻,其妻遥聞之狀,磨笄以自刺。"

䊈

 清華五・封許 07[君]豚䊈

～,从"此","兆"聲。

清華五・封許 07"䊈",或讀爲"銚",温器。《廣雅・釋器》:"鋗謂之銚。"《急就篇》卷三:"銅鍾鼎鋞鋗鉇銚。"顔師古注:"鋗,亦温器也。"《方言》:"盌謂之盂,或謂之銚鋭。盌謂之櫂。"(王寧)

來紐勞聲

裳(勞)

 清華一・金縢 11 昔公堇(勤)裳(勞)王豪(家)

 清華一・皇門 05 堇(勤)裳(勞)王邦王豪(家)

 清華二・繫年 047 乃以奠(鄭)君之命裳(勞)秦三衜(帥)

 清華二・繫年 056 宋右帀(師)芋(華)孫兀(元)欲裳(勞)楚帀(師)

 清華四・筮法 37 裳(勞)少(小)吉

清華四・筮法 37 裟(勞)大吉

清華四・筮法 38 裟(勞)大凶

清華四・筮法 47 裟(勞)祟:風、長殤(殤)

清華四・筮法 47 裟(勞)

清華四・筮法 54 裟(勞)

清華四・筮法 56 奚(奚)古(故)胃(謂)之裟(勞)

清華四・筮法 59 是古(故)胃(謂)之裟(勞)

清華五・三壽 28 龏(恭)神裟(勞)民

清華六・子産 16 裟(勞)惠邦政

清華七・子犯 15 奚(奚)裟(勞)餌(問)女(焉)

清華五・命訓 13[賞]不從裟(勞)

清華五・命訓 14 以賞從裟(勞)

清華五・湯丘 18 袋(勞)又(有)所思

清華六・管仲 22 莫悉(愛)袋(勞)力於亓(其)王

清華六・管仲 28 爲君與爲臣管(孰)袋(勞)

清華六・管仲 28 爲臣袋(勞)才(哉)

清華六・管仲 29[不]袋(勞)

清華六・管仲 29 而爲臣袋(勞)虎(乎)

清華六・管仲 30 爲君不袋(勞)

清華六・管仲 30 而爲臣袋(勞)虎(乎)

清華六・管仲 30 則爲君袋(勞)才(哉)

清華八・邦道 12 袋(勞)攙(逸)

清華八・邦道 13 古(故)四垟(封)之审(中)亡(無)堇(勤)袋(勞)

～,與(上博一・緇 4)、(上博三・彭 2)、(上博六・用 10)、(上博八·王5)同。“褮”字,即“褮”字初文。《説文·衣部》:“褮,鬼衣也。从衣,熒省聲。讀若《詩》曰‘葛藟縈之’,一曰:若‘静女其袾’之袾。”《説文·力部》:“勞,劇也。从力,熒省聲。熒,火燒冂,用力者勞。”古文字中,一般用“褮”爲“勞”。

清華一·金縢11、皇門05、清華八·邦道13“堇褮”,讀爲“勤勞”,憂勞,辛勞。《書·金縢》:“昔公勤勞王家,惟予沖人弗及知。”

清華二·繫年047、056“褮”,讀爲“勞”,慰勞。《詩·小雅·黍苗》:“悠悠南行,召伯勞之。”《儀禮·覲禮》:“(侯氏)北面立,王勞之。”

清華四·筮法“褮”,讀爲“勞”,卦名。《易·説卦》:“坎者水也,正北方之卦也,勞卦也,萬物之所歸也,故曰:勞乎坎。”王家臺秦簡《歸藏》作“褮”,輯本作“犖”。

清華四·筮法56“系古胃之褮”,讀爲“奚故謂之勞”,爲什麼叫作勞(坎)。

清華五·三壽28“褮民”,即“勞民”,使人民勞苦。《晏子春秋·諫下二》:“寡人自知誠費財勞民,以爲無功,又從而怨之,是寡人之罪也。”

清華七·子犯15“系褮餌女”,讀爲“奚勞問焉”。《韓非子·難三》:“故群臣公政而無私,不隱賢,不進不肖,然則人主奚勞於選賢?”

清華五·命訓14“以賞從褮”,今本《逸周書·命訓》作“以賞從勞,勞而不至”。

清華六·管仲22“莫悉褮力於亓王”,讀爲“莫愛勞力於其王”,從事體力勞動。《左傳·襄公九年》:“君子勞心,小人勞力。”《史記·扁鵲倉公列傳》:“臣意謂之:‘慎毋爲勞力事,爲勞力事則必嘔血死。’”《孟子·滕文公下》:“或勞心,或勞力;勞心者治人,勞力者治於人。”

清華六·管仲29、30“不褮”,即“不勞”。《孟子·公孫丑下》:“故湯之於伊尹,學焉而後臣之,故不勞而王;桓公之於管仲,學焉而後臣之,故不勞而霸。”

清華五·湯丘18,清華六·管仲28、29、30“褮”,讀爲“勞”,操勞,勞動。《書·金縢》:“昔公勤勞王家,惟予沖人弗及知。”《孟子·滕文公下》:“或勞心,或勞力;勞心者治人,勞力者治於人。”

清華八·邦道12“褮澆”,讀爲“勞逸”,勞苦與安逸。《左傳·哀公元年》:“勤恤其民,而與之勞逸。”

來紐尞聲

蓘

清華七・越公 05 亦玆(使)句戔(踐)繼(繼)蓘於雩(越)邦

清華七・越公 07 勿玆(使)句戔(踐)繼(繼)蓘於雩(越)邦巳(矣)

～,从“艸”,“尞”聲。“寮”,或作“”(《集成》06016,夨令方尊),“”(《集成》04326,番生簋蓋),“”(《集成》02841,毛公鼎),、(《六書統》),(《説文・穴部》)。簡 5“”下部與《六書統》所收第一字下部結構相同;簡 7“”下部所从“尞”从兩個圓圈與毛公鼎相同。(趙平安)

清華七・越公 05“繼蓘”,或讀爲“繼燎”,指勤奮工作。《東維子集》卷三十:“則王者勤政,亦繼燎於夜也,豈惟宣王哉?”(趙平安)“繼蓘”當與“繼祀”相類,均有嗣續之義,《後漢書・章帝八王傳論》:“章帝長者,事從敦厚,繼祀漢室,咸其苗裔。”《書・盤庚上》:“若火之燎于原,不可嚮邇。”按烈火延燒引申而有滋蔓義。(蔡一峰)或釋爲“繼葛”,疑當讀爲“繼孽”,即延續後嗣的意思。“繼”典籍常用爲國祚的延續,如《論語・堯曰》:“興滅國,繼絶世。”《荀子・王制》:“存亡繼絶,衛弱禁暴。”(馮勝君)或讀爲“繼緒”,指承繼先代功業。

心紐小聲

少

清華一・皇門 01 朕寡(寡)邑少(小)邦

清華一・皇門 02 今我卑(譬)少(小)于大

清華一·皇門 06 少(小)民用叚

清華一·皇門 11 少(小)民用𠷎(禱)亡(無)用祀

清華一·祭公 01 衮(哀)余少(小)子

清華一·祭公 08 以余少(小)子颺(揚)文武之剌(烈)

清華一·祭公 16 女(汝)毋(毋)以少(小)悬(謀)敗(敗)大𢜩(作)

清華二·繫年 009 晉文侯乃逆坪(平)王于少鄂(鄂)

清華二·繫年 074 是少盐(孟)

清華二·繫年 076 敚之少盐(孟)

清華二·繫年 077 亓(其)子墨(黑)要也或(又)室少盐(孟)

清華二·繫年 078 司馬子反與繡(申)公爭少盐(孟)

清華二·繫年 079 繡(申)公𥨊(竊)載少盐(孟)以行

清華二・繫年 081 少帀(師)亡(無)期(極)讒(讒)連尹額(奢)而殺之

清華三・説命下 02 少(小)臣罔夋(俊)才(在)朕備(服)

清華三・説命下 05 迵(恫)眾(瘝)少(小)民

清華三・琴舞 10 隹(惟)克少(小)心

清華三・琴舞 11 甬(用)少(小)心

清華三・芮良夫 25 㥁(謀)亡(無)少(小)大

清華三・赤鵠 01 乃命少(小)臣曰

清華三・赤鵠 02 少(小)臣既蠭(羹)之

清華三・赤鵠 02 湯句(后)妻紝巟胃(謂)少(小)臣曰

清華三・赤鵠 02 少(小)臣弗敢嘗

清華三・赤鵠 03 紝巟胃(謂)少(小)臣曰

清華三・赤鵠 03 少(小)臣自堂下受(授)紝巟蟸(羹)

清華三・赤鵠 03 紝巟受少(小)臣而嘗之

清華三・赤鵠 04 少(小)臣受亓(其)余(餘)而嘗之

清華三・赤鵠 05 少(小)臣饋

清華三・赤鵠 05 少(小)臣思(懼)

清華三・赤鵠 05 少(小)臣乃痳(寐)而帰(寢)於逄(路)

清華三・赤鵠 06 是少(小)臣也

清華三・赤鵠 09 晉(巫)鶩(烏)乃欶(歜)少(小)臣之朐(喉)渭(胃)

清華三・赤鵠 10 少(小)臣乃记(起)而行

清華三・赤鵠 10 少(小)臣曰

清華三・赤鵠 10 夏句(后)乃餘(訊)少(小)臣曰

清華三·赤鵠 11 少(小)臣曰

清華三·赤鵠 11 少(小)臣曰

清華三·赤鵠 14 顕(夏)句(后)乃從少(小)臣之言

清華五·厚父 09 少(小)人之悳(德)

清華五·命訓 01 少(小)命日成

清華五·命訓 10 少(小)命=(命命)身

清華六·孺子 13 少(小)羕(祥)

清華六·子産 08 惪(憂)乃少惪(憂)

清華六·子産 12 才(在)少(小)能枳(支)

清華六·子産 12 才(在)少(小)可大

清華四·筮法 24 凸(凡)少(小)㝵(得)

清華四·筮法 26 凸(凡)少(小)㝵(得)

清華四・筮法 37 袋(勞)少(小)吉

清華四・筮法 37 兑少(小)凶

清華四・筮法 37 逨(來)巽少(小)吉

清華四・筮法 38 艮羅(離)少(小)吉

清華四・筮法 38 兑少(小)吉

清華四・筮法 61 奴(如)大奴(如)少(小)

清華五・湯丘 01 嬴(媵)以少=臣=(小臣,小臣)善爲飤(食)

清華五・湯丘 03 少(小)臣畣(答)曰

清華五・湯丘 03 乃與少(小)臣忑(惎)悬(謀)郮(夏)邦

清華五・湯丘 03 少(小)臣又(有)疾

清華五・湯丘 04 湯反复(復)見少(小)臣

清華五・湯丘 04 今少(小)臣又(有)疾

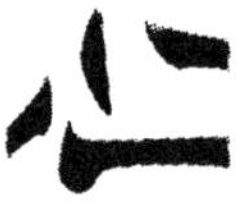

清華五・湯丘 04 少閑(間)於疾

清華五・湯丘 07 今少(小)臣能廛(展)章(彰)百義

清華五・湯丘 12 湯或(又)螽(問)於少(小)臣

清華五・湯丘 12 少(小)臣畣(答)

清華五・湯丘 13 湯或(又)螽(問)於少(小)臣

清華五・湯丘 13 少(小)臣畣(答)

清華五・湯丘 14 湯或(又)螽(問)於少(小)臣

清華五・湯丘 15 少(小)臣畣(答)

清華五・湯丘 16 湯或(又)螽(問)於少臣

清華五・湯丘 17 少(小)臣畣(答)

清華五・湯丘 17 湯或(又)螽(問)於少(小)臣

清華五・湯丘 17 少(小)臣畣(答)曰

清華五・湯丘 18 湯或(又)䎽(問)於少(小)臣

清華五・湯丘 19 少(小)臣倉(答)

清華五・啻門 01 䎽(問)於少(小)臣

清華五・啻門 01 少(小)臣倉(答)曰

清華五・啻門 03 湯或(又)䎽(問)於少(小)臣曰

清華五・啻門 03 少(小)臣倉(答)曰

清華五・啻門 05 湯或(又)䎽(問)於少(小)臣曰

清華五・啻門 05 管(孰)少而老

清華五・啻門 06 少(小)臣倉(答)曰

清華五・啻門 10 湯或(又)䎽(問)於少(小)臣

清華五・啻門 11 少(小)臣倉(答)曰

清華五・啻門 12 湯或(又)䎽(問)於少(小)臣

 清華五・啻門 13 少(小)臣倉(答)

 清華五・啻門 18 湯或(又)螽(問)於少(小)臣

 清華五・啻門 18 少(小)臣倉(答)曰

 清華五・啻門 19 湯或(又)螽(問)於少(小)臣

 清華五・啻門 19 少(小)臣倉(答)曰

 清華五・三壽 01 高宗乃螽(問)於少壽曰

 清華五・三壽 02 少壽倉(答)曰

 清華五・三壽 27 則隹(唯)小心異=(翼翼)

 清華六・管仲 11 少(小)事憩(逸)以惕

 清華六・管仲 12 女(焉)智(知)少多

 清華六・管仲 17 少(小)大之事

 清華五・厚父 02 少命咎(皋)繇(繇)下爲之卿事

清華七·子犯 12 無少(小)大

清華七·趙簡子 01 昔虛(吾)子之牆(將)方少

清華七·越公 57 少(小)遳(失)畬(飲)飤(食)

清華八·攝命 02 雩(越)少(小)大命

清華八·攝命 04 雩(越)四方少(小)大邦

清華八·攝命 05 母(毋)鬧(毖)于乃隹(唯)沓(沖)子少(小)子

清華八·攝命 06 女隹(唯)沓(沖)子少(小)子

清華八·攝命 09 惠于少(小)民

清華八·攝命 10 龔=(翼翼)鬼(畏)少(小)心

清華八·攝命 18 少(小)大乃有䎽(聞)智(知)鬻(弼)恙(詳)

清華八·攝命 26 我少(小)人隹(唯)由

清華八·邦政 03 宮室少(小)庳(卑)以塼(迫)

清華八·邦政 03 亓(其)器少(小)而縩(粹)

清華八·處位 10 少(小)民而不智(知)利政

清華八·邦道 01 戔(翦)少(小)刖(削)敗(損)

清華八·邦道 12 少(小)大

清華八·邦道 17 女(焉)少(小)絭(穀)亓(其)事

清華八·心中 01 心所出少(小)大

～,"小""少"一字分化。與(上博一·緇 6)、(上博四·逸·交 4)、(上博四·内 10)、(上博八·王 2)同。《説文·小部》:"少,不多也。从小,丿聲。"

清華一·皇門 01"朁邑少邦",讀爲"寡邑小邦",周之謙稱,相對於"大邦殷"(《書·召誥》)而言。《書·大誥》"興我小邦周",《多士》"非我小國敢弋殷命"。今本《逸周書·皇門》作"下邑小國",莊述祖《尚書記》:"下邑小國,謂周。"

清華一·皇門 02"今我卑(譬)少(小)于大",今本《逸周書·皇門》作"命我辟王小至于大"。

清華一·皇門 06"少民",讀爲"小民",指一般老百姓。《書·君牙》:"夏暑雨,小民惟曰怨咨;冬祁寒,小民亦惟曰怨咨。厥惟艱哉!"

清華一·祭公 01"㝉余少子",讀爲"哀余小子"。《詩》有《閔予小子》,又《書·文侯之命》有"閔予小子嗣"。"小子"爲天子未除喪之自稱。《禮記·曲禮下》:"天子未除喪曰予小子。"

清華一·祭公 08"以余少(小)子飇(揚)文武之剌(烈)",今本《逸周書·祭公》作"以予小子揚文、武大勳"。

清華一・祭公16“女(汝)母(毋)以少(小)悬(謀)敗(敗)大𢡩(作)”,上博一・緇12“毋以少(小)悔(謀)敗大惪(圖)”,《禮記・緇衣》:“葉公之《顧命》曰:‘毋以小謀敗大作,毋以嬖御人疾莊後,毋以嬖御士疾莊士,大夫、卿、士。’”鄭玄注:“小謀,小臣之謀也。大作,大臣之所爲也。”

清華二・繫年009“少鄂”,地名,疑即《左傳・隱公六年》所載之晉地鄂,在今山西鄉寧。

清華二・繫年074、076、077、078、079“少㜮”,即“少孟”,即夏姬。“少”疑爲“少西氏”之省稱,而“孟”是夏姬排行。《左傳・宣公十一年》:“冬,楚子爲陳夏氏亂故,伐陳。謂陳人無動,將討於少西氏。遂入陳,殺夏徵舒,轘諸栗門,因縣陳。”杜預注:“少西,徵舒之祖子夏之名。”

清華二・繫年081“少帀亡期”,讀爲“少師無極”,即費無極。《左傳・昭公十九年》:“及即位,使伍奢爲之師,費無極爲少師。”“無極”,《史記・楚世家》作“無忌”。

清華三・説命下02“少臣”,讀爲“小臣”。

清華三・琴舞10、11“少心”,讀爲“小心”。

清華五・三壽27“則隹(唯)小心異₌(翼翼)”、清華八・攝命10“𩁹₌(翼翼)鬼(畏)少(小)心”,“小心翼翼”,恭敬謹慎。《詩・大雅・大明》:“維此文王,小心翼翼。昭事上帝,聿懷多福。”鄭箋:“小心翼翼,恭慎貌。”叔夷鎛(《集成》00285):“小心畏忌。”《儀禮・士虞禮》:“小心畏忌,不惰其身。”

清華三・芮良夫25、清華六・管仲17、清華八・攝命02“少大”,讀爲“小大”,小的和大的。有時猶云一切、所有。《書・顧命》:“柔遠能邇,安勸小大庶邦。”《左傳・莊公十年》:“小大之獄,雖不能察,必以情。”

清華三・赤鵠、清華五・湯丘“少臣”,讀爲“小臣”,指伊尹。《墨子・尚賢下》“湯有小臣”,孫詒讓《閒詁》:“此即上文所謂伊尹爲有莘氏女師僕也。”《楚辭・天問》:“成湯東巡,有莘爰極,何乞彼小臣,而吉妃是得?”王逸注:“小臣,谓伊尹也。”《吕氏春秋・尊師》:“湯師小臣。”高誘注:“小臣谓伊尹。”

清華五・命訓01“少(小)命日成”,今本《逸周書・命訓》作“小命日成”。潘振云:“命,王命。有常,始終如一也。日成,日有成就也。”孫詒讓云:“日成,謂日計其善惡而降之禍福也,與大命有常終身不易異也。”

清華五・命訓10“少命₌身”,讀爲“小命命身”,今本《逸周書・命訓》作“小命罰身”,疑當以今本爲是。孔晁云:“遺(據盧校,當爲‘違”字)大命則世受罰,犯小命則罰身。”

清華六・孺子13“少恙”,讀爲“小祥”,祭名。《儀禮・士虞禮》:“期而小祥。”鄭玄注:“小祥,祭名。祥,吉也。”

清華四・筮法37、38“少吉”,讀爲“小吉”,與“大吉”相對。《易・家人》:“九四,富家,大吉。”

清華四・筮法37“少凶”,讀爲“小凶”,謂危敗而未至死滅之象。《國語・越語下》:“天節不遠,五年復反。小凶則近,大凶則遠。”韋昭注:“小凶,謂危敗;大凶,謂死滅。”

清華四・筮法61“奴大奴少”,讀爲“如大如小”,即或大或小。

清華五・湯丘04“少閒”,即“少間”,疾病稍愈。《文選・枚乘〈七發〉》:“伏聞太子玉體不安,亦少間乎?”

清華五・啻門05“管(孰)少而老”之“少”,年輕,與“老”相對。

清華五・三壽01、02“少壽”,“三壽”之一。“三壽”指少壽、中壽、彭祖三位不同年齡段的老人。《莊子・盜蹠》:“人上壽百歲,中壽八十,下壽六十。”

清華六・管仲11“少事”,讀爲“小事”,與下文“大事”相對。

清華七・子犯12、清華八・邦道12“少大”,讀爲“小大”,長幼。《詩經・小雅・楚茨》:“既醉既飽,小大稽首。”鄭箋:“小大,猶長幼也。”

清華七・趙簡子01“昔虐子之牺方少”,讀爲“昔吾子之將方少”,爲將時年齡尚小。

清華七・越公57“少逵”,讀爲“小失”,小的過失。

清華八・攝命04“四方少大邦”,讀爲“四方小大邦”,謂畿外諸侯。《書・多士》:“惟天不畀不明厥德,凡四方小大邦喪,罔非有辭于罰。”《書・酒誥》:“越小大邦用喪,亦罔非酒惟辜。”

清華八・攝命05、06“女隹谘子少子”,讀爲“女唯沖子小子”。《書・君奭》:“嗣前人,恭明德,在今予小子旦非克有正,迪惟前人光施於我沖子。”

清華五・厚父09、清華八・攝命26“少人”,讀爲“小人”,與“君子”相對。《書・大禹謨》:“君子在野,小人在位。”《易・泰》:“君子道長,小人道消也。”

清華八・邦政03“宮室少庳以埤”,讀爲“宮室小卑以迫”。《左傳・襄公三十一年》:“僑聞文公之爲盟主也,宮室卑庳,無觀臺榭,以崇大諸侯之館。”

清華八・邦政03“亓器少而緐”,讀爲“其器小而粹”。《淮南子・説林》:“短綆不可以汲深,器小不可以盛大,非其任也。”

清華八・邦道01“戔少刿敗”,讀爲“翦小削損”,意謂小國將被翦滅,大國則國土侵削。

清華八・邦道 17“少豫亓事”，讀爲“小穀其事”，指試探性地給予一個官職，以考察其能力。《墨子・貴義》：“世之君子，使之爲一犬一彘之宰，不能則辭之。”

清華八・心中 01“少大”，讀爲“小大”，指事物輕重。《禮記・王制》：“必察小大之比以成之。”鄭玄注：“小大猶輕重。”

尐

清華四・筮法 41 尐(小)事日乃前

清華七・子犯 03 尐(少)公乃訋(召)子余(餘)而𦣻(問)玄(焉)

～，與尐(上博七・凡乙 20)同，从“口”，“少”聲。“少”字異體。

清華四・筮法 41“尐事”，讀爲“小事”，與“大事”“中事”相對。

清華七・子犯 03“尐”，即“少”，表時間短，少頃、不久，《孟子・萬章上》：“少則洋洋焉。”

㸛

清華二・繫年 111 㸛(趙)趄(桓)子會[諸]侯之夫₌(大夫)

清華二・繫年 112 㸛(趙)狗衍(率)自(師)與戉(越)公株(朱)句伐齊

清華二・繫年 115 㸛(趙)𢍰(浣)

清華二・繫年 116 㸛(趙)𢍰(浣)

　清華二・繫年 119 杓(趙)蘆(籍)

～,"少""勺"雙聲符。

清華二・繫年 111"杓趄子",讀爲"趙桓子"。《史記・趙世家》:"襄子弟桓子,逐獻侯,自立於代,一年卒。"《索隱》:"《系本》云'襄子子桓子',與此不同。"

清華二・繫年 112"杓狗",讀爲"趙狗",晉趙氏人名。

清華二・繫年 115、116"杓叏",讀爲"趙浣"。《史記・趙世家》:"(襄子)其後娶空同氏,生五子。襄子爲伯魯之不立也,不肯立子,且必欲傳其位與伯魯子代成君。成君先死,乃取代成君子浣立爲太子。襄子立三十三年卒,浣立,是爲獻侯。"

清華二・繫年 119"杓蘆",讀爲"趙籍",獻子之子,後爲烈侯。《史記・趙世家》:"十五年,獻侯卒,子烈侯籍立。"

肖

　清華二・繫年 117 肖(宵)篋(遯)

《説文・肉部》:"肖,骨肉相似也。从肉,小聲。不似其先,故曰'不肖'也。"

清華二・繫年 117"肖",讀爲"宵",夜。《詩・豳風・七月》:"晝爾於茅,宵爾索綯。"毛傳:"宵,夜。"

宵

　清華一・楚居 07 至宵囂(敖)畬(熊)鹿自焚遷(徙)居宵

　清華一・楚居 07 居宵

　清華一・楚居 07 至武王畬(熊)鬟自宵遷(徙)居免之中

《説文・宀部》:“宵,夜也。从宀,宀下冥也;肖聲。”

清華一・楚居 07“宵”,地名。

邩

清華二・繫年 097 命(令)尹會邩(趙)文子及者(諸)侯之夫₌(大夫)

～,从“邑”,“少”聲。

清華二・繫年 097“邩文子”,讀爲“趙文子”。《左傳・襄公二十七年》:“宋向戌善於趙文子,又善於令尹子木,欲弭諸侯之兵以爲名。”

刎

清華八・邦道 01 戋(翦)少(小)刎(削)敗(損)

清華八・邦道 01 凸(凡)皮(彼)刎(削)垟(邦)

～,从“刀”,“少”聲。“削”字異體。

清華八・邦道 01“戋少刎敗”,讀爲“翦小削損”,小國將被翦滅,大國則國土侵削。“刎垟”,即“削邦”,侵削國家。《左傳・昭公元年》:“封疆之削,何國蔑有。”孔穎達疏:“言封疆之相侵削,何國無有。”《史記・屈原賈生列傳》:“兵挫地削,亡其六郡。”

笋

清華二・繫年 071 以鞫骼玉笋與𦎫(淳)于之田

～,从“竹”,“少”聲,與(《集成》10370,郢太府銅量)同。

清華二・繫年 071“笋”,筒形器。一説讀爲“箾”,樂器。《説文》云“小管”。《左傳・成公二年》:“齊侯使賓媚人賂以紀甗、玉磬與地。”杜預《春秋經傳集解》後序引《紀年》:"齊國佐來獻玉磬、紀公之甗。"

雀

清華八・邦道 12 貴戔(賤)之立者(諸)同雀(爵)者

～,从"隹""少","少"亦聲,與(上博一・孔 20)、(上博一・孔 27)同。《説文・隹部》:"雀,依人小鳥也。从小、隹。讀與爵同。"

清華八・邦道 12"雀",讀爲"爵",爵位,官位。《詩・小雅・角弓》:"民之無良,相怨一方,受爵不讓,至于已斯亡。"孔穎達疏:"受其官爵,不以相讓。"

鵲

清華三・説命下 03 女(如)飛鵲(雀)罔畏䚕(離)

～,从"鳥","雀"聲,"雀"字繁體。

清華三・説命下 03"鵲",即"雀",泛指小鳥,鳥。《左傳・襄公二十五年》:"對曰:視民如子。見不仁者,誅之,如鷹鸇之逐鳥雀也。"

簅

清華一・耆夜 03 王夜簅(爵)𠭯(酬)縪(畢)公

清華一・耆夜 04 嘉簅(爵)速歙(飲)

清華一・耆夜 04 迲(後)簅(爵)乃從

清華一・耆夜 04 王夜簅(爵)𠭯(酬)周公

清華一・耆夜 06 嘉籊(爵)速歙(飲)

清華一・耆夜 06 返(後)籊(爵)乃逡(復)

清華一・耆夜 06 周公夜籊(爵)訔(酬)縪(畢)公

清華一・耆夜 08 周公或夜籊(爵)訔(酬)王

清華一・耆夜 09 周公秉籊(爵)未歙(飲)

～,从"竹","雀"聲。與(上博四・曹 21)、(上博四・曹 37)、(上博四・曹 50)同。

清華一・耆夜 03、04、06、08"夜籊",讀爲"舍爵"。《左傳・桓公二年》:"凡公行,告於宗廟;反行,飲至、舍爵、策勳焉,禮也。"或讀爲"舉爵"。

清華一・耆夜 04、06"嘉籊",讀爲"嘉爵",祭祀時的爵酒。參《儀禮・士冠禮》:"再醮曰:旨酒既湑,嘉薦伊脯,乃申爾服,禮儀有序,祭此嘉爵,承天之祜。"

清華一・耆夜 04、06"返籊",讀爲"後爵",勸酒之辭。

清華一・耆夜 09"籊",讀爲"爵",古代一種盛酒禮器,像雀形,比尊彝小,受一升。亦用爲飲酒器。《詩・大雅・行葦》:"或獻或酢,洗爵奠斝。"《左傳・莊公二十一年》:"鄭伯之享王也,王以後之鞶鑒予之。虢公請器,王予之爵。"孔穎達疏:"爵,飲酒器,玉爵也。"

戠

清華七・越公 38 戠(察)之而評(乎)

清華七・越公 40 戠(察)之而訐(信)

清華七・越公 44 王乃趣(趣)使(使)人戠(察)腈(省)成(城)市鄡(邊)還(縣)尖₌(小大)遠泥(邇)之匓(勼)、茖(落)

清華七・越公 44 隹(唯)匓(勼)、茖(落)是戠(察)腈(省)

清華七・越公 45 王既戠(察)智(知)之

清華七・越公 52 隹(唯)多兵、亡(無)兵者是戠(察)

～，與(上博七・凡甲 14)、(上博七・凡甲 20)、(上博七・凡甲 24)同，从"言"，从"戈"，"少"聲。从"戈"，"少"聲的字應該是"截"字。《説文・戈部》："截，斷也。从戈，雀聲。"《玉篇・戈部》："截，字亦作截。"戠，从"言"，"戕(截)"聲，疑"詧"字異體。上古音"截"，從紐月部字。"詧""察"，初紐月部字。三字疊韻可通。《書・秦誓》："惟截截善諞言，俾君子易辭。"孔穎達疏："截截猶察察，明辯便巧之意。""截截猶察察"當屬聲訓。"截""戔""淺"古通。如《書・秦誓》："惟截截善諞言。"《説文》引《周書》作"戔戔巧言"。《潛夫論・救邊》引"截截"作"淺淺"。从"戔"聲的"帴"與"殺"通，"殺"與"蔡"通。可見"截""詧""察"關係密切。

清華七・越公 44"戠腈"，讀爲"察省"，即"省察"，審察，仔細考察。《楚辭・九章・惜往日》："弗省察而按實兮，聽讒人之虚辭。"《史記・吴王濞列傳》："陛下多病失志，不能省察。"

清華七・越公 45"戠智"，讀爲"察知"，觀察瞭解。《墨子・明鬼下》："是與天下之所以察知有與無之道者，必以衆之耳目之實知有與亡爲儀者也。"

清華七・越公"戠"，讀爲"察"，知道、瞭解義。《孟子・離婁下》："察于人倫。"趙岐注："察，猶識也。"《禮記・喪服四制》："禮以治之，義以正之，孝子、弟弟、貞婦，皆可得而察焉。"鄭玄注："察，猶知也。"

心紐喿聲

喿

清華七・越公 67 不鼓不喿(噪)以渞(侵)攻之

～,與(上博八・顔 9)同。《説文・品部》:“喿,鳥群鳴也。从品在木上。”

清華七・越公 67“不鼓不喿”,讀爲“不鼓不噪”,不擂鼓呐喊。《墨子・備蛾傅》:“夜半,而城上四面鼓噪,敵人必或,破軍殺將。”

𣀀

清華六・管仲 04 心不情(静)則手𣀀(躁)

～,从“攴”,“喿”聲。

清華六・管仲 04“𣀀”,讀爲“躁”,《禮記・月令》:“君子齊戒,處必掩身,毋躁。”鄭玄注:“掩猶隱翳也。躁猶動也。今《月令》‘毋躁爲欲静’。”

幫紐票聲

𣏌

清華四・筮法 21 𣏌(少)肴(淆)

～,从“木”,从“票”省,“標”字異體。所从囟,从“少”聲。“蔈”,楚簡或作(上博一・緇 9)、(郭店・緇衣 15)。《説文・木部》:“標,木杪末也。从木,㶾聲。”

清華四・筮法 21“𣏌肴”,讀爲“少淆”,卦象較前一例略雜。

明紐毛聲

毛

清華一·祭公 09 乃詔(召)䍜(畢)䡞、𢦏(井)利、毛班

《説文·毛部》:"毛,眉髮之屬及獸毛也。象形。凡毛之屬皆从毛。"

清華一·祭公 09"毛班",人名,見《穆天子傳》卷四:"命毛班、逢固先至於周,以待天之命。"

髦

清華三·琴舞 05 思髦彊之

～,"冒","毛"雙聲,"眊",楚簡或作㒵(上博三·彭 3)。或釋爲"曼"。

清華三·琴舞 05"思髦彊之",讀爲"思懋彊之",使勤勉。"髦",或讀爲"勖",意爲"勉"。(黄傑)

覒

清華八·攝命 06 女(汝)鬼(威)由覒(表)由諲(望)

～,从"見","毛"聲,上博一·緇 14 作䁾,从"視",疑皆爲"眊"字異體。《説文·目部》:"眊,目少精也。从目,毛聲。《虞書》耄字从此。"

清華八·攝命 06"覒",讀爲"表",儀表。《禮記·緇衣》:"故上之所好惡,不可不慎也,是民之表也。"孔穎達疏:"以君者民之儀表,不可不慎。"《孔叢子·嘉言》:"萇弘語劉文公曰:'吾觀孔仲尼有聖人之表。'"《管子·形势》:"法度者,萬民之儀表也;禮義者,尊卑之儀表也。"

⿱覒心

　清華四・别卦 06 ⿱覒心(隨)

～,从"心","⿱覒心"聲。

清華四・别卦 06"⿱覒心",讀爲"隨",卦名。《易》六十四卦之一,震下兑上。《易・随》:"隨:元亨,利貞,无咎(𧼮)。"高亨注:"《隨》,卦名。"上博簡《周易》作"陊",馬王堆帛書本、阜陽漢簡本作"隋",今本作"隨"。

毛

　清華六・子儀 01 𡉉(耄)㔶(幼)𠬛(謀)慶而賞之

～,从"土","毛"聲。

清華六・子儀 01"𡉉",讀爲"耄",年老、高齡。古稱大約七十至九十歲的年紀。《詩・大雅・板》:"匪我言耄。"毛傳:"八十曰耄。"《詩・大雅・抑》:"借曰未知,亦聿既耄。"毛傳:"耄,老也。"《禮記・曲禮上》:"八十、九十曰耄。"《左傳・隱公四年》:"衛國褊小,老夫耄矣,無能爲也。"杜預注:"八十曰耄。稱國小已老。"簡文"𡉉(耄)㔶(幼)",即老幼。

𣭓

　清華六・管仲 26 𣭓(冒)𤔔(亂)毁祟(常)

～,从"攴"、从兩"毛",可能是"敄"之異體。"敄"字見於[古文字](包山 58)、[古文字](曾乙 68),从"攴""毛"聲。"敄"作"𣭓",屬於增繁同形偏旁的現象。(趙平安)或釋爲"彗",讀爲"祟";或讀爲"獊"。(白於藍)

清華六・管仲 26"𣭓",讀爲"冒"。"冒",幽部明母;"毛",宵部明母,二字古通。如《文選・枚乘〈七發〉》:"冒以山膚。"李善注:"冒與芼,古字通。"簡文"冒亂",混雜,混亂。劉向《説苑・指武》:"分爲五選,異其旗章,勿使冒亂。"

《後漢書・郎顗傳》:"《易》内傳曰:'久陰不雨,亂氣也,《蒙》之《比》也。蒙者,君臣上下相冒亂也。'""冒亂毁常"的用法,約與《後漢書・郎顗傳》相近。(趙平安)

明紐苗聲

窋

 清華三・琴舞 10 備(服)才(在)清窋(廟)

 清華七・越公 04 料(播)弃(棄)宗窋(廟)

 清華七・越公 22 伓虗宗窋(廟)

 清華七・越公 22 孤用内(入)守於宗窋(廟)

 清華七・越公 26 既𦘠(建)宗窋(廟)

 清華七・越公 74 女(焉)述(遂)逹(失)宗窋(廟)

～,與(上博三・周 42)同,从"宀","苗"聲,"庿""廟"之異體。《説文・广部》:"廟,尊先祖皃也,从广,朝聲。,古文。"徐鍇曰:"《古今注》:廟,皃也。所以彷彿先人之容皃。"

清華三・琴舞 10"清窋",即"清廟",《詩經》篇名。《詩・周頌・清廟序》:"清廟,祀文王也。周公既成洛邑,朝諸侯,率以祀文王焉。"鄭箋:"清廟者,祭有清明之德者之宫也,謂祭文王也。天德清明,文王象焉,故祭之而歌此詩也。"

清華七・越公 04、22、26、74"宗窋",即"宗廟",古代帝王、諸侯祭祀祖宗的廟宇。《國語・魯語上》:"夫宗廟之有昭穆也,以次世之長幼,而等胄之親疏也。"《史記・魏公子列傳》:"今秦攻魏,魏急而公子不恤,使秦破大梁而夷先王之宗廟,公子當何面目立天下乎?"

正編·藥部

藥　部

疑紐樂聲

樂

清華五・厚父 13 亦隹(惟)酉(酒)甬(用)庚(康)樂

清華五・命訓 04 夫民生而樂生穀(穀)

清華五・命訓 11 旲(娛)之以樂

清華五・命訓 13 樂不繡(伸)

清華五・命訓 14 樂繡(伸)則亡(荒)

清華六・太伯甲 08 東啓遺(隤)、樂

清華六・太伯乙 07 東攷(啓)遺(隤)、樂

 清華六・子儀 07 楚樂和之曰

 清華六・子産 06 又(有)道樂才(存)

 清華六・子産 07 亡道樂亡

 清華六・子産 09 此胃(謂)𡨦(卑)𢙭(逸)樂

 清華六・子産 22 𨊠(韓)樂

 清華八・邦政 08 亓(其)樂𦺎(繁)而訮(變)

 清華八・邦道 09 母(毋)褱(懷)樂以忘難

 清華八・邦道 15 萬民斯樂亓(其)道

 清華八・虞夏 01 乍(作)樂《𦓤(竽)𩐨(管)》九成

 清華八・虞夏 02 乍(作)樂《䌊(韶)》《隻〈隻〉(濩)》

 清華八・虞夏 03 乍(作)樂《武》《象》

～,與(上博七・君乙 4)、(上博六・競 11)同。《説文・木部》:"樂,

五聲八音總名。象鼓鞞。木，虡也。”

清華五·厚父 13“康樂”，安樂。《禮記·樂記》：“嘽諧慢易繁文簡節之音作，而民康樂。”

清華五·命訓 04“夫民生而樂生敎（穀）”，今本《逸周書·命訓》作“夫民生而樂生，無以穀之，能無勸乎？若勸之以忠，則度至于極”。《逸周書·度訓》：“凡民生而有好有惡。小得其所好則喜，大得其所好則樂；小遭其所惡則憂，大遭其所惡則哀。凡民之所好惡，生物是好，死物是惡。”

清華五·命訓 11“吴（娱）之以樂”，今本《逸周書·命訓》作“娱之以樂”。

清華五·命訓 13“樂不繡（伸）”，今本《逸周書·命訓》作“樂不滿”。

清華五·命訓 14“樂繡（伸）則亡（荒）”，今本《逸周書·命訓》作“樂滿則荒”。

清華六·太伯甲 08、太伯乙 07“遺（隤）、樂”，地名。樂地不詳。

清華六·子儀 07“楚樂和之曰”，指樂器。《韓非子·解老》：“竽也者，五聲之長者也。故竽先則鍾瑟皆隨，竽唱則諸樂皆和。”

清華六·子産 06、07“樂”，音樂。《易·豫》：“先王以作樂崇德，殷薦之上帝，以配祖考。”

清華六·子産 09“𤓰樂”，讀爲“逸樂”，閒適安樂。《國語·周語中》：“今陳國道路不可知，田在草間，功成而不收，民罷於逸樂，是棄先王之法制也。”王充《論衡·自紀》：“處逸樂而欲不放，居貧苦而志不倦。”

清華六·子産 22“𠃬樂”，讀爲“韓樂”，人名。

清華八·邦政 08“亓樂蘇而詠”，讀爲“其樂繁而變”。參《吕氏春秋·音初》：“世濁則禮煩而樂淫。”

清華八·邦道 09“母褱樂以忘難”，讀爲“毋懷樂以忘難”。《管子·立政》：“勸勉百姓，使力作毋偷，懷樂家室，重去鄉里，鄉師之事也。”

清華八·邦道 15“萬民斯樂亓（其）道”之“樂”，快樂，歡樂。《詩·小雅·常棣》：“兄弟既具，和樂且孺。”孔穎達疏：“九族會聚和而甚忻樂也。”《孟子·盡心上》：“樂其道而忘人之勢，故王公不致敬盡禮，則不得亟見之。”

清華八·虞夏 01“乍樂《羿猷》九成”，讀爲“作樂《竽管》九成”。《吕氏春秋·仲夏紀》：“於是命皋陶作爲《夏籥》九成，以昭其功。”《淮南子·齊俗》：“夏后氏，其社用松，祀户，葬牆置翣，其樂《夏籥》九成、六佾、六列、六英，其服尚青。”

清華八·虞夏 02“乍樂《𦀚》《隻》”，讀爲“作樂《韶》《濩》”。《左傳·襄公二十九年》：“見舞《韶》《濩》者。”杜預注：“殷湯樂。”孔穎達疏：“以其防濩下民，故稱濩也……韶亦紹也，言其能紹繼大禹也。”

清華八・虞夏 03“乍樂《武》《象》”，讀爲“作樂《武》《象》”。《荀子・儒效》:“於是《武》《象》起而《韶》《濩》廢矣。”楊倞注:“《武》《象》，周武王克殷之後樂名。”“作樂”，製作音樂。《禮記・明堂位》:“六年，朝諸侯於明堂，制禮作樂。”

藥

清華一・程寤 05 不可藥

清華三・説命中 04 若藥

清華一・耆夜 03 复(作)訶(歌)一終曰《藥＝(樂樂)脂(旨)酉(酒)》

清華一・耆夜 10 不憙(喜)不藥(樂)

清華一・耆夜 11 母(毋)已大藥(樂)

清華一・耆夜 11 康(荒)藥(樂)而母(毋)忘

清華一・耆夜 12 不憙(喜)不藥(樂)

清華一・耆夜 13 康藥(樂)而母(毋)[忘](荒)

清華一・耆夜 14 康藥(樂)而母(毋)忘

清華五・三壽 17 聞(宣)義(儀)和藥(樂)

～,从“艸”,“樂”聲;或从“中”,“樂”聲,楚文字或作(上博三・周 21)、(上博二・從乙 3)、(郭店・五行 6)。《説文・艸部》:“藥,治病艸。从艸,樂聲。”

清華三・説命中 04“若藥”,參《國語・楚語上》:“若藥不瞑眩,厥疾不瘳。”

清華一・耆夜 03“藥₌脂酉”,讀爲“樂樂旨酒”。《詩・小雅・鹿鳴》:“我有旨酒,以燕樂嘉賓之心。”《詩・小雅・頍弁》:“樂酒今夕,君子維宴。”

清華一・耆夜 10、12“不憙不藥”,讀爲“不喜不樂”。“喜樂”,歡樂,高興。《詩・小雅・菁菁者莪序》:“君子能長育人材,則天下喜樂之矣。”《淮南子・泰族》:“(民)有喜樂之性,故有鐘鼓筦絃之音。”

清華一・耆夜 11“母已大藥”,讀爲“毋已大樂”。《詩・唐風・蟋蟀》:“無已大康,職思其居。好樂無荒,良士瞿瞿。”

清華一・耆夜 11、13、14“康藥”,讀爲“康樂”,淫樂。劉向《説苑・權謀》:“中山之俗,以晝爲夜,以夜繼日,男女切踦,固無休息,淫昏康樂,歌謡好悲,其主弗知惡,此亡國之風也。”

清華一・程寤 05“藥”,療治。《詩・大雅・板》:“多將熇熇,不可救藥。”《孔子家語・正論解》:“防怨猶防水也,大決所犯,傷人必多,吾不克救也,不如小決使導之,不如吾所聞而藥之。”王肅注:“藥,治療也。”

清華一・程寤 05“不可藥”,不能治療。(袁瑩)或説“不可救藥”。(《讀本一》第 58 頁)

清華五・三壽 17“和藥”,讀爲“和樂”,快樂,歡樂。《詩・小雅・常棣》:“兄弟既具,和樂且孺。”孔穎達疏:“九族會聚和而甚忻樂也。”

疑紐虐聲

䖈(虐)

清華三・芮良夫 10 則畏(威)䖈(虐)之

清華三・芮良夫 17 自记(起)俴(殘)⿱𧆨䖵(虐)

清華一・尹至 02 隹(惟)𢧵(滋)⿱𧆨䖵(虐)悳(德)瀑(暴)𩈒(重)

清華一・金縢 03 䝨(遘)㙊(害)⿱𧆨䖵(虐)疾

～,从"䖵","𧆨"聲,"虐"字異體。《説文・虍部》:"虐,殘也。从虍,虎足反爪人也。[古文],古文虐如此。"

清華三・芮良夫 10"⿱𧆨䖵",即"虐"。《廣雅・釋詁》:"虐,惡也。"《論衡・譴告》:"威、虐,皆惡也。"

清華三・芮良夫 17"俴⿱𧆨䖵",讀爲"殘虐",殘暴狠毒。"殘""虐"同義連用。《孔子家語・執轡》:"其法不聽,其德不厚,故民惡其殘虐,莫不籲嗟。"《史記・秦始皇本紀》後附漢明帝永平十七年詔:"周曆已移,仁不代母。秦直其位,吕政殘虐。"

清華一・尹至 02"⿱𧆨䖵悳",讀爲"虐德",殘虐於德。

清華一・金縢 03"䝨㙊⿱𧆨䖵疾",讀爲"遘害虐疾"。"虐疾",重病,惡疾。《書・金縢》:"惟爾元孫某,遘厲虐疾。"孔穎達疏:"厲爲危也。虐訓爲暴,言性命危而疾暴重也。"孫星衍疏:"虐者,《廣雅・釋詁》云惡也,言遇厲氣致惡疾。"

⿸疒𧆨(瘧)

清華二・繫年 002 厲王大⿸疒𧆨(虐)于周

清華五・湯丘 16 不⿸疒𧆨(虐)殺

～,與[字形](上博六・競 1)、[字形](上博六・競 2)同,从"疒","𧆨"聲,"瘧"字異體。《説文・疒部》:"瘧,熱寒休作。从疒、从虐,虐亦聲。"

清華二・繫年 002"厲王大⿸疒𧆨于周",讀爲"厲王大虐于周"。《吕氏春秋・

古樂》:“商人服象,爲虐于東夷。周公遂以師逐之,至于江南。”“瘧”,即“瘧”,讀爲“虐”,殘暴,兇殘。《書・泰誓上》:“今商王受,弗敬上天,降災下民,沈湎冒色,敢行暴虐。”孔傳:“沈湎嗜酒,冒亂女色,敢行酷暴,虐殺無辜。”

清華五・湯丘 16“虐殺”,讀爲“虐殺”,殘酷殺害。《史記・秦始皇本紀》:“六國回辟,貪戾無厭,虐殺不已。”

端紐卓聲

卓

清華六・管仲 04 止(趾)不正則心卓(逴)

《説文・匕部》:“卓,高也。早匕爲皁,匕卪爲印,皆同義。,古文皁。”

清華六・管仲 04“止(趾)不正則心卓”,應乙作“心不正則止(趾)卓”。“卓”,讀爲“逴”。《廣雅・釋詁》“逴,蹇也”,指跛足。

逴

清華八・處位 03 辠(罪)逴(卓)詒(辭)

《説文・辵部》:“逴,遠也。从辵,卓聲。一曰:蹇也。讀若棹苕之棹。”

清華八・處位 03“逴”,讀爲“卓”。《説文》:“高也。”

悼

清華二・繫年 033 而立亓(其)弟悼子

清華二・繫年 033 里之克或(又)殺悼子

清華二・繫年 108 以至晉悼公

清華二・繫年 114 宋悼公朝于楚

清華二・繫年 133 王命坪(平)亦(夜)悼武君衒(率)自(師)戢(侵)晉

清華二・繫年 137 王命坪(平)亦(夜)悼武君孿(使)人於齊陳淏求自(師)

《說文・心部》:"悼,懼也。陳楚謂懼曰悼。从心,卓聲。"

清華二・繫年 033"悼子",晉獻公之子,史書多稱"卓子"。《史記・晉世家》:"荀息立悼子而葬獻公。十一月,里克弒悼子于朝,荀息死之。"《國語・晉語二》:"荀息立卓子。里克又殺卓子,荀息死之。"

清華二・繫年 108"晉悼公",名周,在位十六年。《左傳・襄公十六年》:"十六年春,葬晉悼公。平公即位,羊舌肸爲傅,張君臣爲中軍司馬,祁奚、韓襄、欒盈、士鞅爲公族大夫,虞丘書爲乘馬御。"

清華二・繫年 114"宋悼公",《史記・宋微子世家》:"昭公四十七年卒,子悼公購由立。悼公八年卒,子休公田立。"

清華二・繫年 133、137"坪亦悼武君",即平夜(輿)悼武君,可能是第三代平夜君,爲新蔡葛陵墓主平夜君成之子。

殦

清華二・繫年 119 宋殦(悼)公牆(將)會晉公

～,从"歺","卓"聲。

清華二・繫年 119"宋殦公",即"宋悼公"。參上。

端紐勺聲

旳

清華五·封許 07 鉦(鐳)、耈旳

～,即"勺"字,从"爪",與楚文字"家"作"豙","卒"作"翠"同例。《説文·勺部》:"勺,挹取也。象形,中有實,與包同意。凡勺之屬皆从勺。"

清華五·封許 07"旳",即"勺"。或説"勺",讀爲"爵"。西周晚期伯公父勺(《集成》09935、09936)即以"爵"字假爲"勺"。

㖨

清華五·湯丘 04 女(如)思(使)㖨(召)

～,从"口","旳(勺)"聲。

清華五·湯丘 04"㖨",讀爲"召",上博四·昭 2:"小人將訋(詔)寇。"

仢

清華二·繫年 103 晉公以仢(弱)

～,从"人","勺"聲。

清華二·繫年 103"仢",讀爲"弱"。《左傳·襄公十七年》:"華臣弱皋比之室。"

訋

清華二·繫年 037 秦穆公乃訋(召)文公於楚

 清華七·子犯 01 秦公乃訋(召)子軋(犯)而𦣻(問)女(焉)

 清華七·子犯 03 省(少)公乃訋(召)子余(餘)而𦣻(問)女(焉)

 清華七·子犯 06 公乃訋(召)子軋(犯)

～，與(上博四·昭 4)、(上博四·昭 7)同，从"言"，"勺"聲。

清華二·繫年 037，清華七·子犯 01、03、06"訋"，讀爲"召"，召唤，召見。《詩·小雅·出車》："召彼僕夫，謂之載矣。"《史記·司馬穰苴列傳》："景公召穰苴，與語兵事，大説之，以爲將軍。""勺""召"聲字古通。《淮南子·道應》："孔子勁杓國門之關。"又《主術》："孔子力招城關。"《戰國策·楚四》："以其類爲召。"《文選·咏懷詩》李善注引"招"作"的"。《吕氏春秋·盡數》："射而不中，反修於招。"畢沅曰："舊校云：'招'，一作'的'。"

㿽

 清華七·趙簡子 01 㿽(趙)柬(簡)子既受𡨦牆(將)軍

 清華七·趙簡子 05 㿽(趙)柬(簡)子𦣻(問)於成𠜂(剸)

 清華七·趙簡子 06 㿽(趙)柬(簡)子

～，从"皿"，"勺"聲。"勺"字異體。馬王堆漢墓帛書《戰國縱横家書》中"趙、魏、韓"之"趙"多作"勺"。

清華七·趙簡子 06"㿽柬子"，讀爲"趙簡子"，名鞅，謚簡，春秋末晉國正卿，嬴姓，趙氏，史稱"趙簡主"。《史記·趙世家》："趙景叔卒，生趙鞅，是爲簡子。趙簡子在位，晉頃公之九年，簡子將合諸侯戍于周。"

邚

清華二・繫年 064 邚(趙)罝(旃)不欲成

清華二・繫年 096 命(令)尹子木會邚(趙)文子武及者(諸)侯之夫₌(大夫)

～,从"邑","勺"聲。疑"趙"字異體。

清華二・繫年 064"邚罝",讀爲"趙旃",趙穿之子。《左傳・宣公十二年》:"趙旃求卿未得,且怒於失楚之致師者。"杜預注:"旃,赵穿子。"《史記・晉世家》:"十二年冬,齊頃公如晉,欲上尊晉景公爲王,景公讓不敢。晉始作六軍,韓厥、鞏朔、趙穿、荀騅、趙括、趙旃皆爲卿,智罃自楚歸。"

清華二・繫年 096"邚文子武",讀爲"趙文子武",即趙武,謚爲文子。《史記・趙世家》:"平公十二年,而趙武爲正卿。十三年,吴延陵季子使於晉,曰:'晉國之政卒歸於趙武子、韓宣子、魏獻子之後矣。'趙武死,謚爲文子。"《左傳・襄公二十七年》:"宋向戌善於趙文子,又善於令尹子木,欲弭諸侯之兵以爲名。"《春秋・襄公二十七年》:"夏,叔孫豹會晉趙武、楚屈建、蔡公孫歸生、衛石惡、陳孔奂、鄭良霄、許人、曹人于宋……秋七月辛巳,豹及諸侯之大夫盟于宋。"

約

清華二・繫年 114 告以宋司城皷之約(弱)公室

清華三・芮良夫 19 約結緸(繩)剸(剸)

清華六・管仲 26 受命唯(雖)綅(約)

,與(上博五・弟 6)、(上博六・競 8)同。,則从"弔(勺)"聲。

《説文·糸部》:“約,纏束也。从糸,勺聲。”

清華二·繫年 114“告以宋司城𤷎之約公室”,讀爲“告以宋司城𤷎之弱公室”。《左傳·成公十五年》:“於是華元爲右師,魚石爲左師,蕩澤爲司馬,華喜爲司徒,公孫師爲司城,向爲人爲大司寇,鱗朱爲少司寇,向帶爲大宰,魚府爲少宰。蕩澤弱公室,殺公子肥。”

清華三·芮良夫 19“約結䌛剸”,讀爲“約結繩𠝏”。“約結”與“繩𠝏”義同,按法度判決。“約”,繩子。《左傳·哀公十一年》:“人尋約,吴髮短。”杜預注:“約,繩也。八尺爲尋。”《老子》:“善閉無關楗而不可開,善結無繩約而不可解。”《鶡冠子·天權》:“故先王之服師術者,呼往發蒙,釋約解剌,達昏開明而且知焉。”陸佃注:“約,如繩約之約。”

清華六·管仲 26“綤”,即“約”,約束。《莊子·駢拇》:“約束不以纆索。”《論語·子罕》:“博我以文,約我以禮。”《韓詩外傳》卷十:“制禮約法於四方。”

鼩

清華七·晉文公 06 爲鼩(豹)𥃝(旗)士出

～,从“鼠”,“勺”聲,“豹”字異體。《説文·豸部》:“豹,似虎,圜文。从豸,勺聲。”

清華七·晉文公 06“鼩”,即“豹”,“豹旗”與“熊虎旗”類同。《周禮·春官·司常》九旗:“日月爲常,交龍爲旂,通帛爲旜,雜帛爲物,熊虎爲旗,鳥隼爲旟,龜蛇爲旐,全羽爲旞,析羽爲旌。”

端紐弔聲

弔

清華一·耆夜 02 周公弔(叔)旦爲宔

清華一·金縢 07 官(管)弔(叔)返(及)亓(其)群𡏳(兄)俤(弟)

清華一·祭公 18 寺(時)隹(惟)大不弔(淑)孳(哉)

清華二·繫年 018 乃先建衛(衛)弔(叔)埄(封)于庚(康)丘

清華二·繫年 057 繡(申)公弔(叔)侯智(知)之

清華三·良臣 03 又(有)虔(虢)弔(叔)

清華三·良臣 05 遙(後)又(有)弔(叔)向

清華三·良臣 08 虔(虢)弔(叔)

清華三·良臣 09 又(有)子大弔(叔)

清華五·厚父 11 迺洹(宣)弔(淑)氒(厥)心

清華六·子儀 07 是尚求弔(蹙)易(惕)之怍

～,與(上博六·用 16)、(上博六·用 20)同。《說文·人部》:"弔,問終也。古之葬者,厚衣之以薪。从人持弓,會敺禽。"

清華一·耆夜 02"周公弔旦",讀爲"周公叔旦",即周公旦,叔是排行。《史記·魯周公世家》:"周公旦者,周武王弟也。"《集解》:"譙周曰:'以太王所居周地爲其采邑,故謂周公。'"《索隱》:"周,地名,在岐山之陽,本太王所居,後以爲周公之菜邑,故曰周公。即今之扶風雍東北故周城是也。"

清華一·金縢 07"官弔",讀爲"管叔",武王弟。《史記·管蔡世家》:"武王同母兄弟十人……其長子曰伯邑考,次曰武王發,次曰管叔鮮,次曰周公旦,次曰蔡叔度。"

清華一·祭公18"不弔",讀爲"不淑",不善、不良。《詩·鄘風·君子偕老》:"子之不淑,云如之何!"鄭箋:"子乃服飾如是,而爲不善之行。"

清華二·繫年018"衛弔坓",讀爲"衛叔封",即康叔。《史記·衛康叔世家》:"衛康叔名封,周武王同母少弟也。"《書·康誥序》:"成王既伐管叔、蔡叔,以殷餘民封康叔,作《康誥》《酒誥》《梓材》。"

清華二·繫年057"繡公弔侯",讀爲"申公叔侯"。《左傳·僖公二十六年》:"公以楚師伐齊,取穀。凡師能左右之曰以。寘桓公子雍於穀,易牙奉之以爲魯援。楚申公叔侯戍之。桓公之子七人,爲七大夫於楚。"

清華三·良臣03、08"虔弔",讀爲"虢叔"。《左傳·僖公五年》:"虢仲、虢叔,王季之穆也,爲文王卿士,勳在王室,藏於盟府。"《國語·晉語四》:"文王在母不憂,在傅弗勤,處師弗煩,事王不怒,孝友二虢。"韋昭注:"二虢,文王弟虢仲、虢叔。"

清華三·良臣05"弔向",讀爲"叔向",晉平公臣羊舌肸之字。

清華三·良臣09"子大弔",讀爲"子大叔"。見《左傳·定公四年》:"反自召陵,鄭子大叔未至而卒。晉趙簡子爲之臨,甚哀。"

清華五·厚父11"弔",讀爲"淑"。《爾雅·釋詁》:"淑,善也。"

清華六·子儀07"弔易",讀爲"蹙惕","蹙""惕"近義連用。《詩·小雅·小明》:"曷云其還?政事愈蹙。"毛傳:"蹙,促也。"

弔

清華一·楚居03生佢弔(叔)、麗季

清華五·湯丘14弔(淑)慈我民

清華六·太伯甲11君女(如)由皮(彼)孔弔(叔)

清華六·太伯乙10君女(如)由皮(彼)孔弔(叔)

清華七·子犯 07 公乃䎽(問)於邗(蹇)弔(叔)曰

清華七·子犯 08 邗(蹇)弔(叔)𨑓(答)曰

清華七·子犯 09 公乃䎽(問)於邗(蹇)弔(叔)曰

清華七·子犯 09 弔(叔),昔之舊聖折(哲)人之塼(敷)政命(令)刑罰

清華七·子犯 10 猷(猶)弔(叔)是䎽(聞)遺老之言

清華七·子犯 10 邗(蹇)弔(叔)𨑓(答)曰

清華七·子犯 13 公子褈(重)耳䎽(問)於邗(蹇)弔(叔)曰

清華七·子犯 14 邗(蹇)弔(叔)𨑓(答)曰

～,與(上博一·緇 3)、(上博五·競 9)同,从"口","弔"聲。

清華一·楚居 03"侸弔",讀爲"侸叔",穴熊的兒子。

清華五·湯丘 14"弔慈我民",讀爲"淑慈我民"。"淑",善、善良。《詩·邶風·燕燕》:"終温且惠,淑慎其身。"鄭箋:"淑,善也。"

清華六·太伯甲 11、太伯乙 10"孔弔",讀爲"孔叔",人名。《左傳·僖公三年》:"楚人伐鄭,鄭伯欲成。孔叔不可,曰:'齊方勤我,棄德,不祥。'"

清華七·子犯 07、08、09、10、13、14"邗弔",讀爲"蹇叔",宋人,受百里奚推薦,秦穆公迎爲上大夫。《左傳·僖公三十二年》:"召孟明、西乞、白乙,使出師于東門之外。蹇叔哭之,曰:'孟子,吾見師之出而不見其入也。'"《韓非子·

説疑》:“若夫后稷、皋陶、伊尹、周公旦、太公望、管仲、隰朋、百里奚、蹇叔、舅犯、趙衰、范蠡、大夫種、逢同、華登,此十五人者爲其臣也,皆夙興夜寐,卑身賤體,竦心白意。”

沵

　清華一・祭公 02 不沵(淑)疾甚

～,从“水”,“弔”聲。

清華一・祭公 02“不沵”,讀爲“不淑”,不善。參上。

定紐翟聲

翟

　清華二・繫年 019 翟(狄)述(遂)居衜(衛)

　清華二・繫年 021 翟(狄)人或(又)涉河

　清華二・繫年 032 文公奔翟(狄)

　清華二・繫年 036 文公十又二年居翟(狄)

　清華二・繫年 087 競(景)公史(使)翟(糴)之伐(茷)䛩(聘)於楚

《説文・羽部》:“翟,山雉尾長者。从羽,从隹。”

清華二・繫年 019“翟述居衜”,讀爲“狄遂居衛”。參《左傳・閔公二年》:“冬十二月,狄人伐衛……及狄人戰于熒澤,衛師敗績,遂滅衛。衛侯不去其旗,是以甚敗……狄入衛,遂從之,又敗諸河。”

清華二・繫年 021“翟人或涉河”,讀爲“狄人又涉河”。參上。

清華二・繫年 032“文公奔翟”,讀爲“文公奔狄”。《左傳・僖公二十三年》:“晉公子重耳之及於難也……遂奔狄。”《國語・晉語二》:“驪姬既殺大子申生,又譖二公子曰:‘重耳、夷吾與知共君之事。’公令閹楚刺重耳,重耳逃於狄。”韋昭注:“狄,北狄,隗姓也。”

清華二・繫年 036“文公十又二年居翟”,讀爲“文公十又二年居狄”。《國語・晉語四》:“(文)公在狄十二年……遂適齊。”

清華二・繫年 087“翟之伐”,讀爲“糴之茷”,即“糴茷”,人名。見《左傳・成公十年》:“十年春,晉侯使糴茷如楚,報大宰子商之使也。”

鄱

清華二・繫年 019 赤鄱(翟)王峁唐记(起)甾(師)伐衛(衛)

~,从“邑”,“翟”聲。

清華二・繫年 019“赤鄱(翟)王峁唐”,讀爲“赤狄王峁唐”。杜預《春秋經傳集解後序》引《紀年》:“衛懿公及赤翟戰于洞〈泂〉澤。”《左傳・閔公二年》:“及狄人戰于熒澤,衛師敗績,遂滅衛。”

泥紐弱聲

弱

清華四・筮法 48 阬(溺)者

清華三・芮良夫 15 褱(懷)忞(慈)學(幼)弱羸(羸)㝠(寡)䰜(矜)蜀(獨)

清華三・祝辭 01 忎(恐)弱(溺)

 清華六・太伯甲 01 不享(穀)學(幼)弱

 清華六・太伯甲 10 今及虐(吾)君弱學(幼)而嗣(嗣)

 清華六・太伯乙 01 不敎(穀)幽(幼)弱

 清華六・太伯乙 09 今[及吾]君弱幽而嗣(嗣)

 清華七・子犯 05 虐(吾)宔(主)弱寺(時)而弜(强)志

 清華七・越公 32 亓(其)見蓐(農)夫老溺(弱)堇(勤)壓者

 清華八・邦道 01 古(固)靭爲弱

 清華八・邦道 22 夫邦之弱張

，與(郭店・老子甲 33)、(郭店・太一生水 9)、(左塚漆梮)形同。兩人側身站着撒尿，乃"弱"之本義，"溺"乃"弱"之繁化。，與(郭店・語叢二 36)，、(《古文四聲韻》引古《老子》)同，段玉裁認爲是"沉溺"之"溺"的本字。實際上此字亦"溺尿"之"弱"字異體。(廖名春、劉釗)秦文字作(《珍秦》266)、(《珍秦》99)。《説文・彡部》："弱，橈也。上象橈曲，彡象毛氂橈弱也。"説解有誤。《説文・水部》："溺，水。自張掖删丹西，至酒泉合黎，餘波入于流沙。从水，弱聲。桑欽所説。"

清華三・芮良夫 15"褱忞學弱羸㝱屘蜀"，讀爲"懷慈幼弱羸寡矜獨"。安

撫愛護幼弱、衰病、老而無夫、老而無妻、老而無子的人。

清華六・太伯甲 01、太伯乙 01“學弱”，即“幼弱”，幼小。《禮記・明堂位》：“武王崩，成王幼弱，周公踐天子之位以治天下。”《左傳・昭公十九年》：“今又喪我先大夫偃，其子幼弱，其一二父兄，懼隊宗主，私族於謀而立長親。”

清華三・祝辭 01“弱”，讀爲“溺”，沉於水，水淹。《孟子・離婁上》：“嫂溺不援，是豺狼也。男女授受不親，禮也；嫂溺，援之以手者，權也。”

清華六・太伯甲 10“弱學”、太伯乙 09“弱幽”，即“幼弱”。參上。

清華七・子犯 05“虐(吾)宔(主)弱寺(時)而彊(强)志”之“弱”，與“强”相對。

清華七・越公 32“老弱”，年老與年輕的人。《管子・戒》：“於是管仲與桓公盟誓爲令曰：‘老弱勿刑，參宥而後弊。關幾而不正，市正而不布。山林梁澤，以時禁發而不正也。’”

清華八・邦道 01“弱”，《書・洪範》：“六曰弱。”孔穎達疏引鄭注：“愚懦不毅曰弱。”

清華八・邦道 22“弱張”，與“弱强”義同，弱小與强大。《淮南子・兵略》：“故德義足以懷天下之民……謀慮足以知强弱之勢。”《詩・大雅・韓奕》：“四牡奕奕，孔修且張。”毛傳：“修，長；張，大。”

並紐暴聲

暴

清華三・芮良夫 11 以暴亓(其)䏍(狀)

～，楚文字或作[字形](上博五・鬼 1)、[字形](上博五・鬼 3)，从“夭”，从“日”，从“廾”，象兩手持草木一類東西在日下曝曬，“曝曬”之“曝”的初文。郭店・性自 64 作[字形]([字形])，上部所从或認爲“爻”聲，或認爲是“虍”，均不確，當是“夭”之訛變。下部所从與“襮”[字形](曾 4)、[字形](曾 4)右旁形近。此作[字形]，上从“目”，或認爲“日”之訛。《説文・日部》：“[字形]，晞也。从日、从出、从廾、从米。[字形]，古文暴。从日，麃聲。”段注：“日出而竦手舉米曬之，合四字會意。”《説文・夲部》：

“,疾有所趣也。从日、出,夲廾之。”

清華三·芮良夫11“以暴亓(其)脜(狀)”之“暴”,顯露,暴露。《孟子·萬章上》:“昔者堯薦舜於天,而天受之;暴之於民,而民受之。”《文選·司馬遷〈報任少卿書〉》:“事已無可奈何,其所摧敗,功亦足以暴於天下。”李善注:“謂摧敗匈奴之兵,其功足暴露見於天下。”

簗

清華五·封許06馬三(四)匹,攸彖(膂),毬毯,羅緄(纓),鉤雁(膺),簗(鑣)紛(弁)

～,从“竹”,“暴”聲。郭店·唐虞12“皋(罪)涇〈淫〉暴”之“暴”字作。上博二·从甲18“曝”作。

清華五·封許06“簗紛”,讀爲“鑣弁”,馬銜、馬髦飾。《説文·金部》:“鑣,馬銜也。从金,麃聲。”《詩·秦風·駟驖》:“輶車鸞鑣,載獫載驕。”朱熹《集傳》:“鑣,馬銜也。”(陳劍)

瘵

清華一·尹至02隹(惟)胾(滋)盧(虐)悳(德)瘵(暴)瘇(重)

～,與(包山102)、(包山102反)、(包山109)形同,从“疒”,“暴”聲。

清華一·尹至02“瘵瘇”,讀爲“暴重”,侵凌、殘害孕婦。“重”,指懷孕者。《詩·大雅·大明》:“大任有身。”毛傳:“身,重也。”鄭箋:“重謂懷孕也。”(鄔可晶)或讀爲“暴動”,舉動暴亂。《淮南子·兵略》:“夫兵者,所以禁暴討亂也。”(《讀本一》第11頁)

正編・侯部

清華簡文字聲系

侯　部

匣紐侯聲

侯

清華二・繫年 008 晉文侯戬(仇)乃殺惠王于虢(虢)

清華二・繫年 008 邦君者(諸)侯女(焉)㚸(始)不朝于周

清華二・繫年 009 晉文侯乃逆坪(平)王于少鄂(鄂)

清華二・繫年 010 奠(鄭)武公亦政東方之者(諸)侯

清華二・繫年 011 齊襄公會者(諸)侯于首䢓(止)

清華二・繫年 018 以侯殷之妻(餘)民

清華二・繫年 019 幽侯滅女(焉)

清華二·繫年 020 齊趄(桓)公會者(諸)侯以成(城)楚丘

清華二·繫年 023 郗(蔡)哀侯取(娶)妻於陳

清華二·繫年 023 賽(息)侯亦取(娶)妻於陳

清華二·繫年 023 郗(蔡)哀侯命𫝀=(止之)

清華二·繫年 024 郗(蔡)哀侯妻之

清華二·繫年 024 賽(息)侯弗訓(順)

清華二·繫年 025 賽(息)侯求栽(救)於郗(蔡)

清華二·繫年 025 郗(蔡)哀侯衒(率)帀(師)以栽(救)賽(息)

清華二·繫年 026 膢(獲)哀侯以歸

清華二·繫年 026 郗(蔡)侯與從

清華二·繫年 026 賽(息)侯以文王歓=(歓酒)

清華二·繫年 027 郗(蔡)侯智(知)賽(息)侯之誘吕(己)也

清華二·繫年 027 賽(息)侯之誘吕(己)也

清華二·繫年 027 賽(息)侯之妻甚娧(美)

清華二·繫年 028 賽(息)侯訠(辭)

清華二·繫年 028 殺賽(息)侯

清華二·繫年 030 女(焉)取邨(頓)以贛(恐)陳侯

清華二·繫年 041 楚成王衒(率)者(諸)侯以回(圍)宋伐齊

清華二·繫年 044 盟(盟)者(諸)侯於墭(踐)土

清華二·繫年 056 王會者(諸)侯于犮(厥)(貉)

清華二·繫年 057 繡(申)公弔(叔)侯智(知)之

清華二·繫年 061 王會者(諸)侯于鷫(厲)

清華二·繫年 062 晉成公會者(諸)侯以栽(救)奠(鄭)

清華二·繫年 066 會者(諸)侯于幽(斷)道

 清華二·繫年 067 今萅(春)亓(其)會者(諸)侯

 清華二·繫年 067 郇(駒)之克牆(將)受齊侯胏(幣)

 清華二·繫年 069 逌(須)者(諸)侯于鐵(斷)逭(道)

 清華二·繫年 070 既會者(諸)侯

清華二·繫年 072 郇(駒)之克走敹(援)齊侯之繻(帶)

  清華二·繫年 072 齊侯之婡(來)也

 清華二·繫年 083 是教吴人反楚邦之者(諸)侯

 清華二·繫年 085 晉競(景)公會者(諸)侯以栽(救)鄭

 清華二·繫年 089 楚王子波(罷)會晉文子燮(燮)及者(諸)侯之夫₌(大夫)

 清華二·繫年 089 衒(率)自(師)會者(諸)侯以伐秦

 清華二·繫年 091 公會者(諸)侯於瞑(溴)梁

 清華二·繫年 092 坪(平)公衒(率)自(師)會者(諸)侯

 清華二·繫年 094 坪(平)公衒(率)自(師)會者(諸)侯

 清華二·繫年 096 命(令)尹子木會邚(趙)文子武及者(諸)侯之夫=(大夫)

 清華二·繫年 097 命(令)尹會邚(趙)文子及者(諸)侯之夫=(大夫)

 清華二·繫年 098 會者(諸)侯于繡(申)

 清華二·繫年 099 殺郗(蔡)霝(靈)侯

 清華二·繫年 101 述(遂)明(盟)者(諸)侯於堲(召)陵

 清華二·繫年 103 者(諸)侯同盟(盟)于鹹泉以反晉

 清華二·繫年 106 郗(蔡)卲(昭)侯繡(申)懼

 清華二·繫年 107 吴縵(洩)用(庸)以自(師)逆郗(蔡)卲(昭)侯

 清華二·繫年 109 公會者(諸)侯

清華二・繫年 110 晉柬(簡)公會者(諸)侯

清華二・繫年 111 灼(趙)趄(桓)子會[諸]侯之夫=(大夫)

清華二・繫年 119 晉公止會者(諸)侯於邘(任)

清華二・繫年 120 戉(越)公與齊侯貣(貸)

清華二・繫年 120 魯侯侃(衍)

清華二・繫年 121 魯侯馭(御)

清華二・繫年 121 齊侯晶(参)奎(乘)以内(入)

清華二・繫年 121 晉魯(魏)文侯畁(斯)

清華二・繫年 122 齊侯明(盟)於晉軍

清華二・繫年 124 述(遂)以齊侯貣(貸)

清華二・繫年 124 魯侯羴(顯)

清華二・繫年 124 衛侯虔

清華五・封許 05 命女(汝)侯于鄦(許)

清華六・管仲 15 者(諸)侯之明者

清華六・子儀 04 君及不敦(縠)剌(專)心穆(勠)力以左右者(諸)侯

清華六・子儀 12 救兄弟以見東方之者(諸)侯

清華六・子產 29 者(諸)侯

清華七・晉文公 08 九年大旻(得)河東之者(諸)侯

清華七・趙簡子 08 亦智(知)者(諸)侯之㥄(謀)

清華七・趙簡子 10 兼攺(霸)者(諸)侯

清華七・趙簡子 11 肰(然)則遠(失)攺(霸)者(諸)侯

清華七・越公 06 亖(四)方者(諸)侯

清華八・邦道 07 侯〈医〉𤔔(亂)正(政)是御之

 清華八・邦道 14 亡(無)募(寡)於者(諸)侯

 清華八・邦道 25 侯〈医〉(殹)虐(吾)乍(作)事

 清華八・邦道 25 侯〈医〉(殹)虐(吾)杫(蕪)税

 清華八・心中 06 君公、侯王

 清華八・虞夏 03 畧(海)外之者(諸)侯逯(歸)而不逨(來)

～,與(上博二・容 52)、(上博四・柬 14)、(上博六・天乙 6)、(上博二・容 50)同。《説文・矢部》:"矦(侯),春饗所䠶矦也。从人,从厂,象張布;矢在其下。天子䠶熊虎豹,服猛也;諸侯䠶熊豕虎;大夫䠶麋,麋,惑也;士䠶鹿豕,爲田除害也。其祝曰:'毋若不寧矦,不朝于王所,故伉而䠶汝也。',古文矦。"

清華二・繫年 008"晉文侯戴(仇)",《史記・晉世家》:"二十七年,穆侯卒,弟殤叔自立,太子仇出奔。殤叔三年,周宣王崩。四年,穆侯太子仇率其徒襲殤叔而立,是爲文侯。"

清華二・繫年 018"以侯殷之夋民",讀爲"以侯殷之餘民",做殷餘民之侯。《詩・大雅・抑》:"謹爾侯度,用戒不虞。"鄭箋:"侯,君也……慎女爲君之法度,用備不億度而至之事。"

清華二・繫年 019"幽侯",即衛懿公,《論衡・儒增》稱衛哀公。《史記・衛康叔世家》:"三十一年,惠公卒,子懿公赤立。懿公即位,好鶴,淫樂奢侈。九年,翟伐衛,衛懿公欲發兵,兵或畔。大臣言曰:'君好鶴,鶴可令擊翟。'翟於是遂入,殺懿公。"

清華二・繫年 023、024、025、026、027"郗哀侯",讀爲"蔡哀侯",即蔡侯獻

舞。《左傳·莊公十年》:"蔡哀侯娶于陳,息侯亦娶焉。"《史記·管蔡世家》:"哀侯十一年,初,哀侯娶陳,息侯亦娶陳。"

清華二·繫年 023、024、025、026、027、028"賽侯",讀爲"息侯"。《左傳·莊公十年》:"蔡哀侯娶于陳,息侯亦娶焉。"《史記·管蔡世家》:"哀侯十一年,初,哀侯娶陳,息侯亦娶陳。"

清華二·繫年 030"陳侯",《春秋·文公十年》:"楚子、蔡侯次於厥貉。"《左傳·文公十年》:"陳侯、鄭伯會楚子于息,冬,遂及蔡侯次于厥貉,將以伐宋。"

清華二·繫年 057"繡公弔侯",讀爲"申公叔侯"。《左傳·僖公二十六年》:"楚申公叔侯戍之。"

清華二·繫年 067、072"齊侯",指齊頃公。

清華二·繫年 099"郗需侯",讀爲"蔡靈侯"。《史記·管蔡世家》:"四十九年,景侯爲太子般娶婦於楚,而景侯通焉。太子弒景侯而自立,是爲靈侯。"《左傳·昭公十一年》:"楚子在申,召蔡靈侯。"

清華二·繫年 106"郗卲侯繡",讀爲"蔡昭侯申"。《史記·管蔡世家》:"悼侯三年卒,弟昭侯申立。"

清華二·繫年 120、121"魯侯侃",讀爲"魯侯衍"或"魯侯顯"。《史記·魯世家》:"元公二十一年卒,子顯立,是爲穆公。"《索隱》引《系本》"顯"作"不衍"。"侃""顯""衍"音近。

清華二·繫年 121"晉䰟文侯畁",讀爲"晉魏文侯斯"。《史記·魏世家》:"桓子之孫曰文侯都。"《集解》引徐廣曰:"《世本》曰斯也。"《索隱》:"《系本》云'桓子生文侯斯'。"

清華二·繫年 120、124"齊侯貣",讀爲"齊侯貸",即齊康公貸。《史記·齊世家》:"宣公五十一年卒,子康公貸立。"

清華二·繫年 124"魯侯㬎",讀爲"魯侯顯",即魯穆公顯,又作"魯侯侃"。參上。

清華二·繫年 124"衛侯虔",《史記·衛世家》和《六國年表》載,此時是衛慎公穨。《衛世家》慎公之父是公子適,《索隱》云:"《系本》適作虔。"

清華五·封許 05"命女侯于鄦",讀爲"命汝侯于許"。西周麥方尊(《集成》06015):"王命辟井(邢)侯出矪,侯于井(邢)。"

清華八·邦道 07、25"侯",亦疑爲"医"字之訛,讀爲"殹"。"殹"爲影母脂部,讀爲影母職部的"抑",爲表示選擇的連詞。

清華八・心中 06“侯王”,泛指諸侯。《老子》:“道常無爲而無不爲,侯王若能守,萬物將自化。”《史記・項羽本紀》:“乃分天下,立諸將爲侯王。”

清華“者侯”,讀爲“諸侯”,古代帝王所分封的各國君主。《詩・小雅・雨無正》:“邦君諸侯,莫肯朝夕。”《易・比》:“先王以建萬國,親諸侯。”《史記・五帝本紀》:“於是軒轅乃習用干戈,以征不享,諸侯咸來賓從。”

匣紐后聲

后

清華五・厚父 02 啓隹(惟)后

清華五・厚父 04 或褖(肆)祀三后

清華五・厚父 08 复(作)辟事三后

清華八・虞夏 01 頣(夏)后受之

～,與(上博一・緇 12)同。《説文・后部》:“后,繼體君也。象人之形。施令以告四方,故厂之。从一口。發號者,君后也。”

清華五・厚父 02“啓隹(惟)后”,啓做夏的國君。《爾雅・釋詁》:“后,君也。”

清華五・厚父 04、08“三后”,此處指夏代的三位賢君。

清華八・虞夏 01“頣(夏)后”,指禹受舜禪而建立的夏王朝。稱夏后氏。亦稱“夏氏”“夏后”。《左傳・定公四年》:“分魯公以大路、大旂,夏后氏之璜,封父之繁弱。”《書・湯誓》:“夏氏有罪,予畏上帝,不敢不正。”《史記・夏本紀》:“禹於是遂即天子位,南面朝天下,國號曰夏后,姓姒氏。”

匣紐夋聲

逡(後)

清華一・耆夜 04 ⿺辶幺(後)簪(爵)乃從

清華一・耆夜 06 ⿺辶幺(後)簪(爵)乃㣬(復)

清華一・金縢 06 臺(就)⿺辶幺(後)武王力(陟)

清華一・金縢 08 於⿺辶幺(後)周公乃遺王志(詩)曰《周鴞》

清華三・琴舞 07 缶(保)藍(監)亓(其)又(有)⿺辶幺(後)

清華三・芮良夫 05 㬥(顧)皮(彼)⿺辶幺(後)㣬(復)

清華五・三壽 08 殜₌(世世)至於⿺辶幺(後)飤(嗣)

清華五・三壽 26 彶(急)利嚻(傲)神慕(莫)龔(恭)而不㬥(顧)

于⿺辶幺(後)

清華一・皇門 07 至于氒(厥)逡(後)嗣立王

清華一・祭公 13 隹(惟)我逡(後)嗣

 清華一・祭公 14 不(丕)則亡遺後(後)

 清華二・繫年 090 亡後(後)

 清華二・繫年 132 亡後(後)於奠(鄭)

 清華六・太伯甲 04 昔虗(吾)先君逗(桓)公後(後)出自周

 清華七・子犯 12 寷君之後(後)殜(世)

 清華七・越公 03 不才(在)寿(前)後(後)

 清華七・越公 56 乃御(趣)取殄(戮)于後(後)至後(後)成

 清華七・越公 56 後(後)成

 清華七・越公 57 乃御(趣)取殄(戮)于後(後)至不共(恭)

 清華七・越公 74 不才(在)寿(前)後(後)

 清華八・處位 05 印(抑)後(後)之爲敚(端)

 清華一・程寤 09 遙=戒(後戒,後[戒])

清華六・管仲 25 而逡(後)瞀(偺)與謞

清華八・處位 03 自窴(定)於逡(後)事

清華三・良臣 05 後(後)又(有)弔(叔)向

清華三・良臣 09 後(後)出邦

清華五・厚父 04 其才(在)寺(時)後(後)王之卿

～,或作,與(上博六・競 7)同;或作,與(上博四・曹 30)同;或作,與(上博七・武 6)同,所从的"夋"省去了"夊";或作,从"彳"。《説文・彳部》:"後,遲也。从彳、幺,夊者後也。,古文後,从辵。"

清華一・耆夜 04"迏篧乃從",讀爲"後爵乃從",勸酒之辭。

清華一・耆夜 06"迏篧乃逿",讀爲"後爵乃復",勸酒之辭。

清華一・金縢 06"臺迏",讀爲"就後",到後來。《史記・魯周公世家》:"其後,武王既崩。"(宋華强)

清華一・金縢 08"於迏(後)周公乃遺王志(詩)曰《周鴞》",今本《書・金縢》作"于後,公乃爲詩以貽王,名之曰《鴟鴞》"。

清華三・琴舞 07"又迏",讀爲"有後",指後嗣。

清華三・芮良夫 05"募(顧)皮(彼)迏(後)逿(復)"、清華五・三壽 26"不募(顧)于迏(後)","顧後",嚮後看視。《楚辭・離騷》:"瞻前而顧後兮,相觀民之計極。"洪興祖補注:"顧,還視也……言前觀湯武之興,顧視桀紂之所以亡。"

清華一・皇門 07、清華一・祭公 13、清華五・三壽 08"逡嗣""迏飤",讀爲"後嗣",後代,子孫。《書・伊訓》:"敷求哲人,俾輔于爾後嗣。"

清華一・祭公 14、清華二・繫年 090"逡",即"後",後代。

清華六・太伯甲 04“昔虐先君逗公逡出自周”，讀爲“昔吾先君桓公後出自周”。《左傳・昭公十六年》子產曰：“昔我先君桓公與商人皆出自周。”鄭始封君爲鄭桓公友，周厲王子，宣王母弟，宣王時始封，鄭在姬姓邦國中出封在後，故曰“後出”。

清華七・子犯 12“寧君之逡殜”，讀爲“寧君之後世”。《禮記・中庸》：“素隱行怪，後世有述焉，吾弗爲之矣。”

清華七・越公 03、74“不才莗逡”，讀爲“不在前後”，大意是不在先不在後。

清華七・越公 56“後至”，晚到。“後成”，工期完成落後。

清華八・處位 05“印逡之爲敱”，讀爲“抑後之爲端”，後者端直公正，與“前者妄行不法”相對。

清華一・程寤 09“逡₌戒”，戒字下疑脱一重文符號，應爲“後戒後戒”，此句見《逸周書・小開》《文儆》。《寤儆》僅作“後戒”，《大開》則爲“戒後”。

清華六・管仲 25“而逄(後)晉(僭)與譌”之“逄”，即“後”，與“前”相對。《書・益稷》：“汝無面從，退有後言。”

清華八・處位 03“逄事”，即“後事”，後來的事。《左傳・昭公三十二年》：“天子實云，雖有後事，晉勿與知可也。”

清華三・良臣 09“後出邦”，即“後出邦”，指其後裔不留在周之朝廷。

清華“後”，時間較遲或較晚，與“先”相對。《易・坤》：“君子有攸往，先迷後得主。”

匣紐旱聲

厚

清華二・繫年 017 以乍(作)周厚噂(屏)

清華二・繫年 091 齊高厚自自(師)逃歸(歸)

清華五・厚父 01 厚父！ 戚(適)䎽(聞)禹……

 清華五・厚父 04 厚父拜＝(拜手)頴＝(稽首)

 清華五・厚父 07 厚父

 清華五・厚父 09 厚父曰

 清華五・厚父 13(背)厚父

 清華五・封許 08 以永厚周邦

 清華八・邦政 11 可(何)厚可(何)尃(薄)

 清華八・邦道 04 不返(及)高立(位)厚飤(食)

 清華八・邦道 09 爯(稱)亓(其)行之厚泊(薄)以史(使)之

 清華八・邦道 21 不厚瓶(葬)

 清華八・邦道 21 則民厚

～,西周金文或作(《集成》03665,戈厚簋)、(《集成》10175,牆盤)、(《集成》02730,趞鼎)、(《集成》10086,鲁伯盤)、(《集成》00112,井人妄鐘),从(石)从、、、、,比照表示城郭義的、、、、(𩫏,郭初

文,亦是表示城垣義的“墉”初文。見《甲骨文編》),可知、、、、是對、、、、中表示城樓部分的(、、、)截取,所以“厚”字其實是从“石”从“𦎫”省會意。从“𦎫”省,表示字義和城有關;“石”則是城垣建構的重要材料。戰國所見或从“土”从“石”作(見《璽彙》0724),或从“石”省从“𦎫(墉)”作“”(上博一・緇衣2),或从“石”从“𦎫”省作(上博三・彭7)、(上博一・孔15)、(上博二・容35)、(上博五・鮑6)、(上博六・用10),或作(郭店・語叢一14)、(郭店・語叢一82),下部所从已經很像“戈”字了,或作(郭店・語叢三22)則完全變成从“戈”。古文作“”,顯然也是从石从土,許云“从后土”非是。根據厚的从“𦎫”省這種構形,可知“厚”字的本義應是表示郭垣的厚固,決非表示山陵厚固。(董蓮池)《説文・𣆪部》:“𣆪,厚也。从反亯。”又:“厚,山陵之厚也,从𣆪从厂。”從古文字來看,“厚”就是从“𣆪”聲的。“𣆪”字應該就是截取金文“𦎫”字的下半而成。(馮勝君)

清華二・繫年017“厚嗙”,讀爲“厚屏”,厚厚的屏障。《詩・小雅・桑扈》:“君子樂胥,萬邦之屏。”毛傳:“屏,蔽也。”鄭箋:“王者之德,樂賢知在位,則能爲天下蔽捍四表患難矣。”《左傳・僖公二十四年》:“昔周公弔二叔之不咸,故封建親戚,以蕃屏周。”《左傳・昭公九年》:“文、武、成、康之建母弟,以蕃屏周。”“蕃屏”,護衛。

清華二・繫年091“齊高厚”,齊國大臣高固之子。《左傳・襄公六年》:“四月,陳無宇獻萊宗器于襄宫。晏弱圍棠,十一月丙辰,而滅之。遷萊於郳。高厚、崔杼定其田。”

清華五・厚父“厚父”,人名,夏之後裔。

清華五・封許08“以永厚周邦”,參上清華二・繫年017“以作周厚屏”。

清華八・邦政11“可厚可専”,讀爲“何厚何薄”。“厚”與“薄”相對。

清華八・邦道04“厚飤”,即“厚食”,豐厚的俸禄。《周禮・天官・醫師》:“歲終則稽其醫事,以制其食。”鄭玄注:“食,禄也。”

清華八・邦道09“厚泊”,讀爲“厚薄”,猶好壞。《荀子・成相》:“守其職,足衣食,厚薄有等明爵服。”

清華八·邦道 21“厚瓶”,即“厚葬”,謂不惜財力地經營喪葬。《論語·先進》:“顔淵死,門人欲厚葬之。”王充《論衡·薄葬》:“如明死人無知,厚葬無益,論定議立,較著可聞,則璵璠之禮不行,徑庭之諫不發矣。”

清華八·邦道 21“厚”,敦厚,厚道。《書·君陳》:“惟民生厚,因物有遷。”孔傳:“言人自然之性敦厚。”

見紐句聲歸口聲

溪紐口聲

口

清華三·說命中 06 叀(且)隹(惟)口记(起)戎出好

清華六·管仲 04 口則心之穵(竅)

清華八·邦道 11 母(毋)以一人之口毁恖(譽)

清華八·心中 01 目、耳、口、纏(肢)四者为想(相)

清華八·心中 02 口古(故)言之

～,象口之形。《説文·口部》:“口,人所以言食也。象形。凡口之屬皆从口。”

清華三·説命中 06“叀隹口记戎出好”,讀爲“且惟口起戎出好”。《禮記·緇衣》引《説命》作:“惟口起羞,惟甲冑起兵,惟衣裳在笥,惟干戈省厥躬。”鄭注:“羞,猶辱也……惟口起辱,當慎言語也。”《墨子·尚同中》:“是以先王之書《術令》之道曰:‘唯口出好興戎。’”郭店·語四叢 4:“口不誓(慎)而户之閟(閉),亞(惡)言復己而死無日。”

清華六·管仲 04“口則心之穵(竅)”,口是心的竅。

清華八・邦道 11"母以一人之口毀懇",讀爲"毋以一人之口毀譽",不要因爲一個人的嘴而詆毀和贊譽。

清華八・心中 01"目、耳、口、纏四者为想",讀爲"目、耳、口、肢四者为相",目、耳、口、肢是相。

清華八・心中 02"口古言之",讀爲"口故言之"。《淮南子・人間》:"夫言出於口者,不可止於人,行發於邇者,不可禁於遠。"

谷

清華六・子産 16 以谷(愨)事不善

清華八・攝命 11 谷(欲)女(汝)繹₌(繹繹)

清華八・攝命 31 甚谷(欲)女(汝)寵乃服

～,與(上博一・孔 9)、(上博七・武 2)同。《説文・谷部》:"谷,泉出通川爲谷。从水半見,出於口。"

清華六・子産 16"谷",讀爲"愨",恭謹,樸實。《荀子・非十二子》:"其容愨。"楊倞注:"愨,謹敬。"《淮南子・主術》:"其民樸重端愨。"高誘注:"愨,誠也。"

清華八・攝命 11"谷",讀爲"欲"。于省吾説毛公鼎"俗我弗作先王羞""俗女弗以乃辟函于艱"之"俗",及《尚書》八見之"裕",皆當讀爲"欲",用於祈使句句首。(《雙劍誃尚書新證》,中華書局,二〇〇九年,第一二七—一三〇頁)

清華八・攝命 31"甚谷",讀爲"甚欲",特別想。《戰國策・韓一》:"向壽曰:'吾甚欲韓合。'"

浴

清華八・邦道 08 卑(譬)之若溪浴(谷)

 清華八・邦道 22 坙(修)浴(谷)澮(澮)

～,與(上博二・容 28)、(上博四・采 4)、(上博一・孔 26)同,應爲"溪谷"之"谷"的專字。

清華八・邦道 08"溪浴",即"溪谷",山間的河溝。《商君書・算地》:"故爲國任地者,山林居什一,藪澤居什一,谿谷流水居什一。"

清華八・邦道 22"坙(修)浴(谷)澮(澮)"之"谷",山間流水的通道。酈道元《水經注・漾水》:"水出西北天水郡黄盧山腹,歷谷南流。"

裕

 清華六・子儀 17 不敎(穀)欲裕我亡反副(復)

 清華六・子産 25 行以尊(尊)命(令)裕義(儀)

 清華八・邦道 13 古(故)資裕以易足

《説文・衣部》:"裕,衣物饒也。从衣,谷聲。《易》曰:'有孚,裕無咎。'"

清華六・子儀 17"不敎(穀)欲裕我亡反副(復)"之"裕",教導。《書・君奭》:"告君乃猷裕,我不以後人迷。"周秉鈞《易解》:"猷裕,教導也。《方言》曰:'裕、猷,道也。'"

清華六・子産 25"裕",玄應《一切經音義》引《廣雅》:"寬緩也。""儀",《國語・周語下》注:"法也。""裕儀",法律寬緩。

清華八・邦道 13"資裕",物資充裕,富饒,謂財物多。《詩・小雅・角弓》:"此令兄弟,綽綽有裕。"毛傳:"裕,饒。"

𧝎

 清華一・耆夜 07 𧝎(裕)悳(德)乃救

清華三・説命下 10 褎(欲)女(汝)亓(其)又(有)沓(友)沯(勑)朕命孳(哉)

清華三・琴舞 05 褎(欲)皮(彼)趣(熙)不茖(落)

清華三・琴舞 06 褎(欲)亓(其)文人

～,从"衣","欲"聲。"裕"字異體。

清華一・耆夜 07"褎悳",讀爲"裕德",富于道德。《管子・勢》:"中静不留,裕德無求。"尹知章注:"中心安静無所留著。道德饒裕,無求於人。"

清華三・説命下 10"褎女",讀爲"欲汝",想使你。西周師訇簋(《集成》04342)、毛公鼎(《集成》02841):"欲汝弗以乃辟函(陷)于艱。"

清華三・琴舞 05"褎皮趣不茖",讀爲"欲彼熙不落",希望彼興不殞。"欲",希冀。

清華三・琴舞 06"褎",即"裕",讀爲"欲"。

欲

清華一・程寤 05 可(何)甬(用)非桓₌(樹,樹)因欲

清華一・程寤 06 欲隹(惟)柏夢

清華一・保訓 05 不諱(違)于庶萬眚(姓)之多欲

清華二・繫年 031 欲亓(其)子甁(奚)脊(齊)之爲君也

清華二・繫年 048 秦穆公欲與楚人爲好

 清華二・繫年 056 宋右帀(師)芋(華)孫兀(元)欲裳(勞)楚帀(師)

 清華二・繫年 064 邻(趙)罾(旃)不欲成

 清華二・繫年 086 競(景)公欲與楚人爲好

 清華三・芮良夫 05 甬(用)莫能歨(止)欲

 清華六・管仲 19 骞(乘)亓(其)欲而緬亓(其)怷(過)

 清華六・子儀 01 古(故)戠(職)欲

 清華六・子儀 14 君欲汽(迄)丹(旦)才(在)公

 清華六・子儀 16 不敎(穀)欲裕我亡反副(復)

 清華六・子産 03 子産所旨(嗜)欲不可智(知)

 清華七・子犯 05 欲皆僉之

 清華七・子犯 14 欲记(起)邦奚(奚)以

清華七・子犯 14 欲亡邦系(奚)以

清華七・子犯 14 女(如)欲记(起)邦

清華七・子犯 14 女(如)欲亡邦

清華八・處位 01 史臣欲迷

清華八・處位 05 民甬(用)衒(率)欲逃

清華八・邦道 07 皮(彼)善人之欲達

清華八・邦道 07 亦若上之欲善人

清華八・邦道 09 毋(毋)從(縱)欲以彊(枉)亓(其)道

清華八・心中 02 心欲見之

清華八・心中 02 心欲䎽(聞)之

清華八・心中 02 心欲道之

清華八・心中 02 心欲甬(用)之

～，與(上博二・魯5)、(上博四・曹13)、(上博五・君3)、(上博七・武13)、(上博七・武14)同，从"次"，从"谷"。古文字"次""欠"二字形近，作爲偏旁往往混用。此字當是"欲"的異體。《説文・欠部》："欲，貪欲也。从欠，谷聲。"

清華一・程寤05"欲"，訓願。

清華一・保訓05"多欲"，參《孟子・盡心下》："其爲人也多欲，雖有存焉者，寡矣。"

清華二・繫年031"欲亓子緐資之爲君也"，讀爲"欲其子奚齊之爲君也"。《孟子・滕文公下》："有楚大夫於此，欲其子之齊語也，則使齊人傅諸？使楚人傅諸？"

清華二・繫年048"秦穆公欲與楚人爲好"，參《戰國策・魏四》："吾欲與秦攻韓，何如？"

清華二・繫年056"宋右帀芋孫兀欲袋楚帀"，讀爲"宋右師華孫元欲勞楚師"。《漢書・周勃傳》："吾欲勞軍。"

清華二・繫年064"邻畧不欲成"，讀爲"趙旃不欲成"。《左傳・襄公九年》："諸侯皆不欲戰，乃許鄭成。"

清華三・芮良夫05"𣥂欲"，讀爲"止欲"，停止，終止欲望。《吕氏春秋・情欲》："聖人修節以止欲，故不過行其情也。"

清華六・管仲19"𠎝亓欲"，讀爲"乘其欲"，行其欲。

清華六・子儀01"戠欲"，讀爲"職欲"或"持欲"，猶儒家"養欲"。《荀子・禮論》："禮起於何也？曰：人生而有欲，欲而不得，則不能無求。求而無度量分界，則不能不爭；爭則亂，亂則窮。先王惡其亂也，故制禮義以分之，以養人之欲，給人之求。使欲必不窮乎物，物必不屈於欲。兩者相持而長，是禮之所起也。"一説當从"戠"字斷開，"職"，《周禮・大司馬》"施貢分職，以任邦國"，注："謂賦税也。"簡文"逡(移)易古(故)戠(職)"，意爲改減民衆的賦税負擔。

清華六・子産03"旨欲"，讀爲"嗜欲"，嗜好與欲望。《荀子・性惡》："妻子具而孝衰於親，嗜欲得而信衰於友，爵禄盈而忠衰於君。"

清華七・子犯14"女欲"，讀爲"如欲"。《列子・力命》："如欲霸王，非夷吾其弗可。"

清華八・處位05"民甬衒欲逃"，讀爲"民用率欲逃"。《左傳・昭公十九年》:"駟氏懼,駟乞欲逃。"

清華八・邦道 09"從欲",讀爲"縱欲",謂放縱私欲,不加克制。《左傳・昭公十年》:"《書》曰'欲敗度,縱敗禮',我之謂矣。夫子知度與禮矣,我實縱欲而不能自克也。"

清華八・心中 02"心欲",《荀子・王霸》:"夫人之情,目欲綦色,耳欲綦聲,口欲綦味,鼻欲綦臭,心欲綦佚。"

溪紐具聲歸東部収聲

疑紐禺聲

禺

清華五・湯丘 13 民人皆絬(瞀)禺𠔏

清華八・處位 06 須事之禺(遇)𢆶(機)

清華八・邦道 25 以禺(遇)亓(其)古(故)

～,與(上博五・三 4)同。《説文・甶部》:"禺,母猴屬。頭似鬼。从甶,从内。"

清華五・湯丘 13"民人皆絬禺𠔏",疑讀爲"民人皆瞀愚離"。"瞀",《楚辭・九章》注:"亂也。""愚",愚昧。《論語・爲政》:"吾與回言終日,不違如愚。"《新書・道術》:"深知禍福謂之知,反知爲愚。""離",離散。《國語・吴語》:"夫吴民離矣,體有所傾,譬如群獸然,一个負矢,將百群皆奔,王其無方收也。"

清華八・處位 06"禺𢆶",讀爲"遇機"。"遇機"之"機"亦包含"毁"之"機"。

清華八・邦道 25"禺",讀爲"遇",抵當,對付。《荀子・大略》:"無用吾之所短,遇人之所長。"楊倞注:"遇,當也。"

遇

清華二・繫年 047 遇之

清華八・處位 02 人甬(用)唯遇利

～,與(上博三・周 33)、(上博三・周 51)、(上博四・昭 6)同。《説文・辵部》:"遇,逢也。从辵,禺聲。"

清華二・繫年 047"遇",相逢,不期而會。《書・胤征》:"入自北門,乃遇汝鳩、汝方。"孔傳:"不期而會曰遇。"《史記・高祖本紀》:"還至栗,遇剛武侯,奪其軍。"

清華八・處位 02"遇利",得利。《淮南子・精神》:"故事有求之於四海之外而不能遇。"高誘注:"遇,得。"

歶

清華八・處位 06 歶(遇)亓(其)毀

～,从"止","禺"聲,"遇"字異體。

清華八・處位 06"歶",即"遇"。

愚

清華八・邦道 22 愚者曰

～,與(上博三・中 26)同。《説文・心部》:"愚,戇也。从心、从禺。禺,猴屬,獸之愚者。"

清華八・邦道 22"愚者",與"智者"相對。《吕氏春秋・知接》:"智者,其所能接遠也;愚者,其所能接近也。"

偶

 清華八・邦道 04 偶(愚)者逹(失)之

～,从“心”,“偶”聲,“愚”字異體。

清華八・邦道 04“偶者”,讀爲“愚者”,參上。

勘

 清華六・子産 28 可用而不勘大或(國)

～,从“力”,“禺”聲。

清華六・子産 28“勘”,讀爲“寓”,表示居住,或讀爲“虞”,表示欺騙。簡文是説,如果能平和快樂地奉獻,國家用度足够又不居於大國之間(或國家用度足够卻不欺騙大國),大國固能成其謀略。(趙平安)或讀爲“遇”。

堣(堣)

 清華八・處位 08 亓(其)堣(遇)於異侓(進)

～,與(上博六・競 7)同。《説文・土部》:“堣,堣夷,在冀州陽谷。立春日,日值之而出。从土,禺聲。《尚書》曰:‘宅堣夷。’”

清華八・處位 08“堣”,讀爲“遇”。

寓

 清華三・芮良夫 28 以寓命達聖(聽)

 清華七・越公 73 寓也

 清華八·邦道 04 古(故)宅(宅)寓不孷(理)

《説文·宀部》:"寓,寄也。从宀,禺聲。,寓或从广。"

清華三·芮良夫 28"寓",寄託。《管子·小匡》:"則事有所隱,而政有所寓。""命"應理解爲天命。《書·梓材》:"用懌先王受命。"蔡沈《集傳》:"命,天命也。"

清華七·越公 73"寓",寄宿。《國語·吴語》:"民生于地上,寓也。其與幾何?"

清華八·邦道 04"寓",寄居。《孟子·離婁下》:"無寓人於我室,毁傷其薪木。"趙岐注:"寓,寄也。"

㼌

 清華六·太伯甲 05 以顛於敓(庸)㼌(耦)

 清華六·太伯乙 05 以猷於敓(庸)㼌(耦)

《説文·瓜部》:"㼌,本不勝末,微弱也。从二瓜。讀若庾。"

～,與(包山 174)同。從二"瓜",或説"藕"之初文。

清華六·太伯"敓㼌",讀爲"庸耦",《左傳·昭公十六年》子産曰:"昔我先君桓公與商人皆出自周,庸次比耦以艾殺此地,斬之蓬蒿藜藋,而共處之。"《説文·耒部》:"耦,耒廣五寸爲伐,二伐爲耦。从耒,禺聲。"

端紐豈聲歸豆聲

端紐主聲

舡

 清華一·皇門 13 卑(譬)女(如)舡舟

～,从“舟”,“主”聲。

清華一・皇門 13“舡舟”,掌船。“舡”,从“舟”,或專指掌船。或讀爲“同舟”。(沈培)或讀爲“屬舟”。(唐洪志)

住

清華七・越公 01 乃史(使)夫=(大夫)住(種)行成於吴帀(師)曰

清華七・越公 53 等(等)以受(授)夫=(大夫)住(種)

清華七・越公 61 此乃詎(屬)邦政於夫=(大夫)住(種)

～,从“人”,“主”聲。《廣韻・遇韻》:“住,止也。”

清華七・越公“大夫住”,讀爲“大夫種”。《左傳・哀公元年》:“使大夫種因吴大宰嚭以行成,吴子將許之。”《國語・越語上》:“大夫種對曰……遂使之行成於吴。”

宔

清華一・耆夜 02 周公弔(叔)旦爲宔(主)

清華一・祭公 08 颺(揚)城(成)、康、卲(昭)宔(主)之剌(烈)

清華一・楚居 05 思(懼)亓(其)宔(主)

清華七・子犯 02 誠女(如)宔(主)君之言

清華七・子犯 02 虐(吾)宔(主)好定而敬訐(信)

 清華七·子犯 03 宔(主)女(如)曰疾利女(焉)不欧(足)

 清華七·子犯 03 誠我宔(主)古(故)弗秉

 清華七·子犯 04 誠女(如)宔(主)之言

 清華七·子犯 04 虐(吾)宔(主)之弍(二)晶(三)臣

 清華七·子犯 05 虐(吾)宔(主)弱寺(時)而强(强)志

 清華七·子犯 06 宔(主)女(如)此胃(謂)無良左右

 清華八·處位 03 均崎(踦)政宔(主)

 清華八·處位 04 宔(主)賃(任)百设(役)

~,與(上博一·性 3)、(上博四·柬 6)、(上博五·姑 4)、(上博三·彭 7)、(上博五·三 4)同。《説文·宀部》:"宔,宗廟宔祏也,从宀,主聲。"

清華一·耆夜 02"周公弔旦爲宔",讀爲"周公叔旦爲主",周公旦爲主人,獻賓,獻君,自酢於君。

清華一·祭公 08、清華七·子犯"宔",讀爲"主"。《爾雅·釋詁》:"主,君也。"《禮記·曲禮下》:"凡執主器,執輕如不克。"鄭玄注:"主,君也。"《書·仲虺之誥》:"惟天生民有欲,無主乃亂。"孔傳:"民無君主則恣情欲,必致禍亂。"

清華一·楚居 05"宔",讀爲"主",主人,指鄀人。

清華七・子犯 02“宔君”，讀爲“主君”，對一國之主的稱呼。《墨子・貴義》：“且主君亦嘗聞湯之説乎？”《史記・樗里子甘茂列傳》：“樂羊再拜稽首曰：‘此非臣之功也，主君之力也。’”

清華八・處位 03“宔”，讀爲“主”，《大戴禮記・曾子立事》：“言必有主。”王聘珍《大戴禮記解詁》：“主，本也。”《晏子春秋・雜下十四》：“禁者，政之本也；讓者，德之主也。”

砫

清華六・子産 19 任砫(重)不果

清華六・子産 20 砫(重)任以果𨙸(將)

清華七・越公 39 今政砫(重)

清華八・邦道 26 是亓(其)疾砫(重)虐(乎)

～，與(上博五・季 18)、(上博四・曹 30)、(上博四・曹 45)、(上博八・成 1)同，从“石”，“主”聲。

清華六・子産 19“任砫”，即“任重”，擔負重大的責任。《國語・周語上》：“夫天事恆象，任重享大者必速及，故晉侯誣王，人亦將誣之。”

清華六・子産 20“砫任”，即“重任”，猶言擔當重任，或委以重任。《左傳・襄公十年》：“余羸老也，可重任乎？”杜預注：“不任受女此責。”

清華七・越公 39“政砫”，即“政重”，指政令煩苛沉重。

清華八・邦道 26“疾砫”，即“疾重”，指疾苦加重。《左傳・宣公十二年》：“今天或者大警晉也，而又殺林父以重楚勝，其無乃久不競乎？”

端紐晝聲

晝

清華三・説命下 06 晝女(如)視日

清華三・琴舞 08 晝之才(在)視日

清華五・啻門 20 晝、夜

清華八・攝命 01 余一人無晝夕難(勤)卹

～,與[image](上博四・曹 10)同。《説文・晝部》:"晝,日之出入,與夜爲界。从畫省,从日。[image],籀文晝。"

清華三・説命下 06"晝女(如)視日"、清華三・琴舞 08"晝之才(在)視日"之"晝",白天,从日出至日落的時間。《詩・豳風・七月》:"晝爾于茅,宵爾索綯。"

清華五・啻門 20"晝、夜",白日和黑夜。《論語・子罕》:"逝者如斯夫,不舍晝夜!"

清華八・攝命 01"晝夕",日夜。趙曄《吴越春秋・越王無余外傳》:"禹行,十月,女嬌生子啓,啓生不見父,晝夕呱呱啼泣。"

透紐戍聲

戍

清華二・繫年 041 戍敦(穀)

清華二・繫年 042 伐衛(衛)以敓(脱)齊之戍及宋之回(圍)

清華二・繫年 045 秦人豫(舍)戍於奠(鄭)

清華二・繫年 046 秦之戍人

清華七・越公 57 王乃御(趣)埶(設)戍于東𡰥(夷)西𡰥(夷)

“戒”,是“戍”的變體。本像人負戈之形,後在横筆上加一横飾筆,遂與寇字下部混同。《説文・戈部》:“戍,守邊也。从人持戈。”

清華二・繫年 041“戍榖”,讀爲“戍穀”,駐守在穀。《左傳・僖公二十七年》:“冬,楚子及諸侯圍宋,宋公孫固如晉告急……狐偃曰:‘楚始得曹,而新昏於衛,若伐曹、衛,楚必救之,則齊、宋免矣。’……出穀戍,釋宋圍,一戰而霸,文之教也。”

清華二・繫年 042、045,清華七・越公 57“戍”,駐守。《詩・王風・揚之水》:“彼其之子,不與我戍申。”毛傳:“戍,守也。”

清華二・繫年 046“戍人”,古代守邊官兵的通稱。《左傳・昭公二十五年》:“趙簡子令諸侯之大夫,輸王粟,具戍人。”

定紐豆聲

豈(豎)

清華六・孺子 07 乳₌(孺子)亦母(毋)以埶(暬)豈(豎)卑御

~,與(上博五・競 10)、(上博五・鮑 5)同,从“臣”,“豆”聲,“豎”字異體。《説文・臤部》:“豎,豎立也。从臤,豆聲。,籀文豎从殳。”

清華六・孺子 07“豈”,即“豎”,古代地位低微的小吏。《周禮・天官・内豎》:“内豎掌内外之通令、凡小事。”《左傳・昭公四年》:“皆召其徒,使視之,遂使爲豎。”杜預注：“豎，小臣也。”簡文“朁豎卑御”，泛指貼身近侍。

侸

 清華一・楚居 03 生侸雩(叔)、麗季

《説文・人部》：“侸，立也。从人，豆聲，讀若樹。”

清華一・楚居 03“侸雩”，讀爲“侸叔”，人名。

䛠

 清華六・孺子 06 䛠(屬)之夫=(大夫)

清華六・孺子 12 䛠(屬)之夫=(大夫)及百執事

 清華六・子産 18 囂(敖)逵(佚)弗䛠(誅)

 清華七・越公 61 此乃䛠(屬)邦政於夫=(大夫)住(種)

～，與(上博四・曹 27)、(上博四・曹 45)同，从“言”，“豆”聲。或説“誅”之異體。

清華六・子産 18“弗䛠”，讀爲“弗誅”，指不懲罰。《管子・明法解》：“盜賊弗誅，則傷良民。”《荀子・富國》：“故不教而誅，則刑繁而邪不勝。”

清華六・孺子 06、12，清華七・越公 61“䛠”，讀爲“屬”，委託。《左傳・襄公十九年》：“仲子生牙，屬諸戎子。”杜預注：“屬，託之。”《左傳・隱公三年》：“宋穆公疾，召大司馬孔父而屬殤公焉。”

豉

 清華二・繫年 045 奠(鄭)人豉(屬)北門之笶(管)於秦之戍人

 清華六・子儀 18 見豉鼢逾(徛)淒(濟)

 清華三・祝辭 03 牆(將)敨(注)爲死

 清華三・祝辭 04 牆(將)敨(注)爲肉

～,與(上博二・容 26)、(上博六・競 2)、(上博六・競 7)同,从“攴”,“豆”聲,或説“誅”字異體。

清華二・繫年 045“豉”,讀爲“屬”,表示委託,交付。《左傳・僖公三十二年》:“杞子自鄭使告于秦,曰:‘鄭人使我掌其北門之管,若潛師以來,國可得也。’”

清華六・子儀 18“豉”,待考。

清華三・祝辭 03、04“敨”,讀爲“注”。《左傳・襄公二十三年》:“樂射之,不中;又注。”杜預注:“注,屬矢於弦也。”

戜

 清華六・太伯甲 09 朝夕戜(鬬)戕(鬩)

 清華六・太伯乙 08 朝夕戜(鬬)戕(鬩)

 清華六・子産 27 不用民於兵麐(甲)戰戜(鬬)

～,與(上博五・弟 19)、(上博六・競 3)同,从“戈”,“豆”聲,“鬬”字的異體,从“戈”“斤”均與“鬬”有關,是義符,“豆”是聲符。上古音“鬬”“誅”均屬端紐侯部,“豆”屬定紐侯部,音近可通。慈利簡“□戰(戰)不戜(鬬),善戜(鬬)□”,見於《逸周書・大武》:“善戰不鬬,善鬬不敗。”“鬬”字作、,

《古玉印集存》87 號楚璽“鬭廉臉”之“鬭”作。马王堆帛書《雜禁方》:“姑婦善斫,塗户方五尺。”銀雀山漢簡《實虚》:“適(敵)唯(雖)衆,可毋斫也。”《勢備》:“喜而合,怒而斫,天之道也,不可止也。”諸“斫”,均讀爲“鬭”,均可證明。

清華六・太伯甲 09、太伯乙 08“豉戕”,讀爲“鬭鬩”,爭鬭。《新書・脩政語下》:“故諸侯不私相攻,而民不私相鬭鬩,不私相殺也,故聖王在上位,則民免於一死而得一生矣。”《顔氏家訓・序致》:“止凡人之鬭鬩,則堯、舜之道不如寡妻之誨諭。吾望此書爲汝曹之所信,猶賢於傅婢寡妻耳。”《詩・小雅・常棣》:“兄弟鬩于牆,外禦其務。”毛傳:“很也。”

清華六・子産 27“不用民於兵虖(甲)戰豉”之“戰豉”,即“戰鬭”,敵對雙方所進行的武裝衝突。《國語・晉語四》:“偃也聞之:‘戰鬭,直爲壯,曲爲老。’未報楚惠而抗宋,我曲楚直。”《後漢書・楊震傳》:“三邊震擾,戰鬭之役至今未息,兵甲軍糧不能復給。”

逗

清華二・繫年 112 自南山逗(屬)之北海(海)

清華七・晉文公 01 逗(屬)邦利(耆)老

清華八・邦道 23 孫₌(子孫)不逗(屬)

~,與(上博四・柬 15)、(上博四・柬 16)同。《説文・辵部》:“逗,止也。从辵,豆聲。”

清華二・繫年 112“自南山逗之北海(海)”之“逗”,讀爲“屬”,注入。《書・禹貢》:“弱水既西,涇屬渭汭。”孫星衍疏引馬融曰:“屬,入也。”

清華七・晉文公 01“逗邦”,讀爲“屬邦”,付託國事。袁康《越絶書・外傳春申君》:“女環謂春申君曰:‘妾聞王老無嗣,屬邦於君。’”

清華八・邦道 23“不逗”,讀爲“不屬”,不續。《廣雅・釋詁》:“屬,續也。”

桓

清華一·程寤 01 廼𡥈₌(小子)蘐(發)取周廷杍(梓)桓(樹)于氒(厥)閒(間)

清華一·程寤 05 可(何)甬(用)非桓(樹)

清華四·筮法 57 壴(樹),是古(故)胃(謂)之袋(勞)

~,从“木”,“豆”聲。《説文》:“侸……讀若樹。”,與(上博三·彭8)同;,與(上博八·李1【背】)同,“樹”之異體。《説文·木部》:“樹,生植之總名。从木,尌聲。,籀文。”

清華一·程寤 01“桓”,即“樹”,木本植物的總稱。《左傳·昭公二年》:“有嘉樹焉,宣子譽之。”

清華一·程寤 05“可甬非桓”,讀爲“何用非樹”。

清華四·筮法 57“壴”,即“樹”。四卦所司雷、樹、收、藏,與常見的春生、夏長、秋收、冬藏涵意相似。

豋

清華五·封許 07 豋、周(雕)�(匚)、鼑(鼎)

《説文·金部》:“鐙,酒器也。从金,豋象器形。,或省金。”

清華五·封許 07“豋”,《説文》“鐙”字或體,“酒器也”。

䛎

清華七・越公 16 交䛎(鬭)吴雩(越)

～,从"言","豈"聲。

清華七・越公 16"䛎",讀爲"鬭"。"豈",即"豎"。《廣韻》:"豎,徒口切,音鋀。禮器也。"與鬭古音極近。"交鬭",指播弄是非,互相爭鬭。《左傳・昭公十六年》:"若屬有讒人交鬭其間,鬼神而助之,以興其凶怒,悔之何及?"

浢

清華五・啻門 14 唯(雖)成或浢(瀆)

～,从"水","豎"聲。

清華五・啻門 14"浢",或疑讀爲"瀆",敗亂。《逸周書・文酌》:"七事:一騰咎信志,二援拔瀆謀,三聚疑沮事。"朱右曾《校釋》:"瀆,敗亂也。"雖成有瀆言以惡德行事,雖有所成終歸敗亂,與上文美德保成相對應。

戥

清華七・越公 14 母(毋)乃豕戥(鬭)

清華八・天下 06 五曰戥(鬭)之

～,从"戈","豎"聲,"鬭"字異體。

清華七・越公 14"豕鬭",像豕一樣爭鬥,大意是如窮途之獸,負隅頑抗。

清華八・天下 06"戥",即"鬭",謂鬭志。《左傳・桓公十一年》:"莫有鬭志。"五道,指礪之、勸之、鶩之、壯之、鬭之五種凝聚民心之教。

定紐𧯛聲歸豆聲

定紐殳聲

坄

清華三・祝辭 02 乃坄(投)以土

～,从“土”,“殳”聲。

清華三・祝辭 02“坄”,讀爲“投”,用土投,擲,扔。《左傳・成公二年》:“齊高固入晉師,桀石以投人。”杜預注:“投,擲也。”

鈠

清華七・越公 03 敦(敦)力鈠(鍛)鎗(鑲)

～,从“金”,“殳”聲。右旁乃“殳”之訛,即“殳”字異體。《説文・殳部》:“殳,以杸殊人也。《禮》:‘殳以積竹,八觚,長丈二尺,建於兵車,車旅賁以先驅。’”

清華七・越公 03“鈠”,兵器。《玉篇・矛部》:“鈠,矛也。”《集韻・昔韻》:“鈠,小矛,或從矛。”

定紐俞聲

俞

清華一・皇門 08 隹(維)俞(媮)悳(德)用

清華二・繫年 113 晉自(師)閲(門)長城句俞(瀆)之門

清華六・太伯甲 11 㿝之俞瓕(彌)

 清華六・太伯乙 10 𡉼之俞瓕(彌)

～,楚文字或作（上博一・孔 14)、（上博一・孔 18)。《説文・舟部》:"俞,空中木爲舟也。从亼,从舟,从巜。巜,水也。"

清華一・皇門 08"隹(維)俞(媮)悳(德)用"之"俞",讀爲"媮",鄙薄,輕視。《左傳・襄公三十年》:"晉未可媮也……其朝多君子,其庸可媮乎!"杜預注:"媮,薄也。"或讀爲"偷",《論語・泰伯》:"則民不偷。"邢昺疏:"偷,薄也。"

清華二・繫年 113"句俞之門",疑讀爲"句瀆之門"。《左傳・桓公十二年》:"句瀆之丘。"杜預注:"句瀆之丘即穀丘也。"

清華六・太伯甲 11、太伯乙 10"𡉼之俞瓕",即"甾之俞彌",疑讀爲"士之俞彌"。《左傳・僖公二十年》:"夏,鄭公子士洩、堵寇帥師入滑。"《左傳・僖公二十四年》:"鄭公子士洩、堵俞彌帥師伐滑。"舊説皆讀作"公子士""洩堵俞彌",以"洩堵"爲"俞彌"之氏,非是。《左傳・宣公三年》稱鄭文公"娶于江,生公子士",或疑"士""洩"一名一字,或名"士洩"而單稱"士"。頗疑《左傳》"士洩、堵俞彌",即"士之俞彌"。或釋爲"堵之俞彌"。

逾

 清華二・繫年 131 聿(盡)逾奠(鄭)𠂤(師)與亓(其)四𨒪(將)軍

 清華二・繫年 133 逾郶(部)

 清華八・邦道 16 今夫逾人於亓(其)勝(勝)

～,與（新蔡甲三 201)、（新蔡甲三 373)同。《説文・辵部》:"逾,進也。从辵,俞聲。"

清華二・繫年 131、133"逾",或讀爲"降",降服。《史記・絳侯周勃世家》:"(周勃)以將軍從高帝擊反韓王信於代,降下霍人。"(李松儒)或説"逾",征服、戰勝義,《逸周書・允文》:"上下和協,靡敵不下。"

清華八·邦道 16“今夫逾人於亓(其)齒”,讀爲“今夫逾人於其勝”,國君未按照臣下的優長之處來提拔任用人才。“逾”,《説文》:“越進也。”朱駿聲《説文通訓定聲》:“謂超越而進。”《玉篇》:“逾,越也,遠也,進也。”

歈

清華五·湯丘 18 高山是歈(逾)

~,从“止”,“俞”聲。“逾”字異體。

清華五·湯丘 18“歈”,即“逾”,越過,經過。《書·禹貢》:“浮於江、沱、潛、漢,逾于洛,至于南河。”孔傳:“逾,越也。”

愈

清華六·管仲 22 遇(畀)䢔(務)不愈(偷)

清華八·處位 05 心厇(度)未愈(愉)而進

清華八·邦道 19 以愈(偷)求生

~,从“心”,“俞”聲,與(上博六·用 4)同。

清華六·管仲 22“不愈”,讀爲“不偷”,不苟且,不懈怠。《周禮·地官·大司徒》:“以俗教安,則民不偷。”賈公彦疏:“偷,苟且也。”《荀子·王制》:“使百吏免盡,而衆庶不偷。”

清華八·處位 05“愈”,讀爲“愉”。《淮南子·本經》:“其心愉而不僞。”高誘注:“愉,和也。”

清華八·邦道 19“愈”,讀爲“偷”。《國語·齊語六》:“則民不偷。”韋昭注:“偷,苟且也。”

愉

清華八・邦道 14 亓(其)民愉(愈)幣(弊)以鄒〈解〉悬(怨)

～,从"心","偷"聲,"愈"字異體。

清華八・邦道 14"亓(其)民愉(愈)幣(弊)"之"愉",即"愈",副詞,相當於"越""更加"。《詩・小雅・小明》:"曷云其還,政事愈蹙。"鄭箋:"愈,猶益也。"《國语・越语下》:"使者往而復來,辭愈卑,禮愈尊。"

會

清華八・邦道 05 會(愈)自固以悲悬(怨)之

～,从"甘","俞"聲。

清華八・邦道 05"會",讀爲"愈"。《國語・晉語二》:"吾聞申生之謀愈深。"韋昭注:"愈,益也。"或以爲此字可隸作"害",讀爲"曷"。

渝

清華七・越公 65 亦命右軍監(銜)梡(枚)渝江五里以須

《説文・水部》:"渝,變汙也。从水,俞聲。一曰:渝水,在遼西臨俞,東出塞。"

清華七・越公 65"渝",順流而下。《國語・吴語》:"明日將舟戰於江,及昏,乃令左軍銜枚泝江五里以須,亦令右軍銜枚踰江五里以須。""踰""逾"一字異體,"踰江"是指沿江而下。郭店・老甲 19:"天地相合也,以逾甘露。"帛書《老子》甲、乙本皆作"俞",今本作"降"。

綸

清華七・越公 37 謒(佯)綸(媮)諒人則剼(刑)也

《説文・糸部》:"緰,緰貲,布也。从糸,俞聲。"

清華七・越公 37"諭緰",讀爲"佯媮",欺詐鄙薄。"媮",鄙薄,輕視。《左傳・襄公三十年》:"晉未可媮也……其朝多君子,其庸可媮乎!"杜預注:"媮,薄也。"簡文"佯媮諒人則刑也",欺詐輕視誠信之人,則予以刑處。

泥紐乳聲

乳

清華八・邦道 21 倀(長)乳則[畜]蕃

《説文・乚部》:"乳,人及鳥生子曰乳,獸曰産。从孚从乚。乚者,玄鳥也。《明堂月令》:'玄鳥至之日,祠于高禖,以請子。'故乳从乚。請子必以乚至之日者,乚,春分來,秋分去,開生之候鳥,帝少昊司分之官也。"

清華八・邦道 21"乳",餵奶,哺育。《史記・大宛列傳》:"昆莫生弃於野,烏嗛肉蜚其上,狼往乳之。"簡文"長乳則畜蕃",長久哺育六畜就會繁衍。(趙平安)

來紐婁聲歸角聲

來紐屚聲

宿

清華八・處位 07 詓(諂)託(媢)無宿(屚)

～,从"宀",从"雨",疑"屚"字異體。《説文・雨部》:"屚,屋穿水下也。从雨在尸下。尸者,屋也。"

清華八・處位 07"宿",即"屚""漏",遺忘,遺漏。《荀子・修身》:"難進曰偍,易忘曰漏。"簡文"諂媢無屚",就是諂媢之人得到普遍重用的意思。(趙平安)

精紐走聲

走

清華二·繫年 006 坪(平)王走西繡(申)

清華二·繫年 072 郇(駒)之克走敪(援)齊侯之繣(帶)

清華七·子犯 02 走去之

清華七·子犯 02 古(故)走去之

清華七·子犯 04 而走去之

清華七·子犯 06 而走去之

清華七·子犯 13 方走去之

清華七·越公 12 勮(荆)帀(師)走

清華七·越公 12 虐(吾)先王邊(邇)之走

清華七·越公 60 譽(舉)邦走火

～，與(上博三・周54)、(上博七・吴1)同，像人甩开胳膊奔跑之形。《説文・走部》："走，趨也。从夭止。夭止者，屈也。"

清華二・繫年006"坪王走西𦍑"，讀爲"平王走西申"。《左傳・昭公二十六年》"至于幽王"，孔穎達疏："《汲冢書紀年》云：平王奔西申，而立伯盤以爲大子，與幽王俱死於戲。""走"，義同"奔"。《莊子・漁父》："疾走不休。"

清華二・繫年072"走"，疾趨，奔跑。《左傳・昭公七年》："循牆而走。"

清華七・子犯02、04、06、13"走去"，奔跑離開。《新書・大政上》："夫民之於其上也，接而懼，必走去，戰由此敗也。"《史記・扁鵲倉公列傳》："我之王家食馬肝，食飽甚，見酒來，即走去，驅疾至舍，即泄數十出。"

清華七・越公12"走"，敗逃。《孟子・梁惠王上》："王好戰，請以戰喻。填然鼓之，兵刃既接，棄甲曳兵而走。"

清華七・越公12"虐先王遻之走"，讀爲"吾先王邇之走"。就是"近之走"，指吾先王貼着荆師跑。(趙平安)

清華七・越公60"走火"，奔走救火。《韓非子・外儲説右下》："救火者，吏操壺走火，則一人之用也；操鞭使人，則役萬夫。"

清紐取聲

取

清華一・程寤01 迺尖=(小子)䍐(發)取周廷杍(梓)梪(樹)于氒(厥)閑(間)

清華二・繫年005 周幽王取(娶)妻于西𦍑(申)

清華二・繫年023 郗(蔡)哀侯取(娶)妻於陳

清華二・繫年023 賽(息)侯亦取(娶)妻於陳

清華二·繫年 028 取(娶)賽(息)爲(嬀)以歸

清華二·繫年 030 女(焉)取邨(頓)以贛(恐)陳侯

清華二·繫年 047 取之

清華二·繫年 074 陳公子諻(徵)郐(舒)取(娶)妻于奠(鄭)穆公

清華二·繫年 076 取亓(其)室以夋(予)繡(申)公

清華二·繫年 078 取(娶)以爲妻

清華四·筮法 14 凸(凡)取(娶)妻

清華四·筮法 16 凸(凡)取(娶)妻

清華四·筮法 62 曰取(娶)妻

清華五·厚父 10 隹(惟)司民之所取

清華五·湯丘 01 取(娶)妻於又(有)郗(莘)

清華六·子儀 02 取(驟)及七年

清華六・子産 01 昔之聖君取虞(獻)於身

清華七・越公 14 虐(吾)於膚(胡)取伞(八千)人以會皮(彼)死

清華七・越公 54 亦御(趣)取殄(戮)

清華七・越公 56 乃御(趣)取殄(戮)

清華七・越公 56 乃御(趣)取殄(戮)于逡(後)至逡(後)成

清華七・越公 57 乃御(趣)取殄(戮)于逡(後)至不共(恭)

清華八・處位 06 從取賸(資)女(焉)

清華八・心中 05 取命才(在)人

清華八・天下 05 昔三王者之所以取之₌(之之)器

清華二・繫年 005 王或(又)叡〈取〉(娶)孚(褒)人之女

～,與(上博三・周 53)、(上博四・昭 6)同。,或認爲“取”字之訛;或認爲从“又”从“自(師)”,會意。《説文・又部》:“取,捕取也。从又,从耳。《周禮》:‘獲者取左耳。’《司馬法》曰:‘載獻聝。’聝者,耳也。”

清華一・程寤 01、清華二・繫年 076、清華七・越公 14“取”,拿。《書・

召誥》:“太保乃以庶邦冢君,出取幣,乃復入,錫周公。”

清華二・繫年 030“女(焉)取邨(頓)以贛(恐)陳侯”,《左傳・僖公二十三年》:“楚成得臣帥師伐陳,討其貳於宋也。遂取焦、夷,城頓而還。”“取”,容易地征服別國或打敗敵軍。《左傳・襄公十三年》:“師救邿,遂取之。凡書‘取’,言易也。”《左傳・莊公十一年》:“覆而敗之,曰取某師。”

清華二・繫年 005、023、028、074、078“取”,讀爲“娶”,即“娶妻”。《書・益稷》:“娶于塗山。”

清華六・子儀 02“取”,讀爲“驟”。《説文》段注:“引伸爲凡迫促之意。”一説“取”,虚詞,“猶纔也,僅也”(《古書虚字集釋》第六八一頁)。

清華六・子産 01“昔之聖君取虞(獻)於身”,從自己身上拿來奉獻。

清華七・越公 54、56、57“取”,捕捉,捉拿。《詩・豳風・七月》:“取彼狐狸,爲公子裘。”《新唐書・權懷恩傳》:“賞罰明,見惡輒取。”簡文指對王宮内之不恭不敬之人予以懲罰。

清華八・處位 06“從取賶(資)女(焉)”,順隨時機取得資用。

清華八・心中 05“取”,得到。《楚辭・天問》:“女岐無合,夫焉取九子。”

清華八・天下 05“取之之器”,謂取得天下之器。

清華“取妻”,讀爲“娶妻”。男子結婚。《左傳・昭公二十五年》:“初,季公鳥娶妻於齊鮑文子,生甲。”《孟子・萬章上》:“娶妻如之何?必告父母。”

御

清華七・越公 48 王則隹(唯)叚(匃)、茖(落)是御(趣)

清華七・越公 54 乃御(趣)詢(徇)于王宮

清華七・越公 54 亦御(趣)取殄(戮)

清華七・越公 56 乃御(趣)取殄(戮)

清華七・越公 56 王乃御(趣)𦤺=(至于)泃(溝)塱(塘)之工(功)

清華七・越公 56 乃御(趣)取殄(戮)于逡(後)至逡(後)成

清華七・越公 56 王乃御(趣)埶(設)戍于東𡰥(夷)、西𡰥(夷)

清華七・越公 57 乃御(趣)取殄(戮)于逡(後)至不共(恭)

～,从"彳","取"聲,"趣"字異體。

清華七・越公 48、54、56、57"御",即"趣",急,急於。《説文》:"趣,疾也。"《莊子・人間世》:"趣取無用,則爲社何邪?"王先謙《集解》:"既急取無用以全身,何必爲社木以自榮。"

遐(趣)

清華七・越公 17 用事(使)徒遽遐(趣)聖(聽)命

清華七・越公 43 隹(唯)訐(信)是遐(趣)

清華七・越公 44 王乃遐(趣)徒(使)人戠(察)睛(省)成(城)市鄡(邊)還(縣)尖=(小大)遠徔(邇)之匓(匀)、茖(落)

～,與(上博五・鬼 5)、(上博八・志 2)同,从"辵","取"聲,"趣"字異體。"辵""走"二旁古通。《説文・走部》:"趣,疾也。从走,取聲。"

清華七・越公 17"遽遐",即"遽趣",同義聯用,急速。《莊子・天地》:"厲之人夜半生其子,遽取火而視之,汲汲然唯恐其似己也。"成玄英疏:"遽,速

也。"《説文》:"趣,疾也。"

清華七·越公 43"隹訐是逊",讀爲"唯信是趣",唯趣信,一心趨嚮信義。"逊",即"趣",趨嚮義。《史記·伯夷列傳》:"趣舍有時若此。"張守節《正義》:"趣,向也。"

清華七·越公 44"逊",即"趣"字。《説文》:"疾也。"《國語·晉語三》:"三軍之士皆在,有人坐待刑,而不能面夷,趣行事乎!"

諏

清華五·湯丘 12 民人諏(趣)貣(忒)

《説文·言部》:"諏,聚謀也。从言,取聲。"

清華五·湯丘 12"諏",讀爲"趣"或"趨",意爲趨嚮。簡文"民人趣忒",意云民人疑惑不知所從。

菆

清華七·越公 62 雩(越)王句戏(踐)乃命鄒(邊)人菆(聚)悁(怨)

《説文·艸部》:"菆,麻蒸也。从艸,取聲。一曰:蓐也。"

清華七·越公 62"菆悁",讀爲"取怨"意爲招致怨憤。《左傳·定公四年》:"水潦方降,疾瘧方起,中山不服,棄盟取怨,無損於楚,而失中山,不如辭蔡侯。"《禮記·月令》:"毋或敢侵削衆庶兆民,以爲天子取怨于下。"(魏宜輝)或讀爲"聚怨",猶積怨。《淮南子·人間》:"夫積愛成福,積怨成禍。"

聚

清華二·繫年 050 夫₌(大夫)聚忠(謀)曰

清華三·芮良夫 01 周邦聚(驟)又(有)祸(禍)

清華五・三壽 26 神民並蠢(尤)而九(仇)悁(怨)所聚

清華六・孺子 13 夫=(大夫)聚晉(謀)

清華八・邦道 16 償(鬻)聚賜(貨)

清華八・邦道 24 兵虖(甲)聚(驟)记(起)

～,與(上博二・從甲 6)、(上博四・柬 8)同。《説文・乑部》:"聚,會也。从乑,取聲。邑落云聚。"

清華五・三壽 26"聚",聚集。《易・繫辭上》:"方以類聚,物以群分。"

清華二・繫年 050、清華六・孺子 13"夫=聚晉",讀爲"大夫聚謀",見《左傳・襄公三十年》:"伯有奔雍梁,醒而後知之,遂奔許。大夫聚謀。"

清華八・邦道 16"聚賜",讀爲"聚貨"。《易・繫辭下》:"聚天下之貨,交易而退。"

清華三・芮良夫 01、清華八・邦道 24"聚",讀爲"驟",屢次。《左傳・宣公二年》:"宣子驟諫。"服注:"驟,數也。"《戰國策・楚一》:"國貧而驟舉兵,此危亡之術也。"

緅

清華二・繫年 134 倝(韓)緅(取)

《説文・糸部》:"緅,帛青赤色也。从糸,取聲。"

清華二・繫年 134"倝緅",讀爲"韓取",即韓烈侯取。《史記・韓世家》:"九年……景侯卒,子列侯取立。"

鳥取

 清華六・太伯甲 02 卑(譬)若繇(雞)鳥取(雛)

～,从"鳥"(殘缺),"取"聲,"雛"之異體。

清華六・太伯甲 02"繇鳥取",即"雞雛"。"雛",小雞。《淮南子・時則》:"天子以雛嘗黍。"高誘注:"雛,新雞也。"《顔氏家訓・歸心》:"梁世有人,常以雞卵白和沐,云使發光,每沐輒二三十枚。臨死,發中但聞啾啾數千雞雛聲。"

清紐芻聲

蒭

 清華七・晉文公 03 命肥蒭羊牛、豢犬豕

～,用手薅草,會意,"芻"字異體。《説文・艸部》:"芻,刈艸也。象包束艸之形。"

清華七・晉文公 03"芻",以草喂牲口。《禮記・月令》:"乃命宰祝,循行犧牲。視全具,案芻豢。"鄭玄注:"養牛羊曰芻,犬豕曰豢。"孔穎達疏:"食草曰芻,食穀曰豢。"《周禮・地官・充人》:"祀五帝,則繫于牢,芻之三月。"鄭玄注:"養牛羊曰芻。"《孟子・告子上》:"猶芻豢之悦我口。"《韻會》:"羊曰芻,犬曰豢,皆以所食得名。"芻謂草食,豢謂以穀圈養。

心紐須聲

須

 清華三・良臣 06 又(有)穷(賓)須亡

 清華七・越公 22 以須徳(使)人

 清華七・越公 65 乃命左軍監(銜)梡(枚)鮇(溯)江五里以須

 清華七・越公 65 亦命(令)右軍監(銜)梡(枚)渝江五里以須

 清華八・處位 06 須事之禺(遇)𣧑(機)

～,與𩒹(上博五・三 1)、𩒹(上博二・容 46)、𩒹(上博六・壽 4)、𩒹(上博八・王 6)同。《說文・須部》:"須,面毛也。从頁,从彡。"

清華三・良臣 06"㝉須亡",讀爲"賓須亡",或作"賓須無"。《左傳・昭公十三年》:"齊桓,衛姬之子也,有寵於僖。有鮑叔牙、賓須無、隰朋以爲輔佐,有莒、衛以爲外主,有國、高以爲内主。"

清華七・越公 65"亦命右軍監梡渝江五里以須",讀爲"亦令右軍銜枚渝江五里以須"。《國語・吴語》:"亦令右軍銜枚踰江五里以須。"韋昭注:"須,須後命。""須",等待。

清華七・越公 22、清華八・處位 06"須",等待。《易・歸妹》:"歸妹以須。"陸德明《釋文》:"須,待也。"

𨒪

 清華二・繫年 069 𨒪(須)者(諸)侯于䜅(斷)𨗨(道)

～,从"辵","須"聲,"頝"字異體。

清華二・繫年 069"𨒪",讀爲"頝"。《說文・立部》:"待也。"今作"須"。

𡐢

 清華七・越公 65 中水以𡐢

 清華七・越公 66 㜷旦

《説文・立部》:"㜷,待也,从立,須聲。"

清華七・越公 65、66"㜷",等待。

心紐需聲

需

 清華一・金縢 07 公牆(將)不利於需(孺)子

清華三・琴舞 07 需(孺)子王矣

 清華六・子儀 18 需魭

~,與(上博二・容 2)、(上博三・周 57)同。《説文・雨部》:"需,㜷也。遇雨不進,止㜷也。从雨,而聲。《易》曰:'雲上於天,需。'"

清華一・金縢 07、清華三・琴舞 07"需子",讀爲"孺子",古代稱天子、諸侯、世卿的繼承人。《書・立政》:"嗚呼! 孺子王矣。"《漢書・王莽傳上》:"立宣帝玄孫嬰爲太子,號曰孺子。"

清華六・子儀 18"需",等待。《廣雅》:"需,須也。"《易・需》:"雲上于天,需。"

濡

 清華七・趙簡子 09 不飤(食)濡肉

《説文・水部》:"濡,水。出涿郡故安,東入漆涑。从水,需聲。"

清華七・趙簡子 09"濡肉",煮爛的肉。《禮記・曲禮上》:"濡肉齒決,乾肉不齒決。"孔穎達疏:"濡,濕也。濕軟不可用手擘,故用齒斷決而食之。"《内

則》:"濡豚包苦實蓼。"鄭玄注:"凡濡,謂亨之以汁和也。"

繻

清華六・子儀 03 不敦(穀)繻左

清華六・子儀 03 繻右

《説文・糸部》:"繻,繒采色。从糸,需聲。讀若《易》'繻有衣'。"

清華六・子儀 03"繻",疑讀爲"揄"。《説文・手部》:"揄,引也。"

蠕

清華八・邦政 08 亓(其)曑(文)璋(章)蠕(縟)

～,从"蚰","需"聲。

清華八・邦政 08"蠕",讀爲"縟"。《説文》:"縟,繁采色也。"《漢書・王莽傳下》:"德盛者文縟,宜崇其制度。"顏師古注:"縟,繁也。"簡文"其文章縟",指錯雜的色彩或花紋繁密。

幫紐付聲

府

清華三・説命中 06 乃府(俯)視隉(地)

清華一・祭公 05 府(付)畀四方

清華一・祭公 09 聿(盡)府(付)畀余一人

～,與𡨋(上博二・容 6)、𡨋(上博五・三 15)、𡨋(上博八・李 1【背】)同,从"宀","付"聲,"府"字異體。《説文・广部》:"府,文書藏也。从广,付聲。"

清華三・説命中 06"𡨋視",讀爲"俯視",嚮下看。宋玉《高唐賦》:"俯視崝嶸,窐寥窈冥。"簡文"乃俯視地"可參《易・繫辭上》:"仰以觀于天文,俯以察于地理。"

清華一・祭公 05"𡨋畀四方",讀爲"付畀四方"。《書・康王之誥》:"用端命于上帝,皇天用訓厥道,付畀四方。"孔傳:"大天用順其道,付與四方之國王天下。""付畀",授予,交給。

清華一・祭公 09"𡨋畀",讀爲"付畀",參上。

𡪢

清華七・趙簡子 08 六𡪢(府)溋(盈)

清華七・越公 47 交于王𡪢(府)厽(三)品

～,與𡪢(上博四・相 3)同,从"貝","𡨋(府)"聲,藏府、官府之"府"的專字。

清華七・趙簡子 08"六𡪢",即"六府",職掌收藏各類物資。《禮記・曲禮下》:"天子之六府,曰:司土、司木、司水、司草、司器、司貨,典司六職。"鄭玄注:"府,主藏六物之税者。此亦殷時制也。周則皆屬司徒。司土,土均也。司木,山虞也。司水,川衡也。司草,稻人也。司器,角人也。司貨,卝人也。"

清華七・越公 47"交于王𡪢厽品",讀爲"交于王府三品",官府的考察分爲三個等級。《國語・楚語上》:"夫子承楚國之政,其法刑在民心而藏在王府,上之可以比先王,下之可以訓後世。"

𥫗

清華八・邦道 26 則償(償)賫(買)亓(其)臣𥫗(僕)

～,與𥫗(上博八・命 3)、𥫗(上博八・命 6)、𥫗(上博八・命 10)同,从“臣”,“付”聲。“𠈃”,“僕”字異體。《説文・菐部》:“僕,給事者,从人、从菐,菐亦聲。,古文从臣。”

清華八・邦道 26“臣𠈃”,讀爲“臣僕”,古指奴僕。亦爲罪人與執役者及臣下的通稱。《詩・小雅・正月》:“民之無辜,并其臣僕。”毛傳:“古者有罪不入於刑,則役之圜土,以爲臣僕。”《晏子春秋・問上一》:“公任勇力之士,而輕臣僕之死,用兵無休,國罷民害。”

並紐𦥷聲

⿱𦥷月

清華一・尹至 05 湯迲(往)延(征)弗⿱𦥷月(附)

~,从“月”,“𦥷”聲,“𦥷”所从“九”爲“勹”之訛。“𦥷”字又見於曾乙 46“”,包山 183“”,望山二 13“”等。

清華一・尹至 05“⿱𦥷月”,讀爲“附”。“𦥷”聲字、“付”聲字古通,如包山 258“蒠茈”,包山 2:52-2 號、2:188-1 號竹笥所繫竹簽作“苻茈”。《玉篇・艸部》:“蒠,音符,蒠茈。”《後漢書・劉玄傳》:“王莽末,南方飢饉,人庶群入野澤,掘蒠茈而食之。”李賢注:“蒠茈,《續漢書》作‘符訾’。”(李家浩)

⿱雨𦥷

清華七・子犯 11 若⿱雨𦥷雨方奔之而鹿雁(膺)女(焉)

~,从“雨”,“𦥷”聲。

清華七・子犯 11“⿱雨𦥷”,讀爲“暴”。(單育辰)“暴雨”,大而急的雨。《管子・小匡》:“時雨甘露不降,飄風暴雨數臻,五穀不蕃,六畜不育。”“𦥷”從勹聲,“勹”幫紐幽部,“暴”並紐藥部,文獻中幽部與藥部通假、押韻等例子多見,如《易・升》:“九二,孚,乃利用禴,无咎。”“禴”藥部,“咎”幽部;《郭店・太一生水》:“助于弱,益于柔。”“弱”藥部,“柔”幽部。(李家浩)